21世纪高等学校**会计学**系列教材

FINANCIAL MANAGEMENT THEORY AND PRACTICE

财务管理理论与实务

◆ 杜俊娟 主编
◆ 王玮 副主编

人民邮电出版社
北京

图书在版编目（CIP）数据

财务管理理论与实务 / 杜俊娟主编. -- 北京 : 人民邮电出版社，2015.9 （2020.6重印）
21世纪高等学校会计学系列教材
ISBN 978-7-115-39301-2

Ⅰ. ①财… Ⅱ. ①杜… Ⅲ. ①财务管理—高等学校—教材 Ⅳ. ①F275

中国版本图书馆CIP数据核字(2015)第160576号

内 容 提 要

本书按照应用型高校教育教学改革的要求，采取任务驱动式体例编写，共分为基础篇、实务篇和拓展篇。基础篇包括财务管理的认知、资金时间价值与风险的认知和衡量、财务战略与预算；实务篇包括所有权融资管理实务、债权筹资认知与评价、资本结构决策、项目投资分析与决策、证券投资分析与决策、营运资金管理实务、收益分配管理实务、财务分析与绩效评价方法；拓展篇包括知识经济对财务管理的影响分析、企业的重整与清算管理。

本书可以作为应用型高等院校财务管理及相关专业、经济管理类专业，以及其他相关专业的教材。同时，由于本书任务驱动、突出实务、结合职业（行业）标准，还可供从事财务管理、会计和其他经济管理的工作人员自学、技能培训和参加专业技术资格考试时使用。

◆ 主　　编　杜俊娟
副 主 编　王　玮
责任编辑　武恩玉
执行编辑　刘向荣
责任印制　沈　蓉　彭志环

◆ 人民邮电出版社出版发行　　北京市丰台区成寿寺路11号
邮编　100164　　电子邮件　315@ptpress.com.cn
网址　http://www.ptpress.com.cn
三河市中晟雅豪印务有限公司印刷

◆ 开本：787×1092　1/16
印张：19.75　　　　2015年9月第1版
字数：516千字　　　2020年6月河北第13次印刷

定价：42.00元

读者服务热线：(010)81055256　印装质量热线：(010)81055316
反盗版热线：(010)81055315

前言 FOREWORD

在发展迅速的现代经济社会中，随着我国经济全球化、市场国际化的不断深入，企业管理也面临着新的、更加严峻的机遇和挑战。企业经营管理的效益性全部体现在财务管理上，即财务管理已经渗透到企业管理的全过程。这就决定了现代企业管理应该以财务管理为重点。

本书对应的“财务管理”课程不仅是财经类专业的一门核心和主干课程，也是经济管理类专业以及其他相关专业的通识教育课程，在高校的课程体系中占有非常重要的地位。随着各高校应用型教育教学改革的不断深入，该专业迫切需要一部体现应用型教育教学特色且与国家职业（行业）标准相结合的财务管理教材，以适应应用技术型人才培养的需要。

本书与国内其他同类书籍相比，在编写过程中着重突出以下特色。

（1）体现工学结合，任务引导。本书力图通过课程教学，改变传统的师生身份关系中以教师为主体、知识为本位的教学模式，采用职业人身份，以学生为主体，以职业技能培养为本位，以工作过程与工作任务为主线，以任务驱动为导向的教学方法。实现课堂与实际工作环境一体化的教学模式，让学生在做中学，让教师在做中教，融“教、学、做”为一体，使得教学与上岗零距离。

（2）校企合作，注重应用。为了培养学生的学习能力和实际操作能力，本书聘请行业企业的专家参与任务项目的编写，这些专家长期从事财务管理实务工作，积累了丰富的财务管理实践经验，并将行业企业的实际案例、经验总结带入书中。同时，每单元都设有案例引导并给出思考问题，让学生带着问题学习，学有所思、学以致用，以提高学生分析和解决实际问题的能力，并为以后学习其他专业课程打下基础。

（3）与职业（行业）标准相衔接，注重职业技能培养。本书中的内容参考了《全国会计专业技术资格考试大纲（初、中、高级）》的要求和内容，与职业（行业）标准相结合，力求与专业技术资格证考试相接轨，并融入近年来考试的新变化，很好地满足了学生专业技术资格考证需要，较好地解决了学历证书教育与专业技术资格证教育相脱节的问题，节约了教学资源。每单元最后配有相应的技能训练，提高学生职业技能。

（4）对话语言，方便自学。本书对财务管理理论的阐释言简意赅，循序渐进，注重学生的理解和接受，层层深入。本书将经典案例贯穿于单元学习中，使读者对财务管理实务操作有全面、系统的了解。每单元后面附有复习思考题、技能实训，可以加深读者对所学内容的理解，提高学习质量，以实现举一反三之功效。

本书由杜俊娟副教授担任主编，负责全书写作大纲的拟定和编写的组织工作，并修改、补充、总撰定稿。另外，初稿的撰写分工如下：单元一、单元二、单元三、单元十、单元十一由杜俊娟执笔；单元四、单元五由王玮执笔；单元六由李海燕执笔；单元七由郭彪执笔；单元八、单元九由张放执笔；单元十二由范佩霞执笔；单元十三由汪甜甜执笔；复习与思考、技能实训由蔡冬梅执笔。

本书在编写过程中参阅了大量的同类教材及相关资料，调研走访了多家企业，得到了很多企业界人士和同行们的支持和帮助，在此一并深表谢意！

杜俊娟

2015 年 6 月

目录 CONTENTS

第一篇 基础篇

第三篇 拓展篇

第一篇 基础篇

单元一 财务管理的认知

素质目标

1. 理解财务管理的基本内容
2. 掌握财务管理目标的主要观点
3. 熟悉财务管理基本理论和基本流程
4. 了解财务管理的环境

技能目标

1. 能够善于收集和处理财务信息并从中发现问题
2. 能够识别企业的财务活动并正确处理财务关系
3. 提高对财务管理工作的兴趣和热情
4. 增强对财务管理的感性认知

案例导入

宏伟公司是一家从事 IT 产品开发的企业，由三位志同道合的朋友共同出资 100 万元创立，三人平分股权比例。企业发展初期，创始股东都以企业的长远发展为目标，关注企业的持续增长能力，所以，他们注重加大研发投入，不断开发新产品。这些措施有力地提高了企业的竞争力，使企业实现了营业收入的高速增长。在开始的几年间，销售业绩以年均 60 %的速度提升。然而，随着利润的不断快速增长，三位创始股东开始在收益分配上产生了分歧。股东王力、张伟倾向于分红，股东赵勇则认为应将企业取得的利益用于扩大再生产，以提高企业的持续发展能力，实现长远利益的最大化。由此产生的矛盾不断升级，最终导致坚持企业长期发展的赵勇被迫出让其持有的 $1/3$ 股份后离开企业。

但是，此结果引起了与企业有密切联系的广大供应商和分销商的不满。因为他们中许多人的业务发展与宏伟公司密切相关，且深信宏伟公司的持续增长将给他们带来更多的机会。于是他们称，如果赵勇离开企业，将断绝与企业的业务往来。面对这一情况，其他两位股东表示，他们可以离开，但条件是赵勇必须收购他们的股份。赵勇的长期发展战略需要较多的投资，而收购其他两人的股份必将导致企业陷入没有资金维持生产的困境。这时，众多供应商和分销商伸出了援助之手。他们或者主动延长应收账款的期限，或者预付货款，最终使赵勇重新回到企业，成为公司的掌门人。

经历了股权变更的风波后，宏伟公司在赵勇的领导下，不断加大投入，实现了企业规模化发展，在同行业中处于领先地位的同时，不断提升企业的竞争力和价值。

请思考以下问题：

公司股东希望公司以什么为目标？高级管理人员应当在多大程度上以其个人目标影响公司的整体决策？如果你是一个与该公司有密切联系的外部公司，如果管理层持有该公司股票，你是不是觉得有了更大的安全感？在公司持续扩张的过程中，管理层应该考虑哪些因素？

任务一　什么是财务管理

一、企业经济活动

顾名思义，财务管理是指对财务的管理。说到财务，人们往往想到的是"钱"，然而财务的本质往往不是"钱"所能包容的。要认识财务，让我们首先从企业的经济活动谈起。

企业的经济活动是指企业的生产经营活动，主要包括资金的投入、投放和退出活动，以及企业组织的供应、生产、销售。三个过程中，供应过程主要是将货币资金转化为储备资金，如原材料，而生产过程主要将储备资金、部分货币资金和固定资产的价值转化成生产资金，生产出合格的产品即为商品资金，商品对外销售即转化为货币资金。这时收到的货款扣除发生的成本后形成了企业的利润，利润的一部分以所得税等形式上缴国家，净利润的一部分分配给投资者。上述分析的结果可用图 1-1 表示。从图 1-1 中可以看出，企业的资金随着供、产、销活动不断地改变它的形态，即从货币资金进入开始，依次转化成储备资金、生产资金、成品资金和货币资金的退出。这样不断地循环，表现为一个周而复始的周转过程，我们称为资金周转（资金运动）。它是企业生产经营活动的一个独立方面，以价值形式表现，这也可以说是企业的财务活动，即企业再生产过程中的资金运动。因此，在财务管理活动中，我们需要对各种资金形态的增减变化加强监督和管理，以发挥自己的使用效果，为最终提高企业的经济效益服务。

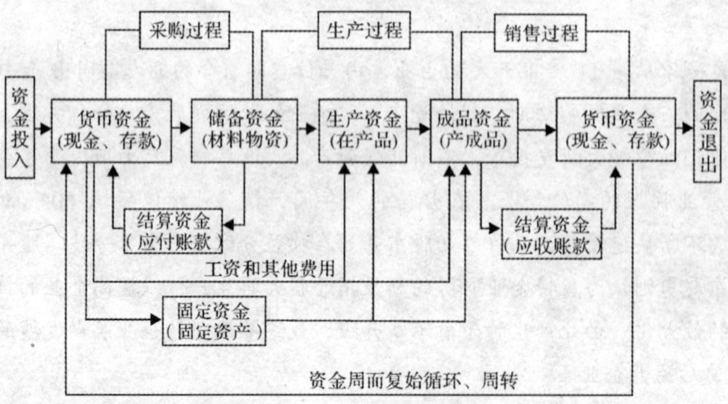

图 1-1　企业资金运动图

二、财务活动

通过上述分析可知，财务活动就是企业再生产过程中的资金运动，是指资金的筹资、投放、使用、收回和分配等一系列行为，主要包括筹资活动、投资活动、资金营运活动和利润分配活动。

需要注意的是，在资金运动和财务活动之间，资金运动过程的各个阶段是与一定的财务活动相对应的，资金运动形式是通过一定的财务活动来实现的，如图 1-1 所示。企业的基本活动也可描述为，从资本市场上筹集资金投资于生产性经营资产，并运用这些资产进行生产经营活动，取得利润后用于补充权益资本或者分配给股东。

（一）筹资活动

在商品经济条件下，企业要想从事生产经营，首先必须解决的问题是通过什么方式、在什么时间筹集多少资金。筹资，又称资本取得，是指企业为了满足投资和用资的需要而经历的筹措和集中资本的过程。大家可以借助资产负债表来理解。表的右边表示的负债和所有者权益，体现的是企业资金来源的两个渠道。在筹资过程中，企业通过发行股票、发行债券、吸收直接投资等方式筹集资金表现为企业资金的投入，而企业偿还借款、支付利息和股利以及付出各种筹资费用等则表现为企业资金的支出。这种因为资金筹集而产生的资金收支，便是由企业筹资引起的财务活动。

在进行筹资活动时，财务人员首先要预测企业需要多少资金、是通过发行股票取得资金还是向债权人借入资金、两种方式筹集的资金占总资金的比重应各为多少等。假设公司决定借入资金，那么是发行债券好，还是从银行借入资金好呢？资金应该是长期的还是短期的？资金的偿付是固定的还是可变的？财务人员面对这些问题时，一方面要保证筹集资金能满足企业经营与投资的需要；另一方面还要使筹资风险在企业的掌控之中，以保证即使外部环境发生变化，企业也不至于由于无法偿还债务而陷入破产。

（二）投资活动

投资是指企业根据项目资金需要投出资金的行为。企业投资可分为广义的投资和狭义的投资两种。

广义的投资包括对内投资和对外投资。企业筹集资金的目的是把资金用于生产经营活动以取得盈利，进而不断增加企业价值。企业把筹集到的资金用于购置自身经营所需的固定资产、无形资产等活动，便形成企业的对内投资。企业把筹集到的资金投资于其他企业的股票、债券，与其他企业联营进行投资以及收购另一个企业等活动，便形成企业的对外投资。企业无论是购买内部所需的各种资产，还是购买各种证券，都需要支出资金。当企业变卖其对内投资的各种资产或收回其对外投资时，会产生资金的收入。这种因企业投资而产生的资金的收支，便是由投资引起的财务活动。

在进行投资活动时，由于企业的资金是有限的，因此应尽可能地将资金投放在能带给企业最大报酬的项目上。由于投资通常在未来才能获得回报，所以，财务人员在分析投资方案时，不仅要分析投资方案的资金流入与资金流出，而且要分析公司为获得相应的报酬还需要等待的时间。当然，获得回报越早的投资项目越好。另外，投资项目几乎都是有风险的，即一个新的投资项目可能成功也可能失败。因此，财务人员需要找到一种方法对这种风险因素加以计量，从而判断选择哪个方案，放弃哪个方案，或者将哪些方案进行组合。

（三）营运活动

企业在正常的经营过程中，会发生一系列的资金收支。首先，企业要采购材料或商品，以便从事生产和销售活动，同时还要支付工资和其他营业费用。其次，当企业将产品或商品售出后，便可取得收入、收回资金。再次，如果企业现有资金不能满足企业经营的需要，还要采取短期借款方式来筹集所需资金。上述各方面都会产生资金的收支，属于企业经营活动引起的财务活动。

在企业经营引起的财务活动中，主要涉及的是流动资产与流动负债的管理问题，其中关键是加速资金的周转。流动资金的周转与生产经营周期具有一致性。在一定时期内，资金周转快，就可以利用相同数量的资金生产出更多的产品，取得更多的收入，获得更多的报酬。因此，如何加速资金的周转、提高资金的利用效率，是财务人员在这类财务活动中需要考虑的主要问题。

（四）分配活动

企业在经营过程中会产生利润，也可能会因对外投资而分得利润，这表明企业有了资金的增值或取得了投资报酬。企业的利润要按规定的程序进行分配。首先要依法纳税，其次要用来弥补亏损并提取盈余公积，最后要向投资者分配利润。这种资金收支便属于由利润分配引起的财务活动。

在分配活动中，财务人员需要确定股利支付率的高低，即将多大比例的税后利润用来支付给投资人。过高的股利支付率，会使较多的资金流出企业，从而影响企业再投资的能力。这时，如果企业遇到较好的投资项目，将有可能因为缺少资金而错失良机。而过低的股利支付率，又有可能引起投资人的不满。对于上市公司而言，这种情况可能导致股价的下跌，从而使公司价值下降。因此，财务人员要根据公司自身的具体情况确定最佳的分配政策。

上述财务活动的四个方面不是割裂、互不相关的，而是相互联系、互相依存的。上述四个方面构成了完整的企业财务活动的同时，也是财务管理的基本内容：筹资管理、投资管理、营运资金管理、利润分配管理。

【活动题：多项选择题】

下列各项中，属于企业资金营运活动的有（　　）。

A. 采购原材料，支付货款　　　　B. 销售商品收取货款

C. 短期借款　　　　D. 长期借款

【解析】选A、B、C。需要注意的是，短期借款属于资金营运活动，但长期借款属于筹资活动。

三、财务关系

企业财务关系是指企业在组织财务活动过程中与有关各方所发生的经济利益关系。企业的筹资活动、投资活动、营运活动和利润分配活动，与企业各方面存在着广泛的纵横向联系，这种财务关系可概括为以下几个方面。

（一）企业与投资者之间的财务关系

企业与投资者之间的财务关系是指企业的投资者向企业投入资金及企业向投资者支付投资报酬所形成的经济关系。企业的所有者主要包括国家、法人、个人和其他组织。企业的所有者要按照投资合同、协议、章程的约定履行出资义务以便及时形成企业的资本，企业则利用资本营运以便实现预期利润。所有者的出资不同，对企业承担的责任不同，相应享有企业的权利和利益也不相同。

（二）企业与债权人之间的财务关系

企业与债权之间的财务关系是指企业向债权人借入资金并按借款合同的规定按时支付利息和归还本金所形成经济关系。企业的债权人主要有债券持有人、贷款机构、商业信用提供者及其他向企业出借资金的单位和个人。企业要及时向债权人支付利息，而且债务到期时，要按时向债权人归还本金。企业同其债权人的财务关系在性质上属于债权关系。

（三）企业与政府之间的财务关系

政府作为社会管理者，依法行使行政职能。依据这一身份，政府向企业征税并无偿参与企业利润的分配，企业必须按照税法规定向中央和地方政府缴纳各种税款。这种关系是一种强制和无偿的分配关系。

（四）企业与受资者之间的财务关系

企业与受资者之间的财务关系是企业通过购买股票等形式向其他企业投资所形成的经济关系。企业向其他单位投资，应按约定履行义务，并依据其出资份额参与受资者的经营管理和利润

分配。企业与受资者之间的财务关系是一种所有权性质的投资与受资关系。

（五）企业与债务人之间的财务关系

企业与债务人之间的财务关系是指企业将其资金以购买债券、提供借款或商业信用等形式出借给其他单位所形成的经济关系。企业将资金借出后，有权要求债务人按约定的条件支付利息和归还本金。企业同债务人的关系体现的是债权与债务关系。

（六）企业内部各单位之间的财务关系

企业内部各单位之间的财务关系是指企业内部各单位之间在生产经营各环节中因提供产品或劳务所形成的经济关系。企业内部各职能部门和生产单位之间既分工又合作，形成企业系统这一经济单元。在实行厂内经济核算制和内部经营责任制的条件下，企业各个部门以及各个生产单位都有相对独立的经济利益，相互提供劳务和产品也要计价结算。这种在企业内部形成的资金结算关系，体现了企业内部各单位之间的利益关系。

（七）企业与职工之间的财务关系

企业与职工之间的财务关系是指企业向职工支付劳动报酬过程中所形成的经济关系。职工是企业的劳动者，凭借自身提供的劳动参加企业增值的分配。企业根据劳动者提供的劳动数量与质量，用其收入支付工资、津贴和资金，并按规定提取公益金。这种企业与职工之间的财务关系，体现了职工个人与集体在劳动成果上的分配关系。

企业财务关系的关键知识点可以用表 1-1 表示。

表 1-1　企业与各利益主体财务关系一览表

利益主体	财务关系	性质及特征	对应的财务活动
（1）政府	税收关系	强制和无偿	分配活动
（2）投资者	按资分配报酬	投资—报酬对等关系	筹资活动、狭义的分配活动
（3）债权人	按时支付利息	债务与债权关系	筹资活动、广义的分配活动
（4）受资人	参与管理与利润分配	投资与受资关系	狭义的投资活动
（5）债务人	到期收回本息	债权与债务关系	营运活动、狭义的投资活动
（6）内部各单位	内部资金结算关系	体现各自利益关系	营运活动
（7）职工	按劳分配报酬	劳动成果上的分配关系	营运活动

【活动题：单项选择题】

企业实施了一项狭义的“资金分配”活动，由此而形成的财务关系是（　　）。

A. 企业与投资者之间的财务关系　　B. 企业与受资者之间的财务关系

C. 企业与债权人之间的财务关系　　D. 企业与供应商之间的财务关系

【解析】选 A。狭义的分配仅指对企业净利润的分配。企业与投资者之间的财务管理，主要是企业的投资者向企业投入资金，企业向其投资者支付报酬所形成的经济关系。

四、企业财务、财务管理的涵义

综上所述，为了全面正确地理解财务管理的涵义，必须掌握以下概念及其相互联系。

资金运动是企业生产经营活动过程的价值方面，它以价值形式综合地反映着企业的生产经营过程。

财务活动是构成企业经济活动的一个独立方面，具有自身运动规律的企业的资金运动。

企业财务，是指企业在生产经营过程中客观存在的资金运动及其所体现的经济利益关系。前者称为财务活动，后者称为财务关系。

而财务管理是企业组织财务活动、处理财务关系的一项综合性的经济管理工作，是企业管理的重要组成部分。特别强调三点：（1）财务管理是人所做的一项工作，具有综合性，是企业管理工作的核心；（2）财务管理工作区别于其他经济管理工作主要在于，财务管理工作是对企业资金运动的管理；（3）财务管理工作的一项重要内容就是财务活动。

作为现代企业而言，企业管理的核心是财务管理，而财务管理的中心是资金管理。企业财务管理者的重要使命就是要保证企业资金运动的顺利进行，保持资金在资金量、资金结构和资金时间上的动态平衡。

五、财务管理的环节

财务管理的环节就是企业财务管理的工作步骤与一般工作程序。一般而言，企业财务管理包括五个环节：（1）规划和预测；（2）财务决策；（3）财务预算；（4）财务控制；（5）财务分析与业绩评价。其中，财务规划和预测是以全局为观念，根据企业整体战略目标和规划，结合对未来宏观、微观形式的预测，来建立企业财务的战略目标和规划，为决策提供依据；财务决策是财务管理的核心，财务预测是为财务决策服务的，决策的成功是否直接关系到企业的兴衰成败，是编制财务预算，进行财务控制的基础；财务预算就是企业财务战略规划的具体规划，是控制财务活动的依据；财务控制是指利用有关信息和特定手段，对企业的财务活动施加影响或调节，以便实现计划所规定的财务目标和预算执行的过程；财务分析既是对已完成的财务活动的总结，也是财务预测的前提，在财务管理循环中起承上启下的作用，业绩评价的有效性又是企业目标实现的动力和保证。上述几个环节的财务管理工作相互联系、相互依存。

任务二　财务管理要达到什么目标

一、企业的目标

企业的目标就是创造价值。一般而言，企业财务管理的目标就是为企业创造价值服务。鉴于财务主要是从价值方面反映企业的商品或者服务提供过程，因而财务管理可为企业的价值创造发挥重要作用。

企业是盈利性组织，其出发点和归宿是获利。企业成立后，就面临着市场竞争，开始处于生存和倒闭、发展与萎缩的交替变动中。企业只有生存下去，才能获利，而要生存，就要不断发展。因此，企业的基本目标是生存，核心目标是发展，最终目标是获利。

二、关于财务管理目标的主要观点

财务管理的目标是通过组织财务活动、处理财务关系所要达到的目的。根据现代企业财务管理的理论和实践，企业财务管理目标有如下几种具有代表性的理论。

（一）利润最大化

利润最大化就是假定企业财务管理以实现利润最大化为目标。以利润最大化作为财务管理目标，其主要原因有三：（1）人类从事生产经营活动的目的是为了创造更多的剩余产品，在市场经济条件下，剩余产品的多少可以用利润这个指标来衡量；（2）在自由竞争的资本市场中，资本的使用权最终属于获利最多的企业；（3）只有每个企业都最大限度地创造利润，整个社会的财富才可能实现最大化，从而带来社会的进步和发展。

利润最大化目标的主要优点：企业追求利润最大化，就必须讲求经济核算，加强管理，改进技术，提高劳动生产率，降低产品成本。这些措施都有利于企业资源的合理配置，有利于企业整体经济效益的提高。

因此，以利润最大化作为财务管理目标有其合理性。但是，由于利润指标自身的局限性，以利润最大化作为财务管理目标存在以下缺陷。

（1）没有考虑利润实现时间和资金时间价值。例如，今年 100 万元的利润和 10 年以后同等数量的利润的实际价值是不一样的，同时 10 年间还会有时间价值的增加，而且这一数值会随着贴现率的不同而有所不同。

（2）没有考虑风险问题。不同行业具有不同的风险，同等利润值在不同行业中的意义也不相同，例如，风险比较高的高科技企业和风险相对较小的制造业企业无法简单比较。

（3）没有反映创造的利润与投入资本之间的关系。例如，A 企业投入 500 万元，B 企业投入 1 000 万元的资本，A、B 两企业本年获利均为 200 万元，很显然 A、B 两企业的经营效果不相同。

（4）可能导致企业短期财务决策倾向，影响企业长远发展。由于利润指标通常按年计算，因此，企业决策也往往会服务于年度指标的完成或实现，而忽视企业的长远利益。

（二）股东财富最大化

股东财富最大化是指企业财务管理以实现股东财富最大化为目标。在上市公司，股东财富是由其所拥有的股票数量和股票市场价格两方面决定的。在股票数量一定时，股票价格达到最高，股东财富也就达到最大。

1．股东财富最大化作为财务管理目标的主要优点

（1）考虑了风险因素，因为通常股价会对风险做出较敏感的反应。

（2）在一定程度上能避免企业短期行为，因为不仅目前的利润会影响股票价格，与其未来的利润同样会对股价产生重要影响。

（3）对上市公司而言，股东财富最大化目标比较容易量化，便于考核和奖惩。

2．股东财富最大化作为财务管理目标的主要缺点

（1）通常只适用于上市公司，非上市公司难于应用，因为非上市公司无法像上市公司一样随时准确获得公司股价。

（2）股价受众多因素影响，特别是企业外部的因素，有些还可能是非正常因素。股价不能完全准确反应企业财务管理状况，如有的上市公司处于破产的边缘，但因为存在某些机会，其股票市价可能还在走高。

（3）它强调得更多的是股东利益，而对其他相关者的利益重视不够。

【活动题：判断题】

就上市公司而言，将股东财富最大化作为财务管理目标的缺点之一是不容易被量化的。

【解析】本题是错误的。因为与利润最大化相比，股东财务最大化的主要优点是：（1）考虑了风险因素，因为通常股价会对风险作出较敏感的反应；（2）在一定程度上能避免企业追求短期行为，因为不仅目前的利润会影响股票的价格，预期未来的利润同样会对股价产生重要影响；（3）对上市公司而言，股东财富最大化目标比较容易量化，便于考核和奖惩。

（三）企业价值最大化

企业价值最大化是指企业财务管理行为以实现企业的价值最大化为目标。企业价值可以理解为企业所有者权益的市场价值，或者是企业所能创造的预计未来现金流量的现值。未来现金流量包含了资金的时间价值和风险价值两个方面的因素。因为未来现金流量的预测包含了不确定性和风险因素，而现金流量的现值是以资金的时间价值为基础对现金流量进行折现计算得出的。

企业价值最大化要求企业通过采用最优的财务政策，充分考虑资金的时间价值以及风险与报酬的关系，在保证企业长期稳定发展的基础上使企业总价值达到最大。

1．企业价值最大化作为财务管理目标的主要优点

（1）考虑了取得报酬的时间，并用时间价值的原理进行了计量。

（2）考虑了风险与报酬的关系。

（3）将企业长期、稳定发展和持续的获利能力放在首位，能克服企业在追求利润上的短期行为，因为不仅目前利润会影响企业的价值，预期未来的利润对企业价值也会产生重大影响。

（4）用价值代替价格，克服了过多受外界市场因素的干扰，有效地规避了企业的短期行为。

2．企业价值最大化作为财务管理目标的主要缺点

（1）企业的价值过于理论化，不易操作。尽管对于上市公司，股票价格的变动在一定程度上揭示了企业价值的变化，但是，股价是多种因素共同作用的结果，特别是在资本市场效率低下的情况下，股票价格很难反映企业的价值。

（2）对于非上市公司，只有对企业进行专门的评估才能确定其价值，而在评估企业的资产时，由于受评估标准和评估方式的影响，很难做到客观和准确。

近年来，随着上市公司数量的增加及其在国民经济中地位的提升和作用的增强，企业价值最大化目标逐渐得到了广泛认可。

（四）相关者利益最大化

1．企业的主要“利益主体”

【活动题：简答题】

你能说出“利益主体”都是些什么人吗?

【提示】股东、债权人、代理人、职工、供应商、客户等。

在现代企业是多边契约关系的总和的前提下，要确立科学的财务管理目标，首先就要考虑哪些利益关系会对企业发展产生影响。在市场经济中，企业的理财主体更加细化和多元化。股东作为企业所有者，在企业中承担着最大的权利、义务、风险和报酬，但是债权人、员工、企业经营者、客户、供应商和政府也为企业承担着风险，主要体现在以下几个方面。

（1）举债经营的企业越来越多的同时，举债比例和规模也不断扩大，债权人的风险也随之大大增加。

（2）在社会分工细化的今天，由于简单劳动越来越少，复杂劳动越来越多，职工的再就业风险也不断增加。

（3）在现代企业制度下，企业经理人受所有者委托，作为代理人管理和经营企业，在激烈的市场竞争和复杂多变的形势下，代理人所承担的责任越来越大，风险也随之加大。

（4）在市场竞争和经济全球化的影响下，企业与客户以及企业与供应商之间不再是简单的买卖关系，更多的情况下是长期的伙伴关系，处于一条供应链上，并共同参与同其他供应链的竞争，因而也与企业共同承担一部分风险。

（5）政府不管是作为出资人，还是作为监管机构，都与企业各方的利益密切相关。

综上所述，企业的利益相关者不仅包括股东，还包括债权人、企业经营者、客户、供应商、员工、政府等。因此，在确定企业财务管理目标时，不能忽视这些相关利益群体的利益。

2．相关者利益最大化目标的具体内容

（1）强调风险与报酬的均衡，将风险限制在企业可以承受的范围内。

（2）强调股东的首要地位，并强调企业与股东之间的协调关系。

（3）强调对代理人即企业经营者的监督和控制，建立有效的激励机制以便企业战略目标的顺利实施。

（4）关心本企业普通职工的利益，创造优美和谐的工作环境和提供合理恰当的福利待遇，培养职工长期努力为企业工作。

（5）不断加强与债权人的关系，培养可靠的资金供应者。

（6）关心客户的长期利益，以便保持销售收入的长期稳定增长。

（7）加强与供应商的协作，共同面对市场竞争，并注重企业形象的宣传，遵守承诺，讲究信誉。

（8）保持与政府部门的良好关系。

3．相关者利益最大化作为财务管理目标的主要优点

（1）有利于企业长期稳定发展。这一目标注重企业在发展过程中考虑并满足各利益相关者的利益关系。在追求长期稳定发展的过程中，站在企业的角度上进行投资研究，避免只站在股东的角度进行投资而可能导致的一系列问题。

（2）体现了合作共赢的价值理念，有利于实现企业经济效益和社会效益的统一。由于兼顾了企业、股东、政府、客户等的利益，企业就不仅仅是一个单纯谋利的组织，还承担了一定的社会责任。企业在寻求其自身的发展和利益最大化过程中，由于客户及其他利益相关者的利益，就会依法经营，依法管理，正确处理各种财务关系，自觉维护和确实保障国家、集体和社会公众的合法权益。

（3）这一目标本身是一个多元化、多层次的目标体系，较好地兼顾了各利益主体的利益。这一目标可使企业各利益主体相互作用、相互协调，并在使企业利益、股东利益达到最大化的同时，也使其他利益相关者的利益达到最大化。也就是将企业财富这块“蛋糕”做到最大化的同时，保证每个利益主体所得的“蛋糕”更多。

（4）体现了前瞻性和现实性的统一。例如，企业作为利益相关者之一，有其一套评价指标，如未来企业报酬贴现值、股东的评价指标可以使用股票市价、债权人可以寻求风险最小、利息最大、工人可以确保工资福利、政府可考虑社会效益等。不同的利益相关者有各自的指标，只要合理合法、互利互惠、相互协调，就可以实现所有相关者利益最大化。

因此，相关者利益最大化是企业财务管理最理想的目标。但是鉴于该目标过于理想化，且无法操作，本书后续单元采用股东财富最大化作为财务管理的目标。

三、财务管理目标的协调

协调相关者的利益冲突，要把握的原则是尽可能使企业相关者的利益分配在数量上和时间上达到动态的协调平衡。而在所有的利益冲突协调中，所有者与经营者、所有者与债权人的利益冲突与协调至关重要。

（一）所有者与经营者利益冲突与协调

在现代企业中，经营者一般不拥有占支配地位的股权，他们只是所有者的代理人。所有者期望经营者代表他们的利益工作，实现所有者财富最大化，而经营者则有其自身的利益考虑，二者的目标往往会不一致。通常而言，所有者支付给经营者报酬的多少在于经营者能够为所有者创造多少财富。经营者和所有者的主要利益冲突就是：经营者希望在创造财富的同时能够获取更多的报酬、更多的享受，而所有者则希望以较小的代价（支付较小的报酬）实现更多的财富。

为了协调这一利益冲突，通常可采取以下方式解决。

1．解聘

这是一种通过所有者约束经营者的办法。所有者对经营者予以监督，如果经营者绩效不佳，就解聘经营者。经营者为了不被解聘就需要努力工作，为实现财务管理目标服务。

2．接收

这是一种通过市场约束经营者的办法。如果经营者决策失误、经营不力、绩效不佳，该企业就可能被其他企业强行接收或吞并，相应经营者也会被解聘。经营者想要避免这种接收，就必须努力实现财务管理目标。

3．激励

激励就是将经营者的报酬与其绩效直接挂钩，以使经营者自觉采取能提高所有者财富的措施。激励通常有以下两种方式。

（1）股票期权。它是允许经营者以约定的价格购买一定数量的本企业股票的一种激励方式。股票的市场价格高于约定价格的部分就是经营者所得的报酬。经营者为了获得更大的股票涨价益处，就必然主动采取能够提高股价的行动，从而增加所有者财富。

（2）绩效股。它是企业运用每股收益、资产收益率等指标来评价经营者绩效并视其绩效大小给予经营者数量不等的股票作为报酬的激励方式。如果经营者绩效未能达到规定目标，经营者将丧失原先持有的部分绩效股。这种方式使经营者不仅为了多得绩效股而不断采取能够提高经营绩效的措施，而且为了使每股市价最大化，也会采取各种措施使股票市价稳定上升，从而增加所有者财富。即使客观原因导致股价并未提高，经营者也会因为获取绩效股而获利。

（二）所有者与债权人的利益冲突与协调

所有者的目标可能与债权人期望实现的目标发生矛盾。首先，所有者可能要经营者改变举债资金的原定用途，将其用于风险更高的项目，而这会增大偿债风险，债权人的负债价值也必然会降低，造成债权人风险与收益的不对称。因为高风险的项目一旦成功，额外的利润就会被所有者独享，但若失败，债权人却要与所有者共同负担损失。其次，所有者可能在未征得现有债权人同意的情况下，要求经营者举借新债，造成偿债风险增大，致使原有债权的价值降低。

所有者与债权人的上述利益冲突，可以通过以下方式解决。

1．限制性借债

债权人通过事先规定借债用途限制、借债担保条款和借债信用条件，使所有者不能通过以上两种方式削弱债权人的债权价值。

2．收回借款或停止借款

当债权人发现企业有侵蚀其债权价值的意图时，采取收回债权或不再给予新的借款的措施，从而保护自身权益。

任务三　影响财务管理的因素有哪些

一、宏观财务环境

财务管理环境又称理财环境，是企业在财务管理的过程中所面对的各种客观条件和影响因素。不同的理财环境对企业财务管理有不同的影响。企业的各项财务活动是在一定的环境背景下开展的，受到环境条件的制约。与此同时，财务管理环境对企业财务管理活动实践的发展具有重要的影响和推动作用。

企业财务管理环境可分为宏观环境和微观环境。宏观环境和微观环境中又包含各种因素。

（一）技术环境

财务管理的技术环境是指财务管理得以实现的技术手段和技术条件。它决定着财务管理的效率和效果。目前，我国进行财务管理所依据的会计信息是通过会计系统所提供的，占企业经济信息总量的 60%～70%。在企业内部，会计信息主要是提供给管理层决策使用，而在企业外部，会计信息则主要是为企业的投资者、债权人等群体提供服务。

目前，我国正全面推进会计信息化工作，力争通过 5～10 年左右的努力，建立健全会计信息化法规体系和会计信息化标准体系，全力打造会计信息化人才队伍，基本实现大型企事业单位会计信息化与经营管理信息化的融合，进一步提升企事业单位的管理水平和风险防范能力，做到数出一门、资源共享，便于不同信息使用者获取、分析和利用，进行投资和相关决策；基本实现大型会计师事务所采用信息化手段对客户的财务报告和内部控制进行审计，进一步提升社会审计质量和效率；基本实现政府会计管理和会计监督的信息化，进一步提升会计管理水平和监管效能。通过全面推进会计信息化工作，使我国的会计信息化达到或接近世界先进水平。我国企业会计信息化的全面推进，必将促使企业财务管理的技术环境进一步完善和优化。

（二）经济环境

在影响财务管理的各种外部环境中，经济环境是最为重要的。

经济环境内容十分广泛，包括经济体制、经济周期、经济发展水平、宏观经济政策及社会通货膨胀水平等。

1．经济体制

在计划经济体制下，国家统筹企业资本、统一投资、统负盈亏，企业利润统一上缴、亏损全部由国家补贴，这时，企业虽然是一个独立的核算单位但无独立的理财权利，财务管理活动的内容比较单一，财务管理方法比较简单。在市场经济体制下，企业成为“自主经营、自负盈亏”的经济实体，有独立的经营权，同时也有独立的理财权。企业可以从其自身需要出发，合理确定资本需要量，然后到市场上筹集资本，再把筹集到的资本投放到高效益的项目上获取更大的收益，最后将收益根据需要和可能进行分配，保证企业财务活动自始至终根据自身条件和外部环境作出各种财务管理决策并组织实施。因此，财务管理活动的内容比较丰富，方法也复杂多样。

2．经济周期

市场经济条件下，经济发展与运行带有一定的波动性，大体上经历复苏、繁荣、衰退和萧条几个阶段的循环，而这种循环叫做经济周期。

在不同的经济周期，企业应采用不同的财务管理战略。西方财务学者探讨了经济周期中的财务管理战略，现择其要点归纳如表 1-2 所示。

表 1-2　经济周期中的财务管理战略

复苏	繁荣	衰退	萧条
增加厂房设备	扩充厂房设备	停止扩张	建立投资标准
实行长期租赁	继续建立存货	出售多余设备	保持市场份额
建立存货	提供产品价格	停产不利产品	压缩管理费用
开发新产品	开展营销规划	停止长期采购	放弃次要利益
增加劳动力	增加劳动力	削减存货	削减存货
		停止扩招雇员	裁减雇员

【活动题：多项选择题】

在经济繁荣阶段，市场需求旺盛，企业应（　　）。

A. 扩大生产规模　　B. 增加投资　　C. 减少投资

D. 增加存货　　E. 减少劳动力

3．经济发展水平

财务管理的发展水平是和经济发展水平密切相关的，经济发展水平越高，财务管理水平也越高。财务管理水平的提高，将推动企业降低成本，改进效率，提高效益，从而促进经济发展水平的提高。而经济发展水平的提高，将改变企业的财务战略、财务理念、财务管理模式和财务管理的方法手段，从而促进企业财务管理水平的提高。财务管理应当以经济发展水平为基础，以宏观经济发展目标为导向，从业务工作角度保证企业经营目标和经营战略的实现。

4．宏观经济政策

我国经济体制改革的目标是建立社会主义市场经济体制，以进一步解放和发展生产力。在这个目标的指导下，我国已经并正在进行财税体制、金融体制、外汇体制、外贸体制、计划体制、价格体制、投资体制、社会保障制度等各项改革。所有这些改革措施，深刻地影响着我国的经济生活，也深刻地影响着我国企业的发展和财务活动的运行。例如，金融政策中的货币发行量、信贷规模会影响企业投资的资金来源和投资的预期收益；财税政策会影响企业的资金结构和投资项目的选择等；价格政策会影响资金的投向和投资的回收期及预期收益；会计制度的改革会影响会计要素的确认和计量，进而对企业财务活动的事前预测、决策及事后的评价产生影响等。

5．通货膨胀水平

通货膨胀对企业财务活动的影响是多方面的，主要表现在以下几方面。

（1）引起资金占用的大量增加，从而增加企业的资金需求。

（2）引起企业利润虚增，造成企业资金由于利润分配而流失。

（3）引起利润上升，加大企业的权益资金成本。

（4）引起有价证券价格下降，增加企业的筹资难度。

（5）引起资金供应紧张，增加企业的筹资困难。

为了减轻通货膨胀对企业造成的不利影响，企业应当采取措施予以防范。在通货膨胀初期，货币面临着贬值的风险，这时企业进行投资可以避免风险，实现资本保值；与客户应签订长期购货合同，以减少物价上涨造成的损失；取得长期负债，保持资本成本的稳定。在通货膨胀持续期，企业可以采用比较严格的信用条件减少企业债权，也可调整财务政策防止和减少企业资本流失。

【活动题：多项选择题】

通货膨胀对企业财务活动的影响主要体现在（　　）。

A. 减少资金占用量　　B. 增加企业的资金需求　　C. 降低企业的资金成本

D. 引起利率的上升　　E. 企业筹资更加容易

（三）金融环境

1．金融机构、金融工具与金融市场

金融机构主要是指银行和非银行金融机构。银行是指经营存款、放款、汇兑、储蓄等金融业务、承担信用中介的金融机构，包括各种商业银行和政策性银行，如中国工商银行、中国农业银行、中国银行、中国建设银行、国家开发银行、中国农业发展银行。非银行金融机构主要包括保险公司、信托投资公司、证券公司、财务公司、金融资产管理公司、金融租赁公司等机构。

金融工具是指融通资金双方在金融市场上进行资金交易、转让的工具，借助金融工具，资金从供给方转移到需求方。金融工具分为基本金融工具和衍生金融工具两大类。常见的基本金融工具有货币、票据、债券、股票等。衍生金融工具又称派生金融工具，是在基本金融工具的基础上通过特定技术设计形成的新的融资工具，如各种远期合约、互换、掉期、资产支持证券等，种类非常复杂、繁多，具有高风险、高杠杆效应的特点。

金融市场是指资金供应者和资金需求者双方通过一定的金融工具进行交易而融通资金的场所。金融市场包括资金供应者和资金需求者、金融工具、交易价格、组织方式等构成要素。金融市场为企业融资和投资提供了场所，可以帮助企业实现长短期资金转换、引导资本流向和流量，提高资本效率。

2．金融市场的分类

金融市场可以按照不同的标准进行分类。

（1）货币市场和资本市场。以期限为标准，金融市场可分为货币市场和资本市场。货币市场又称短期金融市场，是指以期限在 1 年以内的金融工具为媒介并进行短期资金融通的市场，包括同业拆借市场、票据市场、大额定期存单市场和短期债券市场。资本市场又称长期金融市场，是指以期限在 1 年以上的金融工具为媒介并进行长期资金交易活动的市场，包括股票市场和债券市场。

（2）发行市场和流通市场。以功能为标准，金融市场可分为发行市场和流通市场。发行市场又称为一级市场，主要处理金融工具的发行与最初购买者之间的交易。流通市场又称为二级市场，主要处理现有金融工具转让和变现的交易。

（3）资本市场、外汇市场和黄金市场。以融资对象为标准，金融市场可分为资本市场、外汇市场和黄金市场。资本市场以货币和资本为交易对象，外汇市场以各种外汇金融工具为交易对象，黄金市场则是集中进行黄金买卖和金币兑换的交易市场。

（4）基础性金融市场和金融衍生品市场。按所交易金融工具的属性，金融市场可分为基础性金融市场与金融衍生品市场。基础性金融市场是指以基础性金融产品为交易对象的金融市场，如商业票据、企业债券、企业股票的交易市场。金融衍生品交易市场是指以金融衍生品为交易对象的金融市场，如远期、期货、掉期（交换）、期权及具有远期、期货、掉期（交换）、期权中一种或多种特征的结构化金融工具的交易市场。

（5）地方性金融市场、全国性金融市场和国际性金融市场。以地理范围为标准，金融市场可分为地方性金融市场、全国性金融市场和国际性金融市场。

3．货币市场

货币市场的主要功能是调节短期资金融通，其主要特点是：（1）期限短，一般为 3～6 个

月，最长不超过 1 年；（2）交易目的是解决短期资金周转，主要资金来源是资金所有者暂时闲置的资金，融通资金的用途一般是弥补短期资金的不足；（3）金融工具有较强的“货币性”，具有流动性强、价格平稳、风险较小等特性。

货币市场主要有拆借市场、票据市场、大额定期存单市场和短期债券市场等几个类别。拆借市场是指银行及其他金融机构之间短期性资本的借贷活动。这种交易一般没有固定的场所，主要通过电讯手段成交，期限按日计算，一般不超过 1 个月。票据市场包括票据承兑市场和票据贴现市场。票据承兑市场是票据流通转让的基础。票据贴现市场是对未到期票据进行贴现，为客户提供短期资本融通，包括贴现、再贴现和转贴现。大额定期存单市场是一种买卖银行发行的可转让大额定期存单的市场。短期债券市场主要买卖 1 年期以内的短期企业债券和政府债券，尤其是政府的国库券交易。短期债券的转让可以通过贴现或买卖的方式进行。短期债券以其信誉好、期限短、利率优惠等优点，成为货币市场中的重要金融工具之一。

4．资本市场

资本市场的主要功能是实现长期资本融通，其主要特点如下：（1）融资期限长，至少 1 年以上，最长可达 10 年甚至 10 年以上；（2）融资目的是解决长期投资性资本的需要，用于补充长期资本，扩大生产能力；（3）资本借贷量大；（4）收益较高但风险也较大。

资本市场主要包括债券市场、股票市场和融资租赁市场等。

债券市场和股票市场由证券（债券和股票）发行和证券流通两个环节构成。有价证券的发行是一项复杂的金融活动，一般要经过以下几个重要环节：（1）证券种类的选择；（2）偿还期限的确定；（3）发售方式的选择。在证券流通中，参与者除了买卖双方外，中介非常活跃，这些中介主要有证券经纪人、证券商，他们在流通市场中起着不同的作用。

融资租赁市场是通过资产租赁实现长期资金融通的市场，具有融资与融物相结合的特点，融资期限一般与资产租赁期限一致。

（四）法律环境

1．法律环境的范畴

市场经济是法制经济，企业的一些经济活动总是在一定法律规范内进行的。法律既约束企业的非法经济行为，也为企业从事各种合法经济活动提供保护。

国家相关法律法规按照对财务管理内容的影响情况可以分如下几类。

（1）影响企业筹资的各种法律法规主要有公司法、证券法、金融法、证券交易法、合同法等。这些法律法规可以从不同方面规范或制约企业的筹资活动。

（2）影响企业投资的各种法律法规主要有证券交易法、公司法、企业财务通则等。这些法律法规从不同角度规范企业的投资活动。

（3）影响企业收益分配的各种法律法规主要有税法、公司法、企业财务通则等。这些法律法规从不同方面对企业收益分配进行了规范。

2．法律环境对企业财务管理的影响

法律环境对企业的影响力是多方面的，影响范围包括企业组织形式、公司治理结构、投融资活动、日常经营、收益分配等。公司法规定，企业可以采用独资、合伙、公司制等企业组织形式。企业组织形式不同，业主（股东）权利责任、企业投融资、收益分配、纳税、信息披露等不同，公司治理结构也不同。上述不同种类的法律，分别从不同方面约束企业的经济行为，对企业财务管理产生影响。

（五）社会文化环境

社会文化环境包括教育、科学、文化、艺术、新闻出版、广播电视、卫生体育、世界观、理想、信念、道德、习俗及同社会制度相适应的权利义务观念、道德观念、价值观念、劳动态度等元素。企业的财务活动不可避免地受到社会文化的影响，有的只有间接影响，有的影响比较明显，有的影响微乎其微。

例如，随着财务管理工作的内容越来越丰富，社会整体的教育水平将越来越重要。事实表明，在教育落后的情况下，为提高财务管理水平所作的努力往往收效甚微。又如，科学的发展对财务管理理论的完善也起着至关重要的作用。经济学、数学、统计学、计算机科学等诸多学科的发展，都在一定程度上影响着财务管理理论的发展。另外，诸如社会的资信程度等因素，也在一定程度上影响着财务管理活动。当社会资信程度较高时，企业间的信用往来会趋于频繁，会促进彼此之间的合作，并减少企业的坏账损失。

若公司的业务囊括了有差异的文化环境，那公司需要对现有员工进行文化差异方面的培训，并且在可能的情况下雇用文化方面的专家。若忽视社会文化对公司财务活动的影响，公司的财务管理将出现意想不到的问题。

二、微观财务环境

企业财务管理的微观环境包括企业的组织形式、企业市场购销环境、企业的生产情况和人员等诸多方面，它们对企业财务活动的开展起着重要的影响和制约作用。

1．企业的组织形式

企业的组织形式主要有独资、合伙制和公司制三种主要形式。不同的企业组织形式，其财务活动呈现不同的特点。

（1）独资企业：独资企业是由单一的业主出资，并由其控制和经营的企业，其最大的特征表现在以下几个方面。

① 出资人将企业的财产所有权和企业控制权以及经营权集于一身，不存在委托代理关系，因此对治理结构等制度安排没有突出要求。

② 出资人要承担无限责任。独资企业一旦发生损失，企业所有者要承担的责任就不是以出资的资本为限，而是要将个人的私有财产一并拿出来抵债，因此资本金制度和企业的收益分配管理对其没有实质的意义。

③ 通常规模较小，社会信用不足，因此开展筹资活动较为困难。

（2）合伙制企业：合伙制企业是指由两个及两个以上的业主共同出资、共同拥有、共同经营的企业。合伙制企业的特征主要表现为以下几个方面。

① 虽然业主不只一个，但由于企业决策由所有业主共同作出，因此治理结构也相对简单，各合伙人的责任和权利关系通过合伙人契约得以制度化。

② 出资人也要承担无限责任。

③ 由于业主不止一个，并且要共同作出决策，因此决策较为缓慢，而且，如果各业主的意见或经营目标发生分歧，企业很可能走向解体。

（3）公司制企业：公司是两权分离的产物。作为股东的出资人拥有公司财产的终极所有权，但公司作为法人主体拥有完善意义的法人财产权。公司制企业的特征及其对财务活动的影响主要表现在以下几个方面。

① 公司制企业复杂的委托代理关系，以及各利益主体之间的利益冲突和信息的不对称，是

完善的公司治理结构成为制约和影响企业财务活动的制度背景。

② 公司股东以其出资额为限对公司承担有限责任，同时凭此享有对公司收益的分配权和财产的分配权。因此资本金制度和收益分配的管理是公司财务管理的重要内容。

③ 公司制企业的最大优点在于其巨大的融资能力。通过股票和债券的发行，公司制企业可以迅速获得其经营和发展所需要的资金，而多元化的筹资渠道和筹资方式使企业筹资活动和决策十分复杂。事实上，现代财务管理的理财思路和方法就是以公司制企业，特别是股份公司制企业为主体和对象开展的。

2．市场营销环境

包括企业的采购市场环境和销售市场环境。

采购环境对企业理财有重要影响。按不同的标准可对采购环境做不同的分类。采购环境按物资来源是否稳定，可分为稳定的采购环境和波动的采购环境。前者的企业所需资源有比较稳定的来源。后者则不稳定，有时能采购到，有时采购不到。企业如果处于稳定的采购环境中，可少储备存货，减少存货占用的资金。如果处于波动的采购环境中，则必须增加存货的保险储备，以防存货不足影响生产。这就要求财务人员把较多的资金投资于存货的保险储备上。采购环境按价格变动情况，可分为价格上涨的采购环境和价格下降的采购环境。在物价上涨的环境下，企业应尽量提前进货，以防物价进一步上涨而遭受损失，就要求在存货上投入较多的资金；反之，在物价下降的环境里，应尽量随使用随采购，以便从价格下降中获得好处，也可在存货上尽量减少占用资金。

每个企业都面临着不同的销售市场环境。这些环境会影响和制约企业的财务行为。一般来说，影响企业销售市场的环境有两项：一是参加市场交易的生产者及消费者的数量，二是参加市场交易的商品的差异程度。

3．生产环境

不同的生产企业和服务企业具有不同的生产环节。这些生产环节对财务管理有着重要影响。例如，企业的生产如果是资本密集型的，那就有比较多的固定资产而生产工人较少。这种企业在固定资产上占用的资金比较多，而工薪费用较少。这就要求企业财务人员必须筹集到足够的长期资金以满足固定资产投资。反之，如果企业生产是劳动密集型的，则可较多地利用短期资金。再如，生产轮船、飞机的企业，生产周期较长，要比较多地利用长期资金；反之，生产食品的企业，生产周期很短，可以比较多地利用短期资金。

4．人员环境

企业财务管理实际上处理的是人与人之间的经济关系，因此人员环境对理财的影响是相当大的。这里所说的人员环境是指由企业内部或外部利益集团构成的人员组合，不仅是自然人，也指法人，还包括由不同人所构成的社会，具体分述如下。

（1）股东：股东是企业的所有者，企业对股东承担的基本责任是保护投资者的投资。股东的意见对公司的筹资、投资和盈余分配都有重大影响。

（2）债权人：债权人是向企业出借资金的人，如债权持有人、贷款的银行等。企业财务对债权人承担的责任是到期偿还债务，如果不能做到，会影响公司信誉，甚至会导致破产。

（3）雇员：企业的雇员就是为企业生产产品或提供服务的人员。企业必须在工资、工作条件、福利等方面满足雇员的需要，否则也会影响企业的正常经营活动。

（4）顾客：企业的产品或服务质量的好坏最终要由顾客来检验。因此，企业的成败，归根到底取决于顾客。为了更好地满足顾客的需要，企业要做好广告宣传，加强售后服务，制定合适的信用政策。

（5）政府：政府与企业之间也有一定的利害关系，其中最主要的就是企业必须依法及时、足额地上缴税款。这就要求企业财务人员必须筹集足够的资金以满足纳税需要。

（6）社会：企业承担社会责任对企业财务也有重大影响。例如，企业向宗教或教育事业捐款，就会减少企业的资金或盈利，同时，若企业的生产造成环境污染，就必须进行投资来清除污染，也会引起企业资金需求量的变化。

综上所述，理财环境对企业财务管理活动有着非常重大的影响。这就要求财务人员要正确认识和把握企业所处的理财环境特征，并根据企业财务管理环境的变化和发展，及时调整企业的财务管理目标，改变财务管理方法，采取新的措施和对策。只有如此，企业才能在激烈竞争的市场环境中立于不败之地。

本单元小结

本单元是财务管理的认知环节，共三个任务内容，主要介绍财务管理的概念、财务管理的目标、影响财务管理的因素三个方面。任务一主要讲解了以下内容：（1）企业的主要经济活动是围绕资金运动图展开的，利用图形可使企业的经济活动一目了然；（2）企业的财务活动就是企业再生产过程中的资金运动，主要围绕资金的筹资、投放、使用、收回和分配等一系列行为开展，主要包括筹资活动、投资活动、资金营运活动和利润分配活动；（3）企业在开展财务活动中可能发生的各方面的财务关系；（4）财务管理涵义；（5）财务管理工作有哪些环节。任务二主要讲解企业的财务管理目标，分析财务管理各目标的利弊优缺点，以及如何解决财务管理目标在各利益主体之间的协调问题。任务三分析影响财务管理的因素，主要从宏观财务环境和微观财务环境两个方面详细分析对企业理财的影响。

复习与思考

1. 财务管理的内容与会计报表项目之间有何对应关系？

2. 在某公司财务目标研讨会上，张经理主张“贯彻合作共赢的价值理念，做大企业的财富蛋糕”；李经理认为“既然企业的绩效按年度考核，财务目标就应该集中体现当年利润指标”；王经理提出“应将企业长期稳定的发展放在首位，以便创造更多的价值”。你认为上述观点涉及的财务管理目标有哪些？

3. 有人批评美国最高管理层的报酬过高，并主张削减，对此请发表一下你的观点。

技能实训

假设你毕业于财务专业，在一家咨询公司上班。张玲是你的一个客户，她正打算创立一家生产健身器材的公司。由于近几年这一行业的前景被市场看好，因此已有多位出资者表示愿意对张玲的新公司出资。鉴于采用发行股票方式设立公司的手续复杂，张玲打算采用有限责任公司的组织形式，她想通过你来了解公司理财方面的相关知识。你的老板设计了下面这些问题，让你通过这些问题及你自己对这些问题的理解来帮助张玲了解相关知识。

（1）公司内部的组织结构可以如何设置？

（2）作为公司的财务人员，财务管理的目标是什么？在实施这一目标的过程中，可能遇到的问题有哪些，应如何解决？

（3）企业的财务活动有哪些内容？财务人员在进行这些活动时需要注意的问题是什么？

（4）企业财务人员可以通过金融市场实现什么理财目标？金融机构有哪些？

（5）市场利率的构成因素包括哪些内容？这些构成因素产生的原因是什么？

单元二　资金时间价值与风险的认知和衡量

素质目标

1. 掌握资金时间价值的概念和相关计算方法
2. 掌握风险的衡量方法和风险报酬率的概念
3. 理解风险的种类与特点

技能目标

1. 能够区分不同类型的年金
2. 能够运用资金时间价值的计算方法计算相应的时间价值

案例导入

如果你突然收到一张事先不知道的 1 260 亿美元的账单，你一定会大吃一惊。而这样的事件却发生在田纳西镇的居民身上。纽约布鲁克林法院判决田纳西镇的居民应向某一美国投资者支付这笔钱。最初，田纳西镇的居民以为这是一件小事，但当他们收到账单时，被这张巨额账单吓呆了。他们的律师指出，若高级法院支持这一判决，为偿还债务，所有田纳西镇的居民在其余生中不得不靠吃麦当劳等廉价快餐度日。

田纳西镇的问题源于 1966 年的一笔存款。斯兰黑不动产公司在内部交换银行（田纳西镇的一家银行）存入一笔 6 亿美元的存款。存款协议要求银行按每周 1%的利率（复利）付息（难怪该银行第 2 年破产）。1994 年，纽约布鲁克林法院做出判决：从存款日到田纳西镇对该银行进行清算的 7 年中，这笔存款应按每周 1%的复利计算，而在银行清算后的 21 年中，每年按 8.54%的复利计息。

请思考以下问题：

你知道 1 260 亿美元是如何计算出来的吗？如果利率为每周 1%，按复利计算，6 亿美元增加到 12 亿美元需多长时间?

1 260 亿美元是如下计算过程得出来的。

若每周按 1%的复利计算，则到 1973 年时总共经历周数 n=365×7 年/7 天=365 周。

到 1973 年时的终值 F=6×（F/P，1%，365）=6×（1+1%）^{365}=226.7006 亿美元。

到 1994 年时的终值 F=6×（F/P，1%，365）×（F/P，8.54%，21）=1 267.182 亿美元。

这些数字的计算对你有何启示?

任务一　资金时间价值的认知和衡量

一、时间价值的概念

（一）资金时间价值的定义

资金时间价值是指资金经历一定时间的投资和再投资所增加的价值，也称为货币时间价值。并不是所有的货币都有时间价值，只有把货币作为资本投入生产经营过程才能产生时间价值，即时间价值是在生产经营中产生的。一般来说，资金的时间价值为“没有风险、不存在通货膨胀条件下的社会平均资本利润率”，通常以政府债券利率或银行的贴现率表示。

在经济生活中，我们常常遇到这样的现象：一定量的资金在不同时点上具有不同的价值。例如，今天王芳将 1 000 元存入银行，假设利率为 5%，则 1 年后的今天，王芳将会得到 1 050 元的本利和。于是，今天的 1 000 元与 1 年后的 1 050 元的价值相等。因为这 1 000 元经过了一年的时间增值了 50 元。因此，1 050 元中的 1 000 元是本金，50 元是利息，这个利息就是资金的时间价值。

同理，企业将资金投入生产经营，经过资金的不断运动，随着时间的推移，会创造出新的价值，使资金得以增值。由此可见，资金投入生产经营或存入银行，均会导致资金的增值，产生资金的时间价值。

马克思指出，“作为资本的货币的流通本身就是有目的的，因为只有在这个不断更新的运动中才有价值增值”，“如果把它从流通中取出来，那它就凝固为贮藏货币，即使藏到世界末日，也不会增加分毫”。由此可知，资金要具有时间价值需要一个条件，即必须将货币有目的地直接或者间接地作为资金投入生产过程，因为时间价值是在生产经营过程中产生的。

（二）资金时间价值的表现形式

资金的时间价值有两种表现形式。第一种为绝对数形式，指资金在再生产过程中的增加额，即时间价值额。第二种为相对数形式，即时间价值率。

二、时间价值的计算

由于资金随着时间的延续而增值，在不同时点上具有不同的价值。因此，不同时间资金的收付不能直接比较，应当把它们换算到相同的时点上才能进行大小比较和相关计算。一般用“现值”和“终值”来表示不同时点资金的价值。现值，又称为本金，是指未来某一时点上的一定量现金折合到现在的价值，通常记作“P”。终值又称本利和，是现在一定量现金在未来某一时点上的价值，即当前的一笔资金在若干期后所具有的价值，通常记作“F”。

计算资金的时间价值，首先要清楚资金运动发生的时间和方向，即弄清楚每笔资金在哪个时点上发生及资金流向是流入还是流出。现金流量时间线提供了重要的计算货币资金时间价值的工具。运用现金流量时间线，可以直观、便捷地反映资金运动发生的时间和方向。典型的现金流量时间线如图 2-1 所示。

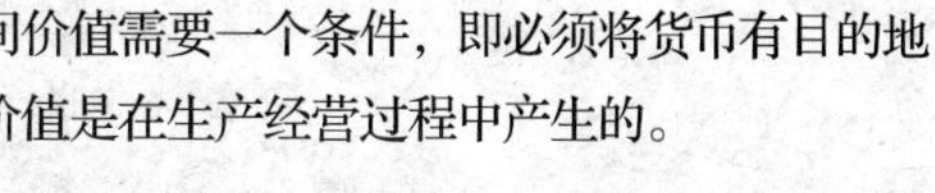

图 2-1　现金流量时间线

图中横轴为时间轴，箭头所指方向表示时间的增加。横轴上的坐标代表各个时点，分别表示从现在开始的第 1 期期末、从现在开始的第 2 期期末及以此类推的各个时间节点。若每期的时间间隔为 1 年，则图 2-1 中各时节分别表示从现在起第 1 年年末（即第 2 年年初）、从现在起第 2 年年末（即第 3 年年初）等。

图 2-1 的现金流量时间线表示在 0 时刻有 1 000 单位的现金流出，在 1 时刻和 2 时刻各有 400 单位的现金流入。

【提示】现金流量时间线有助于更好地理解和计算货币时间价值。

（一）时间价值计算的相关概念

1．终值和现值的概念

（1）终值又称将来值，是现在一定量的资金折算到未来某一时点所对应的价值，俗称“本利和”，通常记作“F”。

（2）现值，是指未来某一时点上的一定量资金折算到现在所对应的价值，俗称“本金”，通常记作“P”。

如图 2-2 所示，终值和现值的涵义及相互关系可以清晰地表达出来。

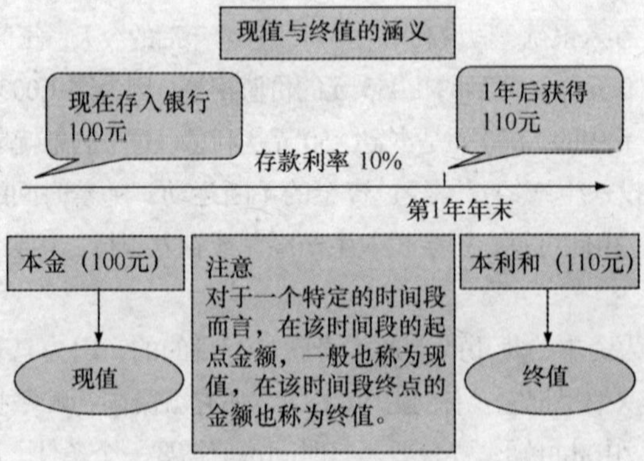

图 2-2　终值和现值关系图

【注意】终值与现值概念的相对性。

【思考】现值与终值之间的差额是什么？

从实质来说，两者之间的差额是利息。

2．利息的两种计算方式

单利计息方式下，每期都按初始本金计算利息，当期利息即使不取出也不计入下期本金，计算基础不变，即只对本金计算利息（各期的利息是相同的），利息不再计算利息。

复利计息方式下，每经过一个计息期，要将该期所派生的利息加入本金再计算利息，逐期滚动计算，俗称“利滚利”。该方式下，既对本金计算利息，也对前期的利息计算利息（各期利息不同）。

（二）一次收付款项单利和复利的计算

为计算方便，假定有关字母符号的涵义如下：I 为利息，F 为终值，P 为现值，A 为年金值，i 为利率（折现率），n 为期数。

1．单利计息方式下的终值与现值

（1）单利终值的计算。单利终值是指现在的一定量的资金，按单利计算的若干期后的本利总和。单利终值的计算公式如下：

$$F=\text{本金}+\text{利息}=P+P\times i\times n=P\times(1+i\times n)$$

式中，$(1+i\times n)$ 代表单利终值系数。

【提示】除非特别指明，在计算利息时，给出的利率均为年利率，对于不足一年的利息，以一年等于 360 天来折算。

【经典案例 2-1】某人将 100 元存入银行，年利率为 2%，求 5 年后的终值。

【解析】$F=P\times(1+i\times n)=100\times(1+2\%\times5)=110$（元）

单利终值计算是已知现值求终值。

（2）单利现值的计算。单利现值是指未来某期一定量的资金，按单利计算的现在价值。现值的计算与终值的计算是互逆的，由终值计算现值的过程称为“折现”。单利现值的计算公式如下：

$$P=\frac{F}{1+i\times n}$$

上述公式中，$1/(1+i\times n)$ 为单利现值系数。

【经典案例 2-2】某人希望在第 5 年末得到本利和 1 000 元，用于支付一笔款项。在利率为 5%、单利计息条件下，此人现在需要存入银行多少元？

【解析】$P=\frac{F}{1+i\times n}=1\,000/(1+5\times5\%)=8\,00$（元）

【注意】由终值计算现值时所应用的利率，一般也称为“折现率”。

【思考】前面分析过，终值与现值之间的差额，即为利息。那么，由现值计算终值的涵义是什么？由终值计算现值的涵义是什么？

【结论】上述运算的结论如下。

① 单利的终值和单利的现值互为逆运算。

② 单利终值系数 $(1+i\times n)$ 和单利现值系数 $\frac{1}{1+i\times n}$ 互为倒数。

2．复利终值与现值的计算

（1）复利终值的计算。复利终值指一定量的货币，按复利计算若干期后的本利和。复利终值的计算公式如下：

$$F=P\times(1+i)^n$$

在上式中，$(1+i)^n$ 称为“复利终值系数”，用符号 $(F/P, i, n)$ 表示。这样，上式就可以写为如下形式：

$$F=P\times(F/P, i, n)$$

【提示】在平时做题时，复利终值系数可以查教材的附表 A 直接得到。考试时，一般会直接给出。但需要注意的是，考试中系数是以符号的形式给出的。因此，对于有关系数的表示符号需要掌握。

【经典案例 2-3】某人拟购房，开发商提出两个方案：方案一是现在一次性付 80 万元；方案二是 5 年后付 100 万元。若目前银行贷款利率为 7 %（复利计息），要求计算比较哪个付款方案较为有利。

【解析】

方案一的终值$=80\times(F/P, 7\%, 5)=112.208$（万元）

方案二的终值$=100\times(F/P, 7\%, 0)=100$（万元）

由于方案二的终值小于方案一的终值，所以应该选择方案二。

【注意】复制终值计算时，有以下几点需要注意。

① 如果其他条件不变，当期数为 1 时，复利终值和单利终值是相同的。

② 在财务管理中，如果不加注明，一般均按照复利计算。

（2）复利现值的计算公式如下：

$$P=\frac{F}{(1+i)^n}=F\times(1+i)^{-n}=F\times(P/F,\ i,\ n)$$

上式中，$(1+i)^{n}$ 称为“复利现值系数”，用符号（P/F，i，n）表示，平时做题时，可查教材附表 B 得出，考试时一般会直接给出。

【经典案例 2-4】某人存入一笔钱，想 5 年后得到 10 万元，若银行存款利率为 5%，要求计算下列指标。

① 如果按照单利计息，现在应存入银行多少资金？

② 如果按照复利计息，现在应存入银行多少资金？

【解析】

（1）$P=\frac{F}{1+n\times i}=\frac{10}{1+5\times 5\%}=8$（万元）

（2）$P=10\times(P/F,\ 5\%,\ 5)=10\times 0.783\ 5=7.835$（万元）

【结论】上述运算的结论如下。

① 复利终值和复利现值互为逆运算。

② 复利终值系数 $(1+i)^n$ 和复利现值系数 $1/(1+i)^n$ 互为倒数。

【提示】系数间的关系如下。

① 单利终值系数与单利现值系数互为倒数关系。

② 复利终值系数与复利现值系数互为倒数关系。

（三）年金的相关计算

1．年金的涵义

年金，是指一定时期内每次等额收付的系列款项。具有两个特点：一是金额相等；二是时间间隔相等。

2．年金的形式

年金包括普通年金（后付年金）、预付年金（先付年金）、递延年金、永续年金等形式。普通年金是年金的最基本形式，是指从第一期起且在一定时期内每期期末等额收付的系列款项，又称后付年金。预付年金是指从第一期起且在一定时期内每期期初等额收付的系列款项，又称先付年金或即付年金。预付年金与普通年金的区别仅在于收付款时间的不同，普通年金发生在期末，而预付年金发生在期初。递延年金是指隔若干期后才开始发生的系列等额收付款项。永续年金是指无限期收付的年金，即一系列没有到期日的现金流。在年金中，系列等额收付的间隔期间只需要满足“相等”的条件即可，间隔期间可以不是 1 年，例如，每季末等额支付的债务利息也是年金。以上年金分类如图 2-3 所示。

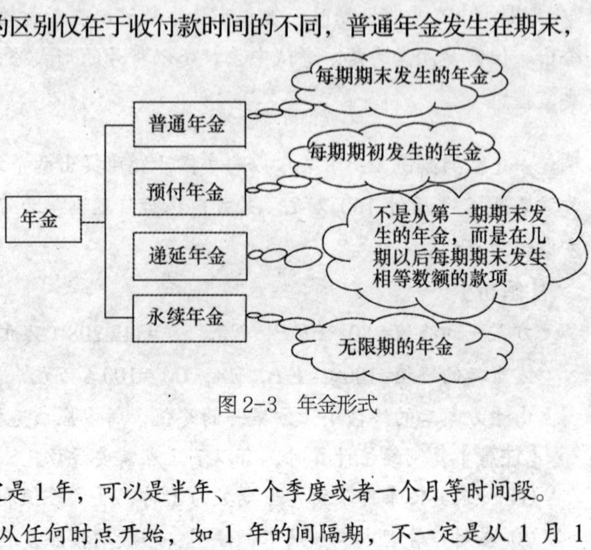

图 2-3　年金形式

【提示】

① 这里的年金收付间隔的时间不一定是 1 年，可以是半年、一个季度或者一个月等时间段。

② 这里年金收付的起止时间可以是从任何时点开始，如 1 年的间隔期，不一定是从 1 月 1

日至12月31日，可以是从当年7月1日至次年6月30日。

在年金的 4 种类型中，最基本的是普通年金，其他类型的年金都可以看成是普通年金的转化形式。

【经典案例 2-5】年金是指每隔 1 年，金额相等的一系列现金流入或流出量。(　　)

【答案】×

【解析】在年金中，系列收付款项的时间间隔只要满足“相等”的条件即可。注意，如果本案例改为“每隔 1 年，金额相等的一系列现金流入或流出量，是年金”则是正确的，即间隔期为一年只是年金的一种情况。

3．普通年金终值与现值的计算

（1）普通年金终值（注意年金终值的涵义、终值点）。普通年金终值是指普通年金最后一次收付时的本利和，是每次收付款项的复利终值之和。普通年金终值的计算实际上就是已知年金 A，求终值 F_A。

根据复利终值的方法，计算年金终值的公式如下：

$$\begin{aligned}F &= A\times(1+i)^{n-1}+A\times(1+i)^{n-2}+\cdots+A\times(1+i)+A\\&=A\times\frac{(1+i)^n-1}{i}\\&=A\times(F/A,\ i,\ n)\end{aligned}$$

年金终值系数（F/A，i，n），平时做题可查教材的附表 C 直接得到，考试时，一般会直接给出该系数。

为了使您更好地理解年金系数与复利系数之间的关系，请您认真参阅以下内容。

$$\textbf{年金终值系数}=\frac{\textbf{复利终值系数}-1}{i}$$

$$(F/A,\ i,\ n)=(F/P,\ i,\ n-1)+\cdots+(F/P,\ i,\ 1)+1$$

$$\textbf{年金现值系数}=\frac{1-\textbf{复利现值系数}}{i}$$

$$(P/A,\ i,\ n)=(P/F,\ i,\ 1)+\cdots+(P/F,\ i,\ n)$$

【经典案例 2-6】A 矿业公司决定将其一处矿产开采权公开拍卖，因此它向世界各国煤炭企业招标开矿。已知甲公司和乙公司的投标书最具有竞争力。甲公司的投标书显示，如果该公司取得开采权，从获得开采权的第 1 年开始，每年末向 A 公司缴纳 10 亿美元的开采费，直到 10 年后开采结束。乙公司的投标书表示，该公司在取得开采权时，直接付给 A 公司 40 亿美元，在 8 年后开采结束，再付给 60 亿美元。如 A 公司要求的年投资回报率达到 15%，问应接受哪个公司的投标？

【解析】要回答上述问题，主要是要比较甲、乙两个公司给 A 的开采权收入的大小。但由于两个公司支付开采权费用的时间不同，因此不能直接比较，而应比较这些支出在第 10 年终值的大小。

甲公司的方案对 A 公司来说是一笔年收款 10 亿美元的 10 年年金，其终值计算如下：

F=10×（F/A，15%，10）=10×20.304=203.04（亿美元）

乙公司的方案对 A 公司来说是两笔收款，分别计算终值如下：

第 1 笔收款（40 亿美元）的终值=40×$(1+15\%)^{10}$=40×4.045 6=161.824（亿美元）

第 2 笔收款（60 亿美元）的终值=60×$(1+15\%)^{2}$=60×1.322 5=79.35（亿美元）

终值合计 161.824+79.35=241.174（亿美元）

因此，甲公司付出的款项终值小于乙公司付出的款项终值，应接受乙公司的投标。

（2）普通年金现值的计算。普通年金现值是指将在一定时期内按相同时间间隔在每期期末收入或支付的相等金额折算到第一期初的现值之和。根据复利现值的方法计算年金现值的公式为如下：

$$P = A\times(1+i)^{-1} + A\times(1+i)^{-2} + \cdots + A\times(1+i)^{-n}$$
$$= A\times\frac{1-(1+i)^{-n}}{i}$$
$$= A\times(P/A,\ i,\ n)$$

年金现值系数（P/A，i，n），平时做题可查教材的附表 D 直接得到，考试时，一般会直接给出该系数。

【经典案例 2-7】某投资项目于 2014 年年初动工，设当年投产，从投产之日起每年可得收益 40 000 元。按年利率 6%计算，计算预期 10 年收益的现值。

【解析】P=40 000×（P/A，6%，10）=40 000×7.360 1=29 4404（元）

【经典案例 2-8】钱小姐最近准备买房，看了好几家开发商的售房方案，其中一个方案是 A 开发商出售一套 100 平方米的住房，要求首期支付 10 万元，然后分 6 年每年年末支付 3 万元。钱小姐很想知道每年付 3 万元相当于现在多少钱，好让她与现在 2 000 元/平方米的市场价格进行比较。该笔贷款利率为 6%。

【解析】P=3×（P/A，6%，6）=3×4.917 3=14.751 9（万元）

钱小姐付给 A 开发商的资金现值为：10+14.751 9=24.751 9（万元）

如果直接按每平方米 2 000 元购买，钱小姐只需要付出 20 万元，可见分期付款对她不合算。

4．偿债基金和年资本回收额的计算

（1）偿债基金的计算。偿债基金是指为了在约定的未来一定时点清偿某笔债务或积聚一定数额的资金而必须分次等额形成的存款准备金，也就是为使年金终值达到既定金额的年金数额。从计算的角度来看，就是在普通年金终值中解出 A，这个 A 就是偿债基金。计算公式如下：

$$A = F\times\frac{i}{(1+i)^n - 1}$$

式中，$\frac{i}{(1+i)^n-1}$ 称为“偿债基金系数”，记作（A/F，i，n）。

【结论】

① 偿债基金和普通年金终值互为逆运算。

② 偿债基金系数和普通年金终值系数互为倒数。

【经典案例 2-9】某企业有一笔 4 年后到期的借款，到期值为 1 000 万元。若存款年复利率为 10%，则为偿还该项借款应建立的偿债基金为多少？

【解析】

$$1\,000 = A\times（F/A，10\%，4）$$
$$A = \frac{1\,000}{4.641\,0} = 215.5（万元）$$

（2）年资本回收额的计算。年资本回收额是指在约定年限内等额收回初始投入资本或清偿所欠的债务。从计算的角度看，就是在普通年金现值公式中解出 A。这个 A，就是资本回收额。计算公式如下：

$$A = P\times\frac{i}{1-(1+i)^{-n}}$$

上式中，$\frac{i}{1-(1+i)^{-n}}$ 称为资本回收系数，记作（A/P，i，n）。

【结论】

① 年资本回收额与普通年金现值互为逆运算。

② 资本回收系数与年金现值系数互为倒数。

【经典案例 2-10】为实施某项计划，需要取得外商贷款 1 000 万美元。经双方协商，贷款利率为 8%，按复利计息，贷款分 5 年于每年年末等额偿还。外商告知，他们已经算好，每年年末应归还本金 200 万元，支付利息 80 万美元。请核算外商的计算是否正确。

【解析】按照约定条件，每年应还本息数额如下。

$$A=1\,000/(P/A,\ 8\%,\ 5)=250（万元）$$

5．预付年金终值和现值

预付年金是发生在每期期初的年金，也称之即付年金、先付年金，是指在一定时期内，各期期初等额的系列收付款项。预付年金与后付年金的区别仅在于付款时间的不同。

（1）预付年金终值。预付年金终值是指一定时期内每期期初等额系列收付款项的复利终值之和。由图 2-4 可看出，预付年金利息收付的期数比普通年金多计 1 年利息，因此在普通年金终值的基础上乘以（$1+i$）即可计算预付年金的终值。

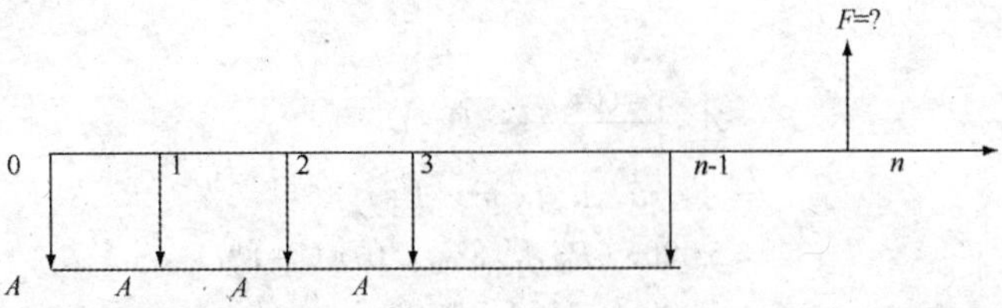

图 2-4　即付年金终值计算示意图

预付年金终值的计算公式如下：

$$\begin{aligned}F_A&=A\times(1+i)^n+A\times(1+i)^{n-1}+\cdots+A\times(1+i)^1\\&=A\times\frac{(1+i)^n-1}{i}\times(1+i)\\&=A\times\left[\frac{(1+i)^{n+1}-1}{i}-1\right]\\&=A\times[(F/A,\ i,\ n+1)-1]\end{aligned}$$

式中，$\left[\frac{(1+i)^{n+1}-1}{i}-1\right]$ 为“预付年金终值系数”，或称“1 元的预付年金终值”，一般记为[（F/A，i，$n+1$）-1]。即在同期普通年金终值系数的基础上，期数加 1，系数减 1，可查“年金终值系数表”求得有关数据。

【经典案例 2-11】张先生每年年初存入银行 1 000 元，银行年存款利率为 8%，则第 10 年年末的本利和为多少？

【解析】

$$\begin{aligned}F&=A\times[(F/A,\ i,\ n+1)-1]\\&=1\,000\times[(F/A,\ 8\%,\ 10+1)-1]\\&=1\,000\times(16.646-1)\\&=15\,646（元）\end{aligned}$$

（2）预付年金现值。预付年金现值是指在一定时期内，每期期初收入或支出相等金额的现值之和。n 期的预付年金和 n 期的普通年金相比，由于第一期的期初数不需要折现，因而比普通年金少折现一年，如图 2-5 所示。因此，要在普通年金现值的基础上乘以（$1+i$）。由此得出预付年金现值的计算公式如下：

$$\begin{aligned} P_A &= A\times\frac{1-(1+i)^{-n}}{i}\times(1+i) \\ &= A\times(P/A,\ i,\ n)\times(1+i) \end{aligned}$$

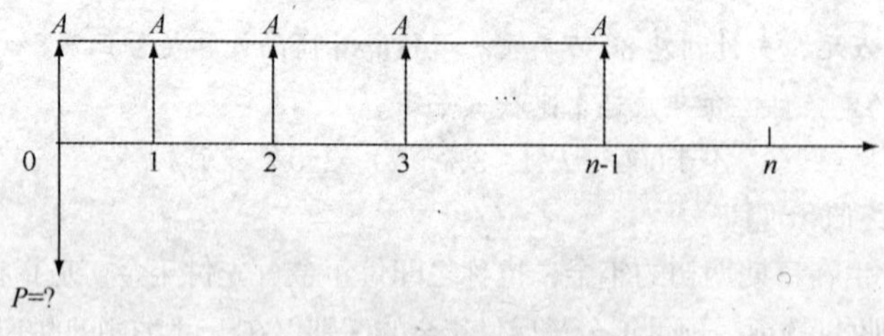

图 2-5　预付年金现值计算示意图

【经典案例 2-12】某企业租用一套设备，在 10 年中每年年初要支付租金 5 000 元，年利息率为 8%，则支付的租金总额的现值为多少？

【解析】

$$\begin{aligned} P_A &= A\times\frac{1-(1+i)^{-n}}{i}\times(1+i) \\ &= A\times(P/A,\ i,\ n)\times(1+i) \\ &= 5\,000\times(P/A,\ 8\%,\ 10)\times(1+8\%) \\ &= 5\,000\times 6.710\,1\times(1+8\%) \\ &= 36\,234.54\text{（元）} \end{aligned}$$

6．递延年金终值和现值

前几种年金的第一次收付时间都发生在整个收付期的第一期的期末或期初。但实际生活中，有时会遇到第一次收付不在第一期，而是几期以后才在每期期末发生一系列的收付款项。这种年金形式就是递延年金。因此，递延年金是指第一次收付款不发生在第一期而隔若干期后才发生的年金，是特殊的普通年金。凡不是第一期期末开始收付的年金都是递延年金。

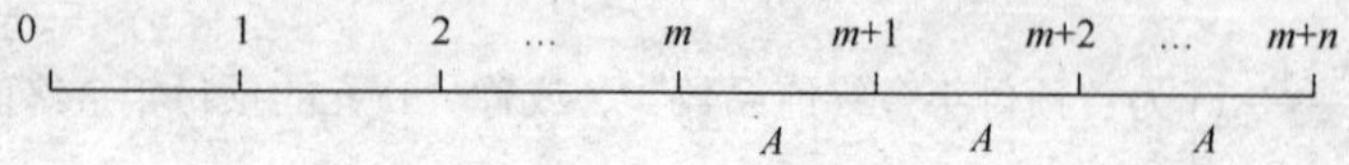

图 2-6　递延年金示意图

（1）递延年金终值。如图 2-6 所示，前 m 年没有收付款项，为递延期，此后 n 期，每期均有等额的收付款项，则 m 年到 $m+n$ 年实际就是普通年金的形式。因此，递延年金的终值相当于 n 期普通年金的终值，其计算公式如下：

$$F = A\times(F/A,\ i,\ n)$$

【经典案例 2-13】正大公司准备做一项投资，项目前期没有收益，预计从第 5 年开始到第 10 年，每年年末可以获利 50 万元。假设此时银行年利率为 5%，企业每年获得的收益终值为多少？

【解答】

$$\begin{aligned}F&=A\times(F/A,\ i,\ n)\\&=50\times(F/A,5\%,6)\\&=50\times6.8019\\&=340.1\text{（万元）}\end{aligned}$$

（2）递延年金现值。由图 2-7 可知，此递延年金的现值即为后 n 期年金先折现至 m+1 期期初，再折现至第一期期初的现值。

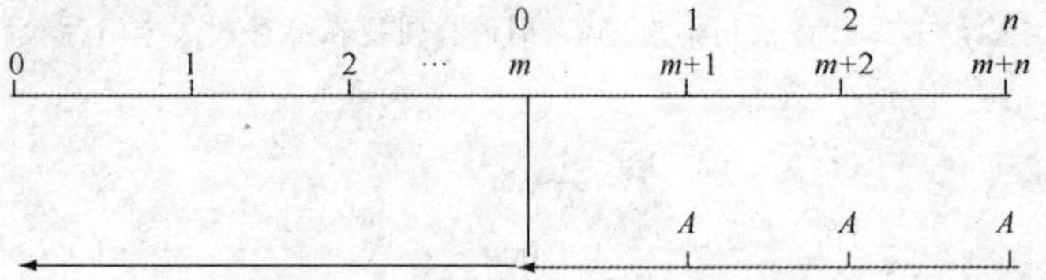

图 2-7　递延年金现值计算示意图

计算递延年金的现值有如下三种方法。

① 可先求出递延年金在 n 期期初（m 期期末）的现值，再将其作为终值折现至 m 期的第一期期初，即可求出递延年金的现值，计算公式如下：

$$P_A=A\times(P/A,\ i,\ n)\times(P/F,\ i,\ m)$$

② 先求出 $m+n$ 期后付年金现值，减去没有付款的前 m 期后付年金现值。二者之差即为递延期 m 期的 n 期后付年金现值，计算公式如下：

$$P_A=A\times[(P/A,\ i,\ m+n)-(P/A,\ i,\ m)]$$

③ 可先求出递延年金在期末（$m+n$ 期期末）的终值，再将此终值折现至 m 期的第一期期初，即可求出递延年金的现值，计算公式如下：

$$P_A=A\times(F/A,\ i,\ n)\times(P/F,\ i,\ m+n)$$

【经典案例 2-14】某人准备在年初存入一笔资金，以便在第 6 年年末起每年取出 1 000 元，至第 10 年年末取完。年利率为 10%，则此人在年初需要存入资金多少？

【解析】

方法一

$$\begin{aligned}P_A&=A\times(P/A,\ i,\ n)\times(P/F,\ i,\ m)\\&=1\,000\times(P/A,10\%,5)\times(P/F,10\%,5)\\&=1\,000\times3.790\,8\times0.620\,9\\&=2\,353.7(\text{元})\end{aligned}$$

方法二

$$\begin{aligned}P_A&=A\times[(P/A,\ i,\ m+n)-(P/A,\ i,\ m)]\\&=1\,000\times[(P/A,\ 10\%,\ 5+5)-(P/A,\ 10\%,\ 5)]\\&=1\,000\times(6.144\,6-3.790\,8)\\&=2\,353.8(\text{元})\end{aligned}$$

方法三

$$\begin{aligned}P_A&=A\times(F/A,\ i,\ n)\times(P/F,\ i,\ m+n)\\&=1\,000\times(F/A,\ 10\%,\ 5)\times(P/F,\ 10\%,\ 10)\\&=1\,000\times6.105\,1\times0.385\,5\\&=2\,353.52\text{（元）}\end{aligned}$$

7．永续年金的现值

永续年金是指期限为无穷的普遍年金。因为永续年金没有终止时间，所以无终值。

【提示】在现实生活中，各种奖励基金的发放形式就是永续年金，比如，绝大多数优先股因其有固定的股利但无到期日，因此其股利也可视为永续年金，其计算公式如下：

$$P=\frac{A}{i}$$

【经典案例 2-15】某集团公司拟设立一项专门存款作为某高校的永久性奖学金，每年计划颁发 20 000 元奖学金。若银行存款利率为 5%，则该公司现在应存入该专门存款的金额是多少？

【解析】

$$\begin{aligned}P&=\frac{A}{i}\\&=\frac{20\,000}{5\%}\\&=400\,000(\text{元})\end{aligned}$$

三、时间价值计算中的特殊问题

（一）不等额现金流量现值的计算

以上所述年金的每次收入或付出都是相等的，但实际经济管理过程中，更多的情况是每次收入或付出的款项不相等。计算不等额现金流量的现值只能逐笔计算其复利现值，其计算公式如下：

$$P=A_0\times\frac{1}{(1+i)^0}+A_1\times\frac{1}{(1+i)^1}+A_2\times\frac{1}{(1+i)^2}+\cdots+A_n\times\frac{1}{(1+i)^n}$$

【经典案例 2-16】某人投资开办公司，前 3 年每年年初分别投资 200 000 元、150 000 元、80 000 元，已知贴现率为 8%，则该项投资的现值之和是多少？

【解析】

$$\begin{aligned}P&=20\times\frac{1}{(1+8\%)^0}+15\times\frac{1}{(1+8\%)^1}+8\times\frac{1}{(1+8\%)^2}\\&\approx40.75(\text{万元})\end{aligned}$$

（二）年金和不等额现金流量混合情况下的现值计算

在实际经济活动中，年金与不规则现金流量可能混合发生。在这种情况下，可将能够用年金公式计算的部分用年金公式计算，不能用年金计算的部分用复利公式计算，然后加总计算出年金和不等额现金流量混合情况下的现值。

【经典案例 2-17】承【经典案例 2-16】，若该公司投入了一个新项目，新项目投产后每年可获得的现金流入量如表 2-1 所示。假设贴现率为 7%，求这一系列现金流入量的现值。

表 2-1　项目现金流入量　　单位：万元

年份	现金流入量	年份	现金流入量
1	5	6	8
2	5	7	8
3	5	8	8
4	5	9	8
5	8	10	10

【解析】

由表 2-1 可知，第 1～4 年现金流量相等，第 5～9 年现金流量也相等。可以将本题看作求 1～4 年的普通年金现值、5～9 年的递延年金现值及第 10 年不等额现金流量现值之和。整个期间现金流量现值计算如下：

$$
\begin{aligned}
P &= 5\times(P/A,\ 7\%,\ 4)+8\times(P/A,\ 7\%,\ 5)\times(P/F,\ 7\%,\ 4)+10\times(P/F,\ 7\%,\ 10)\\
&= 5\times3.387\,2+8\times4.100\,2\times0.762\,9+10\times0.508\,3\\
&\approx 47.04\text{（万元）}
\end{aligned}
$$

（三）贴现率的计算

在前面计算现值和终值时，均假定利率是给定的。但在财务管理中，经常会遇到已知现值和终值需要求贴现率的情况。这时可将其视为求终值或现值的逆运算。求贴现率可分为以下 3 个步骤：（1）求换算系数；（2）查表；（3）利用内插法求贴现率。

因 $$F = P\times(F/P,\ i,\ n)$$

故 $$(F/P,\ i,\ n)=\frac{F}{P}$$

同理

$$(P/F,\ i,\ n)=\frac{P}{F}$$

$$(F/A,\ i,\ n)=\frac{F}{A}$$

$$(P/A,\ i,\ n)=\frac{P}{A}$$

【经典案例 2-18】某公司于第一年年初借款 20 000 元，每年年末还本付息额均为 4 000 元，连续 9 年还清，求借款利率是多少？

【解析】

（1）求系数

$$
\begin{aligned}
(P/A,\ i,\ n)&=(P/A,\ i,\ 9)\\
&=\frac{P}{A}\\
&=\frac{20\,000}{4\,000}\\
&=5
\end{aligned}
$$

（2）查表

查年金现值系数表，在期数 n=9 这行中与 5 最接近的值，可以看到，当 i=13%时，系数为 5.132，而当 i=14%时，系数为 4.946。

（3）利用内插值法计算

$$\frac{i-13\%}{14\%-13\%}=\frac{5-5.132}{4.946-5.132}$$

$$i=13.71\%$$

（四）名义利率与实际利率

以上讨论的有关计算均假定利率为年利率。在实际中，复利的计息期间并不总是一年，有可能是按季度、月或日来计息。例如，有的债券利息每半年支付一次，股利有时每季度支付一次等。当利息在 1 年内要复利几次时，则年利率称为名义利率，每年只复利一次的利率称为实际利率。

名义利率和实际利率之间存在以下关系。

$$(1+i)=\left(1+\frac{r}{m}\right)^m$$

$$i=\left(1+\frac{r}{m}\right)^m-1$$

式中，r 为名义利率，m 为每年复利次数，i 为实际利率。

【经典案例 2-19】若银行存款年利率为 12%，每半年复利一次，则该存款的实际利率是多少？

【解析】

$$\begin{aligned} i&=\left(1+\frac{r}{m}\right)^m-1\\ &=\left(1+\frac{12\%}{2}\right)^2-1\\ &=1.123\,6-1\\ &=12.36\% \end{aligned}$$

（五）期数的计算

在前面计算现值和终值时，均假定期数是给定的。但在财务管理中，经常会遇到已知现值和终值，需要求期数的情况。这时可将求期数视为求终值或现值的逆运算。求期数类似求贴现率，可分为以下 3 个步骤：（1）求换算系数；（2）查表；（3）利用内插法求期数。

因 $$F=P\times(F/P,\ i,\ n)$$

故 $$(F/P,\ i,\ n)=\frac{F}{P}$$

同理

$$(P/F,\ i,\ n)=\frac{P}{F}$$

$$(F/A,\ i,\ n)=\frac{F}{A}$$

$$(P/A,\ i,\ n)=\frac{P}{A}$$

【经典案例 2-20】某公司现有资本 100 万元，欲投资于报酬率为 6%的投资机会，经过多少年后才可能使现有资本增加 1 倍？

【解析】

$$F=100\times2=200\text{（万元）}$$

$$100\times(1+6\%)^n=200\text{（万元）}$$

$$(1+6\%)^n=2$$

$$(F/P,\ 6\%,\ n)=2$$

查“1 元复利终值系数表”，在 i=6%的列中找到与 2 最接近的值为 1.898 3 和 2.012 2，对应的 n 值分别为 11 和 12。

$$(F/P,\ 6\%,\ 11)=1.898\,3$$

$$(F/P,\ 6\%,\ 12)=2.012\,2$$

内插值法原理

$$\frac{n-11}{12-11}=\frac{2-1.898\,3}{2.012\,2-1.898\,3}$$

$$n=11.89\text{（年）}$$

所以，在 11.89 年以后可以使现有资本增加 1 倍。

任务二　风险的认知和衡量

一、风险概述

风险是企业进行投资活动中为了获得更多的收益而发生的支出行为。未来的不确定性因素决定了投资具有风险性。投资者由于冒风险进行投资而获得的超过资金时间价值的额外收益，称为投资的风险价值，或风险收益、风险报酬。

（一）风险的概念

风险是现代企业财务管理环境的一个重要特征。

从财务管理角度看，风险是指企业在财务活动过程中，由于各种难以预料和无法控制的因素作用，使实际收益与预计收益发生差异，从而遭受经济损失的可能性。

投资活动是一种典型的风险活动，既有可能取得收益，也有可能发生损失。企业的财务决策基本都是在包含风险和不确定性的情况下做出的。离开了风险，就无法正确评价企业投资报酬的高低。企业的投资决策，按风险程度不同可以分为以下三类。

（1）确定性决策是指决策者对未来情况完全确定的或已知的决策。一般认为，对国债的投资为确定性投资决策。这种投资收益几乎是肯定的，变动程度接近零。

（2）风险性决策是指决策者对未来的情况虽然不能完全确定，但对其发生的可能性（概率分布）是已知的或是可以估计的。

（3）不确定性决策是指决策者对未来的情况不仅不能完全确定，而且对其可能出现的概率也是不清楚的。

严格地讲，风险和不确定性是有区别的。风险是事先可以知道某一行动所有可能的后果，以及每一种后果出现的概率。而不确定性是事先不知道某一行动所有可能的后果，或虽知道所有可能的后果但并不知道它们出现的概率。但是在风险分析实务中，风险性与不确定性是很难加以区分的。当我们面临不确定性时，不得不依靠直觉判断并设想几种可能性，就此给出主观概率，使之转化为风险性决策。因此，在财务管理中，对风险性与不确定性不加以区分，统称为风险。

风险是客观存在的，是不以人的意志为转移的。风险的客观性基于两个原因。一是信息缺乏。管理者在决策时，或者由于取得信息的成本过高，或者因为有些信息根本无法取得，致使管理者对许多情况不完全了解，从而导致了决策的风险。另一个原因是决策者控制不了事物的未来状况，如国家宏观经济政策的变化、市场供求关系的变化等都是决策者无法控制的因素。这些因素的存在客观上是风险不可避免的。

【提示】实际中，风险可以有多种分类。与财务管理密切相关的风险主要有：按风险的成因不同分为经营风险和财务风险，按性质不同分为系统风险和非系统风险等。

（二）风险的类别

风险可以从下列不同的角度加以分类。

1．从个别投资主体角度看，风险可分为市场风险和企业特有风险

（1）市场风险是指那些对所有企业都会产生影响的因素引起的风险，如战争、经济衰退、通货膨胀、利率上调、自然灾害等都属对所有企业都会有影响的风险因素。此类风险涉及所有企业，并且不能通过多元化投资来分散。因此，市场风险又称为不可分散风险或系统性风险。

（2）企业特有风险是指发生于个别企业的特有事件所造成的风险，如罢工、新产品开发失败、失去销售市场和诉讼失败等都属特有事件。这类事件是随机发生的，产生的风险可以通过多元化投资来分散。在众多的投资对象中，一家企业发生的不利事件可以被其他公司的有利事件抵消，因此，企业特有风险又称为可分散风险或非系统风险。

2．从企业本身角度看，风险可分为经营风险和财务风险

（1）经营风险是指因生产经营的不确定性给企业盈利带来的风险。企业生产经营活动的许多方面都会受到来自企业外部和内部各种因素的影响，具有很大的不确定性。这是任何商业活动都有的风险，又称商业风险。

经营风险主要来源于以下几方面。

① 供应方面。如由于原材料价格变动、新设备的出现、政治经济情况变动等原因带来的供应方面的风险。

② 生产方面。如产品质量不合格、新产品新技术开发试验失败及生产组织不合理等因素带来的生产方面的风险。

③ 销售方面。如销售决策的失误、消费者喜好的变化、新的竞争对手的产生等因素带来的销售方面的风险。

（2）财务风险是指企业因举债而增加的风险。由于这是企业筹资决策时造成的财务结构不合理而带来的风险，因此又称筹资风险。

企业负债经营，在全部资金中既包括权益资金，还包括一部分债务资金，会对权益资金的盈利能力产生影响。同时，债务资金需要还本付息，一旦企业无力偿付债务，就会陷入财务困境，甚至导致破产。

（三）风险价值的概念

一般而言，投资者都力求回避风险。那么，为什么还有人进行风险性投资呢？这是因为冒风险可以得到额外的收益。例如，在国债利率和企业债券利率相同的情况下，国债会成为投资者的首选。因为，此时两者收益一样，但信用风险较高的企业债券不值得投资，风险没有得到回报。但如果承担风险有额外回报，则风险就是有价值的。投资者由于冒风险进行投资而要求获得的超过货币资金时间价值的那部分报酬，称为投资的风险价值，或风险报酬、风险收益。例如，3 年期的国债利率为 4%，同等条件的企业债券（信用等级 AAA）的利率为 5%或更高，则投资者从企业债券上获取的超过 4%的收益率部分即为风险价值。

风险价值通常有绝对数和相对数两种表示方法，在财务管理中，为便于不同投资风险报酬大小的比较，通常用相对数加以计量。

二、风险价值的衡量

风险具有客观性，是不以人的意志为转移的。因此，企业的财务活动和经营管理活动总是处于一定的风险之中。正视风险并对可能存在的风险进行衡量，是进行投资决策工作的关键环节。风险的衡量需要考虑概率、期望值和离散程度等方面的因素。

（一）确定概率及概率分布

在经济活动中，某一事件在相同的条件下，既可能发生，又可能不发生，这类事件称为随机事件。概率就是用来表示随机事件发生可能性大小的数值。通常，把必然发生的事件的概率定为 1，把不可能发生的事件的概率定为 0。用 X 表示随机事件，X_i 表示随机事件的第 i 种结果。

概率必须符合以下两个要求。

（1）$0\leqslant P_i\leqslant 1$

（2）$\sum_{i=1}^{n} P_i = 1$

【经典案例 2-21】远大公司投资生产了一种新型产品 A，在不同的市场情况下，各种可能的收益及概率如表 2-2 所示。

表 2-2 A 产品预期收益及概率分布

市场情况	年收益 X_i（万元）	概率 P_i
繁荣	8	0.3
正常	6	0.5
疲软	3	0.2

由表可知，所有的概率 P_i 值都在 0 和 1 之间，且 $P_1+P_2+P_3=1$。

如果把随机事件所有的可能性结果按一定规则排列，同时列出各种结果对应的概率，就称为概率分布。概率分布一般用坐标图反映。概率分布有两种类型。一种是离散型分布，也称不连续的概率分布，其特点是各种结果只有有限个值，概率分布在各特定点上，构成不连续的图像。另一种是连续分布，其特点是各种可能的结果有无数个值，概率分布在连续图像上两点之间的区间上。概率分布的两种类型分别如图 2-8 和图 2-9 所示。

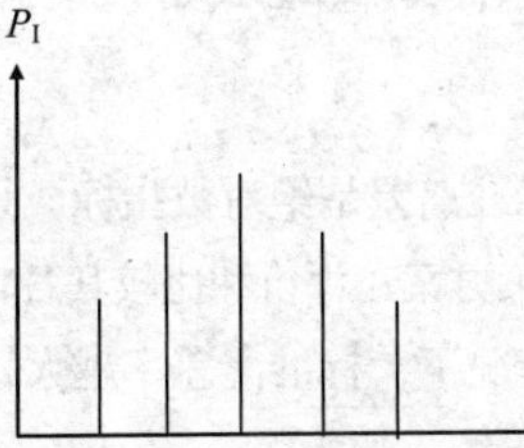

图 2-8 不连续的概率分布图

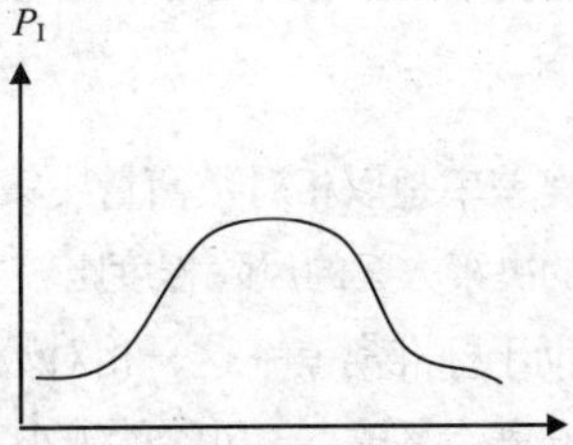

图 2-9 连续的概率分布图

（二）计算期望收益率

期望值是指一个概率分布中的所有可能结果，其中，以各自相应的概率为权数计算的加权平均值，是加权平均的中心值，通常用符号 $\overline{E}$ 表示。根据概率统计知识，一个随机变量的期望值如下：

$$\overline{E} = \sum_{i=1}^{n} X_i P_i$$

式中，$\overline{E}$ 为报酬期望值；

X_i 为第 i 种结果的报酬期望值；

P_i 为第 i 种结果的概率；

n 为所有可能的结果数。

【经典案例 2-22】承【经典案例 2-21】，计算预期年收益的期望值。

$$\begin{aligned}\overline{E} &= \sum_{i=1}^{n} X_i P_i \\ &= 8\times 0.3+6\times 0.5+3\times 0.2 \\ &= 6\text{（万元）}\end{aligned}$$

（三）标准离差

离散程度是用以衡量风险大小的统计指标。通常情况下，离散程度越大，风险就越大，离散程度越小，风险就越小。反映离散程度的指标主要有标准离差和标准离差率。

标准离差是反映概率分布中各种可能结果对期望值的偏离程度，是反映离散程度的一个数值，通常以符号 σ 表示。标准差以绝对数衡量决策方案的风险。在期望值相同的情况下，标准差越大，风险越大，而标准差越小，风险越小，而且概率分布越集中。标准离差的计算公式如下：

$$\sigma=\sqrt{\sum_{i=1}^{n}(X_i-\overline{E})^2\times P_i}$$

【注意】标准离差是反映随机变量离散程度的绝对指标，只能用于期望值相同时不同方案的决策。如果各方案期望值不同，则需要计算标准离差率。

【经典案例 2-23】承【经典案例 2-21】及【经典案例 2-22】，计算新型产品 A 的预期年收益额和期望年收益的标准离差。

【解析】

$$\begin{aligned}\sigma&=\sqrt{(8-6)^2\times0.3+(6-6)^2\times0.5+(3-6)^2\times0.2}\\&=\sqrt{1.2+0+1.8}\\&\approx1.732\text{（万元）}\end{aligned}$$

（四）标准离差率

标准离差率是标准离差与期望值的比率，通常用 q 来表示，其计算公式如下：

$$q=\frac{\sigma}{\overline{E}}$$

标准离差率是以相对数衡量决策方案的风险程度。而标准离差是绝对数指标，只适用于期望值相同的决策方案的风险程度比较。对于期望值不同的决策方案，评价和比较其各自的风险程度只能借助于标准离差率这一相对数值。在期望值不同的情况下，标准离差率越大，风险就越大，而标准离差率越小，风险就越小。

【经典案例 2-24】承【经典案例 2-23】，计算新型产品 A 的预期年收益额的标准离差率。

【解析】

$$q=\frac{\sigma}{\overline{E}}=\frac{1.73}{6}=0.29$$

通过以上方法将投资决策的方案加以量化后，决策者便可据此做出决策。

（1）对于单个方案，决策者可根据其标准离差（率）的大小，将其与设定的可接受的该指标的最高限值的大小对比，从而做出取舍。

（2）对于多个方案择优时，决策者应根据相关指标选择低风险高收益的方案。

（五）风险价值的计算

风险价值是指投资者因为承担风险进行投资而要求获得的超过资金时间价值的额外收益，又称投资风险收益、投资风险报酬。一般情况下，高风险的项目必然有高收益，而低收益的项目必然风险较低。投资者承担的风险越大，则要求的回报越高。

投资风险价值有两种形式，即风险收益额和风险收益率。风险收益额是指投资者因为承担风险进行投资而要求获得的超过资金时间价值的额外收益。风险收益率是指风险收益与投资额的比率。

在财务管理中，投资风险价值通常采用相对数，即风险收益率来加以计量。

1．风险收益率

投资风险价值可以用风险收益额表示，也可以用风险收益率表示，而主要表现形式是风险收益率。因此，投资风险价值的计算也就是对风险收益率的计算，计算公式如下：

$$R_R = b \times q$$

式中，R_R为风险收益率，b为风险收益系数，q为标准离差率。

【经典案例 2-25】承【经典案例 2-24】，假设新型 A 产品的风险收益系数 b 为 0.4，计算新型产品 A 的风险收益率。

$$\begin{aligned} R_R &= b \times q \\ &= 0.4 \times 0.29 \\ &= 11.6\% \end{aligned}$$

风险收益系数的确定有两种方法。（1）根据公式且参照以往同类投资项目的历史资料确定。必须注意的是，该种方法须在历史资料比较充分的情况下才能采用。（2）在缺乏历史资料的情况下，则可以组织有关专家根据经验予以确定。在实际工作中，风险收益系数的确定在很大程度上取决于各企业对风险的态度。敢于冒险的企业往往把 b 值定得较低，比较保守的企业则常常把 b 值定得较高。

2．投资风险总收益率

在不考虑通货膨胀因素影响的情况下，投资者进行风险投资所要求的投资收益率由无风险收益率和风险收益率组成，三者可用如下等式表示：

期望投资收益率=无风险收益率+风险收益率

无风险收益率=资金时间价值率+通货膨胀率

$$\begin{aligned} K &= R_F + R_R \\ &= R_F + b \times q \end{aligned}$$

式中，K 为投资的总收益率，R_F 为无风险收益率。

【经典案例 2-26】承【经典案例 2-25】，假设新型 A 产品的风险收益系数 b 为 0.4，同等条件下的国债年利率为 10%，计算新型产品 A 的投资总收益率。

新型产品 A 的投资总收益率=无风险收益率+风险收益率=10%+11.6%=21.6%

无风险收益率是通货膨胀贴水和时间价值率之和。在财务管理实务中，一般把短期政府债券（如短期国债）的收益率作为无风险收益率。

3．计算风险收益额

风险价值根据总投资额与风险收益率来计算，其计算公式如下：

$$P_R = CR_R$$

式中，P_R为风险价值，C 为总投资额。

【经典案例 2-27】承【经典案例 2-26】，假设新型 A 产品的总投资额为 100 万元，计算新型产品 A 的风险收益额。

新型产品 A 的风险收益额=100×11.6%=11.6（万元）

三、风险管理

（一）风险管理的目的

风险既可能使企业获得收益，也可能使企业遭受损失。风险管理就是预先确定一系列的政策、措施，将那些可能导致利润减少的可能性降低到最小，从而保证企业经营活动达到预计的目标。由于风险的大小与风险价值率是成正比例的，因此，风险管理的目的不在于一味地追求降低风险，而在于在收益和风险之间做出恰当选择。

（二）风险管理的程序

（1）确定风险。明确可能发生的风险性质和风险类型，并确定风险发生的可能性。

（2）设立目标。对可能发生的风险进行分析研究，分析其对企业财务活动的影响程度和影响范围，在此基础上设立风险管理的目标。

（3）制订策略。为了保证风险管理的目标得以实现，应针对风险的性质、种类及其对企业财务活动的影响，制订相应的风险管理策略，以避免可能出现的各种损失。

（4）实施评价。将制订的风险管理策略付诸实施。在实施中，对照风险管理的目标，定期或经常地进行检查，并对风险管理工作的绩效进行评价和考核。

（三）风险管理的策略

尽管高风险可能带来高报酬，但这仅仅是一种可能，因此，对公司理财来讲，还要善于防范和控制风险。

（1）回避风险策略。企业在进行各项决策时，对风险大的投资方案尽量避免采纳，尽可能选择风险小或无风险的投资方案。

（2）控制风险策略。采取防止风险发生的保护性措施，以减小风险损失发生的可能性，并在风险出现后，限制其造成的损失程度。例如，以销定产可防止产品积压造成的经营风险。又如，对信用不好的客户，不采用赊销办法可防止发生坏账损失。

（3）抵补风险策略。适当保留可用资财，以抵补可能发生的风险。如提取商品削价准备、坏账准备等风险准备金用于抵补可能发生的损失。

（4）转移风险策略。采用某种方式，将风险转移给他人承担，如办理财产保险，将可能发生的风险转移给保险公司。

（5）分散风险策略。通过多元化经营和筹资方式多样化来分散风险，如证券投资采用组合投资法、同时生产经营多种产品、选择多种筹资方式和不同的筹资期限等。

就整个社会来说，风险是肯定存在的，问题只是谁来承担风险以及承担多少。如果每个企业都回避风险、控制风险，都不肯承担风险，高风险的项目就没有人来做，则会造成社会生产力发展迟缓，给每个企业的发展也会带来不利影响。市场经济之所以需要完善的金融市场体系，就是因为它可以吸收社会资金投资于需要资金的企业，通过它来达到分散风险的目的。

本单元小结

本单元主要讲述了资金时间价值和投资风险价值。这是现代财务管理中两个重要的价值观念，也是筹资决策、投资决策必须考虑的重要因素。通过学习，可以了解财务管理的价值观念问题，掌握对资金时间价值和投资风险价值的计算方法与运用。对资金时间价值，要掌握复利终值和现值的计算、各种年金终值和现值的计算。注意根据不同的情况选用适当的计算方法。对投资风险价值要掌握风险的概念及分类、衡量风险的指标等。掌握概率分布、预期收益、标准离差及标准离差率的计算。对于各种计算方法，应当从资金时间价值及投资风险价值的涵义和基本原理上来把握。

复习与思考

1. 什么是资金时间价值？
2. 什么是终值？什么是现值？
3. 简述年金的概念及分类。
4. 什么是投资风险价值？如何计算风险收益率？

技能实训

1. 某公司于年初存入银行 20 万元，在年利率为 6%、每月复利计息一次的情况下，到第 5 年年末，该公司可以取得的本利和为多少？

2. 罗先生准备购买一套 100 平方米的住房，开发商要求的付款方式有两种：一种是一次性付款，按 2000 元／平方米的价格；另一种方式是首付 10 万元，然后分 6 年每年年末支付 3 万元。假设银行利率为 6%，请你帮罗先生选择较划算的一种付款方式。

3. 东方公司面临 A、B 两个投资机会。假设未来经济发展状况有三种情况，即繁荣、一般、衰退。有关的预期收益和概率分布如表 2-3 所示。请比较两个项目风险的大小。

表 2-3　A、B 项目预期收益及概率分布

市场情况	A 项目收益（万元）	B 项目收益（万元）	概率 P_i
繁荣	80	30	0.3
正常	15	15	0.5
衰退	-20	10	0.2

单元三　财务战略与预算

素质目标

1. 理解财务战略的特征和类型
2. 理解财务战略选择依据和方式
3. 掌握利润和财务状况预算的编制
4. 掌握各业务预算的编制

技能目标

1. 能够结合有关数据的案例理解并区分6种预算编制方法的涵义、编制要点、优缺点
2. 能够进行从销售预算为起点到预计资产负债表为终点的预算编制方法进行编制预算

案例导入

银华集团的全面预算管理以目标利润为导向，与传统的企业预算管理不同的是，其首先分析企业所处的市场环境，结合企业的销售、成本、费用及资本状况、管理水平等战略能力来确定目标利润，然后以此为基础详细编制企业的销售预算，并根据企业的财力状况编制资本预算等分预算。在确定目标利润时，要遵循目标利润制订的战略性、可行性、科学性、激励性和统一性原则。目标利润是预算编制的起点，编制销售预算是根据目标利润编制预算的首要步骤，然后再根据以销定产原则编制生产预算，同时编制所需要的销售费用和管理费用预算。在编制生产预算时，除了考虑计划销售量外，还应当考虑现有的存货和年末的存货。生产预算编制后，再根据生产预算来编制直接材料预算、直接人工预算、制造费用预算、产品成本预算和现金预算，是有关预算的汇总，预计损益表、资产负债表是全部预算的综合。

预算体系是利润全面预算管理的载体。目标利润是利润全面预算管理的起点。为实现目标利润而编制的各项预算构成利润全面预算管理的预算体系。银华集团全面预算管理的体系主要包括：（1）目标利润；（2）销售预算；（3）销售费用及管理费用；（4）生产预算；（5）直接材料预算；（6）直接人工预算；（7）制造费用预算；（8）存货预算；（9）产品成本预算；（10）现金预算；（11）资本预算；（12）预计损益表；（13）预计资产负债表。银华集团以管理制度的方式，使得“人人肩上有指针，项项指针连收入”，并且具体规范了预算的编制日程和流程，建立了日常预算执行情况及时反馈的预算管理簿，规定了预算调整的前提及其审批权限和程序，差异分析报告的内容、预算考评的原则和激励办法等都很好地体现了全面预算管理的系统性要求。

请思考以下问题：

如果你是公司的一名预算人员，你认为应该如何编制全面预算？你认为公司的全面预算应该与战略紧密联系吗？

任务一　财务战略认知与分析

一、财务战略的涵义和特征

战略是涉及全局性、长期性和导向性的重大谋划，是一个重要而复杂的问题。鉴于战略问题的重要性和复杂性，越来越多的上市公司在董事会之下设立战略委员会，对战略议题进行分析研究，为公司战略决策提供参考方案。英国特许管理会计师协会和《首席财务官》杂志的研究显示，公司的首席财务官越来越重视公司的财务战略问题，正逐步实现由会计专家向财务战略家的转变。

（一）财务战略的涵义

“战略”一词源于军事领域，是对战争或重大战役的全局性谋划。企业战略是企业为实现整体价值，筹划企业所拥有的资源，对一系列长远或重大的行动的动态统筹。

财务战略是在企业总体战略目标的统筹下，以价值管理为基础，以实现企业财务管理目标为目的，以实现企业财务资源的优化配置为衡量标准，所采用的战略性思维方式、决策方式和管理方针。财务战略是企业总体战略的重要组成部分，企业战略需要财务战略来支撑。

（二）财务战略的特征

财务战略具有战略的共性和财务特性，其特征主要体现在以下几方面。

（1）财务战略属于全局性、长期性和导向性的重大谋划。

（2）财务战略涉及企业的外部环境和内部条件。

（3）财务战略是对企业财务资源的长期优化配置安排。

（4）财务战略与企业拥有的财务资源及其配置能力相关。

（5）财务战略受到企业文化和价值观的重要影响。

二、财务战略的分类

企业财务战略的类型可以从职能财务战略和综合财务战略两个角度来认识。

（一）财务管理的职能类型

企业的财务战略涉及企业财务管理的职能。因此，财务战略按照财务管理的职能领域可分为投资战略、筹资战略、营运战略、股利战略。

1．投资战略

投资战略是涉及企业长期、重大投资方向的战略性筹划。企业重大的投资行业、投资企业、投资项目等筹划内容，属于投资战略范畴。

2．筹资战略

筹资战略是涉及企业重大筹资方向的战略性谋划。企业重大的首次发行股票、增资发行股票、发行大笔债券、与银行建立长期合作关系等战略性筹划，属于筹资战略范畴。

3．营运战略

营运战略是涉及企业营运资本的战略性筹划。企业重大的营运资本策略、与重要供应商和客户建立长期商业信用关系等战略性筹划，属于营运战略范畴。

4．股利战略

股利战略是涉及企业长期、重大分配方向的战略性筹划。企业重大的留用利润方案、股利政策的长期安排等战略性筹划，属于股利战略的范畴。

（二）财务战略的综合类型

企业的财务战略往往涉及企业财务资源的总体配置和长期筹划。根据企业的实际经验，财务战略的综合类型一般可以分为扩张型财务战略、稳健型财务战略、防御型财务战略和收缩型财务战略。

1．扩张型财务战略

扩张型财务战略一般表现为长期内迅速扩大投资规模，全部或大部分保留利润，大量筹措外部资本。

2．稳健型财务战略

稳健型财务战略一般表现为长期内稳定增长的投资规模，保留部分利润，内部留利与外部筹资相结合。

3．防御型财务战略

防御型财务战略一般表现为保持现有投资规模和投资收益水平，保持或适当调整现有资产负债率和资本结构水平，维持现有的股利政策。

三、财务战略分析的方法

财务战略分析是通过对企业外部环境和内部条件的分析，全面评价与财务资源相关的企业外部的机会与威胁、企业内部的优势与劣势，形成企业财务战略决策的过程。财务战略分析的方法主要是 SWOT 分析法。

（一）SWOT 分析法的涵义

SWOT 分析法是在对企业的外部财务环境和内部财务条件进行调查的基础上，对有关因素进行归纳分析，评价企业外部的财务机会与威胁、企业内部的财务优势与劣势，从而为财务战略的选择提供参考答案。

SWOT 分析法由麦肯锡咨询公司开发，分别取 Strengths、Weaknesses、Opportunities 和 Threats 4 个词语的首字母组合而得名。

（二）SWOT 的因素分析

从财务战略的角度而言，SWOT 分析法涉及企业的外部财务环境和内部财务条件等众多的财务因素，需要经过分析判断，找出主要的财务因素，并将其区分为内部财务优势、内部财务劣势、外部财务机会和外部财务威胁。

1．企业外部财务环境的因素分析

关于企业外部财务环境，在单元一中已有介绍，这里仅将对财务战略具有重要影响的主要财务因素简要归纳分析如下。

（1）产业政策。譬如，产业发展的规划、产业结构的调整政策、鼓励或限制发展产业的政策。这些产业政策及其调整，往往会直接影响企业投资的方向、机会和程度，从而影响企业财务战略的选择。

（2）财税政策。譬如，积极或保守的财务政策、财政信用政策、财政贴息政策、税收的总体负担水平、行业和地区的税收优惠政策。这些产业政策及其调整，往往会直接或间接地影响企业投资和筹资的方向、机会及程度，从而影响企业财务战略的选择。

（3）金融政策。譬如，货币政策、汇率政策、利率政策、资本市场政策，以及比较紧缩或宽松的金融政策。这些金融政策及其调整，往往会直接或间接地影响企业投资和筹资的方向、机会及程度，从而影响企业财务战略的选择。

（4）宏观周期。譬如，宏观的经济周期、产业周期和金融周期所处的阶段。这需要企业加以科学的分析和判断，以选择和调整与宏观周期相匹配的财务战略。

2．企业内部财务条件的因素分析

企业内部主要财务因素有：企业生命周期和产品周期所处的阶段；企业的盈利水平；企业的投资项目及其收益状况；企业的资产负债规模；企业的资本结构及财务杠杆利用条件；企业的流动性状况；企业的现金流量状况；企业的筹资能力和潜力等。

上述企业内部财务条件的因素，将直接支撑或限制企业财务战略的决策选择。

3．SWOT 的因素定性分析

运用 SWOT 分析法，需要经过定性判断，对 SWOT 因素进行定性分析，将企业内部的财务条件因素和企业外部财务环境因素，分别归为内部财务优势与劣势和外部财务机会与威胁，具体如下。

（1）内部财务优势。例如，企业的营利水平较高、资本结构比较合理、现金流量比较充足。这些因素属于企业内部的财务优势因素，为财务战略选择提供有利的条件。

（2）内部财务劣势。例如，企业的资产负债率过高、流动比率大幅下降、债务筹资能力受限。这些因素属于企业内部的财务劣势，将限制企业财务战略选择的余地。

（3）外部财务机会。这些因素属于企业外部的财务机会或机遇，能为企业财务战略的选择提供更大的空间。

（4）外部财务威胁。例如，企业发行债券筹资收到严格控制、竞争对手正在准备扩大筹资。这些因素属于企业外部的财务威胁或挑战，将制约企业财务战略的选择。

（三）SWOT 分析法的运用

运用 SWOT 分析法，可以采用 SWOT 分析表和 SWOT 分析图来进行分析，从而为企业财务战略的选择提供依据。

1．SWOT 分析表

运用 SWOT 分析法，可以采用 SWOT 分析表进行因素归纳和定性分析，为企业财务战略的选择提供依据。某企业 20××年的 SWOT 分析表如表 3-1 所示。

表 3-1　SWOT 分析表

内部财务优势（S）	
主要财务因素	对财务战略的影响分析
（1）财务结构稳健：长期资本结构稳定合理 （2）现金流量充足：经营现金流量持续增长	（1）资本结构方面：适当提升财务杠杆 （2）投资方面：适宜追加投资
内部财务劣势（W）	
主要财务因素	对财务战略的影响分析
（1）资产负债率较高：短期借款较多，流动比率较低 （2）股东要求提高回报：全球金融危机影响	（1）营运资本方面：考虑降低短期筹资，改善营运资本政策 （2）股东关系方面：考虑适当增发股利
外部财务机会（O）	
主要财务因素	对财务战略的影响分析
（1）投资机会良好：行业投资报酬率回升 （2）筹资环境趋于宽松：积极的政府财务政策、适当宽松的货币政策	（1）投资方面：考虑是否增加投资规模 （2）筹资方面：研究是否增加筹资规模

续表

外部财务威胁（T）	
主要财务因素	对财务战略的影响分析
（1）筹资控制严格：发行债券筹资控制严格 （2）筹资竞争激烈：不少企业准备扩大筹资	（1）筹资方式方面：研究采取股权筹资方式 （2）筹资竞争方面：研究设计有效的筹资方案

2．SWOT 分析图

运用 SWOT 分析法，可在 SWOT 分析表的基础上，采用 SWOT 分析图对四种性质的因素进行组合分析，为企业财务战略的选择提供参考，如图 3-1 所示。

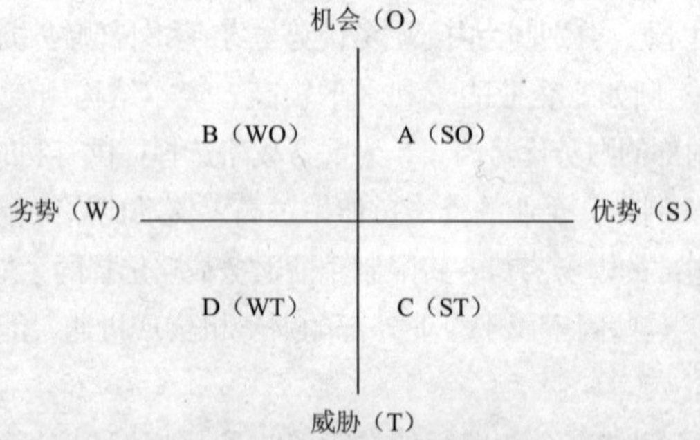

图 3-1　SWOT 分析示意图

一般而言，企业的内部财务优势与劣势和外部财务机会与威胁往往是同时存在的，因此，综合 4 种不同性质因素的组合，客观上可以构成 4 种综合财务战略的选择。

在SWOT 分析图中，企业内部的财务优势与劣势和外部的财务机会与威胁可以构成 4 种组合。

A 区为 SO 组合，即财务优势和财务机会的组合，是最为理想的组合。企业的内部条件具有优势的同时，企业的外部环境提供机会。处于这种最为理想的组合下的企业，应当发挥优势和利用机会，适于采取积极扩张型的财务战略。

B 区为 WO 组合，即财务机会和财务劣势的组合，这是不尽理想的组合。一方面企业的外部环境提供机会，但另一方面企业的内部条件处于劣势。处于这种不尽理想的组合下的企业，可以利用机会、克服劣势，适于财务稳健增长型的财务战略。

C 区为 ST 组合，即财务优势和财务威胁的组合，是不太理想的组合。一方面企业的内部条件具有优势，但另一方面企业的外部环境构成威胁或挑战。处于这种不太理想的组合下的企业，可以尽可能发挥优势、回避威胁，采取有效防御型的财务战略。

D 区为 WT 组合，即财务劣势和财务威胁的组合，是最不理想的组合。企业的内部条件处于劣势的同时，企业的外部环境构成威胁或挑战。处于这种最不理想组合下的企业，应当克服劣势、回避威胁，可以采取适当收缩型的财务战略。

四、财务战略的选择

在财务战略分析的基础上，选择财务战略还需要明确一些基本依据。

（一）财务战略选择的依据

企业的财务战略要适应内外环境的变化，具有防范未来风险的意识，着眼于企业未来长期稳定的发展。企业财务战略选择必须考虑经济周期波动情况、企业发展阶段和企业增长方式，并及时进行调整，以保持其旺盛的生命力。

1．财务战略的选择必须与宏观经济周期相适应

现代经济发展的周期性是以工商业为主体的经济总体发展过程中不可避免的现象，是经济系统存在和发展的重要特征。我国经济周期的直观表现是：周期长度不规则，发生频率高。有学者推算，过去我国经济周期的平均长度为 4～6 年，波动幅度在减小。经济周期的各个阶段呈现出不同的特征，在高涨阶段总需求迅速膨胀，在繁荣阶段过度繁荣，在衰退阶段进行紧缩性经济调整，严格控制总需求。

从企业财务的角度看，经济的周期性波动要求企业顺应经济周期的过程和阶段，通过制定和选择富有弹性的财务战略，来抵御大起大落的经济震荡，以减轻经济震荡对财务活动的影响，特别是减少经济周期中上升和下降的波动对财务活动的消极影响。财务战略的选择和实施要与经济运行周期相配合。

（1）在经济复苏阶段适宜采取扩张型财务战略，主要有增加厂房设备、采取融资租赁、建立存货、开发新产品、增加劳动力等举措。

（2）在经济繁荣阶段适宜先采取扩张型财务战略，再转为稳健型财务战略，主要有扩充厂房设备、采取融资租赁、继续建立存货、提高产品价格、开展营销策略、增加劳动力等举措。

（3）在经济衰退阶段应采取防御型财务战略，主要有停止扩张、出售多余的厂房设备、停产无利润的产品、停止长期采购、削减存货、减少雇员等举措。

（4）在经济萧条阶段，特别在经济处于低谷时期，应采取防御型和收缩型财务战略，主要有建立投资标准、保持市场份额、压缩管理费用、放弃次要的财务利益、削减存货、减少临时性雇员等举措。

2．财务战略的选择必须与企业发展阶段相适应

每个企业的发展都要经过一定的发展阶段。典型的企业一般要经过初创期、扩张期、稳定期和衰退期四个阶段。不同的发展阶段应该有不同的财务战略与之相适应。企业应当分析自身所处的发展阶段，采取相应的财务战略。

（1）在初创期，现金需求量大，需要大规模举债经营，因而存在很大的财务风险，一般采用股票股利政策。

（2）在扩张期，虽然现金需求量也大，但它是以较低幅度增大的，财务风险仍然很高，一般采用低现金股利政策。因此，在初创期和扩张期，企业应采取扩张型财务战略。

（3）在稳定期，现金需求量有所减少，一些企业可能有现金结余。这时，财务风险降低，通常采用现金股利政策。在稳定期，企业一般采用稳健型财务战略。

（4）在衰退期，现金需求量持续减少，最后遭受亏损，财务风险降低，一般采用高现金股利政策。在衰退期，企业应采取防御型财务战略。

3．财务战略的选择必须与企业经济增长方式相适应

长期以来，低水平重复建设与单纯数量扩张的经济增长，是我国经济增长的主要方式。这种增长方式在短期内容易见效，表现出短期高速增长的特征。但是，由于缺乏相应技术支持和资源配置能力，企业生产能力和真正的长期增长实际上受到了制约。因此，企业经济增长的方式客观上要求实现从粗放型增长向集约型增长的根本转变。为适应这种转变，财务战略需要从两个方面进行调整。

一方面，调整企业财务投资战略，加大基础项目的投资力度。企业经济真正的长期增长要求提高资源配置能力和效率，而资源配置能力和效率的提高取决于基础项目的发展。虽然几次项目在短期内难以带来较大的财务利益，但它为长期经济的发展提供了重要的基础。所以，企业财务投资的规模和方向上，要实现基础项目相对于经济增长的超前发展。

另一方面，加大财务制度创新力度。通过建立与现代企业制度相适应的现代企业财务制度，既可以对追求短期数量增长的冲动形成约束，又可以强化集约经营与技术创新的行为取向。

通过明晰产权，从企业内部抑制掠夺性经营的冲动。通过以效益最大化和规模扩大化为目标的财务资源配置，限制高投入、低产出对资源的耗用，使企业经营集约化、高效率得以实现。

（二）财务战略选择的方式

在企业发展的不同阶段，企业外部环境中的风险因素和企业内部拥有各项资源的情况会发生变化，因此，企业需要根据自身的目标采取不同的财务战略，即便处于同一周期阶段，内外部条件不同的企业根据自身的目标也会采取不同类型的财务战略。根据企业发展周期的阶段特点，企业确定财务战略一般有如下几种方式。

1．引入期财务战略的选择

这个阶段企业产品处于研发投入阶段，没有形成收入和利润能力，产品市场尚未形成，企业面临的经营风险很大。因此，财务战略的关键是吸纳股权资本，筹资战略是筹集股权资本，股利战略是不分红，投资战略是不断增加对产品开发推广的投资。

2．成长期财务战略的选择

这个阶段企业产品成功推向市场，销售规模快速扩大，利润大幅增长，超额利润明显，产品市场快速增长并吸引了更多的竞争者，企业的经营风险略有降低。此阶段企业以促进销售增长、快速提高市场占有率为战略重点，与之相匹配的财务战略是积极扩张型财务战略，其关键是实现企业的高增长与资金匹配，保持企业可持续发展。筹资战略是尽量利用资本市场大量增加股权资本，适度引入债务资本，股利战略仍旧是不分红或少量分红，投资战略是对核心业务大力追加投资。有些企业在股权资本不足以支撑高度发展的时候，更多地利用债务资本。这种筹资方式只能作为短期的财务政策，不能成为该阶段的财务战略，否则很可能引发企业的财务危机。

3．成熟期财务战略的选择

这个阶段，企业销售稳定增长，利润多且较为稳定，市场竞争加剧，超额利润逐渐减少甚至消失，追加投资的需求减少，企业战略重心转为对盈利能力的关注。与之相匹配的财务战略是稳健发展型财务战略，其关键是处理好日益增加的现金流量。筹资战略可以调整为以更多低成本的债务资本替代高成本的股权资本。股利战略调整为实施较高的股利分配，将超额投资需求的现金返还给股东。投资战略上，企业可以充分利用充裕的现金流，围绕核心业务拓展新的产品或市场，进行相关产品或业务的并购，但需防止由于盲目多元化造成的企业竞争力下降。

4．衰退期财务战略的选择

这个阶段企业产品市场需求逐渐衰退，销售开始下滑，企业利润下滑甚至出现亏损。如果此时企业未进入新的产品市场或者实现转型，则不再需要更多的投资。此阶段企业的战略重心是收回投资，或通过并购扩大市场占有率，延缓衰退期的到来。企业财务战略是收缩型财务战略，其关键是收回现有投资并将退出的投资现金流返还给投资者。财务管理战略上采用的是不再进行筹资和投资，全额甚至超额发放股利，将股权资本退出企业，最终实现企业的正常终止。

任务二　预算管理认知

一、预算的特征与作用

（一）预算的特征

“凡事预则立，不预则废”。预算是企业在预测、决策的基础上，以数量和金额的形式反映企业未来一定时期内经营、投资、财务等活动的具体计划，是为实现企业目标而对各种资源和企业活动的详细安排。预算具有以下两个特征。

（1）编制预算的目的是促成企业以最经济有效的方式实现预定目标，因此，预算必须与企业的战略或目标保持一致。

（2）预算作为一种数量化的详细计划，它是对未来活动细致、周密地安排，是未来经营活动的依据，数量化和可执行性是预算最主要的特征。

因此，预算是一种可据以执行和控制经济活动的、最为具体的计划，是对目标的具体化，是将企业活动导向预定目标的有力工具。

（二）预算的作用

预算的作用主要表现在以下几个方面。

（1）预算通过引导和控制经济活动，使企业经营达到预期目标。通过预算指标可以控制实际活动过程，随时发现问题，采取必要的措施，纠正不良偏差，避免经营活动的漫无目的、随心所欲，通过有效的方式实现预期目标。因此，预算具有规划、控制、引导企业经济活动有序进行及以最经济有效的方式实现预定目标的功能。

（2）预算可以使企业内部各个部门之间的协调工作。从系统论的观点来看，局部计划的最优化，对全局来说不一定是最合理的。为了使各个职能部门向着共同的战略目标前进，它们的经济活动必须密切配合，相互协调，统筹兼顾，全面安排，搞好综合平衡。通过各部门预算的综合平衡，能促使各部门管理人员清楚地了解本部门在全局中的地位和作用，尽可能地做好部门之间的协调工作。各级各部门因其职责不同，往往会出现相互冲突的现象。各部门之间必须协调一致，才能最大限度地实现企业整体目标。例如，企业的销售、生产、财务等各部门可以分别编制出对自己最好的计划，而该计划在其他部门却不一定能行得通。销售部门根据市场预测提出了一个庞大的销售计划，生产部门可能没有那么大的生产能力。生产部门可能编制一个充分利用现有生产能力的计划，但销售部门可能无力将这些产品销售出去。销售部门和生产部门都认为应该扩大生产能力，财务部门却认为无法筹到必要的资金。全面预算经过综合平衡后可以提供解决各级各部门冲突的最佳办法，其代表企业的最优方案，可以使各级各部门的工作在此基础上协调地进行。

（3）预算可以作为业绩考核的标准。预算作为企业财务活动的行为标准，使各项活动的实际执行有章可循。预算标准可以作为各部门责任考核的依据。经过分解落实的预算规划目标能与部门、责任人的业绩考评结合起来，成为奖勤罚懒、评估优劣的准绳。

二、预算的分类与预算体系

（一）预算的分类

企业预算可以按不同标准进行多种分类，具体如下。

1．根据预算内容不同，可以分为业务预算（即经营预算）、专门决策预算和财务预算

业务预算是指与企业日常经营活动直接相关的经营业务的各种预算。它主要包括销售预算、生产预算、材料采购预算、直接材料消耗预算、直接人工预算、制造费用预算、产品生产成本预算、经营费用和管理费用预算等。专门决策预算是指企业不经常发生的、一次性的重要决策预算。专门决策预算直接反映相关决策的结果，是实际中选方案的进一步规划。如资本支出预算，其编制依据可以追溯到决策之前搜集到的有关资料，只不过预算比决策估算更细致、更准确一些。又如，企业对一切固定资产购置都必须在事先做好可行性分析的基础上来编制预算，具体反映投资额、投资时间、资金筹集方式、投资期限、投产时间、未来现金流量等内容。财务预算是指企业在计划期内反映有关预计现金收支、财务状况和经营成果的预算。财务预算作为全面预算体系的最后环节，是从价值方面总括地反映企业业务预算与专门决策预算的结果。也就是说，业务预算和专门决策预算中的资料都可以用货币金额反映在财务预算内。这样一来，财务预算就成为了各项业务预算和专门决策预算的整体计划，故也称为总预算，其他预算则相应称为辅助预算或分预算。显然，财务预算在全面预算中占有举足轻重的地位。

2．从预算指标覆盖的时间长短划分，企业预算可分为长期预算和短期预算

通常将预算期在 1 年以内（含 1 年）的预算称为短期预算，预算期在 1 年以上的预算则称为长期预算。预算的编制时间可以视预算的内容和实际需要而定，可以是周、月、季、年或若干年等。在预算编制过程中，往往应结合各项预算的特点，将长期预算和短期预算结合使用。一般情况下，企业的业务预算和财务预算多为 1 年期的短期预算，年内再按季或月细分，而且预算期间往往与会计期间保持一致。

（二）预算体系

各种预算是一个有机联系的整体。一般将由业务预算、专门决策预算和财务预算组成的预算体系，称为全面预算体系，其结构如图 3-2 所示。

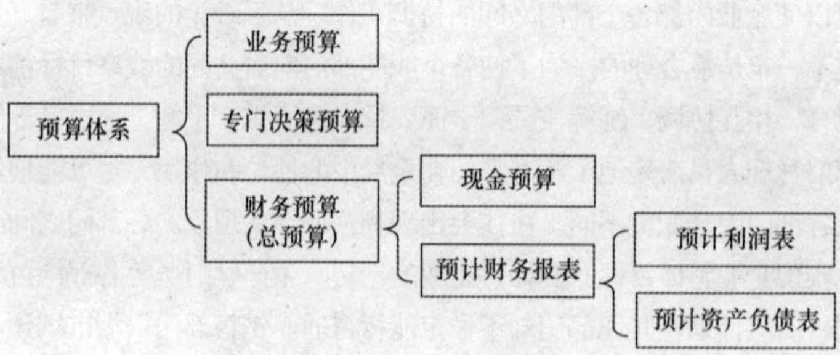

图 3-2　全面预算体系

三、预算工作的组织

预算工作的组织包括决策层、管理层、执行层和考核层，具体如下。

（1）企业董事会或类似机构应当对企业预算的管理工作负总责。企业董事会或者经理办公会可以根据情况设立预算委员会或指定财务管理部门负责预算管理事宜，并对企业法人代表负责。

（2）预算委员会或财务管理部门主要拟订预算的目标、政策，制定预算管理的具体措施和办法，审议、平衡预算方案，组织下达预算，协调解决预算编制和执行中的问题，组织审计、考核预算的执行情况，督促企业完成预算目标。

（3）企业财务管理部门具体负责企业预算的跟踪管理，监督预算的执行情况，分析预算与实际执行的差异及原因，提出改进管理的意见与建议。

（4）企业内部生产、投资、物资、人力资源、市场营销等职能部门具体负责本部门业务涉及的预算编制、执行、分析等工作，并配合预算委员会或财务管理部门做好企业总预算的综合平衡、协调、分析、控制与考核等工作。这些部门的主要负责人参与企业预算委员会的工作，并对本部门预算执行结果承担责任。

（5）企业所属基层单位是企业预算的基本单位，在企业财务管理部门的指导下，负责本单位现金流量、经营成果和各项成本费用预算的编制、控制、分析工作，接受企业的检查、考核，其主要负责人对本单位财务预算的执行结果承担责任。

任务三　预算的编制方法与程序

一、预算的编制方法

企业可以根据不同的预算项目，分别采用固定预算和弹性预算、增量预算与零基预算、定期预算和滚动预算等方法编制各种预算。

（一）固定预算与弹性预算编制方法

1．固定预算编制方法

固定预算，又称静态预算，是根据预算期内正常的、可实现的某一既定业务量水平为基础来编制的预算。一般适用于固定费用或者数额比较稳定的预算项目。

固定预算的缺点表现在两个方面。一是过于呆板。这种方法下，编制预算的业务量基础是实现假定的某个业务量，不论预算期内业务量水平实际可能发生哪些变动，都只按事先确定的这一个业务量水平作为编制预算的基础。二是可比性差。当实际的业务量与编制预算所依据的业务量发生较大差异时，有关预算指标的实际数与预算数就会因业务量基础不同而失去可比性。例如，某企业预计业务量为销售 100 000 件产品，按此业务量给销售部门的预算费用为 5 000 元，如果该销售部门实际销售量达到 120 000 件，超出了预算业务量，固定预算下的费用预算仍为 5 000 元。

2．弹性预算编制方法

弹性预算是在按照成本（费用）习性分类的基础上，根据量、本、利之间的依存关系，考虑到计划期间业务量可能发生的变动，编制出一套适应多种业务量的费用预算，以便分别反映在不同业务量的情况下所应支出的成本费用水平。该方法是为了弥补固定预算的缺陷而产生的。编制弹性预算所依据的业务量可能是生产量、销售量、机器工时、材料消耗量和直接人工工时等。

弹性预算的优点表现两方面，一是预算范围宽，二是可比性强。弹性预算一般适用于与预算执行单位业务量有关的成本（费用）、利润等预算项目。

弹性预算的编制，可以采用公式法，也可以采用列表法。

（1）公式法。公式法是假设成本和业务量之间存在线性关系，成本总额、固定成本总额、业务量和单位变动成本之间的变动关系可以表示如下：

$$Y=a+bx$$

其中，Y 表示某项预算成本总额；a 表示不随业务量变动而变动的那部分固定成本；b 是单位变动成本；x 是业务量；某项目成本总额 Y 是该项目固定成本总额和变动成本总额之和。这种方法要求按上述成本与业务量之间的线性假定，将企业各项目成本总额分解为变动成本和固定成本两部分。

【经典案例 3-1】某企业制造费用中的修理费用和修理工时密切相关。经测算，预算期修理费用中的固定修理费用为 3 000 元，单位工时的变动修理费用为 2 元，预计预算期的修理工时为 3 500 小时。运用公式法，测算预算期的修理费用总额为：3 000+2×3 500=10 000（元）。

因为任何成本都可用公式“$Y=a+bx$”来近似地表示，所以只要在预算中列示 a（固定成本）和 b（单位变动成本），便可随时利用公式计算任意业务量（x）的预算成本。

【经典案例 3-2】A 企业经过分析得出某种产品的制造费用与人工工时密切相关，采用公式法编制的制造费用预算如表 3-2 所示。

表 3-2　制造费用预算（公式法）

业务量范围	420～660（人工工时）	
费用项目	固定费用（元/月）	变动费用（元/人工工时）
运输费用		0.20
电力费用		1.00
材料费用		0.10
修理费用	85	0.85
油料费用	108	0.20
折旧费用	300	
人工费用	100	
合计	593	2.35
备注	业务量超过 600 工时后，修理费中的固定费用将由 85 元上升为 185 元	

公式法的优点是在一定范围内预算可以随业务量变动而变动，可比性和适应性强，编制预算的工作量相对较小。公式法的缺点是按公式进行成本分解比较麻烦，对每个费用子项目甚至细目逐一进行成本分解的工作量很大。另外对于阶梯成本和曲线成本只能先用数学方法修正为直线，才能应用公式法。必要时，还需在“备注”中说明适用不同业务量范围的固定费用和单位变动费用。

（2）列表法。列表法是指通过列表的方式，将与各种业务量对应的预算数列示出来的一种弹性预算编制方法。

应用列表法编制预算，首先要在确定的业务量范围内，划分出若干个不同水平，然后分别计算各项预算值，汇总列入一个预算表格。

【经典案例 3-3】根据表 3-2，A 企业采用列表法编制的 2013 年 6 月制造费用预算如表 3-3 所示。

表 3-3　制造费用预算（列表法）

业务量（直接人工工时）	420	480	540	600	660
占正常生产能力百分比	70%	80%	90%	100%	110%
变动成本:					
运输费用（b=0.2）	84	96	108	120	132
电力费用（b=1.0）	420	480	540	600	660
材料费用（b=0.1）	42	48	54	60	66
合计	546	624	702	780	858
混合成本:					
修理费用	442	493	544	595	746
油料费用	192	204	216	228	240
合计	634	697	760	823	986
固定成本:					
折旧费用	300	300	300	300	300
人工费用	100	100	100	100	100
合计	400	400	400	400	400
总计	1 580	1 721	1 862	2 003	2 244

表3-3中，分别列示了5种业务量水平的成本预算数据（根据企业情况，也可以按更多的业务量水平列示）。这样，无论实际业务量达到何种水平，都有适用的一套成本数据来发挥控制作用。

如果固定预算法是按600小时编制的，成本总额为2 003元。在实际业务量为500小时的情况下，不能用2003元去评价实际成本的高低，也不能按业务量变动的比例调整后的预算成本1 669（2 003×500/600）元去考核实际成本，因为并不是所有的成本都一定同业务量成同比例关系。

如果采用弹性预算法，就可以根据各项成本与业务量的不同关系，采用不同方法确定“实际业务量的预算成本”，去评价和考核实际成本。实际业务量为500小时时，运输费等各项变动成本可用实际工时数乘以单位业务量变动成本来计算，即变动总成本为650（500×0.2+500×1+500×0.1）元。固定总成本不随业务量变动，仍为400元。混合成本可用插值法逐项计算。500小时处在480小时和500小时两个水平之间，修理费应该在493～544元之间，设实际业务的预算修理费用为X元，则可得到如下算式：

$$\frac{500-480}{540-480}=\frac{X-493}{544-493}$$

$$X=510（元）$$

油料费用在480小时和540小时分别为204元和216元，用插值法计算500小时应为208元。可见500小时预算成本如下：

500小时预算成本=（0.2+1+0.1）×500+510+208+400=1 768（元）

这样计算出来的预算成本比较符合成本的变动规律，可以用来评价和考核实际成本，比较确切并容易为被考核人所接受。

列表法的主要优点是可以直接从表中查得各种业务量下的成本费用预算，不用再另行计算，因此直接、简便，缺点是编制工作量较大，而且由于预算数不能随业务量变动而任意变动，弹性仍然不足。

（二）增量预算与零基预算编制方法

1．增量预算编制方法

增量预算是指以基期成本费用水平为基础，结合预算期业务量水平及有关降低成本的措施，通过调整有关费用项目而编制预算的方法。增量预算以过去的费用发生水平为基础，主张不需在预算内容上作较大的调整，它的编制遵循如下假定。

（1）企业现有业务活动是合理的，不需要进行调整。

（2）企业现有各项业务的开支水平是合理的，在预算期予以保持。

（3）以现有业务活动和各项活动的开支水平确定预算期各项活动的预算数。

【经典案例 3-4】某企业上年的制造费用为 50 000 元，考虑到本年生产任务增大 10%，按增量预算编制计划年度的制造费用。

计划年度制造费用预算=50 000×（1+10%）=55 000（元）

增量预算编制方法的缺陷是可能导致无效费用开支项目无法得到有效控制。因为不加以分析地保留或接受原有的成本费用项目，可能使原来不合理的费用继续开支而得不到控制，形成不必要开支合理化，造成预算上的浪费。

2．零基预算编制方法

零基预算的全称为“以零为基础的编制计划和预算方法”。它在编制费用预算时，不考虑以往会计期间所发生的费用项目或费用数额，一切以零为出发点，从实际需要逐项审议预算期内各项费用的内容及开支标准是否合理，是在综合平衡的基础上编制费用预算的方法。

零基预算的程序如下。

（1）企业内部各级部门的员工，根据企业的生产经营目标，详细讨论计划期内应该发生的费用项目，并对每一费用项目编写一套方案，提出费用开支的目的以及需要开支的费用数额。

（2）划分不可避免的费用项目和可避免的费用项目。在编制预算时，对不可避免的费用项目必须保证资金供应，而对可避免费用项目则需要逐项进行成本与效益分析，应尽量控制不可避免项目纳入预算当中。

（3）划分不可延缓费用项目和可延缓费用项目。在编制预算时，应根据预算期内可供支配的资金数额在各费用之间进行分配。应优先安排不可延缓费用项目的支出。然后，再根据需要，按照费用项目的轻重缓急确定可延缓项目的开支。

零基预算的优点表现在：（1）不受现有费用项目的限制；（2）不受现行预算的束缚；（3）能够调动各方面节约费用的积极性；（4）有利于促使各基层单位精打细算，合理使用资金。

（三）定期预算与滚动预算编制方法

1．定期预算编制方法

定期预算是指在编制预算时，以不变的会计期间（如日历年度）作为预算期的一种编制预算的方法。这种方法的优点是能够使预算期间与会计期间相对应，便于将实际数与预算数进行对比，也有利于对预算执行情况进行分析和评价。但这种方法固定以 1 年为预算期，在执行一段时期之后，往往使管理人员只考虑剩下来的几个月的业务量，缺乏长远打算，导致一些短期行为的出现。

2．滚动预算编制方法

滚动预算又称连续预算，是指在编制预算时，将预算期与会计期间脱离开，随着预算的执行不断地补充预算，逐期向后滚动，使预算期始终保持为一个固定长度（一般为 12 个月）的一种预算方法。

（1）逐月滚动

如图 3-3 所示，滚动预算的基本做法是使预算期始终保持 12 个月，每过 1 个月或 1 个季度，立即在期末增列 1 个月或 1 个季度的预算，逐期往后滚动，因而在任何一个时期都使预算保持为 12 个月的时间长度，故又叫连续预算或永续预算。这种预算能使企业各级管理人员对未来始终保持整整 12 个月时间的考虑和规划，从而保证企业的经营管理工作能够稳定而有序地进行。

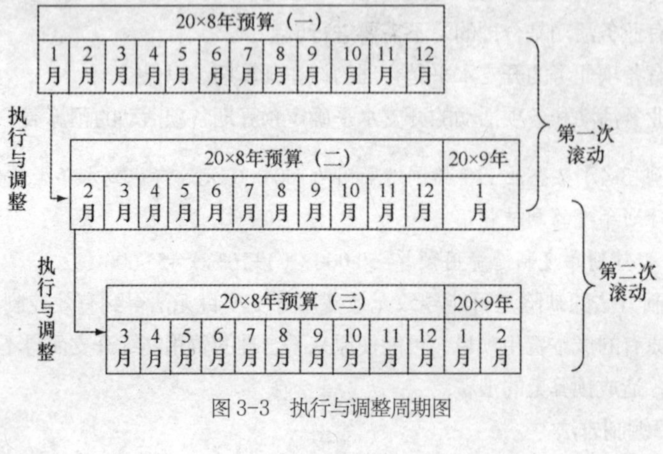

图 3-3　执行与调整周期图

（2）逐季滚动

滚动预算的编制还采用了长期计划、短期安排的方法。那就是在基期编制预算时，先按年度分季，并将其中第一季度按月划分，建立各月的明细预算数字，以便监督预算的执行，而其他三个季度的预算可以粗略一些，只列各季总数。到第一季度结束后，再将第二季度的预算按月细分，第三、第四季度以及增列的下一年度的第一季度的预算只列出各季度的总数，依此类推。采用这种方法编制的预算有利于管理人员对预算资料作经常性的分析研究，并根据当时预算的执行情况及时加以调整。

【经典案例 3-5】某公司甲车间采用滚动预算方法编制制造费用预算。已知 2013 年各季度的制造费用如表 3-4 所示（其中间接材料费用忽略不计）。

表 3-4　2013 年全年制造费用预算　　　　金额单位：元

项目	第 1 季度	第 2 季度	第 3 季度	第 4 季度	合计
直接人工预算总工时（小时）	52 000	51 000	51 000	460 000	200 000
变动制造费用					
间接人工费用	208 000	204 000	204 000	184 000	800 000
水电与维修费用	130 000	127 500	127 500	115 000	500 000
小计	338 000	331 500	331 500	299 000	1 300 000
固定制造费用					
设备租金	180 000	180 000	180 000	180 000	720 000
管理人员工资	80 000	80 000	80 000	80 000	320 000
小计	260 000	260 000	260 000	260 000	1 040 000
制造费用合计	598 000	591 500	591 500	591 500	2 340 000

2013 年 3 月 31 日，公司在编制 2013 年第 2 季度至 2014 年第 1 季度滚动预算时，发现未来的 4 个季度中将出现以下情况。

（1）间接人工费用预算工时分配率将上涨 10%，即上涨为 4.4 元/小时。

（2）原设备租赁合同到期，公司新签订的租赁合同中设备年租金将降低 20%，即降低为 576 000 元。

（3）2013 年第 2 季度至 2014 年第 1 季度预计直接人工总工时分别为 51 500 小时、51 000 小时、46 000 小时和 57 500 小时。

因此，编制的 2013 年第 2 季度至 2014 年第 1 季度制造费用如表 3-4 所示。

二、预算的编制程序

企业编制预算，一般应按照“上下结合、分级编制、逐级汇总”的程序进行，具体如下。

（一）下达目标

企业董事会或经理办公会根据企业发展战略和预算期经济形势的初步预测，在决策的基础上，提出下一年度企业预算目标，包括销售或营业目标、成本费用目标、利润目标和现金流量目标，并确定预算编制的政策，由预算委员会下达各预算执行单位。

（二）编制上报

各预算执行单位按照企业预算委员会下达的预算目标和政策，结合自身特点以及预测的执行条件，提出详细的本单位预算方案，上报企业财务管理部门。

（三）审查平衡

企业财务管理部门对各预算执行单位上报的财务预算方案进行审查、汇总，提出综合平衡的建议。在审查、平衡过程中，预算委员会应当进行充分协调，对发现的问题提出初步调整意见，并反馈给有关预算执行单位予以修正。

（四）审议批准

企业财务管理部门在有关预算执行单位修正调整的基础上，编制出企业预算方案，报财务预算委员会讨论。对于不符合企业发展战略或者预算目标的事项，企业预算委员会应当责成有关预算执行单位进一步修订、调整。在讨论、调整的基础上，企业财务管理部门正式编制企业年度预算方案，提交董事会或经理办公会审议批准。

（五）下达执行

企业财务管理部门对董事会或经理办公室审议批准的年度总预算，一般在次年 3 月底以前，分解成一系列的指标体系，由预算委员会逐级下达各预算执行单位执行。

任务四　财务预算编制实训

一、业务预算的编制

（一）销售预算

销售预算是在销售预测的基础上，根据企业年度目标利润确定的预计销售量、销售单价和销售收入等参数编制的用于规划预算期销售活动的一种业务预算。在编制过程中，应根据年度内各季度市场预测的销售量和单价，确定预计销售收入，并根据各季现销收入与收回前期的应收账款反映现金收入额，以便为编制现金收支预算提供资料。根据销售预测确定的销售量和销售单价确定各期销售收入，并根据各期销售收入和企业信用政策，确定每期的销售现金流量，是销售预算的两个核心问题。

由于企业其他预算的编制都必须以销售预算为基础，所以销售预算是编制全面预算的起点。

【经典案例 3-6】表 3-5 是 W 公司今年的销售预算（为方便计算，不考虑增值税因素）。

表 3-5　W 公司销售预算表

20××年度　　　　金额单位：元

项　目	第 1 季度	第 2 季度	第 3 季度	第 4 季度	全年
预计销量（件）	100	150	200	180	630
单价（元）	200	200	200	200	200
预计销售收入	20 000	30 000	40 000	36 000	126 000
应收账款期初	6200				6 200
第一季度销售实现	12 000	8 000			20 000
第二季度销售实现		18 000	12 000		30 000
第三季度销售实现			24 000	16 000	40 000
第四季度销售实现				21 600	21 600
现金收入合计	18 200	26 000	36 000	37 600	117 800

销售预算的主要内容是销量、单价和销售收入。销售量根据市场预测或销货合同并结合企

业生产能力确定，单价通过价格决策确定，而销售收入是两者的乘积，在销售预算中计算得出。

销售预算通常要按品种、按月份、按销售区域、按推销员来编制。为了简化，本例只划分了季度销售数据。

销售预算中通常还包括预计现金收入的计算，其目的是为编制现金预算提供必要的资料。第一季度的现金收入包括两部分，即上年应收账款在本年第一季度收到的货款以及本季度销售中可能收到的货款。本例中，假设每季度销售收入中，本季度收到现金 60%，另外的 40%现金要到下季度才能收到。

（二）生产预算

生产预算是规划预算期生产数量而编制的一种业务预算，是在销售预算的基础上编制的，并可以作为编制材料采购预算和生产成本预算的依据。生产预算主要包括销售量、期初和期末产成品存货、生产量等内容。在生产预算中，只涉及实物量指标，不涉及价值量指标。表 3-6 是 W 公司今年的生产预算。

表 3-6　W 公司生产预算　　单位：件

季度	一	二	三	四	全年
预计销售量	100	150	200	180	630
加：预计期末产成品存货	15	20	18	20	20
合计	115	170	218	200	650
减：预计期初产成品存货	10	15	20	18	10
预计生产量	105	155	198	182	640

通常，企业的生产和销售不能做到“同步同量”，需要设置一定的存货，以保证能在发生意外需求时按时供货，并可均衡生产，节省赶工的额外支出。期末产成品存货数量通常按下期销售量的一定百分比确定。本例按 10%安排期末产成品存货。年初产成品存货是编制预算时预计的，年末产成品存货根据长期销售趋势来确定。本例假设年初有产成品存货 10 件，年末留存 20 件。

生产预算的“预计销售量”来自销售预算，其他数据在表 3-6 中计算得出。

预计期末产成品存货=下季度销售量×10%

预计期初产成品存货=上季度期末产成品存货

预计生产量=预计销售量+预计期末结存量-预计期初结存量

生产预算在实际编制时是比较复杂的。因为产量受到生产能力的限制，且产成品存货数量受到仓库容量的限制，所以只能在此范围内来安排产成品存货数量和各期生产量。此外，有的季节可能销量很大，可以用赶工方法增产，为此要多付加班费。如果提前在淡季生产，会因增加产成品存货而多付资金利息。因此，要权衡两者得失，选择成本最低的方案。

（三）直接材料预算

直接材料预算是为了规划预算期直接材料采购金额的一种业务预算。直接材料预算以生产预算为基础编制，同时要考虑原材料存货水平。

表 3-7 是 W 公司今年的直接材料预算，其主要包括材料的单位产量用量、生产需用量、期初和期末存量等内容。“预计生产量”的数据来自生产预算，“单位产品材料用量”的数据来自标准成本资料或消耗定额资料，“生产需用量”是上述两项的乘积。年初和年末的材料存货量，是

根据当前情况和长期销售预测估计的。各季度“期末材料存量”根据下季度生产量的一定百分比确定，本例按 20%计算。各季度“期初材料存量”等于上季度的期末材料存量。预计各季度“采购量”根据下式计算确定：

预计采购量=生产需用量+期末存量-期初存量

为了便于以后编制现金预算，通常要预测材料采购各季度的现金支出。每个季度的现金支出包括偿还上期应付账款和本期应支付的采购货款，本例假设材料采购的货款有 50%在本季度内付清，另外 50%在下季度付清。这个百分比一般是根据经验确定的。如果材料品种很多，需要单独编制材料存货预算。

表 3-7　直接材料预算　　金额单位：元

项　目	一季度	二季度	三季度	四季度	全年
预计生产量（件）	105	155	198	182	640
材料定额单耗（kg）	10	10	10	10	10
预计生产需要量（kg）	1 050	1 550	1 980	1 820	6 400
加：期末结存量	310	396	364	400	400
减：期初结存量	300	310	396	364	300
预计材料采购量	1 060	1 636	1 948	1 856	6 500
材料计划单价	5	5	5	5	5
预计购料金额	5 300	8 180	9 740	9 280	32 500
应付账款年初余额	2 350				2 350
第一季度购料付现	2 650	2 650			5 300
第二季度购料付现		4 090	4 090		8 180
第三季度购料付现			4 870	4 870	9 740
第四季度购料付现				4 640	4 640
现金支出合计	5 000	6 740	8 960	9 510	30 210

（四）直接人工预算

直接人工预算是一种既反映预算期内人工工时消耗水平，又规划人工成本开支的业务预算。这项预算是根据生产预算中的预计生产量以及单位产品所需的直接人工小时和单位小时工资率进行编制的。在通常情况下，企业按工种类别分别计算不同工种的直接人工小时总数，然后将算得的直接人工小时总数分别乘以各工种的工资率，再予以合计即可求得预计直接人工成本的总数。

有关数据具体计算公式如下：

（1）预计产品生产直接人工工时总数

某种产品直接人工总工时=单位产品定额工时×该产品预计生产量

产品定额工时是由产品生产工艺和技术水平决定的，由产品技术和生产部门提供定额标准，产品预计生产量来自生产预算。

（2）预计直接人工总成本

某种产品直接人工总成本=单位工时工资率×该种产品直接人工工时总量

单位工时工资率来自企业人事部门工资标准和工资总额。

如表 3-8 所示，编制直接人工预算时，一般认为各预算期直接人工都是直接以现金发放的，因此不再特别列示直接人工的现金支出。另外，按照我国现行制度规定，在直接工资以外，还需要计提应付福利费，此时应在直接人工预算中根据直接工资总额进一步确定预算期的预计应付福利费，并估计应付福利费的现金支出。为简便，本处假定应付福利费包括在直接人工总额中并全部以现金支付。

直接人工预算的要点是确定直接人工总成本。

表 3-8　直接人工预算　　金额单位：元

季度	一	二	三	四	全年
预计产量（件）	105	155	198	182	640
单位产品工时（小时/件）	10	10	10	10	10
人工总工时（小时）	1 050	1 550	1 980	1 820	6 400
每小时人工成本（元/小时）	2	2	2	2	2
人工总成本（元）	2 100	3 100	3 960	3 640	12 800

由于工资一般都要全部支付现金，因此，直接人工预算表中预计直接人工成本总额就是现金预算中的直接人工工资支付额。

（五）制造费用预算

制造费用预算是反映生产成本中除直接材料、直接人工以外的一切不能直接计入产品制造成本的间接制造费用的预算。这些费用必须按成本习性划分为固定费用和变动费用，分别编制变动制造费用预算和固定制造费用预算。编制制造费用预算时，应以计划期的一定业务量为基础来规划各个费用项目的具体预算数字。另外，在制造费用预算表下还要附有预计现金支出表，以方便编制现金预算。表 3-9 是 W 公司今年的制造费用预算。

表 3-9　W 公司制造费用预算　　金额单位：元

季度	一	二	三	四	全年
变动制造费用					
间接人工（1 元/件）	105	155	198	182	640
间接材料间接人工（1 元/件）	105	155	198	182	640
修理费间接人工（2 元/件）	210	310	396	364	1 280
水电费间接人工（1 元/件）	105	155	198	182	640
小计	525	775	990	910	3 200
固定制造费用					
修理费	1 000	1 140	900	900	3 940
折旧	1 000	1 000	1 000	1 000	4 000
管理人员工资	200	200	200	200	800
保险费	75	85	110	190	460
财产税	100	100	100	100	400
小计	2 375	2 525	2 310	2 390	9 600
合计	2 900	3 300	3 300	3 300	12 800
减：折旧	1 000	1 000	1 000	1 000	4 000
现金支出的费用	1 900	2 300	2 300	2 300	8 800

变动制造费用预算部分，应区分不同费用项目，逐一项目根据单位变动制造费用分配率和业务量（一般是直接人工总工时或机器工时等）确定各项目的变动制造费用预算数。

固定制造费用预算部分，也应区分不同费用项目，逐一项目确定预算期的固定费用预算。

在编制制造费用预算时，为方便现金预算编制，还需要确定预算期的制造费用预算的现金支出部分。为方便，一般将制造费用中扣除折旧费后的余额，作为预算期内的制造费用现金支出。

制造费用预算的要点是确定各个变动和固定制造费用项目的预算金额，并确定预计制造费用的现金支出。

为了便于以后编制产品成本预算，需要计算小时费用率，按表 3-9 中数据可得如下算式：

$$\text{变动制造费用小时费用率}=\frac{3\,200}{6\,400}=0.5\text{（元/小时）}$$

$$\text{固定制造费用小时费用率}=\frac{9\,600}{6\,400}=1.5\text{（元/小时）}$$

为了便于以后编制现金预算，需要预测现金支出。制造费用中，除折旧费外都需支付现金，所以，根据每个季度制造费用数额扣除折旧费用后，即可得出“现金支出的费用”。

（六）产品成本预算

产品成本预算，是销售预算、生产预算、直接材料预算、直接人工预算、制造费用预算的汇总，其主要包括产品的单位成本和总成本。单位产品成本的有关数据，来自前述三个预算。生产量、期末存货量来自生产预算，销售量来自销售预算。生产成本、存货成本和销售成本等数据，根据单位成本和有关数据计算得出。表 3-10 是 W 公司今年的产品成本预算。

单位产品生产成本预算的要点是确定单位产品预计生产成本和期末结存产品预计成本。

表 3-10　W 公司产品成本预算

	单位成本			生产成本（640 件）	期末存货（20 件）	销货成本（630 件）
	每千克或每小时	投入量	成本（元）			
直接材料	5	10 千克	50	32 000	1 000	31 500
直接人工	2	10 小时	20	12 800	400	12 600
变动制造费用	0.5	10 小时	5	3 200	100	3 150
固定制造费用	1.5	10 小时	15	9 600	300	9 450
合计			90	57 600	1 800	56 700

（七）销售及管理费用预算

销售费用预算是指为了实现销售预算所需支付的费用预算。它以销售预算为基础，分析销售收入、销售利润和销售费用的关系，力求实现销售费用的最有效使用。在安排销售费用时，要利用本量利分析方法，费用的支出应能获取更多的收益。在草拟销售费用预算时，要对过去的销售费用进行分析，考察过去销售费用支出的必要性和效果。销售费用预算应和销售预算相配合，应有按品种、按地区、按用途的具体预算数额。

管理费用是搞好一般管理业务所必要的费用。随着企业规模的扩大，一般管理职能日益重要，其费用也相应增加。在编制管理费用预算时，要分析企业的业务成绩和一般经济状况，务必做到费用合理化。管理费用多属于固定成本，所以，一般是以过去的实际开支为基础，按预算期的可预见变化来调整。重要的是，必须充分考察每种费用是否必要，以便提高费用效率。表 3-11 是 W 公司今年的销售及管理费用预算。

表 3-11 W 公司销售及管理费用预算　　　　单位：元

项目	金额
销售费用：	
销售人员工资	2 000
广告费	5 500
包装、运输费	3 000
保管费	2 700
折旧	1 000
管理费用：	
管理人员薪金	4 000
福利费	800
保险费	600
办公费	1 400
折旧	1 500
合计	22 500
减：折旧	2 500
每季度支付现金（$\frac{20\,000}{4}$）	5 000

二、专门决策预算

专门决策预算主要是长期投资预算，又称资本支出预算，通常是指与项目投资决策相关的专门预算，往往涉及长期建设项目的资金投放与筹集，并经常跨越多个年度。编制专门决策预算的依据是项目财务可行性分析资料以及企业筹资决策资料。

专门决策预算的要点是准确反映项目资金投资支出与筹资计划，其同时也是编制现金预算和预计资产负债表的依据。表 3-12 是 W 公司今年的专门决策预算。

表 3-12 W 公司专门决策预算　　　　单位：元

项目	一季度	二季度	三季度	四季度	全年
投资支出预算	50 000	—	—	80 000	130 000
借入长期借款	30 000	—	—	60 000	90 000

三、财务预算的编制

（一）现金预算

现金预算是以业务预算和专门决策预算为依据编制的，专门反映预算期内预计现金收入与现金支出，以及为满足理想现金余额而进行筹资或归还借款等的预算。现金预算由可供使用现金、现金支出、现金余缺、现金筹措与运用四部分构成。W 公司今年的现金预算如表 3-13 所示。

表 3-13 W 公司现金预算 单位：元

季度	一	二	三	四	全年
期初现金余额	8 000	3 200	3 060	3 040	8 000
加：现金收入（见表 3-5）	18 200	26 000	36 000	37 600	117 800
可供使用现金	26 200	29 200	39 060	40 640	125 800
减：现金支出					
直接材料（见表 3-7）	5 000	6 740	8 960	9 510	30 210
直接人工（见表 3-8）	2 100	3 100	3 960	3 640	12 800
制造费用（见表 3-9）	1 900	2 300	2 300	2 300	8 800
销售及管理费用（见表 3-11）	5 000	5 000	5 000	5 000	20 000
所得税费用	4 000	4 000	4 000	4 000	16 000
购买设备（见表 3-12）	50 000			80 000	130 000
股利				8 000	8 000
现金支出合计	68 000	21 140	24 220	112 450	225 810
现金余缺	（41 800）	8 060	14 840	（71 810）	（100 010）
现金筹措与运用					
借入长期借款（见表 3-12）	30 000			60 000	90 000
取得短期借款	20 000			22 000	42 000
归还短期借款			6 800		6 800
短期借款利息（年利率为 10%）	500	500	500	880	2 380
长期借款利息（年利率为 12%）	4 500	4 500	4 500	6 300	19 800
期末现金余额	3 200	3 060	3 040	3 010	3 010

表 3-13 中涉及以下公式：

可供使用现金=期初现金余额+现金收入

可供使用现金-现金支出=现金余缺

现金余缺+现金筹措-现金运用=期末现金余额

其中，“期初现金余额”是在编制预算时预测的，下一季度的期初现金余额与上一季度的期末现金余额相等，全年的期初现金余额指的是年初现金余额，所以等于第一季度的期初现金余额。“现金收入”的主要来源是销货取得的现金收入，销货取得的现金收入数据来自销售预算。“现金支出”部分包括预算期的各项现金支出。“直接材料”“直接人工”“制造费用”“销售及管理费用”“购买设备”的数据分别来自前述有关预算。此外，还包括所得税费用、股利分配等现金支出，有关的数据分别来自另行编制的专门预算。

财务管理部门应根据现金余缺与理想期末现金余额的比较并结合固定的利息支出数额以及其他的因素，来确定预算期现金运用或筹措的数额。本例中，理想的现金余额是 3 000 元，如果资金不足，可以取得短期借款，银行的要求是借款额必须是 1 000 元的整数倍。本例中，借款利息按季支付，作现金预算时假设新增借款发生在季度的期初，归还借款发生在季度的期末（如果需要归还借款，先归还短期借款，归还的数额为 100 元的整数倍）。本例中，W 公司上年末的长期借款余额为 120 000 元，所以，第一季度、第二季度、第三季度的长期借款利息均为 $\frac{(120\,000+30\,000)\times 12\%}{4}$ =4 500（元），第四季度的长期借款利息= $\frac{(120\,000+30\,000+60\,000)\times 12\%}{4}$ =6 300（元）。

由于第一季度的长期借款利息支出为 4 500 元，理想的现金余额是 3 000 元，所以，（现金余缺+借入长期借款）的结果只要小于 7 500 元，就必须取得短期借款，而第一季度的现金余缺是-41 800 元，所以，需要取得短期借款。本例中 W 公司上年末不存在短期借款。假设第一季度需要取得的短期借款为 N 元，则根据理想的期末现金余额要求可得-41 800+30 000+N-$\frac{N\times 10\%}{4}$-4 500=3 000，解得 N=19 794.88（元），由于按照要求必须是 1 000 元的整数倍，所以第一季度需要取得 20 000 元的短期借款，支付$\frac{20\ 000\times 10\%}{4}$=500（元）短期借款利息，期末现金余额=-41 800+30 000+20 000-500-4 500=3 200（元）。

第二季度的现金余缺是 14 840 元，如果既不增加短期借款也不归还短期借款，则需要支付 500 元的短期借款利息和 4 500 元的长期借款利息，期末现金余额=8 060-500-4 500=3 060（元），刚好符合要求。如果归还借款，由于必须是 100 元的整数倍，所以，必然导致期末现金余额小于 3 000 元，因此，不能归还借款。这时，期末现金余额为 3 060 元。

第三季度的现金余缺是 14 840 元，固定的利息支出为 500+4 500=5 000（元），所以，按照理想的现金余额是 3 000 元的要求，最多可以归还 14 840-5 000-3 000=6 840（元）短期借款，但由于必须是 100 元的整数倍，所以，可以归还短期借款 6 800 元，期末现金余额=14 840-5 000-6 800=3 040（元）。

第四季度的现金余缺是-71 810 元，固定利息支出=$\frac{(20\ 000-6\ 800)\times 10\%}{4}$+6 300=6 630（元），第四季度的现金余缺+借入的长期借款=-71 810+60 000=-11 810（元）小于固定利息支出与理想的现金余额相加之和），所以，需要取得短期借款。假设需要取得的短期借款为 N 元，则根据理想的期末现金余额要求可知-11 810+N-$\frac{N\times 10\%}{4}$-6 630=3 000，解得 N=21 989.74（元）。由于按照要求必须是 1 000 元的整数倍，所以第四季度应该取得短期借款 22 000 元，支付短期借款利息$\frac{(20\ 000-6\ 800+22\ 000)\times 10\%}{4}$=880（元），期末现金余额=-71 810+60 000+22 000-880-6 300=3 010（元）。

全年的期末现金余额指的是年末的现金余额，即第四季度末的现金余额，所以，应该是 3 010 元。

（二）利润表预算的编制

预计利润表用来综合反映企业在计划期的预计经营成果，是企业最主要的财务预算表之一。通过编制利润表预算，可以了解企业预期的盈利水平。如果预算利润与最初编制方针中的目标利润有较大的不一致，就需要调整部门预算，设法达到目标，或者经企业领导同意后修改目标利润。编制预计利润表的依据是各业务预算、专门决策预算和现金预算。表 3-14 是 W 公司今年的利润预算表，是根据上述各有关预算编制的。

表 3-14　W 公司利润预算表　　单位：元

项目	金额
销售收入（见表 3-5）	126 600
销售成本（见表 3-10）	56 700
毛利	69 300
销售及管理费用（见表 3-11）	22 500
利息（见表 3-13）	22 180

续表

项目	金额
利润总额	24 620
所得税费用（估计）	16 000
净利润	8 620

其中，“销售收入”项目的数据来自销售收入预算；“销售成本”项目的数据来自产品成本预算；“毛利”项目的数据是前两项的差额；“销售及管理费用”项目的数据来自销售费用及管理费用预算；“利息”项目的数据来自现金预算。

另外，“所得税费用”项目是在利润规划时估计的，并已列入现金预算。它通常不是根据“利润总额”和所得税税率计算出来的，因为有诸多纳税调整的事项存在。此外，从预算编制程序上看，如果根据“利润总额”和税率重新计算所得税，就需要修改“现金预算”，引起信贷计划修订，进而改变“利息”，最终又要修改“利润总额”，从而陷入数据的循环修改。

（三）资产负债表预算的编制

预计资产负债表用来反映企业在计划期末预计的财务状况。编制预计资产负债表的目的，在于判断预算反映的财务状况的稳定性和流动性。如果通过预计资产负债表的分析，发现某些财务比率不佳，必要时可修改有关预算，以改善财务状况。预计资产负债表的编制需以计划期开始日的资产负债表为基础，结合计划期间各项业务预算、专门决策预算、现金预算和预计利润表进行编制。它是编制全面预算的终点。表 3-15 是 W 公司今年的预计资产负债。

表 3-15　W 公司资产负债表　　单位：元

资产	年初余额	年末余额	负债和股东权益	年初余额	年末余额
流动资产：			流动负债：		
货币资金（见表 3-13）	8 000	3 010	短期借款	0	35 200
应收账款（见表 3-5）	6 200	14 400	应付账款（见表 3-7）	2 350	4 640
存货（见表 3-7、表 3-10）	2 400	3 800	流动负债合计	2 350	39 840
流动资产合计	16 600	21 210	非流动负债：		
非流动资产：			长期借款	120 000	210 000
固定资产	43 750	37 250	非流动负债合计	120 000	210 000
在建工程	100 000	230 000	负债合计	122 350	249 840
非流动资产合计	143 750	267 250	股东权益		
			股本	20 000	20 000
			资本公积	5 000	5 000
			盈余公积	10 000	10 000
			未分配利润	3 000	3 620
			股东权益合计	38 000	38 620
资产总计	160 350	288 460	负债和股东权益合计	160 350	288 460

表 3-15 中涉及的数据项目来源及相关计算如下：

（1）“货币资金”的数据来源于表 3-13 中的“现金”的年初和年末余额；

（2）“应收账款”的年初余额来自表 3-5 的“上年应收账款”，年末余额=36 000-21 600 或由 36 000×（1-60%）计算得来；

（3）“存货”包括直接材料和产成品，直接材料年初余额=300×5=1 500（元），年末余额=400×5=20 009（元）。产成品成本年初余额=（20+630-640）×90=900（元），年末余额=20×90=1 800（元）。存货年初余额=1 500+900=2 400（元），年末余额=2 000+1 800=3 800（元）；

（4）“固定资产”的年末余额=43 750-6 500=37 250（元），其中的=4 000+1 000+1 500=6 500（元），指的是本年计提的折旧，数据来源于表 3-9 和表 3-11；

（5）“在建工程”的年末余额=100 000+130 000=230 000（元），本年的增加额 130 000 来源于表 3-12；

（6）“固定资产”、“在建工程”的年初余额来源于 W 公司上年年末的资产负债表；

（7）“短期借款”本年的增加额=20 000-6 800+22 000=35 200（元），来源于表 3-13；

（8）“应付账款”的年初余额来源于表 3-7 的“上年应付账款”，年末余额 4 640 元=9 280-4 640 或由 9 280×（1-50%）计算得来；

（9）“长期借款”本年的增加额 90 000 元来源于表 3-12，“短期借款”、“长期借款”的年初余额来源于 W 公司上年年末的资产负债表；

（10）“未分配利润”本年的增加额=本年的净利润-本年的股利=8 620-8 000=620（元）。股东权益各项目的期初余额均来源于 W 公司上年年末的资产负债表。各项预算中都没有涉及股本和资本公积的变动，所以，股本和资本公积的余额不变。W 公司没有计提任意盈余公积，此外，由于“法定盈余公积”达到股本的 50%时可以不再提取，所以，W 公司本年没有提取法定盈余公积，即“盈余公积”的余额不变。

任务五　预算执行与考核

一、预算的执行

企业预算一经批复下达，各预算执行单位就必须认真组织实施，将预算指标层层分解，从横向到纵向落实到内部各部门、各单位、各环节和各岗位，形成全方位的预算执行责任体系。

企业应当将预算作为预期内组织、协调各项经营活动的基本依据，将年度预算细分为月份和季度预算，通过分期预算控制，确保年度预算目标的实现。

企业应当强化现金流量的预算管理，按时组织预算资金的收入，严格控制预算资金的支付，调节资金收付平衡，控制支付风险。

对于预算内的资金拨付，按照授权审批程序执行。对于预算外的项目支出，应当按预算管理制度规范支付程序。对于无合同、无凭证、无手续的项目支出不予支付。

企业应当严格执行销售、生产和成本费用预算，努力完成利润指标。在日常控制中，企业应当健全凭证记录，完善各项管理规章制度，严格执行生产经营月度计划和成本费用的定额、定率标准，加强适时监控。对预算执行中出现的异常情况，企业有关部门应及时查明原因，提出解决办法。

企业应当建立预算报告制度，要求各预算执行单位定期报告预算的执行情况。对于预算执行中发现的新情况、新问题及出现偏差较大的重大项目，企业财务管理部门以至预算委员会应当责成有关预算执行单位查找原因，提出改进经营管理的措施和建议。

企业财务管理部门应当利用财务报表监控预算的执行情况，及时向预算执行单位、企业预算委员会以至董事会或经理办公会提供财务预算的执行进度、执行差异及其对企业预算目标的影响等财务信息，促进企业完成预算目标。

二、预算的调整

企业正式下达执行的预算，一般不予调整。若由于市场环境、经营条件、政策法规等发生重大变化，致使预算的编制基础不成立，或者将导致预算执行结果产生重大偏差的，可以调整预算。

企业应当建立内部弹性预算机制。对于不影响预算目标的业务预算、资本预算、筹资预算之间的调整，企业可以按照内部授权批准制度执行，鼓励预算执行单位及时采取有效的经营管理对策，保证预算目标的实现。

企业调整预算，应当由预算执行单位逐级向企业预算委员会提出书面报告，阐述预算执行的具体情况、客观因素变化情况及其对预算执行造成的影响程度，提出预算指标的调整幅度。

企业财务管理部门应当对预算执行单位的预算调整报告进行审核分析，集中编制企业年度预算调整方案，提交预算委员会以至企业董事会或经理办公会审议批准，然后下达执行。

对于预算执行单位提出的预算调整事项，企业进行决策时，一般应当遵循以下要求。

（1）预算调整事项不能偏离企业发展战略。

（2）预算调整方案应当在经济上能够实现最优化。

（3）预算调整重点应当放在预算执行中出现的重要的、非正常的、不符合常规的关键性差异方面。

三、预算的分析与考核

企业应当建立预算分析制度，由预算委员会定期召开预算执行分析会议，全面掌握预算的执行情况，研究、解决预算执行中存在的问题，纠正预算的执行偏差。

开展预算执行分析，企业管理部门及各预算执行单位应当充分收集有关财务、业务、市场、技术、政策、法律等方面的信息资料，根据不同情况分别采用比率分析、比较分析、因素分析、平衡分析等方法，从定量与定性两个层面充分反映预算执行单位的现状、发展趋势及其存在的潜力。

针对预算的执行偏差，企业财务管理部门及各预算执行单位应当充分、客观地分析产生的原因，提出相应的解决措施或建议，提交董事会或经理办公会研究决定。

企业预算委员会应当定期组织预算审计，纠正预算执行中存在的问题，充分发挥内部审计的监督作用，维护预算管理的严肃性。

预算审计可以采用全面审计或者抽样审计。在特殊情况下，企业也可组织不定期的专项审计。审计工作结束后，企业内部审计机构应当形成审计报告，直接提交预算委员会以及董事会或经理办公会，作为预算调整、改进内部经营管理和财务考核的一项重要参考。

预算年度终了，预算委员会应当向董事会或者经理办公会报告预算执行情况，并依据预算完成情况和预算审计情况对预算执行单位进行考核。

企业内部预算执行单位上报的预算执行报告，应经本部门、本单位负责人按照内部议事规范审议通过，作为企业进行财务考核的基本依据。企业预算按调整后的预算执行，预算完成情况以及企业年度财务会计报告为准。

企业预算执行考核是企业绩效评价的主要内容，应当结合年度内部经济责任制进行考核，与预算执行单位负责人的奖惩挂钩，并作为企业内部人力资源管理的参考。

本单元小结

本单元主要介绍财务战略和财务预算两块内容。财务战略和财务预算是财务管理有效运行的前提和保证，贯穿整个财务工作的始终，在整个财务管理工作中起到非常重要的作用。任务一主要讲述财务战略涵义和具备的特征、财务战略的种类以及财务战略的分析方法，主要运用SWOT 分析法对企业财务战略制定过程中遇到的各种问题和机遇进行分析，最后讲述财务战略选择、经济周期波动、企业发展阶段和企业增长方式进行财务战略的选择。任务二讲述预算管理的理论内容及如何组织。任务三讲述预算的编制，首先介绍预算编制的常用方法，预算编制的程序。任务四主要讲解财务预算的编制，分为业务预算的编制、专门预算的编制和财务预算的编制，每个预算的编制都以案例的形式详细的编制过程。任务五讲述预算执行与考核的内容、保证预算严格执行的方法及出现偏差时的调整和预算的分析与考核。

复习与思考

1. 如何认识企业财务战略对企业财务管理的意义？
2. 说明 SWOT 分析法的原理及应用。
3. 如何根据企业发展阶段安排财务战略？
4. 归纳说明利润预算的内容。
5. 说明资产负债表预算的内容。
6. 说明各业务预算的内容。
7. 说明专门预算的内容。

技能实训

六顺电气公司是一家中等规模的家用电器制造企业，在行业竞争力中具有一定的经营和财务优势，但设备规模及生产能力不足。目前，宏观经济处于企稳阶段，家电消费需求数量和购买能力呈上升趋势。公司为抓住机遇、发挥优势、增加利润和企业价值、增强可持续发展实力，正在研究经营与财务战略，准备采取下列措施。

（1）加大固定资产投资力度并实行融资租赁方式，扩充厂房设备。

（2）实行赊购与现购相结合的方式，迅速增加原材料和产品存货。

（3）开发营销计划，加大广告推销投入，扩大产品的市场占有率，适当提高销售价格，增加营业收入。

（4）增聘扩充生产经营所需的技术工人和营销人员。

试分析该公司目前的基本状况和所处的经济环境及对该公司的影响。

同时请回答以下问题：

（1）你认为该公司准备采取的经营与财务战略是否可行？

（2）如果你是该公司的首席财务官，从筹资战略的角度你将采取哪些措施？

第二篇　实务篇

单元四　所有权融资管理实务

素质目标

1. 熟悉资本金制度
2. 掌握吸收直接投资融资的种类、条件和程序
3. 理解优先认股权与认股权证融资管理

技能目标

1. 能够掌握资本金的筹集及管理
2. 能够掌握股票上市程序和股票上市决策
3. 能够计算股票初次发行价格

案例导入

金六福香港借壳上市案例分析

新华联国际控股有限公司于 2008 年 1 月 10 日晚发布公告称公司名称已由“新华联国际控股有限公司”改为“金六福投资有限公司”（下称“金六福投资”）。至此，金六福投资通过借壳登陆香港资本市场的计划完成，其借壳上市历程大致如下。

一、买壳

2003 年 12 月 1 日，旗下拥有著名酒品牌“金六福”的北京新华联集团悄然收购了香港主板上市公司实力中国（0472.HK）74.99%的股权，斥资 1.23 亿港元。在此之前，实力中国已连续 3 年亏损，2003 年全年的亏损扩大到 1.66 亿港元，但它在深圳有两家工厂，它的净资产还约有 1 亿元，账面现金还有 8 000 多万元。收购后的实力中国被更名为“新华联国际”（全称“香港新华联国际投资有限公司”）。

二、收购及出售资产

自 2003 年年底买壳以来，新华联集团真正将旗下资产注入上市公司始于 2005 年。2005 年 2 月，新华联国际宣布以 6 500 万港元的代价向金六福公司收购云南香格里拉酒业股份有限公司 70%的股本权益。因此，间接收购了广州商贸有限公司 90%的股权、迪庆香格里拉经济开发区天籁酒业有限公司 93.9%的股权及香格里拉（秦皇岛）葡萄酒有限公司 75%的股权。此外，2005 年 5 月，新华联国际还以约 440 万港元现金的代价向其最终控制人马来西亚新华联集团收购香格里拉（秦皇岛）葡萄酒有限公司 25%的权益。2006 年年中，由云南香格里拉进一步收购迪庆香格里拉经济开发区天籁酒业有限公司 6.1%股权。

2006 年 8 月，新华联国际出售原实力中国下的保健及电子业务 100%股权，在此之后公司集中经营酒类业务。

2006 年年内，新华联国际将其持有的云南香格里拉酒业 5%的股权出售给迪庆州投资有限公司。因此，公司持有的云南香格里拉酒业 65%的股权。

2007 年 6 月，新华联国际公司订立收购协议以向融睿投资有限公司收购其持有的云南香格里拉酒业股份有限公司 30%股权。至此，新华联国际在云南香格里拉酒业公司的持股比例增至 95%。同时，新华联国际还因为这笔交易通过配发及发行 1.71 亿新华联国际股份为对价的方式进行，售出方融睿投资因此获得了新华联国际 1.71 亿股份。

三、设立金六福投资（BVI 公司）作为上市主体

2007 年 5 月，金六福投资有限责任公司于英属维尔京群岛注册成立，其为云南金六福投资有限公司（云南金六福）间接全资附属公司，实际权益拥有人为独立第三方李娟及吴向东。

2007 年 8 月，停牌 50 余天的新华联（0472.HK）复牌并发布公告称，向金六福投资有限公司（金六福投资）出售 6.5 亿股份，占公司已经发行股本的 56.56%，代价为 1.755 亿港元。至此，金六福入主新华联。

交易完成后，原新华联第一大股东新华联国际投资有限公司（新华联投资）持有新华联的股份占比由 74.99%降至 16.05%，收购方金六福投资持股比例为 56.56%，成为第一大股东，而公司的控股股东为华泽集团有限公司。

四、完成借壳上市

2008 年 1 月 10 日晚，新华联国际控股有限公司（0472.HK）发布公告称公司名称已由“新华联国际控股有限公司”改为“金六福投资有限公司”。公司名称的变更标志着公司未来以华泽集团的角色，成为华泽整合未来投资及收购中国酒业市场的旗舰平台。至此，金六福通过借壳登陆香港资本市场的计划完成。

请思考下列问题：

1. 查阅资料，看看什么是“借壳上市”？中国上市公司有哪些融资渠道和融资方式？
2. 通过案例，请思考企业为什么要筹资？
3. 如果毕业自己创业，你能筹到资金的渠道和方式有哪些？

任务一　吸收直接投资认知与评价

一、资本金制度

企业创立时，最初的资本来源于企业的所有者。企业初创时吸收所有者的直接投资，必须建立资本金制度。企业存续期间吸收所有者的直接投资，要调整企业的资本金的结构，从而改变企业的产权结构。因此，在阐述所有权融资之前，我们有必要先考察一下资本金制度。

（一）资本金及其意义

设立一个企业必须拥有资本金。所谓资本金，是指企业在工商行政管理部门登记的注册资金。我国《公司法》为不同类型的公司规定了最低的注册资金数额，即法定资本金。注册资金必须高于这个最低数才能被获准开业。所有者对企业投入的资本金是企业从事正常经济活动、承担经济责任的物质基础，是企业在经济活动中向债权人提供的基本财务担保。

我国的法律强调资本金应一次交足才能开业，即实收资本与注册资本一致性原则，但对外资企业有所放宽。根据《股份有限公司规范意见》规定，公司注册资本的最低限额为人民币 1 000 万元，有外商投资的公司的注册资本不低于人民币 3 000 万元。《有限责任公司规范意见》规定，注册资本的最低限额为：生产经营性公司和商业、物资批发性公司为人民币 50 万元；商业零售性公司为人民币 30 万元；科技开发、咨询、服务性公司为人民币 10 万元。其中，民族区域地区和国务院确定的贫困地区，经批准，注册资本的最低限额可在上述规定基础上下浮 50%。

资本金按投资主体的不同，可分为国家资本金、法人资本金、个人资本金和外商资本金。与此相适应，股份制企业的股权划分为国家股、法人股、个人股和外资股。这种分类有利于确定企业的所有制结构，保护投资者的合法权益。

在初始投资时，所有者投入企业的资本可能大于注册资本，从而形成资本公积金。例如，股东以溢价方式购买股票形成的溢价款、外商投入的外币因汇率折算所形成的差额。在日常经营过程中，因接受捐赠、法定财产重估增值等原因也会形成资本公积金。资本公积金在性质上属于全体所有者共同所有，是一种资本储备形式，或者说是一种准资本，在适当的时候可按法定程序转为资本金。

（二）资本金的筹集

1. 筹集方式

企业资本金的筹集方式对于所有者来说就是出资方式。所有者可以以货币方式出资，也可以实物财产、无形资产等方式出资。以非货币方式出资的资产，应进行资产评估，其计价标准应得到其他所有者的认同，因为其计价过高会损害其他所有者利益，而计价过低则自身权益受损。

企业吸收的无形资产投资方式受到一定的限制。我国《公司法》规定：以工业产权、非专利技术作价出资的金额不得超过有限责任公司注册资本的 20%，国家对高新技术成果有特别规定的除外；以实物、工业产权、非专利技术或者土地使用权出资的，应当依法办理其财产权的转移手续；发起人以工业产权、非专利技术作价出资的金额不得超过股份有限公司注册资本的 20%。

在所有者以实物财产、无形资产出资的情况下，企业的筹资活动与投资活动实际上已经融为一体了。

2. 筹集期限

资本金可以一次或分期筹集。企业筹集资本金是一次筹集还是分期筹集，应根据有关法律法规、合同、章程的规定来确定。

有限责任公司的股本总额由股东一次缴足，外商投资企业则可以分期筹集。如果采取一次性筹集，应在营业执照签发之日起六个月内筹足。分期筹集的，最长期限不得超过三年，其中第一次筹集的部分不得低于注册资本的 15%，并且第一次筹集部分应在营业执照签发之日起三个月内筹足。

3. 资本金验证

企业筹集的资本金是否符合法律法规的规定，作价是否合理，需要进行审核。国际上通行的做法是聘请中介机构进行验资。我国企业在筹集资本金时，必须聘请中国注册会计师验资，出具验资报告之后，工商部门才会签发营业执照，企业据此向所有者发放出资证明书。

4. 违约责任

资本金的筹集方式、筹集期限等事项均要在投资合同协议中约定，并在公司章程中作出规定，以确保资本金的及时、足额到位。如果某一所有者未按合同、协议和公司章程的约定及时、足额出资，即为违约，企业和其他所有者可以依法追究其违约责任，如要求违约者支付拖延期的利息、赔偿其他所有者的直接损失等。国家工商部门还要按照国家法律、法规、规定对企业和违约者进行处罚。

（三）资本金的管理

国家对企业资本金的管理有很多要求，主要体现为企业的资本金必须得以维护。企业从所有者处取得资本金后，便享有占有使用和依法处分的权利，而所有者只能与企业共担风险，共享利润，但不能抽回投资。如果某一所有者因自身经济陷入困境、与其他所有者合作不愉快或对企业前景担忧等状况，可依法将其投资转让给其他所有者，但这不改变企业的资本金数额。公司减少注册资本的，应当自减少注册资本决议或者决定作出之日起 90 日后申请变更登记，并应当提交公司在报纸上登载的减少注册资本公告至少三次的有关证明，并提交公司债务清偿或者债务担保情况的说明以保护债权人的合法权益。股份制企业发行新股、配股、公积金转增股本、发行股票股利、可转换证券转换为普通股、库存股注销等都属于调整资本金行为，必须办理变更登记。

资本金是开办企业的本钱。企业发生亏损，首先冲销以前年度实现的利润（包括未分配利润、盈余公积、公益金），此乃第一道防线。如果亏损额较大，第一道防线被冲垮，则可冲销企业的资本公积金，此乃第二道防线。如果亏损额巨大，将侵蚀到注册资本。现代企业制度下，企业所有者分担风险和亏损只以注册资本为限，即承担有限责任。一般而言，当企业的注册资本已经被亏损侵蚀为零时，企业应依法破产（除非所有者愿追加投资）。在我国经济生活中出现不少企业资产负债率大于 100%的现象是极不正常的。

融资是企业资本运作的起点，也是资本运用的前提。任何企业都应努力组织好筹资活动，以最小的成本筹足企业所需要的资本。现代企业的资本来源于两个方面，一是权益资本，二是债务资本。这两种资本之间应保持合理的比例关系。因此，资本取得的财务运作主要涉及所有权融资、长期负债融资和资本结构决策。本单元讨论的所有权融资包括吸收直接投资、普通股与优先股融资、收益留用融资、优先认股权与认股权证融资。

二、吸收直接投资

吸收直接投资是企业以协议等形式吸收国家、其他企业、个人和外商等直接投入资本，形成企业资本金的一种筹资方式。吸收直接投资不以股票为媒介，适用于非股份制企业。它是非股份制企业筹集自有资本的一种基本方式。

（一）吸收直接投资的种类

从投资者看，吸收直接投资可分为吸收国家直接投资（主要为国家财政拨款）、吸收企业事业单位等法人的直接投资、吸收企业内部职工和城乡居民的直接投资、吸收外国投资者和我国港澳台地区投资者的直接投资，分别形成国家资本金、法人资本金、个人资本金和外商资本金。从出资形式看，吸收直接投资可分为吸收货币资金直接投资、吸收实物直接投资、吸收无形资产直接投资和吸收特定债权投资。

（二）吸收直接投资的条件

企业吸收直接投资必须符合一定的条件，企业通过吸收直接投资而取得的实物资产或无形资产，必须符合生产经营、科研开发的需要，在技术上能够消化应用。在吸收无形资产投资时，应符合法定比例。企业通过吸收直接投资而取得的实物资产和无形资产，必须进行资产评估。

（三）吸收直接投资的程序

1．确定吸收直接投资的数量

企业新建或扩大规模而吸收直接投资时，应当合理确定所需吸收直接投资的数量。国有独资企业的增资须由国家授权投资的机构或部门决定；合资或合营企业的增资须由出资各方协商决定。

2．选择吸收直接投资的具体形式

吸收资本方应选择那些有诚意、有技术、懂管理、能和平共处的投资者。投资形式应以现金为主。当然，这些都要通过谈判协商才能最后确定。

3．签署决定、合同或协议

企业吸收直接投资，不论是为了新建还是为了发展，都应当由有关方面签署决定或协议等书面文件。对于国有企业，应当由国家授权投资的机构或部门签署创建或增资拨款决定。对于合资企业，应当由合资各方签订协议，明确各方投资比例。

4．取得资金来源

签署决定或投资协议后，应按规定或计划取得资金来源。吸收国家以现金投资的，通常有拨款计划，确定拨款期限、每期数额及划拨方式，企业可按计划取得现金。吸收出资各方以实物资产和无形资产投资的，应进行资产评估，然后办理产权的转移手续，取得资产。

（四）吸收直接投资评价

吸收直接投资是我国企业筹资中最早采用的一种方式，在计划经济下被广泛采用。

1．吸收直接投资的优点

（1）提高企业的资信能力。吸收直接投资所筹资本属于企业的自有资本，与借入资本相比较，其能够提高企业的资信和借款能力。

（2）能够尽快形成生产能力。吸收直接投资不仅可以取得一部分现金，而且能够直接获得所需的先进设备和技术，尽快形成生产经营能力。

（3）容易进行信息沟通。吸收直接投资的投资者比较单一，股权没有社会化、分散化，投资者甚至于直接担任公司管理层职务，公司与投资者易于沟通。

（4）吸收直接投资的财务风险较低。

2．吸收直接投资的缺点

（1）资本成本高，因为要给所有者带来丰厚的回报。

（2）不易进行产权交易。由于该融资方式没有以证券为媒介，产权关系有时不够明晰，也不便于产权交易。

（3）融资规模受限制。投资者资本进入容易出来艰难，难以吸收大量的社会资本参与，融资规模受到限制。

（4）公司控制权集中，不利于公司治理。采取吸收直接投资方式筹资，投资者一般都要求获得与投资数额相适应的经营管理权。如果某个投资者的投资额比例较大，则该投资者对企业的经营管理就会有相当大的控制权，容易损害其他投资者的利益。

任务二　普通股与优先股融资认知与评价

一、股票的特点与种类

（一）股票及其特点

股份制企业的资本金是通过发行股票的方式筹集的。股份制企业的资本金称为股本，将股本划分成若干等份即股份。股份是抽象的，要通过具体的物化形式来表现，这就是股票，而上市公司的股票已采用了无纸化形式。购买股票的所有者称为股东，拥有发行企业一定数量的股份。股票作为一种所有权凭证，代表着对发行公司净资产的所有权。

股票具有以下特点。

1. 永久性

永久性是指发行股票所筹集的资金属于长期自有资金，没有期限，无需归还。换言之，股东在购买股票之后，一般情况下，不能要求发行企业退还股金。

2. 流通性

股票作为一种有价证券，在资本市场上可以自由转让、买卖和流通，也可以继承、赠送或作为抵押品。股票，特别是上市公司发行的股票，具有很强的变现能力，流动性很强。

3. 风险性

股东购买股票存在着一定的风险。由于股票的永久性，所以股东成为企业风险的主要承担者。风险的表现形式有：股票价格的波动性、红利的不确定性、破产清算时股东处于剩余财产分配的最后顺序等。

4. 参与性

股东作为股份公司的所有者，拥有经营者选择权、重大决策权、财务监控权、获取收益权等权力，也应承担有限责任、遵守公司章程等义务。公司的董事会、总经理之间的财务权限要划分清楚，确保企业决策执行迅速、高效，符合股东的根本利益。

（二）股票的种类

1. 按股东权利和义务的不同，股票可分为普通股和优先股

普通股是一种最常见、最重要、最基本的标准型股票。普通股股票由股份制企业发行，代表股东享有平等的权利、义务，不加特别限制且股利不固定的股票。通常情况下，股份制企业只发行普通股。普通股股东个人行使的基本权利有：经营收益的剩余请求权、优先认股权、投票表决权、股票转让权、检查公司账册权、公司解散清算时剩余财产获取权、阻止管理人员越权行为。普通股股东整体行使的权利有：制定和修改公司章程、选举公司董事、制定和修改公司的规章制度、任免公司重要人员、授权出售固定资产、批准并购行为、批准公司的资本结构变动、决定发行优先股和债券等。普通股股东的义务是遵守公司章程、缴纳所认购的股本、以所缴纳的股本为限承担有限责任等。

优先股，也称特别股，是股份制企业发行的优先于普通股股东分取经营收益和破产时剩余财产的股票。对优先股股东来说，其收益相对稳定而风险较小。

2. 按股票是否记名，可分为记名股票和无记名股票

记名股票是在股票票面上记载股东的姓名或名称的股票。股东的姓名或名称要记入公司的股东名册。在我国，公司的国家股东、法人股东、发起人股东采用记名股票方式，社会公众股东可以采取记名股票方式，也可采用无记名股票方式。

无记名股票是在股票票面上不记载股东的姓名或名称的股票。这时，股东的姓名或名称不记入公司的股东名册，公司只记载股票数量、编号及发行日期。记名股票的转让、继承需要办理过户手续，而无记名股票的转让、继承则无需办理过户手续。

3. 按股票是否标明票面金额，可分为有面额股票和无面额股票

有面额股票是公司发行的票面记载有金额的股票。持有这种股票的股东，对公司享有权利和义务的大小，以其所拥有的全部股票的票面金额之和，占公司发行在外股票总票面额的比例大小来定。我国《公司法》规定，股票应当标明票面金额。

无面额股票不标明票面金额，只在股票票面上载明所占公司股本总额的比例或股份数，故也称为“分权股份”或“比例股”。之所以采用无面额股票，是因为股票票面额对于持有这些股票的股东来说只具有象征意义，象征着公司股东所承担的有限责任的最高限额。股权比例、股票价值（账面价值、理论价值、清算价值）、股票价格对于股东来说才具有实际意义。账面价值即每股净资产，理论价值是每一股股票预期未来股利收入和售出价格的现值之和。清算价值是指每一股股票在公司破产清算时所代表的实际价值。由于要扣除清算费用，普通股的清算价值一般小于其账面价值。为了会计核算的方便，无面额股票通常要根据核定股本与核准发行股票数，确立一个设定价值。1912 年，美国纽约州开始发行无面额股票，后被其他州效仿。

我国目前还按投资主体的不同将股票分为国家股、法人股、个人股和外商股。这种分类具有中国特色。与前面的资本金分类有一致性，有助于判别企业所有制。目前，国家股、法人股的流通变现能力还较差，尚难做到随时进入或退出竞争性领域，与个人股相比也不能完全做到同股同利、同股同权。

我国目前还按发行对象和上市地点不同将股票分为 A 种股票、B 种股票、H 种股票、S 种股票、N 种股票、T 种股票等。A 种股票是供我国公众或法人买卖的、以人民币标明面值并以人民币认购和交易的、在上海证交所和深圳证交所上市的普通股票。B 种股票、H 种股票、S 种股票、N 种股票、T 种股票是专供外国和我国港、澳、台地区投资者买卖的、以人民币标明面值但以外币认购和交易的普通股股票。B 种股票在我国上海、深圳两个证交所上市，H 种股票在我国香港联合交易所上市，S 种、N 种、T 种股票分别在新加坡、美国纽约、我国台湾地区上市。

另外，按照发行公司的经营业绩，可将普通股分为绩优股、绩差股，而按照流通股数大小，可以将其分为大盘股和小盘股。

二、股票的发行

（一）股票发行的动机

1．筹集资本

股份公司成立之初通过发行股票来筹集资本金。股份公司成立后，会因不断扩大经营范围和规模，提高公司的竞争力而新建项目或引进先进设备，需要再次筹集资本。这时，也可以通过发行股票来筹措。公司成立时发行的股票称为始发股。股份公司可以采取发起设立，也可采取募集设立。发起设立是指由发起人认购全部股票而设立股份公司，募集设立是指通过向社会公开募集股份而设立股份公司，此时发起人只需认购部分股票，其余向社会招股。这种股票发行为公司获得了长期稳定的资本来源，从而达到预定的资本规模。公司运行中再次发行股票称为增资扩股，国家对此有一系列规定。

2．扩大影响

发行股票尤其是股票上市，必须经过严格的筛选。因此，能够向社会公众公开发售的股票，往往是有实力、有潜力的公司。这实际上是替公司作了一次免费广告，提高了企业信誉。

3．分散风险

股份公司的发展，对资本需求量越来越大，原股权投资者往往财力有限，而且，继续出资意味着风险过于集中。为了解决这些问题，股份公司可以发行股票。这样一来，既满足扩大资本规模的需求，又能吸引更多的投资者，从而把经营风险分散化。

4．将资本公积金转化为资本金

公司的资本公积金积累到一定数额，可将其一部分通过发行股票的方式转化为股本。此时的股票发行面向老股东，按原有股份的一定比例增发股票，老股东无需缴纳股金。在证券市场上，为此目的发行的股票被称为转增股。

5．兼并与反兼并

公司的扩展有两条途径：一是依靠自己的力量不断积累壮大，二是兼并其他公司，而后者对于公司的扩展更为快捷。公司兼并其他企业可采用发行本公司的股票交换被兼并公司股票的方式进行，也可采用发行新股募集的资本购买被兼并公司的方式进行。同样，被列为兼并对象的公司若要维持公司的经营权，解除被接管的威胁，也常以发行新股的方式使对方的计划落空。

6．股票分割

股票的分割是指股份公司将流通在外的股份按一定比例拆细的行为，也称拆股。当公司的经营很顺利、股价迅速上扬时，股票的分割可以降低股票的绝对价格，吸引更多的投资者，有利于实现公司价值的最大化。

此外，发行股票还有其他目的，例如，向股东派发股票股利（送红股）、将公司发行的可转换证券转换为股票、为了发行更多的债券而发行股票以使公司净资产额扩大等。

（二）股票发行的条件与原则

股份公司发行股票必须符合一定的条件，遵循一定的原则，不同国家对此有不同的规定。

1．我国股份公司发行股票的条件与原则

（1）设立发行股票的条件。发起人认缴和向社会公开募集的股本达到法定资本的最低限额；发起设立需由发起人认购公司应发行的全部股份；募集设立的，发起人认购的股份不得少于公司股本总额的 35%，其余部分向社会公开募集；发起人应有 5 人以上，其中半数以上在中国境内有住所；发起人以工业产权、非专利技术作价出资的金额不得超过公司注册资本的 20%。

原有企业改组设立股份有限公司申请公开发行股票，除应当符合上述条件外，还应符合下列条件：发行前一年，净资产在总资产中所占比例不低于 30%，无形资产在净资产中所占比例不高于 20%（证券委另有规定的除外）；近三年连续盈利。

有限责任公司变更为股份有限公司时，折合的股本总额应等于公司净资产额；原有限责任公司的债权债务由变更后的股份有限公司承担；变更后的股份有限公司若要增加资本，首次向社会公开募集股份，需具备向社会公开募集股份的条件。

（2）增资发行股票的条件。前一次发行的股份已募足，且间隔时间超过一个完整的会计年度；公司最近三年内连续盈利，并可向股东支付股利；公司最近三年内财务会计文件无虚假记载；公司预期利润率可达到同期银行存款利率。

2．股票发行的原则

股票发行应遵循以下原则：股份有限公司的资本划分为股份，每一股金额相等；公司的股份采取股票的形式，股票的发行实行公开、公平、公正的原则，必须同股同利、同股同权；同次发行的股票，每股的发行条件和价格相同，任何单位或个人认购的股份，每股应当支付相同的价款；股票的发行价格可以按票面金额，也可超过票面金额，但不得低于票面金额；溢价发行股票，须经国务院证券管理部门批准，所得溢价款应列入公司资本公积。

（三）股票发行的程序

1．设立发行股票的基本程序

（1）发起人认购全部股份，交付股资。在发起设立方式下，发起人交付全部股资后，应选举董事会、监事会，由董事会办理设立登记事项。在募集设立方式下，发起人认足其应认购的股份并交付股资后，其余部分向社会公开募集。

（2）提出募集股份申请。发起人向社会公开募集股份时，必须向国务院证券管理部门递交募股申请，并报送批准设立公司的文件、公司章程、经营估算书、发起人的姓名或名称、发起人认购的股份数、出资种类及验资证明、招股说明书、代收股款银行的名称及地址、承销机构的名称及有关协议等文件。

（3）公告招股说明书，制作认股书，签订承销协议。招股说明书应附有发起人制作的公司章程，并载有发起人认购的股份数、每股的票面价值和发行价格、无记名股票的发行总数、认股人的权利和义务、本次募股的起止期限、逾期未募足时认股人可撤回所认股份的说明等事项。认股书应当载明招股说明书所列事项，由认股人填写所认股数、金额、认股人住所，并签名盖章。发起人向社会公开发行股票，应当由依法成立的证券承销机构承销，并签订承销协议，还应当同银行签订代收股款协议。

（4）招认股份，缴纳股款。发行股票的公司或其承销机构一般用广告或书面通知办法招募股份。认股者一旦填写了认股书，就要承担认股书中约定缴纳股款的义务。如果认股者总股数超过发起人拟招募总股数，可以采取抽签的方式确定哪些认股者有权认股。认股者应在规定的期限内向代收股款的银行缴纳股款，同时交付认股书。股款收足后，发起人应委托法定的机构验资，出具验资证明。

（5）召开创立大会，选举董事会、监事会。发行股份的股款募足后，发起人应在规定期限内（法定 30 天）主持召开创立大会。创立大会由认股人组成，应有代表股份总数半数以上的认股人出席方可举行。创立大会通过公司章程，选举董事会和监事会成员，并有权对公司的设立费用进行审核，对发起人用于抵作股款的财产的作价进行审核。

（6）办理公司设立登记，交割股票。经创立大会选举的董事会应在创立大会结束后 30 天内，办理申请公司设立的登记事项。登记成立后，即向股东正式交付股票。股票采取纸面形式或由国务院证券管理部门规定的其他形式。股票应当载明下列主要事项：公司名称，公司登记成立的日期，股票种类、票面金额及代表的股份数，股票的编号，公司董事长签名，公司盖章。发起人的股票还应当标明“发起人股票”字样。

2．增资发行股票的基本程序

（1）作出发行新股的决议。公司应根据生产经营情况，提出发行新股的计划。公司发行新股的种类、股数及发行价格应由股东大会根据公司股票在市场上的推销前景及筹资的需要、公司的盈利和财产增值情况并考虑发行成本予以确定。

（2）提出发行新股的申请。公司作出发行新股的决议后，董事会必须向国务院授权的部门或省级人民政府申请批准。

（3）公开招股说明书，制作认股书，签订承销协议。

（4）招认股份，缴纳股款，交割股票。

（5）召开股东大会改选董事监事，办理变更登记并公告。

（四）股票发行的方式

股票的发行从是否需要股东出资角度可以分为有偿增资发行、无偿增资发行和有偿无偿并行增资发行三种。

1．有偿增资发行股票方式

有偿增资是指投资者须按股票面额或溢价，用现金或实物购买股票。它包括公开招股发行方式、老股东配股发行方式和向第三者配股发行方式三种。

（1）公开招股发行方式。它是指以非特定的多数投资者为对象，向社会公众公开招募认股人认购股票，又称公募发行。它可以是直接公募发行，也可以是间接公募发行。直接公募发行是发行公司通过证券商等中介机构，向社会公众发售股票，发行公司承担责任与风险，证券商不承担风险而只收取一定的手续费。间接公募发行是发行公司通过投资银行进行销售，投资银行承担风险，由投资银行以一定价格先从发行公司购入股票再向社会公众发售。美国 90%以上的新股票是采用间接公募方式发行的。

（2）老股东配股发行方式。它是指发行公司对现有股东按一定比例赋予股东认购新股的权利，准许其优先认购新股。股东认购的新股按其原持有股份比例分配。例如，某股东持有公司2%的旧股，则他有权认购新股的 2%，若不想认购，可转让其认股权。这样有利于维护股东在公司的既有地位，不会改变公司的控制权，但会相对降低公司的社会性。这种办法目前在西方各国依然较为流行。

（3）第三者配股发行方式。它是指股份公司在发行新股时，给予与本公司有特殊关系的第三者（如供应商、主要客户、开户银行）以新股认购权。这种办法很少使用，只有在公司经营不景气、筹资困难时才采用。

2．无偿增资发行股票方式

无偿增资是公司不向股东收取现金或实物财产，而是无代价地将公司发行的股票交付给股东。这种做法的目的不在于筹资，而是为了调整公司所有者权益的内部结构，增强股东的信心，提高公司的社会影响。

无偿增资发行股票方式包括：转增方式（将资本公积转入股本，按股东现有比例无偿交付股票）、股票股利方式（将公司盈余转为股本）和股票分割方式（不增加股本，纯粹增加了流通股数，降低了股票的票面金额和股价）。

3．有偿无偿并行增资方式

采用这种方式的股份公司发行新股交付股东时，股东只需交付一部分股款，其余部分由公司公积金抵免。例如，新股每股面额 10 元，其中 6 元为有偿部分，4 元由公司公积金抵免转入。这样，股东只需支付 6 元即可获取面额为 10 元的一股新股票。这种做法兼有增加资本和调整所有者权益内部结构的作用。

（五）股票推销方式

1．自销

它是指股份公司自行直接将股票出售给投资者，而不经过证券经营机构承销。自销方式可节约股票的发行成本，但发行风险完全由发行公司承担。这种推销方式并不普遍采用，一般适用于发行风险较小、手续较为简单、数额不多的股票发行。国际上，通常是知名度高、有实力的大公司向老股东推销股票时采用自销方式。

2．承销

它是指发行公司委托证券承销机构代理其股票销售业务。它包括包销和代销两种具体形式。

（1）包销。由证券经营机构一次性将发行公司的全部股票承购下来，并垫支相当于股票发行价格的全部资本，然后将所购股票转销给社会上的投资者。若在规定的期限内，证券经营机构未能将全部股票销售出去，则机构自己认购剩余部分。这种方式对发行公司而言可以顺利、及时地将股票销售出去，获取所需资本，还可免于承担发行失败风险，不利之处在于要将股票以略低的价格销售给承销商，并付出较高的发行费用。

（2）代销。由证券经营机构代理股票发售业务。在规定期限内，如果证券经营机构未能将全部股票出售，则代理方没有认购剩余股票的义务，只需将剩余股票退还给发行公司，即由发行方承担发行风险。

（六）股票发行价格

股票的发行价格，是股份公司发行股票时，将股票出售给投资者所采用的价格。股票发行价格通常是发行公司根据股票的面额、每股税后利润、市盈率（考虑股市行情、流通盘大小、所属地区、所属行业和其他因素）与证券经营公司协商确定，报国务院证券管理机构核准。

1．股票初次发行价格

新股发行价计算公式如下：

$$新股发行价=每股税后利润\times市盈率$$

式中，每股税后利润以发行前一年每股税后利润和发行当年摊销后每股税后利润加权平均数计算，前者的权数为 70%，后者的权数为 30%。所谓“摊销”是指由于流通在外普通股股数增加而导致每股税后利润等指标的下降。市盈率的规定较为复杂，实际工作中一般取值在 14 倍至 22 倍之间。

初次发行时，少数公司有平价（按面值）发行股票的情况。

2．股票再次发行价格

再次发行股票时还有时价发行和中间价发行两种情况。时价发行就是以本公司流通在外股票的现行市价为基准确定股票发行价格。这种发行考虑了市场对发行公司股票的认同情况，发行公司也能获得较多的溢价款。中间价发行是取股票票面额和股票市价的中间值（不一定是简单平均数）作为股票的发行价格，通常在向老股东配股时采用。配股价一般低于市价，而高于每股净资产。由于中间价大大低于现行市价，流通在外的股票数量会因配股而增加，价格上有一个平均化过程，表现为在除权后股票市价会低于现行市价。除权（EX-Right，XR）一般公司的流通股股数发生变化时发生，在股权登记日购买股票的股东有权参与，在除权日购买股票的股东无权参与。现介绍配股除权后理论价值的计算。配股后理论价值计算公式如下：

$$配股后理论价值=\frac{股权登记日每股收盘价+每股所配股份\times每股配股价}{1+每股所配股份}$$

【经典案例 4-1】辉隆上市公司拟实施 10 配 3 配股方案，每股配股价 6 元。股权登记日 6 月 8 日，除权日 6 月 9 日。6 月 8 日该公司股票收盘价为每股 9 元。配股交款期间为 7 月 1 日至 8 月 31 日，要求计算配股后理论价值。

$$配股后理论价值=\frac{9+0.3\times6}{1+0.3}=8.3（元）$$

三、股票上市

股票上市是指股份有限公司公开发行的股票，符合规定条件，经过申请批准后在证券交易所作为交易的对象。经批准在证券交易所上市交易的股票，称为上市股票，其股份有限公司称为上市公司。

（一）股票上市的意义

股份有限公司申请股票上市，基本目的是为了增强本公司股票的吸引力，形成稳定的资本来源，在更大范围内筹集大量资本。

股票上市对上市公司而言，主要有如下意义。

（1）提高公司所发行股票的流动性和变现能力，便于投资者认购、交易。

（2）促进公司股权的社会化，防止股权过于集中。

（3）提高公司的知名度。

（4）便于确定公司的价值，以利于促进公司实现财富最大化目标。

（5）有助于确定公司增发新股的发行价格。

股票上市对公司也有不利的一面，表现在以下几方面：公司将负担较高的信息报道费用；各种信息公开的要求可能会暴露公司的商业秘密；股价有时会扭曲公司的实际状况，丑化公司声誉；可能会分散公司的控制权，造成管理上的困难。

与股票发行一样，股票的上市也必须符合一定的条件。我国《公司法》规定，股份有限公司申请股票上市，必须符合下列条件：股票经国务院证券管理部门批准已向社会公开发行；公司股本总额不少于 5 000 万元；开业时间 3 年以上，最近三年连续盈利；原国有企业依法改组而设立的，或者本法实施后新组建成立，其主要发起人为国有大中型企业的，可连续计算；持有股票面值达人民币 1 000 元以上的股东人数不少于 1 000 人；公司股本总额超过人民币 4 亿元的，其向社会公开发行的股份比例在 15%以上；公司在最近三年内无重大违法行为，财务会计报告无虚假记载；国务院规定的其他条件。

（二）股票上市的程序

股份有限公司申请股票上市交易，必须报经国务院证券管理监督机构核准，应当提交下列文件：

（1）上市报告书；

（2）申请上市的股东大会决议；

（3）公司章程和营业执照；

（4）经法定验证机构验证的公司最近三年的，或者公司成立以来的财务会计报告；

（5）法律意见书和证券公司的推销书；

（6）最近一次的招股说明书。

获得国务院证券管理监督机构核准后，证券交易所应当自接到该股票发行人提交的规定文件之日起六个月内，安排该股票上市交易。上市公司应当在上市交易的五日前公告经核准的股票上市有关文件，并将该文件置备于指定场所供公众查阅，还应当公告股票获准在证券交易所交易的日期、持有公司股份最多的前 10 名股东的名单和持股份额、董事监事经理及有关高级管理人员的姓名与持有本公司股票债券情况。

（三）股票上市决策

股份公司为实现股票上市目标，需在申请上市前对公司状况进行分析，对上市股票的股利政策、上市方式和上市时机作出决策。

1. 公司状况分析

申请股票上市的公司，需分析公司及其股东的状况，全面分析权衡股票上市的利弊，确定关键因素。如果公司面临的主要问题是资本不足，现有股东风险过大，则可以通过股票上市予以解决。倘若公司目前存在的关键问题是，一旦控制权外流，就会导致公司的经营不稳定，从而影响公司的长远稳定发展，则宜放弃上市计划。

2. 上市公司的股利政策

上市公司的股利政策应做到连续、一贯、丰厚，以给股东较好的回报。如果一个上市公司经常用虚假的财务报表欺骗投资者，或者经常用“不分配”、“暂不分配”来搪塞股东，或者股利政策变化无常，上市公司就会失去投资者的信任，以后配股等融资计划就难以实现，公司的可持续发展就成问题。

3．股票上市方式的决策

股票上市一般有公开出售、反向收购等方式。申请上市的公司需要根据股市行情、投资者和本公司的具体情况选择合适的股票上市方式。

（1）公开发售是股票上市的最基本方式。此方式有利于公司增加现金资本，有利于原股东转让其所持有的部分股份。

（2）反向收购是指申请上市的公司收购已上市的较小公司的股票，然后向被收购公司的股东配售新股，以达到筹资的目的，也称为“借壳上市”。一般来说，微利、流通盘小、股本结构特殊（如第一大股东持股比例很低）是“壳”的必要条件。在股市上，“环宇集团”变为“兰陵陈香”等都是借壳上市的典型案例。

（四）股票上市的暂停与终止

上市公司有下列情形之一的，经国务院证券管理部门决定暂停其股票上市资格。

（1）公司股本总额、股权分布等发生变化不再具备上市条件（限期内未能消除的，终止其股票上市）。

（2）公司不按规定公开其财务状况，或者对财务报告作虚假记载（后果严重的，终止其股票上市）。

（3）公司有重大违法行为（后果严重的，终止其股票上市）。

（4）公司连续三年亏损（限期内未能消除的，终止其股票上市）。

在我国，连续两年亏损的上市公司的股票，其股票名称之前要带上“ST”，以提醒公司管理层并便于投资者识别。“ST”是英文“Special Treatment”的缩写，中文意思为特别处理。受到特别处理的股票，其每个交易日上涨与下跌的最大幅度为 5%，小于一般股票的每个交易日的涨跌的最大幅度 10%，以免这些问题股票被过度投机。

另外，公司决定解散、被依法破产时，由国务院证券管理部门决定终止其股票上市。

四、普通股筹资评价

（一）普通股筹资的优点

1．普通股筹资没有固定的股利负担

公司有盈利，并认为适于分配股利才分派股利。公司盈利较少，或者虽有盈利但现金短缺或有更好的投资机会，也可以少支付或不支付股利。而债券或借款的利息无论企业是否盈利及盈亏多少，都必须按时支付。

2．所筹资金是公司的长期资金

普通股股本没有固定的到期日，无需偿还，是公司的永久性资本（除非公司清算时才有可能予以偿还）。这对于保证公司对资本的最低需求、促进公司长期持续稳定经营具有重要意义。

3．利用普通股筹资的风险小

相当于负债而言，利用普通股筹资不存在到期还本付息的风险，可视盈利状况和长期发展需要决定股利分配，资本使用上也无特别限制。

4．发行普通股筹集自有资本能增强公司的信誉

普通股股本以及由此产生的资本公积金，是公司筹措债务的基础。有了较多的普通股本，有利于提高公司的信用价值，同时也为利用更多的债务筹资提供了强有力的支持。

有些股份公司的职工也拥有公司发行的股票。这对于激励职工士气，增强职工的归宿感，

提高企业的凝聚力，改善职工的工作效率，挽留住公司重要管理人员是十分有利的。

（二）普通股筹资的缺点

1．资本成本较高

一般而言，普通股筹资的成本要高于债务筹资。这主要是由于投资于股票的风险较高，股东相应要求得到较高的报酬率，并且股利从税后利润中支付，而使用债务资本的占用成本（表现形式如利息）却允许从所得税前利润中扣除。此外，普通股的发行、上市等方面的费用也十分庞大。

2．可能分散公司的控制权

利用普通股筹资，发行新股，可能会因分散公司的控制权而遭到现有股东的反对。因此，利用普通股筹资受到很大的制约。

3．可能导致股价的下跌

公司过度依赖普通股筹资，会被投资者视为消极的信号，从而导致股票价格的下跌，进而影响公司的其他融资手段的使用。过去，公司配股被看成是积极进取的象征，而现在，不少上市公司的配股已经没有号召力了，而被股民们看成只知“圈钱”不图回报的代名词。

另外，上市交易的普通股票增加了对社会公众股东的责任，其财务状况和经营成果都要公开，接受公众股东的监督。一旦公司经营出现问题或遇到财务困难，公司有被他人收购的风险。

五、优先股筹资

（一）优先股的特征

优先股股票是指由股份有限公司发行的，在分配公司收益和剩余财产方面比普通股股票具有优先权的股票。优先股常被看成是一种混合证券，介于股票与债券之间的一种有价证券。发行优先股对于公司资本结构和股本结构的优化、提高公司的效益水平、增强公司财务弹性无疑具有十分重要的意义。

发行优先股是公司获得所有权资本的方式之一。利用优先股股票筹集的资本称为优先股股本。优先股与普通股相比，在分配公司收益方面具有优先权，一般只有先按约定的股息率向优先股股东分派了股息，普通股股东才能进行分派红利。因此，优先股股东承担的风险较小，但收益稳定可靠。不过，由于股息率固定，因此，即使公司的经营状况优良，优先股股东一般也不能分享公司利润增长的利益。如果公司破产清算，优先股对剩余财产有优先的请求权。优先股股东的优先权只能优先于普通股股东，但次于公司债券持有者。从控制权角度看，优先股股东一般没有表决权（除非涉及优先股股东的权益保障），无权过问公司的经营管理，所以发行优先股一般不会稀释公司普通股股东的控制权。

从公司的最终所有者，普通股股东的立场看，优先股是一种可以利用的财务杠杆，可视为一种永久性负债。公司有时也可以赎回发行在外的优先股，当然要付出一定的代价，如溢价赎回的贴水。从债权人的立场来看，优先股又是构成公司主权资本的一部分，可以用作偿债的铺垫。

（二）优先股的种类

公司发行优先股，在操作方面与发行普通股无较大差别，但根据公司与优先股股东的约定内容的不同，优先股可分为不同类型。

1．按股息是否可以累积，可分为累积优先股与非累积优先股

累积优先股是指可以将以往营业年度公司拖欠未付的股息累积起来由以后营业年度的盈利来一并支付的优先股股票。非累积优先股是指公司对过去年度拖欠的股息不再补付的优先股股

票。我国的有关法规规定：优先股股东无表决权，但当公司连续三年不支付优先股股息时，优先股股东就享有普通股股东的权利。因此，公司从维护公司的财务形象及防止公司控制权稀释的角度，一般不宜不支付优先股股息。实践中，大多数公司发行的优先股为累积优先股，体现了公司管理层对于未来盈利的信心，同时也便于推销优先股。当然，这对公司的财务压力较大。需要注意的是，在分派公司股利时，无论是以前年度优先股股息补付，还是当年的优先股股息的支付，都优先在普通股红利之前支付。

2．按优先股能否参与剩余利润的分派和参与程度，可分为全部参与优先股、部分参与优先股和不参与优先股

不参与优先股是指优先股股东只按优先股票面约定的固定股息率取得股息收入，不能参与剩余利润的分配。全部参与优先股是指优先股股东在利润分配上与普通股股东同股同利，即每元优先股股本与每元普通股股本分得相等的公司税后利润。部分参与优先股是指优先股股东除了按约定的固定股息率获得股息收入外，还有权在一定幅度内参与剩余利润的分配。部分参与优先股的剩余利润的参与方式有定率、定额或二者混合三种。优先股股票还可以根据需要组合成累积的非参与优先股、非累积非参与优先股、累积的全部参与优先股、累积的部分参与优先股等多种类别。

3．可转换优先股、可赎回优先股、有投票权优先股与股息率可调整优先股

可转换优先股是指其持股人可以在特定条件下，把优先股股票转换成普通股股票或公司债券的优先股。一般说来，对这类优先股股票都规定了转换的条件、时间和比例。对于发行公司而言，发行可转换优先股，为持股人提供了优惠，公司可相应调低股息率，从而节约财务开支。

可赎回优先股是指发行公司可以按一定价格赎回发行在外的优先股股票，即优先股股票的票面上有公司可提前赎回的条款，如在公司发行优先股 5 年后公司可按优先股面值的 109%的价格赎回。发行可赎回优先股使得发行公司在未来的年度有了调整股本结构、资本结构的主动权，增强了公司的财务弹性。这时，公司可在市场利率不断下跌的情况下赎回优先股另以较低的资本成本融资，减少公司的财务负担。

有投票权的优先股是指公司在一定时期内始终未能发放优先股股息时，可以被赋予一定投票权的优先股。赋予优先股的投票权是为了保护优先股股东的利益。

股息率可调整的优先股是指优先股的股息率不是固定不变的，可按照某一参照物的变动而做相应调整（一般调高不调低）。这里的参照物主要是国库券的利率、长期银行存款利息率。发行这种优先股在于保护优先股股东的利益，扩大公司优先股股票的销售量。

（三）发行优先股的动机与促销策略

股份公司发行优先股，筹集自有资本只是其目的之一。由于优先股有其特性，所以公司发行优先股往往还有其他的动机，具体如下。

（1）防止公司股权分散化。由于优先股股东一般没有表决权，发行优先股就可以避免公司股权分散，保障公司老股东的原有控制权。

（2）调剂现金余缺。公司在需要现金资本时发行优先股，在现金充裕时可部分或全部赎回优先股，从而调剂现金余缺。

（3）改善公司的资本结构。公司在安排借入资本与自有资本的比例关系时，可较为便利地利用优先股的发行、转换、赎回等手段进行资本结构和自有资本内部结构的调整。

（4）维持举债能力。公司发行优先股，有利于巩固自有资本的基础，维持乃至增强公司的举债能力。

筹资公司在选择不同类别的优先股时，应充分考虑投资者对不同类型优先股的偏好。一般来说，在经济出现剧烈波动或经济衰退时，宜发行累积优先股；在公司的经营状况稳定增长时，可发行非累积优先股；在投资者要求较高持有收益时，可发行全部参与或部分参与优先股；在投资者要求较高资本收益和较大的对公司的支配权而甘愿承担一定风险时，可发行可转换为普通股的优先股；对于保守的投资者，可发行可转换为债券的优先股；在国际金融市场动荡不安，利率市场经常波动的条件下，发行股息率可调整的优先股；对于收入不稳定、支出有异常的投资者，发行可赎回优先股。

（四）优先股筹资评价

1．优先股筹资的优点

（1）优先股的股息率一般为固定比率，从而优先股筹资有财务杠杆作用。当公司运用优先股筹资后，公司增长的利润大于支付给优先股股东的约定股息，则差额为普通股股东分享。因此，优先股筹资有助于提高普通股股东的每股收益。有关财务杠杆的详细讨论参见学习单元六，此处不赘述。

（2）公司采用优先股筹资，可以避免固定的支付负担。优先股的股息支付可以根据公司的盈利情况适当地加以调整（对固定股息的支付并不构成公司的法定义务），不必像债务的利息、本金那样需定期、如数地履行。在付不出优先股股息时，可以拖欠，不致使公司资本周转状况恶化。

（3）优先股一般没有到期日。实际上可将优先股看成一种永久性负债，但不需要偿还本金。只有在有利于公司的根本利益时，公司才会赎回优先股。优先股的赎回、股息支付等方面公司较为主动，增强了公司财务的机动性。

（4）优先股股东也是公司的所有者，不能强迫公司破产。发行优先股而取得的资本是公司的自有资本，因而发行优先股能增强公司的信誉，提高公司的举债能力。

另外，由于优先股股东一般没有投票权，所以发行优先股不会引起普通股股东的反对，其筹资能够顺利进行。当使用债务融资风险很大，利率很高，而发行普通股又会产生控制权问题时，优先股是一种最理想的筹资方式。有些国家的税法对于企业购买优先股的股息有部分免税的政策优惠，对发行公司的优先股股票的销售十分有利。

2．优先股筹资的缺点

（1）资本成本较高。优先股的股息不能作为应税收益的抵减项目，在公司税后利润中支付，得不到税收上的好处。优先股的资本成本虽低于普通股，但高于债券。

（2）由于优先股在股息分配、资产清算等方面拥有优先权，使得普通股股东在公司经营不稳定时收益受到影响。当公司盈利下降时，优先股的股息可能会成为公司一项沉重的财务负担。

（3）优先股筹资后对公司的限制较多，如公司不能连续三年拖欠股息、公司有盈利必须先分给优先股股东、公司举债额度较大时要征求优先股股东的意见等。

六、收益留用筹资

（一）收益分配与融资

从性质上讲，企业通过有效经营实现的收益属于企业的所有者。从会计的角度看，收益的确认计量是建立在权责发生制基础上的，企业不一定有相应数额的现金净流量增加，因而企业不一定有足够的现金将收益全部分派给所有者。另一方面，企业的所有者对于企业的再生产、投资机会、控制权、与优先股东及债权人的契约等有通盘考虑，当期收益在弥补以前年度亏损之后也不一定将剩余收益全部分掉。此外，法律法规从保护债权人利益、维持企业简单再生产、维持市场经济秩序等角度限制企业将收益分光。按照我国公司法第一百七十七条规定，公司分配当年税后利润时，应当提取利润的 10%列入公司法定公积金，并提取利润的 5%～10%列入公司法定公益金。公司法定公积金累计额为公司注册资本的 50%以上的可以不再提取。有的企业的收益质量很差，几乎不用稳健性原则。这种明盈实亏企业根本没有能力向所有者分派利润。可以看出，企业在账面上实现利润的时候大多数情况下要将一部分利润留在企业。企业将实现利润的一部分甚至全部留下来，被称为保留盈余或留存收益。保留盈余的具体方式有当期利润不分配、向股东送红股（即股票股利）、将盈利的一部分发放现金股利。至于向股东交付转增股，则是将企业的资本公积金转化为生产经营的主要资本，不属于利润分配范畴。保留盈余的实质是所有者向企业追加投资，因而对企业而言是一种融资活动。有人将这种融资称为“内源融资”、“内部融资”或“收益留用融资”。

需要说明的是，收益留用融资在融资方式中绝非是配角。美国 1973 年的经济报告中曾提到，美国企业的内部资金来源，约占全部资金来源的 60%。鉴于此，有的财务学家甚至将收益留用融资看成最佳融资方式，在融资时比债务、发行股票要优先考虑。米尔顿·迈耶比较了加拿大、芬兰、德国、意大利、日本、英国和美国在 1970 年至 1985 年用保留盈余、债务和新发行股票为投资融资的程度。他发现，在这些国家里，尽管税收待遇差别很大，但主要的融资方式是保留盈余。虽然没有一个巨型企业是靠自身资本积累形成的，但一个不断亏损的企业也不可能成为巨型企业。内源融资与外源融资一样是企业融资的不可分割的组成部分，片面强调其中一个都是有害的。美国财务学者范霍恩和瓦霍维奇所著的《现代企业财务管理》（第十版）写到：“公司的股利政策也必须看成是融资决策的一个组成部分……留存收益是权益资本筹集的一种方法，它是发放股利的机会成本。”为了说明问题，让我们考察一下美国历史上股利支付与内部融资的情况。

1962 年以来，美国公司的股利支付比率最高为 61.9%，绝大多数年份在 50%以下。换言之，企业将大部分盈余留存下来用于扩大再生产。从保留盈余与外部长期融资的对比看，3/4 的会计年份里企业的保留盈余融资金额高于外部长期融资金额，可见内部融资在企业融资中的重要地位。

（二）收益留用融资评价

1．收益留用融资的优点

（1）收益留用融资不发生取得成本。企业从外界筹集长期资本，无论采用发行股票、发行债券、融资租赁还是通过银行贷款，都需要支付大量的取得成本，而通过保留盈余实现的融资则无需发生这种开支。因此，在取得成本相当高的当今，使用内部融资对企业非常有利。

（2）收益留用融资可使企业的所有者获得税收上的利益。在西方发达国家，资本利得税率相对较低，股东往往愿意将收益留存于企业而通过股票价格的上涨获得资本利得。如果将盈余全部分给股东，股东收到股利往往要缴纳较高的个人所得税，较为富裕的股东不偏好现金股利。相应地，有些国家的法律会禁止企业过度地保留盈余，以防止税收流失。所以，收益留用融资也受到一定的限制。

（3）增强公司信誉。收益留用融资性质上属于主权融资，可以用作偿债而为债权人提供保障，相应增强了企业的获取信用的能力。

2．收益留用融资的缺点

收益留用融资也有一些缺点，这些缺点使各企业都不期望长久地不支付股利。

（1）保留盈余的数量常常会受到某些股东的限制。有些股东依靠股利维持生活，希望多发股利。有些股东对风险很反感，而且认为风险将随时间的推移而增大，宁愿目前收到较少的股利，也不愿等到将来再收到不肯定的较多股利或以较高的价格出售股票的价款。所以，有些企业的所有者总是要求股利支付比率维持在一定的水平上，以消除风险。企业外部的股东觉得，经营者在信息占有上有优势，通过发放股利这种硬约束可以考验一下企业收益的质量。

（2）保留盈余过多，股利支付过少，可能会影响到今后的外部融资。很多人认为，过多地利用内部融资，限制现金股利的发放，对于企业今后的外部融资甚至包括债务资本和主权资本都有不利影响。他们认为，股利支付比率较高的企业的普通股要比支付股利较少的公司的股票容易出售。同样，考虑购买优先股和债券的投资者也会对企业历史上的股利支付情况进行分析。一般投资者都会认为，如果一个企业能较多地给普通股支付股利，那么也能准时为优先股支付股息，及时支付债券的利息与本金。因此，较多地支付股利，虽然不利于内部融资，但会有利地说明企业具有较高的盈利水平和较好的财务状况。

（3）不利于股票价格的上涨。保留盈余过多，股利支付过少，可能不利于股票价格的上涨，影响企业在证券市场上的形象。

任务三 优先认股权与认股权证认知与评价

优先认股权是普通股股东拥有的权力之一，即在股份公司增发新股时，普通股股东可先于其他投资者购买。认股权证是附在新发行的证券上的一种权力证书，是另一种优先权形式。股份有限公司可以利用这两种方式来筹集公司所需要的资本。

一、优先认股权

（一）优先认股权及其价值

公司在发行新的普通股时，都向原股东提供优先认股权。这既可以作为发行普通股的一种促销手段，又能维持原股东在公司的控制权。通常，认股权可以使原股东在一定的期限内以低于市价的统一规定的认购价格购买新股。优先认股权的存续期分为附权期与除权期两个部分，从公司宣布配股之日到配股登记日止为附权期，配股登记日至到期日的时间为除权期。附权期时的股票称为“附权股票”，优先认股权附在股票上进行交易，股票交易中包含优先认股权的价值，这时的股票价格会相应上升。除权期的股票称为“除权股票”，原来的附权股票就分为股票的价值和优先认股权的价值两部分。优先认股权与普通股一样在市场上进行交易。由于优先认股权是一种买入期权，故可以单独形成自己的价格，而且其价格会随股票价格的变化而变化，因而具有投机价值。

公司董事会应决定优先认股价格和认股权数。优先认股价格应低于股票的现行市场价格。认股权数由公司在市场上流通的原股票数和拟发行股票数确定，计算公式如下。

认股权数=原有股数/新增股数

由于认股价格低于市场价值，所以认股权在其有效期限内是有价值的。若原股东不行使认股权，可将这一权力有偿转让以获得额外收益。

附权期内，每股所含认股权的价值可用下列公式计算。

$$每股所含认股权的价值=\frac{附权的股票市价-认股价格}{认购一新股所需权数+1}$$

除权期内，每股所含认股权的价值可按下列公式计算。

$$每股所含认股权的价值=\frac{除权的股票市价-认股价格}{认购一新股所需权数}$$

（二）优先认股权筹资评价

1．优先认股权筹资的优点

（1）为公司募集大量急需的资本。以附权对原有股东发行新股，其认购价格低于原有股票的市价，从而可以激发投资者的兴趣，增加股票受欢迎的程度，当公司急需大量资本时可以募集所需资本，并且可以部分抵消新股发行时股价下降的压力。

（2）附权发行普通股比公开发行的成本要低。采用附权发行新股，公司可将新股推销给老股东而毋需投资机构来推销，因而其发行成本较为低廉。

（3）附权发行新股在某种程度上起到股票分割的作用，有利于降低股票的绝对价格，吸引更多投资者，利于股票价格的上升。同时，附权发行会引起股东甚至整个股票市场的热烈反应，使公司争取到成本较低、条件更有利的筹资机会。

2．优先认股权筹资的缺点

附权发行新股能否取得成功很大程度上取决于其认购价格是否合适。认购价格偏高，如果股市出现暴跌，这时偏高的认购价格很可能接近甚至超过市价，老股东的优先认股权变得毫无意义，公司融资计划会因此而失败。认购价格过低，对公司信誉与形象不利，而且公司能筹集到的资本较少。因此，公司的管理人员必须根据公司的资产负债情况、证券市场的供求情况、宏观经济的运行情况，权衡公司、老股东、新投资者的利益加以合理确定。这是一项经验性很强的工作。

二、认股权证

（一）认股权证的概念

认股权证是由股份公司发行的，能够按特定的价格，在特定的时间内购买一定数量该公司股票的选择权凭证。认股权证是另一种优先权形式，通常是公司在发行债券或优先股筹资时为了促销而附有的一种权力。这与普通股股东所拥有的优先认股权是两回事。认股权证可以与优先股或债券附在一起，也可以与它们分离。

由于公司股票的市场价格通常要高于认股权证确定的特定买价，所以，认股权证可视为一种有价证券，形成市场价格。股份有限公司通过发行认股权证，可以顺利募集到大量资本。不过，由于认股权证的价格要随公司股价的变化而波动，认股权证的持有者需要承担这种价格变动风险。

认股权证上主要规定持有者购买股票的价格、数量、期限等内容。这些内容构成了认股权证的基本要素。

认股权证的基本要素体现在以下几方面。

（1）认购数量。认购数量可以用两种方式进行约定：一是确定每一单位认股权证可以认购若干公司发行的普通股，二是确定每一单位认股权证可以认购多少金额面值的普通股。

（2）认购价格。也称执行价格。认购价格的确定一般以认股权证发行时的股票价格为基础。认购价格一般自始至终保持不变，也可以随着时间的推移逐步提高。如果公司股份增加或减少，就要对认购价格进行调整。

（3）认股期限。认股期限是指认股权证的有效期限。在有效期内，认股权证的持有者可以随时购买股份。超过有效期，认股权证失效。有些认股权证没有截止日期，长期有效。一般而言，认股期限越长，认股价格就越高。

（4）赎回条款。发行认股权证的公司大都制定有赎回条款，即规定在特定情况下，公司有权赎回其发行在外的认股权证。

（二）认股权证的发行

认股权证一般可以采用两种方式发行。最常用的方式是认股权证在发行债券或优先股之后发行。以这种方式发行时，认股权证将随同债券或优先股一同寄往认购者。在无纸化交易制度下，认股权证将随同债券或优先股一并由中央登记结算公司划入投资者账户。

认股权证也可单独发行。公司可向对公司有突出贡献的人员或与公司有密切往来的利害关系者赠送认股权证，间接地使这些人员获得一些经济利益。

（三）认股权证的价值

认股权证在其有效期限内具有价值，有理论价值与实际价值之分。

1．理论价值

认股权证的理论价值可用下式计算：

理论价值=（普通股市价-执行价格）×认股权证一权所能认购的普通股股数

如果普通股市价低于其执行价格，认股权证的理论价值为一负数，但在此时，认股权证的持有者不会行使其认股权。所以，当出现这种情况时，设定认股权证的理论价值为零。

影响认股权证理论价值的主要有以下几个因素。

（1）普通股的市价。市价越高，认股权证的理论价值就越大。

（2）剩余有效期间。认股权证的剩余有效期间越长，市价高于执行价格的可能性就越大，认股权证的理论价值就越大。

（3）换股比率。认股权证一权所能认购的普通股股数越多，其理论价值就越大，反之，则越小。

（4）执行价格。执行价格越低，认股权证的持有者为换股而支付的代价就越小，普通股市价高于执行价格的机会就越大，认股权证的理论价值也就越大。

2．实际价值

认股权证具有价值，是一种有价证券，其价值的实现必须借助市场这个媒介。对于单独发行的认股权证，其持有者可以将认股权证直接在市场上出售获取利益。若认股权证与优先股或债券是附在一起的，则持有者可以通过行使认股权购买普通股实现其与优先股或债券的分离，从而实现其价值。

假如一公司规定认股权证的持有者，每持有两权可按 12 元的价格认购一股普通股。现许辉拥有 200 权认股权，他投资 1 200 元购买 100 股普通股，次日该公司的普通股的市价为每股 16 元，许辉将其持有的 100 股全部抛出获得 1 600 元（假设无交易成本），获利的 400（1 600-1 200）元就是实现的认股权证的理论价值。

认股权证在证券市场上的市场价格或售价称为认股权证的实际价值。一般来说，认股权证的实际价值高于其理论价值，而理论价值是出售认股权证的最低限。认股权证的实际价值大于理论价值的部分称为超理论价值的溢价。之所以形成超理论价值的溢价，是因为认股权证的投资具有较大的投机性，认股权证给予投资者以高度的获利杠杆作用。为了说明这一点，假定认股权证的售价恰好等于其理论价值。若 A 公司规定认股权证的持有者，以 20 元每一权的价格认购一股普通股，而普通股的每股市价 25 元，则此时认股权证的售价为 5 元。如果李明以 25 元的股价购买的一股普通股一年后股价上涨为 50 元，李明获得的资本利得为 25 元（假设无交易成本），资本利得率为 100%。但张军在一年前按认股权证的理论价值去投资认股权证，投资 5 元买入一权，此时出售认股权证可获得收入 30 元，获利 25 元，资本利得率为 500%（25/5）。另外，张军投资认股权证的可能总损失为 5 元，而李明的可能总损失为 25 元。巨额的资本利得，有限的损失，对于投资者来说吸引力巨大。认股权证在期权市场上公开买卖，相应助长了这种投机性。

（四）认股权证筹资的评价

发行附有认股权证的公司债券或优先股，可使投资者分享到由于公司繁荣成长带来的利益。这时，公司以较低的债券利率或股息率就能顺利将债券或优先股销售出去。投资者踊跃购买的结果，使在资本市场上资金供求紧张而自身财务状况良好的公司可以比其他企业更容易实现筹资目的。不仅如此，发行附有认股权证的公司债券或优先股，还可能为将来的筹资奠定基础。如果公司能够稳定地发展，那么其普通股价格就会上扬，从而促使认股权证的持有者积极行使认股权。这一自发性资本来源能够自动满足公司急剧发展的需要。但如果公司不能稳定发展，普通股的股价下跌至执行价格以下，则认股权证难以为公司带来资本。

为了使认股权证的持有者积极行使认股权，实现公司的筹资目的，公司必须改善财务状况和经营成果，给股东以丰厚的回报，增强股票的吸引力。另外，公司要认真考虑认购期限的相关问题。

本单元小结

本单元介绍了企业所有权融资管理实务，阐释所有权融资的几种融资方式。通过学习，读者应对股票上市的程序有所了解，掌握普通股与优先股融资的区别与联系，掌握认股权证的基本要素，熟悉不同融资方式对企业的意义，比较不同的融资方式的优缺点，学会正确应用不同的筹资方式为企业融资。

复习与思考

1. 结合吸收直接投资的特征，分析该融资方式的优缺点。
2. 比较普通股融资与优先股融资的区别与联系，分析这两种融资方式的优缺点。
3. 认股权证的基本要素有哪些？在确定这些要素时，需要考虑哪些因素？
4. 优先认股权对发行人和投资人来说，各有什么样的意义？
5. 为什么说收益留用对企业而言是一种融资活动？收益留用融资与普通股融资相比有哪些优缺点？

技能实训

1922 年 5 月 23 日，迪斯尼公司创始人沃尔特·迪斯尼用 1 500 美元组成了“欢笑卡通公司”。现在，迪斯尼公司已经成为全球最大的一家娱乐公司，也是好莱坞最大的电影制片公司之一。在迈克尔·艾斯纳长达 18 年的经营中，融资扩张策略和业务集中策略是其始终坚持的经营理念。这两种经营战略相辅相成，一方面保证了迪斯尼公司业务的不断扩张，创造了连续数十年的高速增长，另一方面确保新业务与公司原有资源的整合，同时起到不断地削减公司运行成本的作用。迪斯尼公司的长期融资行为具有以下四个特点。

（1）股权和债权融资基本呈同趋势变动。

（2）融资总额除了在 1996 年有较大的增长，其他年份都比较稳定，而 1996 年的融资激增，显然是与并购美国广播公司相关的。

（3）除了股票分割和分红之外，迪斯尼公司的股权数长期以来变化不大。仅有的一次变动在 1996 年，由于收购美国广播公司融资数额巨大而进行了新股增发。

（4）长期负债比率一直较低，且近年来仍在下降。迪斯尼公司的负债平均水平保持在 30% 左右。1996 年为并购融资后，负债率一度超过 40%，此后公司每年都通过增加股权融资来逐步偿还债务，降低负债比率。值得注意的是，公司在 2000 年通过股权融资大幅削减长期债务，为 2001 年并购福克斯公司创造了良好的财务条件。

请结合案例做以下分析：

1. 什么是融资战略？企业集团融资战略包括哪些内容？
2. 说明企业集团融资决策权的配置原则。
3. 从融资角度分析企业集团财务风险控制的重点。
4. 思考形成迪斯尼公司上述长期融资行为特点的原因。

单元五 债权筹资认知与评价

素质目标

1. 熟悉债权筹资的类型
2. 掌握长期借款的保护性条款
3. 掌握债券的种类和要素
4. 掌握融资租赁的种类

技能目标

1. 能运用长期借款的资本构成与偿还方式进行筹资规划
2. 能应用债券的发行程序和发行价格进行债券发行的规划
3. 能运用看涨期权与看跌期权进行筹资

案例导入

武汉钢铁（集团）公司企业债券兑付公告

武汉钢铁（集团）公司于2002年11月5日发行的七年期2002年武汉钢铁（集团）企业债券（以下简称“本期债券”），将于2009年11月5日起支付自2008年11月5日至2009年11月4日期间的利息并兑付本金。为保证兑付本息工作的顺利进行，方便投资者及时领取利息，现将有关事宜公告如下。

一、基本情况

1. 债券名称：武汉钢铁（集团）公司企业债券（7年）
2. 上海证券交易所债券简称：02武钢（7）
3. 银行间市场债券简称：02武钢债（2）
4. 上海证券交易所上市代码：120207
5. 银行间市场上市代码：007107
6. 债券期限：七年期
7. 发行规模：15亿元
8. 债券形式：实名制记账式
9. 债券利率：票面年利率为4.02%
10. 上市时间及地点：本期债券分别于2003年9月25日和2003年在上海证券交易所和银行间市场上市交易。
11. 本次付息计息期限：自2008年11月5日至2009年11月4日，逾期未领的付息款项及到期兑付款项不另行计息。

二、债权登记日

本期债券上交所交易部分的债权登记日及最后交易日为2009年10月28日，银行间市场部分到期兑付债权登记日及最后交易日为2009年11月2日。截止该日下午收市后，持有本期债券的投资者对其托管账户所记载的本期债券余额享有债券本年度的利息。本期债券分别于2009年10月29日和2009年11月3日在上交所和银行间市场停止交易。

三、兑付期限

1. 兑付日

本期债券的兑付时间为2009年11月5日。

2. 集中付息和兑付

共20个工作日，即自2009年11月5日至2009年12月2日。

3. 常年付息和兑付

在集中付息和兑付期未领取利息和/或本金的投资者，仍可在营业时间内到托管其债券的营业网点领取利息和/或本金。

四、兑付办法

1. 本期债券银行间市场上市部分的付息办法

在银行间市场上市的本期债券，即托管在中央国债登记结算有限责任公司（以下简称“中央国债登记公司”）的一级客户所持有的部分，由中央国债登记公司将利息资金划付至该持有人或该持有人的指定代理人指定的银行账户。若债券持有人兑付路径变更，应将新的兑付路径及时通知中央国债登记结算有限责任公司。因债券持有人未及时通知兑付路径造成的延期支付，发行人及债券托管人不承担延付利息。

2. 本期债券在上海证券交易所上市部分的付息办法

通过上海证券交易所购买本期债券并持有到债权登记日的投资者，利息资金通过中国证券登记结算有限责任公司上海分公司清算系统进入该投资者开户的证券公司的登记公司备付金账户中，再由该证券公司将利息款划付至投资者在该证券公司的资金账户中。

五、关于向个人投资者征收债券利息个人所得税的说明

根据《中华人民共和国个人所得税法》和《企业债券管理条例》以及2002年武钢集团企业债券发行章程、发行公告、上市公告的规定，本期债券的个人投资者应缴纳企业债券利息个人所得税。

请思考以下问题：

1. 企业使用债券筹资有哪些优缺点？

2. 除了债券筹资，企业还有哪些债务融资方式？各融资方式有哪些优缺点？

任务一　长期借款融资认知与评价

一、长期借款的种类

长期借款（Long-term Loans）是指企业向银行或其他金融机构借入的期限在一年以上（不含一年）或超过一年的一个营业周期以上的各项借款。我国股份制企业的长期借款主要是向金融机构借入的各项长期性借款，如从各专业银行、商业银行取得的贷款。除此之外，企业长期借款还包括向财务公司、投资公司等金融企业借入的款项。按不同的标准，长期借款可做如下分类。

（1）按照用途，分为固定资产投资借款、更新改造借款、科技开发和新产品试制借款等类别。

（2）按提供贷款的机构，分为政策性银行贷款、商业银行贷款和其他金融机构贷款。政策性银行贷款一般指执行国家政策性贷款业务的银行向企业发放的贷款，例如，国家开发银行主要为满足企业承建国家重点建设项目的资金需要提供贷款，而进出口信贷银行则为大型设备的进出口提供买方或卖方信贷。商业银行贷款指由各商业银行向工商企业提供的贷款。这类贷款主要为满足企业建设竞争性项目的资金需要。企业对贷款自主决策、自担风险、自负盈亏。此外，企业还可以从信托投资公司取得实物或货币形式的信托投资贷款，也可从财务公司取得各种中长期贷款。

（3）按有无担保分为信用贷款和抵押贷款。信用贷款指无需企业提供抵押品，仅凭其信用或担保人信誉而发放的贷款。抵押贷款指要求企业以抵押品作为担保的贷款。长期贷款的抵押品常常是房屋、建筑物、机器设备、股票、债券等资产。

除了以上分类外，长期贷款还可以按偿还方式分为到期一次偿还贷款和分期偿还贷款等类别。

二、长期借款的程序

（一）企业提出申请

企业向银行借入长期借款，首先应向银行提出申请。申请的内容一般包括以下几项。

（1）借款用途。企业向银行借入长期借款一般用于购置零星固定资产、增加流动资金、归还已到期的债券或借款。

（2）借款期限。长期借款的期限在一年以上，但一般不超过10年。

（3）借款数额。长期借款的具体数额，应根据企业主观上的需要和客观上的可能来加以确定。

（4）还款方式。银行长期借款既可到期一次归还，也可以分期定额或不定额归还。

（二）银行进行审批

银行接到企业的申请后，要按照有关政策和贷款条件，对企业进行审查，以决定是否对企业贷款。银行审查的内容主要有以下几个方面。

（1）企业的财务状况。银行主要通过企业的财务报表审查企业的负债水平、资本结构等内容。

（2）企业的信用情况。主要包括过去的偿债记录、信誉以及主要经营者的品行等内容。

（3）企业盈利的稳定性。主要包括企业一段时期以来的获利能力及其发展趋势。

（4）企业的发展前景。主要包括企业的改革、经营管理水平、技术力量、主导产品的市场份额等。

（5）企业借款投资项目的可行性。主要审查投资项目建成后所生产的产品是否具有竞争力。

（三）签订借款合同

银行经审查批准借款申请后，与借款企业可进一步协商借款的具体条件，签订正式的借款合同，明确规定贷款的数额、利率、期限和一些期限性条款。

（四）企业取得借款

借款合同生效后，银行可在核定的贷款指标范围内，根据企业的用款计划和实际需要，一次或分次将贷款转入企业的存款结算户，以便企业支用。

（五）企业归还借款

借款期满，企业应按合同规定还本付息。如果借款到期，企业不予偿还，银行可根据合同规定，从借款企业的存款户中扣还贷款本息及加收的利息。

借款企业如因暂时财务困难需延期偿还借款，应向银行提交延期还贷计划，经银行审查核定，续签合同。逾期贷款通常要加收利息。

三、长期借款的保护性条款

由于银行等债权人提供的长期贷款的期限长、风险大，因此，除借款合同的基本条款之外，银行等债权人通常还在借款合同中附加各种保护性条款，以确保企业能按时足额还贷。保护性条款分为一般性保护条款和特殊性保护条款。

（一）一般性保护条款

对于长期借款银行规定的一般性保护条款如下：

（1）对借款企业流动资金保持量的规定，其目的在于保持借款企业资金的流动性和偿债能力；

（2）对支付现金股利和再购入股票的限制，其目的在于限制现金外流；

（3）对净经营性长期资产总投资规模的限制，其目的在于减小企业日后不得不变卖固定资产以偿还贷款的可能性，仍着眼于保持借款企业资金的流动性；

（4）限制其他长期债务，其目的在于防止其他贷款人取得对企业资产的优先求偿权；

（5）借款企业定期向银行提交财务报表，其目的在于及时掌握企业的财务情况；

（6）不准在正常情况下出售较多资产，以保持企业正常的生产经营能力；

（7）如期缴纳税费和清偿其他到期债务，以防被罚款而造成现金流失；

（8）不准以任何资产作为其他承诺的担保或抵押，以避免企业负担过重；

（9）不准贴现应收票据或出售应收账款，以避免或有负债；

（10）限制租赁固定资产的规模，其目的在于防止企业负担巨额租金以致削弱其偿债能力，还在于防止企业以租赁固定资产的办法摆脱对其净经营性长期资产总投资和负债的约束。

（二）特殊性保护条款

对于长期借款银行规定的特殊性保护条款如下：

（1）贷款专款专用；

（2）不准企业投资于短期内不能收回资金的项目；

（3）限制企业高级职员的薪金和奖金总额；

（4）要求企业主要领导人在合同有效期间内担任领导职务；

（5）要求企业主要领导人购买人身保险。

上述各项条款结合使用，将有利于全面保护银行等债权人的权益。但借款合同是经双方充分协商后决定的，其最终结果取决于双方谈判能力的大小，而不是完全取决于银行等债权人的主观愿望。

四、长期借款筹资的优缺点

（一）长期借款筹资的优点

1．筹资速度快

发行各种证券筹集资金所需时间一般较长，印制证券、申请批准和证券发行等都需要一定时间。而银行借款与发行证券相比，一般所需时间较短，企业可以迅速地获取资金。

2．筹资成本低

利用银行借款所支付的利息比发行债券所支付的利息要低，另外，也无需支付大额的发行费用。

3．借款弹性大

企业与银行可以直接接触，双方通过直接商洽，确定借款的时间、数额和利率。在借款期间，如果企业情况发生变化，也可与银行进行协商，修改借款的数量和条件。借款到期后，如果有正当理由，还可延期归还。

4．可以发挥财务杠杆的作用

不论公司盈利有多少，银行只按借款合同收取利息，在投资收益率大于借款利率的情况下，企业所有者将会因财务杠杆的作用而得到更多的收益。

（二）长期借款筹资的缺点

1．筹资风险较高

企业举借长期借款，必须定期还本付息，在经营不利的情况下，可能会产生不能偿付的风险，甚至会导致破产

2．限制性条款比较多

企业与银行签订的借款合同中，一般都有一些限制条款，如定期报送有关报表、不准改变借款用途等。这些条款可能会限制企业的经营活动。

3．筹资数量有限

银行一般不愿意借出巨额的长期借款，故不如股票、债券那样可以一次性筹资到大笔资金。因此，利用银行借款筹资都有一定的上限。

任务二　发行债券融资认知与评价

一、债券的特征

债券是筹资单位为筹集资金而发行的，约定在一定期限内向债权人还本付息的有价证券，其风险较大，但由此可获取较高的投资报酬。债券筹资是一种直接融资，面向广大社会公众和机构投资者，对发行企业的资格有严格要求。在我国，非公司制企业发行的债券称为企业债券，股份有限公司和有限责任公司发行的债券称为公司债券。企业发行债券的目的通常是为了筹集大型建设项目的长期资金。从性质上讲，债券与借款一样是企业的债务，发行债券一般不影响企业的控制权，发行企业无论盈利与否必须到期还本付息。

债券作为一种重要的融资方式，具有以下特征。

（1）约束性和偿还性。债券发行时就明确规定了还本付息时间、期限、金额，债券到期时企业必须按发行时的规定归还本金。

（2）收益性。债券可以给债券持有者带来固定的利息收益而且债券持有者可以利用债券的买卖活动，赚取差额收益。

（3）流动性。债券持有者可以在证券市场上转让或出售债券以转化为货币，或将可转换债券转换为企业股票。

（4）安全性。相对于股票等有价证券而言，债券通常规定有固定的利息，收益比较稳定，风险较小。此外，在企业破产清算时，债券持有者对企业剩余财产的索取权优先于股票持有者。

二、债券的种类

企业债券按不同的标准划分，有许多种类，具体如下。

（一）按照债券发行是否有抵押担保，分为抵押债券和信用债券

抵押债券也称为有担保债券，是指发行公司以公司特定财产作为担保品而发行的一种债券。债券到期，如果发行人无力偿还到期债务，债券持有人可以用抵押的财产作为到期债务的补偿。抵押品可以是动产、不动产，也可以是股票、债券、其他有价证券。信用债券是指无任何资产作为抵押担保，发行主体仅以其良好的信用为担保而发行的债券。信用债券一般由信用良好的企业发行，其利息率一般比同期的抵押债券利息率要高。

（二）按照利息支付方式划分，可分为附息票债券和贴息债券

附息票债券是指在券面上附有息票的债券，持票人到期可以凭息票领取利息。息票也是一种有价证券，可以流通、转让。

贴息债券是指券面上不附有息票，发行时按规定的折扣率折算，以低于票面金额的价格发行，到期按票面金额偿还本金的债券，发行价与票面金额的差额为利息。

（三）按债券是否记名划分，分为记名债券和无记名债券

记名债券是指要在债券的票面上记录债券持有人姓名或名称的债券。记名债券安全性较高，其发行价格一般也要高于不记名债券。记名债券也可以自由转让，但转让时需办理过户手续。

不记名债券是指不需要在债券的票面上记录债券持有人姓名或名称的债券。不记名债券安全性较差，其发行价格一般低于记名债券。不记名债券可以随意转让，无需办理过户手续，流通比较方面。

（四）按是否能转换为股票划分，分为可转换债券和不可转换债券

可转换债券是指债券持有人根据发行时的约定，在特定的条件下按指定的价格将公司债券转换成公司普通股股票的债券。按《公司法》的规定，只有股份有限公司中的上市公司经股东大会决议后才可发行可转换债券。

不可转换债券是指发行时没有约定债券在一定条件下可以转换为普通股股票的债券，不可转换债券的利率要低于可转换债券。

（五）按债券利率划分，分为固定利率债券、浮动利率债券和累进利率债券

固定利率债券是指在债券发行时即已确定了利率并将利率载于债券票面的债券。固定利率不会随着今后市场利率的变化而变化。

浮动利率债券是指债券利率在发行之初并不固定，而是随着有关利率，如政府债券利率、银行存款利率的变化而同方向变化调整的债券。浮动利率债券可以在一定程度上减少发行债券企业的融资风险。

累进利率债券指随着债券期限的增加，后期利率比前期利率更高，利率呈累进状态的债券。

（六）按是否上市划分，分为上市债券和非上市债券

债券与股票一样，也有上市与非上市区别。上市债券（Listed Bonds）是指经由政府管理部门批准，发行结束后可在证券交易所挂牌交易的债券，也叫挂牌券。

债券上市对发行公司和投资者都有一定的好处，主要表现在以下几方面。

（1）上市债券信用度较高，能卖出较高的价格，筹措到更多的资金。

（2）债券上市能够得到社会的注意，有利于提高发行公司的知名度。

（3）上市债券流通性强，变现能力强，更易吸引投资者。

（4）上市债券交易便利，成交价格比较合理，有利于公平筹资和投资。

非上市债券是指不可以在证券交易所挂牌交易的债券。

（七）按偿还方式划分，分为一次还本债券、分期还本债券和永久债券

一次还本债券是指在规定到期日一并偿还本金的债券。

分期还本债券是指一次发行而分期、分批偿还本金的债券。这种债券可以减轻企业一次还本的财务负担。

永久债券指一种不规定本金返还期限，债券持有人只能凭此无限期地按期领取利息。永久债券的利息一般高于其他债券的利息，所以，当永久债券发行人发生债务危机时，一般债务偿还在先，永久债券偿还在后。

（八）按是否参加公司盈余分配划分，分为参加公司债券和不参加公司债券

参加公司债券是指债券持有人除享有到期向公司请求还本付息的权利外，还有权按规定参加公司盈余分配，其参与分配的方式与比例必须事先规定。这种债券很少。

不参加公司债券是指债券持有人只享有到期向公司请求还本付息的权利而无权参加公司盈余分配的债券。公司债券大多为不参加公司债券。

三、债券的基本要素

债券的基本要素是指发行的债券上必须载明的基本内容，这是明确债权人和债务人权力义务的主要约定。

（一）面值

债券的面值即债券的票面价值，是债券到期时企业应偿还给债券持有人的本金数额。债券面值包括两个基本内容：币种和票面金额。币种是指以何种货币作为债券价值的计量单位。以何种货币发行债券取决于发行对象和实际需要，如果是对境内投资者发行债券，则采用境内货币作为计量单位，如果是对境外投资者发行债券，则采用发行地货币或国际通用货币作为计量单位。票面金额是指票面上所标明金额的大小。票面金额的大小对于债券的发行成本、发行数额和持有者的分布具有不同的影响，从而影响筹资的效果。从吸引投资者和便于流通的角度看，企业债券的面值不易过大，因为面值过大的债券，会超出一般大众投资者的购买能力，从而影响其销售和流通，使企业难以达到筹资目的。

（二）利率

债券的利率是指债券利息与债券面值的比率，即债券上载明的利率。债券利率是计算债券利息的标准。债券利率与债券发行时的市场利率可能不一致，故称为“名义利率”。债券利率的确定受到许多因素影响，如银行存款利率、发行者的资信、偿还期限、资本市场上资金供求情况等都是影响因素。当银行存款利率上升时，债券利率也随之上升，反之随之下降。如果债券发行企业的资信好，债券等级高，债券利率可以适当降低一些，反之利率应高一些。偿还期限长的债券流动性差，变现力弱，利率应高一些，反之应低一些。资本市场上资金供大于求，利率会低一些，反之应高一些。债券利率一经确定一般在发行期内是不变的，并大多用年利率表示。

（三）付息期

债券的付息期是指企业发行债券后支付利息的时间。它可以是到期一次支付，也可以是一年、半年、一季度或一个月付一次。由于债券面值和利率是固定不变的，所以，不论每年付息次数多少，全年或整个债券期限内的付息额是不变的，付息次数越多，每次付息额越小。每次付息额的计算公式如下：

$$每次债券付息额=债券面值\times\frac{年名义利率}{全年付息次数}$$

全年付息额与到期一次付息额的计算公式如下：

$$\begin{aligned}全年付息额&=债券面值\times年名义利率\\&=每次债券付息额\times年付息次数\end{aligned}$$

$$一次付息额=债券面值\times年名义利率\times债券年限$$

【经典案例 5-1】渤海公司发行面值为 1 000 元的债券，票面利率为 10%，期限为 5 年，每半年付息一次，则渤海公司的每次债券付息额、全年付息额分别为多少？

【解析】

$$\begin{aligned}每次债券付息额&=债券面值\times（年名义利率/全年付息次数）\\&=1\,000\times\frac{10\%}{2}=50（元）\end{aligned}$$

$$全年付息额=每次债券付息额\times年付息次数=50\times2=100（元）$$

【经典案例 5-2】渤海公司发行面值为 1 000 元的债券，票面利率为 10%，期限为 5 年，到期时一次还本付息，则渤海公司的付息额为多少？

【解析】

$$\begin{aligned}一次付息额&=债券面值\times年名义利率\times债券年限\\&=1\,000\times10\%\times5=500（元）\end{aligned}$$

在考虑货币时间价值和通货膨胀因素的情况下，债券的付息期对债券投资者的实际收益有很大影响。所以，企业在确定债券利息支付期时，必须作仔细研究。

（四）偿还期

债券偿还期是指债券自发行日开始至到期日止之间的时期，即债券上载明的偿还债券本金的期限。债券的偿还期长短不一，偿还期限长短的确定主要受债券资金的周转期长短、市场利率的变动趋势、债券流通市场的发达程度、筹资者将来一段时间可调配的资金规模、投资者的投资行为等因素的影响。例如，如果企业打算长期占用此项资金，则偿还期要定长些，而且如果市场利率呈上升趋势的，则宜延长债券偿还期。

四、债券的发行

（一）债券发行条件

债券发行条件是指债券发行企业以债券形式筹集资金时所涉及的各项条款和规定。债券的发行条件基本上与股票的发行条件相同。

根据公司法规定，发行公司债券，必须符合下列条件：

（1）股份有限公司的净资产额不低于人民币 3 000 万元，有限责任公司的净资产额不低于人民币 6 000 万元；

（2）累计债券总额不超过公司净资产额的 40%；

【经典案例 5-3】某公司 2010 年 1 月 1 日发行 3 年期的债券 1 000 万元；2011 年 1 月 1

日发行2年期的债券1 000万元；2012年1月1日发行3年期的债券1 000万元；公司的净资产是8 000元，2013年1月1日发行的债券最多是多少？

【解析】累计债券余额不超过公司净资产的40%，所以累计债券余额不超过8 000×40%=3 200（万元），而2010年1月1日发行3年期的债券和2011年1月1日发行2年期的债券都到期了，所以2012年1月1日发行的债券最多是3 200−1 000=2 200（万元）。

（3）最后三年平均可分配利润足以支付公司债券一年的利息；

（4）筹集的资金投向符合国家产业政策；

（5）债券的利率不得超过国务院限定的利率水平；

（6）国务院规定的其他条件。

发行公司债券筹集的资金，必须用于审批机关批准的用途，不得用于弥补亏损和非生产性支出。

根据证券法规定，公司证券要上市交易，应当进一步符合下列条件：（1）公司债券的期限为1年以上；（2）公司债券实际发行额不少于人民币5 000万元；（3）公司申请债券上市时仍符合法定的公司债券发行条件。

凡有下列情形之一的，不得再次发行公司债券。

（1）前一次发行的公司债券尚未募足。

（2）已发行的公司债券或者其债务有违约或者延迟支付本息的事实，且仍处于继续状态。

具备发行条件的公司，便可向国务院证券管理部门提出发行债券的申请，报经批准。

（二）债券发行程序

债券发行程序如图5-1所示。

图5-1　债券发行程序图

1．股东会决议

我国公司法规定，股份有限公司和有限责任公司发行公司债券，应由董事会制订方案，提交股东会审议并做出决议；国有独资公司发行债券，应由国家授权投资的机构或者国家授权的部门做出决定。

2．申请

我国公司法规定，公司在做出发行公司债券的决议后，要向国务院证券管理部门提出申请并提交规定的申请文件（公司登记证明、公司章程、公司债券募集办法、资产评估报告和验资报告），申请文件必须真实、准确、完整。

3．报批

国务院证券管理部门根据公司法的规定和国务院确定的公司债券发行规模等，对公司的申请予以审批。对不符合规定的申请，不予批准并作出说明。

4．募集办法

发行公司债券的申请经批准后，应当公告债券募集办法。在募集办法中应当载明下列主要事项：公司名称；债券总额和债券的票面金额；债券的利率；还本付息的期限和方式；债券发行的起止日期；公司净资产额；已发行的尚未到期的公司债券总额；公司债券的承销机构。

5．募集借款

公司公告债券募集办法后，就可以开始在公告规定的期限内募集借款。

（三）债券发行的方式

向社会公众发售债券，一般可采用自营发行和委托发行两种基本方式。在我国，公司发行债券必须与证券经营机构签订承销合同，由其承销。

1．自营发行

自营发行也称之为直接发行，是债券发行企业不委托专门的证券发行中介机构，而是自己直接向特定的债券购买者销售债券。采用这种发行方式的优点是不必向证券发行中介机构支付手续费，不必向证券管理机关办理发行注册费用，进而降低成本，并且手续简单，便于控制，资金收取快。自营发行的缺点是发行企业的工作量很大，要花费大量的人力、物力和财力，有时发行费用也不低，且企业并非专业证券发售机构，可能对证券发售的规程和业务不十分熟悉，造成发行周期过长等问题。此外，如果债券的级别不高，很容易导致债券发行失败。

自营发行债券的方式一般适用于企业内部筹资，以及向与本企业关系密切，并对本企业资信情况较为了解的机构投资者的筹资。

2．委托代理发行

委托代理发行也称之为间接发行、公募发行，是指债券发行企业委托证券发行机构向社会公众发行债券的方式。由于证券发行机构拥有广泛的销售网点、可靠的信息情报与专业人员，所以这种债券发行方式迅速、可靠。

委托代理发行债券主要有代理发行、承销发行和包销发行三种具体形式。

（1）代理发行是指企业委托有权代理发行债券的专门机构（如证券公司、银行等）代为发行债券的一种方式。企业与发行机构签订契约，规定发行日期，到期未发售完的债券，代理机构可将剩余部分退回给企业。代理机构已发售的债券，按事先商定的比率收取一定的手续费。经济责任和发行风险全部由发行企业自行承担。这种发行方式下，若企业事先准备不充分，没有良好的促销手段，则出现发行失败或筹资不足等问题。因此，只有那些社会信誉良好、知名度较高，而且发行前准备和宣传工作都做得较好的企业，才能采用这种发行方式。

（2）包销发行是指企业发行债券前，首先与专门的发行机构签订契约，并由其全部收购，然后再由其向社会公众发售的方式。从企业角度看，这种方法的优点是能够确保企业筹集到足够的资金，并且由发行机构承担债券发行过程中各项经济责任和可能销售不完的风险。这种发行方式下，由于发行机构可能要先垫付部分资金，之后按契约规定在债券发行的某日，将款项全部划给债券发行企业，故包销机构的风险较大。所以，包销机构往往要收取相当高的包销手续费，这就大大增加了债券的筹资成本。尽管如此，该方式对筹资金额大、急需资金且无债券发行经验的企业来说仍很适用。

（3）承销发行是指介于代理发行和包销发行之间的一种发行方式，即在预定债券发行期内属代理发行，如发行期满后仍有未发售的债券，则由代理发行的机构全部收购，并将资金全部划给企业，然后再由代理机构逐步向社会发售，或直接作为代理机构的投资。从企业角度看，这种方法是比较适宜的，因为它同样能确保企业资金的筹集，发行的风险主要由发行机构承担。承销发行虽然发行手续费要高于代理发行方式，但比包销方式要低得多。当企业知名度尚不很高、财务状况不甚理想时，企业宜采用这种方式。

上述几种债券发行方式，并非固定不变，有时也可相应变通，企业财务人员应根据具体情况作出合理的抉择，既要保证筹足资金，又要努力降低筹资成本。

（四）债券发行的价格

债券发行价格是指债券从发行企业转移到初始投资者手中的价格，即债券原始投资者购入债券时应支付的市场价格，其并非债券的面值。

债券发行价格的形成受诸多因素的影响，主要包括票面金额、债券票面利率、债券期限、市场利率。

1．票面金额

票面金额是计算债券利息的依据，也是决定债券价格的最基本因素。一般而言，债券发行价格与票面金额呈正比例关系，也就是说在其他因素不变的情况下，票面金额越大，债券发行价格越高，反之，票面金额越小，债券发行价格越低。

2．债券票面利率

债券票面利率是计算利息的要素。一般而言，债券发行价格与债券票面利率也呈正比例关系，也就是说在其他因素不变的情况下，债券票面利率越大，债券投资者获得的利息收益越多，债券发行价格越高，反之，债券票面利率越小，债券投资者获得的利息收益越少，债券发行价格越低。

3．债券期限

一般而言，债券发行价格与债券期限呈正比例关系。债券期限越长，风险越大，要求的投资报酬率越高，债券的发行价格也就越高，反之，债券期限越短，风险越小，要求的投资报酬率越低，债券的发行价格也就越低。

4．市场利率

市场利率是衡量债券利率高低的参照指标。一般而言，债券发行价格与债券期限也呈反比例关系。市场利率越高，债券发行价格越低，反之，市场利率越低，债券发行价格越高。

然而，发行债券时的票面利率不一定与当时的市场利率相同。这时，为了协调债券购销双方在债券利息上的利益，就要调整债券的发行价格。当市场利率等于票面利率时，平价发行债券。当市场利率大于票面利率时，折价发行债券。当市场利率小于票面利率时，溢价发行债券。

定期付息到期一次还本债券发行价格的计算公式如下：

$$\text{债券发行价格}=\frac{\text{票面金额}}{(1+\text{市场利率})^{n}}+\sum_{t=1}^{n}\frac{\text{票面金额}\times\text{票面利率}}{(1+\text{市场利率})^{t}}$$

如果每年支付的利息相同时，上述公式变为如下形式：

$$\text{债券发行价格}=\text{票面金额}\times(P/F,\ i,\ n)+\text{利息}\times(P/A,\ i,\ n)$$

式中，n 为债券期限，t 为付息期数，i 为市场利率。

【经典案例 5-4】南海电脑公司发行面值为 1 000 元、票面利率为 10%、期限为 10 年、每年年末付息的债券。公司决定发行债券时，认为 10%的利率是合理的。如果到债券发行时，市场上的利率发生变化，就要调整债券的发行价格。试分析市场利率分别为 10%、15%、5%时债券发行价格的变化情况。

【解析】债券导致的现金流量变化如图 5-2 所示。

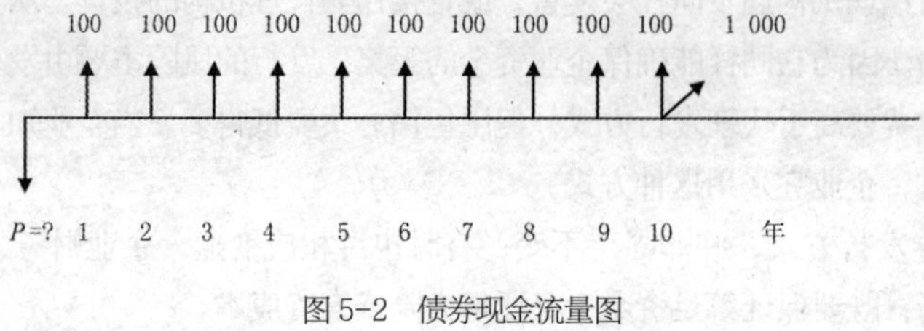

图5-2 债券现金流量图

（1）当市场利率与票面利率相等时，即市场利率为 10%时，使用如下算法。

债券发行价格=1 000×（P/F，10%，10）+1 000×10%×（P/A，10%，10）

=1 000×0.385 5+1 000×10%×6.1446

≈1 000（元）

（2）当市场利率大于票面利率时，即市场利率为 15%时，使用如下算法。

债券发行价格=1 000×（P/F，15%，10）+1 000×10%×（P/A，15%，10）

=1 000×0.2472+1 000×10%×5.018 8

=749.08（元）

只有按低于或等于 749.08 元的价格出售，投资者才会购买并获得 15%的报酬。

（3）当市场利率小于票面利率时，即市场利率为 5%时，使用如下算式。

债券发行价格=1 000×（P/F，5%，10）+1 000×10%×（P/A，5%，10）

=1 000×0.613 9+1 000×10%×7.721 7

=1 386.07（元）

也就是说，投资者把 1 386.07 元资金投资于南海电脑公司面值为 1 000 元的债券，可以获得 5%的报酬。

五、债券信用评级

投资者进行债券投资是有一定风险的，因为债券发行企业可能到期不能按时偿还本金及利息。这样就会使债券投资者蒙受一定的损失。为了方便投资者进行债券投资决策，降低信息不对称给债券投资者带来的风险和损失，就需要对债券进行评级。然而，不同国家对债券的评级不尽相同，不同评级机构的评级也各有差异。表 5-1 是美国著名的债券评级机构标准普尔公司的债券评级级别。

表 5-1 标准普尔公司债券级别

级别	符号	特征说明
投资级	AAA	质量最高，信用风险最低，还本付息能力极强
	AA	质量高，只有极低的信用风险，还本付息能力较强
	A	中上级质量，有低信用风险，虽然还本付息能力强但可能发生不利的变动
	BBB	中级质量，有中等信用风险，虽然还本付息能力足够但更易发生不利的变动
投机级	BB	中下级质量，信用风险较高，还本付息能力中等
	B	下级质量，还本付息可能性小
	CCC	投机性强，信用风险相当大
	CC	非常具有投机性，可能违约
	C	极度投机，未支付利息，无望好转
	D	最低级，违约级，无力偿还本金及利息

债券评级机构在对债券进行评级时，主要从以下几个方面进行分析评价。

（1）债券发行企业的经营状况，如资产管理情况，盈利能力情况等。

（2）债券发行企业的财务状况，如长期负债能力、短期负债能力等。

（3）债券的约定条件，如有无担保与抵押等。

（4）债券投资人承担的风险程度。

六、债券的偿还

（一）偿还时间

1．到期偿还

到期偿还是指债券发行企业只能在债券的期限到期时支付本金及利息，而不能提前偿还以收回未到期的债券。到期偿还债券使债券持有人获得了预期的收益，但在市场利率上升的情况下，对债券持有人是不利的。

2．提前偿还

提前偿还是指债券在发行时就已约定债券发行企业可以在债券未到期就以某一价格提前支付本金及利息。在市场利率降低的情况下，债券发行企业可以提前偿还旧债券，再发行新债券，来降低资金筹资成本。但提前偿还债券的回购价格要高于债券的发行价格，多出的部分用以补偿债券持有人未能按预期收益率获取的收益。

3．滞后偿还

滞后偿还是指债券在到期日之后偿还。滞后偿还分为两种情况：一是债券发行企业根据自身的目的决定延长偿还期限，二是债券购买者根据自身的利益有权要求给予延期还本付息。

（二）偿还方式

1．用现金偿还

目前我国发行的债券多采用此种偿还方式，这也是债券持有人最愿意接受的偿还方式。为了确保债券到期时企业能够偿还债务，有时企业需要建立偿债基金，以保护债券持有人的利益。

2．以新债券换旧债券

以新债券换旧债券是指企业发行新债券以换取前一次或多次发行的旧债券的偿还方式。企业用新债券换取旧债券，通常是由于以下原因：（1）在债券的市场利率下降时，企业用较低利率的新债券换取较高利率的旧债券，可以降低债券的资金成本；（2）企业财务出现问题，无力偿还到期的债券本金及利息；（3）旧债券的契约中限制性条件较多，以新债券换取旧债券可以摆脱过多限制性条件的束缚。

3．用普通股偿还债券

用普通股偿还债券是指债券发行企业在特定条件下，与债权人协商，经过债权人的同意，将债券转换为普通股股权的偿还方式。

（三）债券的付息

债券的付息主要表现在三方面：利息率的确定、付息频率和付息方式。

1．利息率的确定

利息率的确定是企业债券能否发行成功的核心。确定债券利率的总体原则是所选择的利率符合国家有关规定、适应发行企业的支付能力、对投资者有吸引力。根据我国目前的实际情况，确定债券利率应主要考虑以下因素。

（1）银行同期利率水平的高低及期限的长短。一般来说，债券筹资的利率应高于同期银行储蓄存款利率水平。

（2）发行企业的承受能力。为了保证债券发行企业能按期还本付息和公司的资信，债券发行企业在确定利息率时应考虑企业所能承受的能力。

（3）发行公司的信用级别。债券利息率的高低与公司的信用级别成反比，如果发行企业的社会知名度高、资信较好，则可以适当降低利率。

（4）国家有关债券利率的规定。在我国，债券利率由中国人民银行总行或省级分行以行政方式确定。我国现行企业债券管理办法规定，企业债券的利率不得高于银行同期储蓄存款利率的40%，不得低于现行银行同期储蓄存款利率。

（5）金融市场上其他类别债券的利率水平。

（6）债券发行的附加条件。例如，如果发行的债券附有担保，抵押等条款，利率可以适当的定低些，反之，适当定高些。

2．付息频率

付息频率越高，资金流发生的次数越多，对投资人的吸引力越大。债券付息频率主要有一次性付息、按年付息、按半年付息、按季付息和按月付息五种类别。

3．付息方式

债券的付息方式是指发行企业在债券的有限期间内，分几次向债券持有人支付约定利息的方式，一般分为一次性付息和分期付息两种方式。

（1）一次性付息有两种形式。一是利随本清，即在债券到期时利息连同本金一次付给投资者。二是利息预扣方式，即投资者在购买债券时就获得利息，以后只获得本金。此种情况下，投资者购买债券时，只需交付发行价格与利息之间的差额。

（2）分期付息一般又分为按年付息、半年付息和按季度付息三种具体方式。分期付息对筹资者和投资者双方都有好处。对筹资者而言，分期付息可以减轻集中付息的压力，各期平均分担利息支付；对投资者而言，分期付息的每期都可获得一定的现金利息收入，便于安排现金收支。分期付息可用期利率来表示，计算公式如下：

$$期利率=\frac{年利率}{每年支付利息次数}$$

【经典案例 5-5】渤海公司发行面值为 1 000 元的债券，票面利率为 10%，期限为 5 年，每半年付息一次，则渤海公司的期利率为多少？

【解析】

$$渤海公司的期利率=\frac{年利率}{每年支付利息次数}=\frac{10\%}{2}=5\%$$

另外，还有一种辅助性的利息支付方式即实物利息，是指以购买某种特定的紧俏商品、物资的优先权、优价权作为利息的支付方式。这种方式只适用于某个特点时期、某些特定商品。

七、债券筹资评价

与其他筹资方式相比，发行债券筹资的优缺点主要表现如下。

（一）债券筹资的优点

债券筹资相对增发股票及借款而言，具有以下优点。

1．具有抵税作用且资金成本较低

与股票的股利相比，债券的利息费用是在企业所得税前支付，有抵税的好处，使企业能少交所得税，享受税收上的利益，从而降低了企业的筹资成本。这一点与长期借款相同，而发行股票的股利则来源于税后利润，故发行债券有助于提高股东权益。此外，从发行费用来讲，债券发行的费用也要比发行股票的费用低得多。

2. 保障企业的控制权

债券是一种长期债务，债券持有人只能定期从企业获取固定的利息收益，一般无权参与发行企业的管理经营决策，这样，企业所有者既可以筹集到资金，又不会稀释公司的每股收益、分散公司的控制权。

3. 能充分利用财务杠杆的作用

不论企业盈利多少，债券持有人一般只收取有限的固定利息，在投资报酬率大于债券利率时，增加的收益大于支付的利息，剩余收益可用于股利分配和留存公司以扩大投资，增加股东财富和公司价值。

4. 筹资具有一定的灵活性

发行债券企业可根据企业的筹资要求和当时资金市场的实际情况自行研究确定发行债券的面值、价格、利率、偿还期和偿还方式。这可能对企业十分有利。当市场利率较高时，企业可发行短期债券或可转换债券。当市场利率下降时，企业便按期回收或进行转换，再发行一种较低利率的债券。

5. 便于调整资本结构

由于债券具有流通性，公司在发行债券时，如果适时选择发行可转换债券或可提前赎回债券，则有利于企业主动调整其资本结构，降低财务风险。

（二）债券筹资的缺点

债券筹资虽有很多优点，但也有许多不足之处，主要表现在以下几个方面。

1. 财务风险高

这与长期借款筹资相同。债券筹资通常需要定期还本付息，企业有一定的财务负担。特别是在企业不景气时，沉重的利息包袱会使企业陷入财务困境，甚至会增加企业破产清算的风险。

2. 限制条件多

为了保护债券持有人的利益，发行债券的限制条件比借款、股票、融资租赁都要多而且严格，这些条件限制了企业财务的灵活性，可能会影响企业的资金使用和未来的筹资能力。另外，企业债券筹资的数量和规模也要受到国家及相关法规的限制。

3. 对财务管理的要求高

因为债券筹资不像权益筹资那样是一种可供永久性使用的权益资本，债券必须按期还本付息，这就要求企业财务人员定期在资金的调度上准备充足的现金流出，对企业资金平衡的要求高，因而对企业财务管理提出了更高要求。

任务三　租赁融资认知与评价

一、租赁及其种类

（一）租赁的概念

租赁是指通过签订资产出让合同的方式，使用资产的一方（承租方）通过支付租金向出让资产的一方（出租方）取得资产使用权的一种交易行为。在这种经济行为中，出租人将自己所拥有的某种物品交与承租人使用，承租人由此获得在一段时期内使用该物品的权利，但物品的所有权仍保留在出租人手中。承租人为其所获得的使用权需向出租人支付一定的费用（租金）。在这项交易中，承租方不仅得到了所需的机器设备的使用权，而且通过这一行为达到了最终筹集资金的目的。从出租方角度看，其通过出租业务获取了租金，用于补偿资产的折旧及其他费用之后可获得一定的收益。出租方可以是专业的设备租赁公司，也可以是设备厂房处于闲置的一般企业。对于后者而言，这种出租有利于提高企业的经济效益，改善企业的资产质量，优化稀缺财务资源的配置。

中国的租赁历史悠久，起源可追溯到原始社会（约 4 000 多年）。当时产品的剩余产生了产品的交换，而在很多场合下人们需要频繁交换闲置物品，用后再归还，而不必让渡该物品与对方。这种仅仅涉及物品使用权的交换，是最原始形态的租赁。在中国历史上，文献记载的租赁可追溯到西周时期。《卫鼎（甲）铭》记载，邦君厉把周王赐给他的五田，出租了四田。这是把土地出租的例子。据历史学家们考证，涉及租赁叛乱的诉讼，在西周中期以后已不少见了。

以“融物”代替“融资”使租赁兴起。

1952 年，世界上第一家专业租赁公司即美国租赁公司正式成立。之后租赁范围逐步扩展到以企业生产、加工、包装、运输、管理所需的机器设备等动产领域。现在租赁业已经成为一个充满生机和活力的产业。据美国租赁协会统计，1989 年该国租赁契约金额为 1224 亿美元，占当年全部资本投资的 33%，可见租赁业在资本投资中所占的重要地位。

现代租赁就是在企业需要机器设备时，由租赁公司直接购入该项设备之后再转租给企业，以“融物”代替“融资”，为企业开辟了一条获取机器设备的新途径。现代租赁的主要理念源于“只有通过资产的使用——而不是拥有资产，才能形成利润”。

（二）租赁的基本特征

租赁作为一种独特的信用形式，既具有信用的一般特征，也有自己独特的特点。

1．所有权与使用权分离

这是租赁和一般的买卖交易相区别的主要特征。在约定的租赁期内，所租物品的所有权属于出租人，而使用权归承租人。同时，承租人对租用的设备有维修、保养的责任。租期满后，承租人根据合同，可以留购、续租、另订租约或退回租品等。租赁信用与银行信用虽然都涉及所有权与使用权的分离，但是银行信用是资金形态上的分离，而租赁信用则是资金与实物在相结合基础上的分离。租赁的发展丰富了所有权与使用权分离的形式。

2．融资与融物相结合

租赁是一种商业活动，是以“融物”代替融资，并把融资与“融物”结合起来同时进行。这一特点将金融信贷（借钱）和物资信贷（借物）融合在一起，成为一种新的融资方式。融资和“融物”相结合这个特点，使得租赁机构具有银行和贸易公司双重职能。它们使买卖、提供劳务和融资得以同时进行，环节减少而效率提高。这就使得整个社会的融资渠道和交易方式多样化，有助于打破形形色色的、程度不等的垄断，推动各机构之间的相互竞争，提高工作效率。

3．租金的分期回流

在所有权与使用权相分离的前提下，租赁与消费信用一样，采取了分期回流的方式。租赁机构作为出租人其资金是一次投入，分期回流。承租人交付租金的次数和金额由承租人与出租人具体商定。租期结束时租金回流累计额大体接近或超过于租赁物品的购买价款，并有一部分表现为租赁机构的盈利，租金的分期回流使承租人的资本体现了时间效益。这样，可以保证资金的流动性，以较少的投资取得较大的经济效益。

（三）租赁的分类

租赁一般按性质分为经营租赁与融资租赁。

1. 经营租赁

经营租赁以获得租赁物的使用权为目的，其主要特点如下。

（1）可撤销性。这种租赁是一种可解约的租赁。在合理的条件下，承租人预先通知出租人即可解除租赁合同，或要求更换租赁物。

（2）经营租赁的期限一般比较短，远低于租赁物的经济寿命。

（3）不完全付清性。经营租赁的租金总额一般不足以弥补出租人的租赁物成本并使其获得正常收益，出租人在租赁期满时将其再出租或在市场上出售才能收回成本，因此，经营租赁不是全额清偿的租赁。

（4）出租人不仅负责提供租金信贷，而且要提供各种专门的技术设备。经营租赁中租赁物所有权引起的成本和风险全部由出租人承担，其租金一般较融资租赁高。经营租赁的对象主要是那些技术进步快、用途较广泛或使用具有季节性的物品。

2. 融资租赁

融资租赁是指出租人根据承租人对租赁物件的特定要求和对供货人的选择，出资向供货人购买租赁物件，并租给承租人使用，承租人则分期向出租人支付租金，在租赁期内租赁物件的所有权属于出租人所有，承租人拥有租赁物件的使用权。租期届满，租金支付完毕并且承租人根据融资租赁合同的规定履行完全部义务后，对租赁物的归属没有约定的或者约定不明的，可以协议补充；不能达成补充协议的，按照合同有关条款或者交易习惯确定；仍然不能确定的，租赁物件所有权归出租人所有。

融资租赁是集融资与融物、贸易与技术更新于一体的新型金融产业。由于融资与融物相结合的特点，融资租赁出现问题时租赁公司可以回收、处理租赁物，因而在办理融资时对企业资信和担保的要求不高，所以非常适合中小企业融资。融资租赁的特点如下。

（1）不可撤销。这是一种不可解约的租赁，在基本租期内双方均无权撤销合同。

（2）完全付清。在基本租期内，设备只租给一个用户使用，承租人支付租金的累计总额为设备价款、利息及租赁公司的手续费之和。承租人付清全部租金后，设备的所有权即归于承租人。

（3）租期较长。基本租期一般相当于设备的有效寿命。

（4）承租人负责设备的选择、保险、保养和维修等。出资人仅负责垫付贷款，购进承租人所需的设备，按期出租，以及享有设备的期末残值。

融资租赁还可以进一步分类为直接租赁、售后回租和杠杆租赁等类别。

直接租赁，是指由承租人选择需要购买的租赁物件，出租人通过对租赁项目风险评估后出租租赁物件给承租人使用。在整个租赁期间承租人没有所有权但享有使用权，并负责维修和保养租赁物件。出租人对租赁物件的好坏不负任何责任，设备折旧在承租人一方。

售后回租，是指设备的所有者先将设备按市场价格卖给出租人，然后又以租赁的方式租回原来设备的一种方式。售后回租的优点在于：一是承租人既拥有原来设备的使用权，又能获得一笔资金；二是由于所有权不归承租人，租赁期满后根据需要决定续租还是停租，从而提高承租人对市场的应变能力；三是回租租赁后，使用权没有改变，承租人的设备操作人员、维修人员和技术管理人员对设备很熟悉，可以节省时间和培训费用。设备所有者可将出售设备的资金大部分用于其他投资，把资金用活，而少部分用于缴纳租金。售后回租业务主要用于已使用过的设备。

杠杆租赁的做法类似银团贷款，是一种专门做大型租赁项目的有税收好处的融资租赁，主要是由一家租赁公司牵头作为主干公司，为一个超大型的租赁项目融资。这种方式下，首先成立一个脱离租赁公司主体的操作机构——专为本项目成立资金管理公司提供项目总金额 20%以上的资金，其余部分资金来源则主要是吸收银行和社会闲散游资，利用“以二博八”的杠杆方式享受100%低税的好处，为租赁项目取得巨额资金。其余做法与融资租赁基本相同，只不过合同的复杂程度因涉及面广而随之增大。由于可享受税收好处、操作规范、综合效益好、租金回收安全、费用低，所以杠杆租赁一般用于飞机、轮船、通信设备和大型成套设备的融资租赁。

二、融资租赁的程序

（一）选择租赁公司，提出租赁申请

在确定采用融资租赁方式取得设备使用权的前提下，企业应认真选择租赁公司，了解租赁公司的以往业绩、融资条件、租赁费用等，并加以比较，选择适合自己的租赁公司。承租人为了达到最有效的融资目的，选择最佳供货人和最适合的设备是关键的一步。承租人有能力自行选择的，可自行选择。如果承租人没有能力或能力不足以胜任，可以委托租赁机构代理选择。这时，承租人应主要说明需要租入资产的名称、性能、数量、规格、生产厂商、交货地点等信息。租赁机构代理选择结果被承租人认可生效。

（二）承租企业与租赁公司接触

承租人向租赁公司提出书面申请，并填写“设备租赁申请书”。租赁公司收到申请后，应向企业介绍有关手续的办理程序、租金的计算方式、租金的支付期间与支付方式等。

（三）出租人对承租人的信用状况审查

在开展融资租赁以前，有两个基本条件必须得到满足：一是出租人对承租人的信用状况（包括承租人企业的产业特点、经营状况、财务报表、现金流量、项目情况、偿还能力、担保等信息）经审查后认可，并同意与其开展该项目的融资租赁交易；二是承租人必须对融资租赁的特点和实际运作有基本认识和一定的了解，这样，出租人和承租人双方才能配合在一起开展工作。

（四）租赁公司租赁项目的审查

租赁双方达成初步意向后，能否向企业提供租赁服务，需由租赁公司对租赁项目进行审查，以确保出租方的利益。审查的内容包括租赁项目的可行性、企业的资信与能力、租赁设备的先进性等。

（五）签订购货合同

购货合同应由承租人、出租人和供货商三者参加签订。在委托租赁的情况下，由租赁公司向供货商订购，并签订订货合同，同时由承租人副签。

（六）签订租赁合同

经过租赁公司审查，认为切实可行后，承租企业与租赁公司进入实质性谈判阶段。若双方达成共识，则签订租赁合同。租赁公司与供货方的供货合同，与贷款银行的贷款合同也应立即或同时进行。承租人与出租人签订的租赁合同是重要的法律文件，双方应对租赁合同的具体内容平等协商并达成统一，应重点协商租金、租金支付的方式、手续费率、租期、利息率等双方的权利、义务。

（七）设备的交接及货款支付

供货商应根据合同规定的日期将设备直接交给承租企业，后者负责验货、办理交接手续，

之后，租赁公司向供货商支付设备借款。

（八）支付租金

承租企业按合同规定的租金数额、支付方式等，向租赁公司支付租金。

（九）维修保养

承租人可与租赁设备供货商签订维修保养合同，并支付有关费用。

（十）租赁期满租赁资产的处置

融资租赁合同期满时，承租企业应按租赁合同的规定，实行退租、续租或留购。租赁期满的设备通常都以低价卖给承租企业或无偿赠送给承租企业。

三、融资租赁的评价

（一）融资租赁的优点

1．从出租人角度看

（1）以租促销，扩大产品销路和市场占有率。销售对于中小企业是非常重要的，只有成功销售才能实现利润。越来越多的企业希望扩大租赁而不是一味地通过直接出卖来实现销售。这样做的好处是，大大地降低了购买的门槛，扩大了客户购买力。

（2）保障款项的及时回收，简化财务核算程序，明确租赁期间的现金流量，利于资金安排。

（3）简化产品销售环节，加速生产企业资金周转。

（4）更侧重项目的未来收益。融资租赁的“融物”特征，决定了租赁的资金用途明确，承租人无法把款项移作他用，出租方更侧重于项目未来现金流量的考察，从而使一些负债率高，但拥有好项目的承租企业能获得设备融资。

（5）降低直接投资风险。

2．从承租人角度看

（1）简便时效性强。由于租赁费用被视为经营支出，所以易于决策。中小企业由于自身原因向银行借贷缺乏信用和担保，很难从银行取得贷款。而融资租赁的方式具有项目融资的特点，由项目自身所产生的效益偿还，而资金提供者只保留对项目的有限权益。

（2）到期还本负担较轻。银行贷款一般是采用整笔贷出，整笔归还。而租赁公司却可以根据每个企业的资金实力、销售季节性等具体情况，为企业定做灵活的还款安排，如延期支付、递增和递减支付等，使承租人能够根据自己的企业状况定制付款额。

（3）能减少设备淘汰风险。由于融资租赁的期限一般多为资产使用年限的 75%左右，所以承租人不会在整个使用期间都承担设备陈旧过时的风险。

（4）租赁期满后，承租人可按象征性价格购买租赁设备，作为承租人自己的财产。

（5）加速折旧，享受国家的税收优惠政策，具有节税功能。根据财政部、国家税务总局 1996 年 4 月 7 日文件《关于促进企业技术进步有关财务税收问题的通知》第四条第三款规定，“企业技术改造采取融资租赁方式租入的机器设备，折旧年限可按租赁期限和国家规定的折旧年限孰短的原则确定，但最短折旧年限不短于三年”，间接地起到了加速折旧的作用。企业可以按照最有利的原则，尽快折旧，把折旧费用打入成本。这与税后还贷相比，显然对企业有利。

（二）融资租赁的缺点

总的说来，融资租赁的缺点主要表现在以下几方面。

（1）资金成本较高。

（2）不能享有设备残值。

（3）固定的租金支付构成一定的负担。

（4）相对于银行信贷而言，风险因素较多，风险贯穿于整个业务活动之中。

本单元小结

本单元论述了企业债权筹资的几种方式，主要介绍长期借款筹资、债券筹资、期权融资与融资租赁，要求读者对以上几种筹资方式的概念、种类有所熟悉，能计算债券的发行价格，对融资租赁的方式有所掌握，知道融资租赁的优缺点。

复习与思考

1. 什么是债券？有何特征？债券的基本要素有哪些？

2. 债券的发行方式有哪些？

3. 发行价格是如何确定的？

4. 长期借款有哪些类型？这种筹资方式的优缺点？

技能实训

1. 南华公司发行面值为 1 000 元、票面年利率为 10%、期限为 10 年、每年年末付息的债券。在决定发行债券时，公司认为 10%的利率是合理的。如果到债券正式发行时，市场上的利率发生变化，那么就要调整债券的发行价格。就以下三种情况，分别计算债券发行价格并做相关讨论。

（1）市场利率为 10%。

（2）市场利率为 12%。

（4）市场利率为 8%。

2. 有一债券面值为 1 000 元，票面利率为 5%，每半年支付一次利息，5 年期。假设必要报酬率为 6%，计算发行该债券的价格。已知：（*P*/*F*，3%，10）=0.744 1，（*P*/*F*，6%，5）=0.747 3，（*P*/*A*，6%，5）=4.212 4，（*P*/*A*，3%，10）=8.530 2。

单元六 资本结构决策

素质目标

1. 掌握资本成本的概念与性质及种类
2. 理解资本成本在财务管理中的重要意义
3. 各种资本成本的计算方法
4. 理解经营杠杆、财务杠杆、复合杠杆的概念、形成原因
5. 掌握资本结构及其影响因素
6. 了解西方资本结构理论

技能目标

1. 掌握经营杠杆系数、财务杠杆系数、复合杠杆系数的计算方法
2. 掌握企业最优资本结构的确定

案例导入

1989 年，杉杉集团的前身——宁波甬港服装总厂生产经营发生严重亏损，资不抵债，总资产不足 500 万元，职工 300 余人，濒临破产境地。1999 年，杉杉集团奇迹般发展成为拥有 19 亿元、净资产 9 亿元、年销售额 22 亿元、拥有分公司和子公司总计 40 余家、5 000 余名员工、列入国务院公布的 520 户国家重点企业之一的综合性集团公司。这期间，杉杉集团顺应了时代发展潮流，牢牢抓住了企业资本扩张的每一历史机遇，并在资本经营上大胆探索，适度负债，合理安排和调整资本结构，保持了企业良好的财务状况。

杉杉集团在财务策划中，始终根据本企业的实际情况合理安排和调整资本结构，追求企业权益资本净利率最高、企业价值最大而综合资本成本最低的资本结构，保持企业良好的财务状况。

（1）在产品经营期间，积极增加负债，获取财务杠杆利益。杉杉集团在股份制改造初期，通过实施品牌经营，使企业资产净利率高达 28%。在此期间，企业的财务策划以增加财务杠杆利益为出发点，采用积极性筹资策略，大量提高债务比重，同时加强管理，降低资金成本，减少筹资风险，从而提高了权益资本收益率，获取了较大的财务杠杆利益，为企业快速完成资本原始积累作出了积极贡献。1992 年年底，企业总资本 3 920 万元，其中长期负债 1 080 万元，占 28%，净利润 720 万元，资本净利润率为 18.4%，权益资本收益率 25.4%。至 1995 年年底，企业总资本扩展到 36 720 万元，其中长期负债 13 800 万元，占 37.6%，净利润 6 790 万元，资本净利率为 18.5%，权益资本收益率上升为 29.6%。由此可见，在资本净利润率保持同一水平的基础上，权益资本收益率增加了 4.2 个百分点，获得了较大的财务杠杆收益。

（2）在企业高成长期间，保持适度负债，选择最优资本结构。随着杉杉股份的上市流通，资本快速扩张，1996 年年底总资本 22%的水平。而在此期间，国家大幅度下调信贷利率，使企业的债务成本趋低。杉杉集团企业财务策划经广泛而深入的研讨，决定采用适度负债的中庸型筹资策略，选取综合资本成本最低的方案作为最优资本结构方案。这样，既获取了较大的财务杠杆

利益，又不影响所有者对企业的控制权。至 1998 年 12 月末，企业总资本 77 080 万元，其中长期负债 11 760 万元，占 15.3%，比 1995 年年末的 37.6%下降了 22 个百分点，而权益资本收益率达 28.8%，与 1995 年年末的 29.5%保持较近水平。这使企业既获取了财务杠杆利益，又使财务信誉大大提高，为稳定发展创造了良好的财务环境。

请思考以下问题：

在上述案例中，杉杉集团为什么在产品经营期间与企业高成长期间采用了不同的融资策略？企业控制权在资本结构决策中具有什么意义，所有者如何避免丧失控制权？

任务一　资本成本的认知和计量

一、资本成本概述

（一）资本成本涵义

资本成本是指企业为取得和长期占有资本而付出的代价，包括资本的取得成本和占用成本。资本的取得成本是指企业在筹措过程中所发生的各种费用，如证券的印刷费、发行手续费、行政费用、律师费、资信评估费、公证费等。资本的占用成本是指企业因占用资本而向资本提供者支付的代价，如长期借款的利息、长期债券的债息、优先股的股息、普通股的红利等。资本的占用成本是资本成本的主体部分，也是降低资本成本的主要方向。资本成本的内涵具体如表 6-1 所示。

表 6-1　资本成本内涵

涵义	指企业为筹集和使用资本而付出的代价，包括筹资费用和占用费用
内容	内容：筹集代价 → 筹资费（发行费、手续费） → 筹资开始时作为筹资总额的扣除项；使用代价 → 占用费（利息、股利） → 资本成本的主要内容
表示方法	通常用相对数表示即资金成本率

（二）资本成本的性质

资本成本是商品经济条件下资本所有权和使用权分离的必然结果，具有特定的经济性质。

首先，资本成本是资本使用者向资本所有者和中介机构支付的费用，是资本所有权和使用权相分离的结果。

其次，资本成本作为一种耗费，最终要通过收益来补偿，体现了一种利益分配关系。资本成本和产品成本都属于劳动耗费，但是，产品成本的价值补偿是对耗费自身的补偿，并且这种补偿金还会回到企业再生产过程中；而资本成本的补偿是对资本所有者让渡资本使用权的补偿，一旦从企业收益中扣除以后，就退出了企业生产过程，体现了一种利益分配关系。

最后，资本成本是资金时间价值与风险价值的统一。资金时间价值是资本成本的基础，资金时间价值越大，资本成本也就越高，反之，资金时间价值越小，资本成本也就越低。但是，资金时间价值和资本成本在数量上并不一致。资本成本不仅包括时间价值，而且还包括风险价值、筹资费用等因素，同时，还受到资金供求、通货膨胀等因素的影响。此外，资金时间价值除了用于确定资本成本外，还广泛用于其他方面。

（三）资本成本的意义

资本成本在财务管理中处于至关重要的地位。资本成本不仅是资本预算决策的依据，而且还是许多其他类型决策包括租赁决策、债券偿还决策以及制定有关营运资本管理政策的直接依据。

1．资本成本是选择筹资方式、进行资本结构决策的依据

首先，个别资本成本是比较各种筹资方式的依据。随着我国金融市场的逐步完善，企业的筹资方式日益多元化。评价各种筹资方式的标准是多种多样的，如对企业控制权的影响、对投资者的吸引力大小、取得资本的难易、财务风险的大小、资本成本的高低等。其中，资本成本是一个极为重要的因素。在其他条件基本相同或对企业影响不大时，应选择资本成本最低的筹资方式。其次，综合资本成本是衡量资本结构合理性的依据。衡量资本结构是否最佳的标准主要是资本成本最小化和企业价值最大化。西方财务理论认为，综合资本成本最低时的资本结构才是最佳资本结构。这时企业价值达到最大。最后，边际资本成本是选择追加筹资方案的依据。企业有时为了扩大生产规模，需要增大资本投入量。这时，企业不论维持原有资本结构，还是希望达到新的目标资本结构，都可以通过计算边际资本成本的大小来决定是否追加筹资。

2．资本成本是评价投资方案、进行投资决策的重要标准

在对相容的多个投资项目进行评价时，只要预期投资报酬率大于资本成本，投资项目就具有经济上的可行性。在多个投资项目不相容时，可以将各自的投资报酬率与其资本成本相比较，其中正差额最大的项目是效益最高的，应予首选。当然，投资评价还涉及技术的可行性、社会效益等方面的考虑，但资本成本毕竟是综合评价的一个重要方面。

3．资本成本是评价企业经营业绩的重要依据

资本成本是企业使用资本应获得收益的最低界限。一定时期资本成本的高低不仅反映了财务经理的管理水平，还可用于衡量企业整体的经营业绩。更进一步，资本成本还可以促进企业增强和转变观念，充分挖掘资本的潜力，节约资本的占用，提高资本的使用效益。

此外，资本成本还是很多重要财务决策（如最佳现金持有量决策）的相关成本。

（四）资本成本的种类

按用途，资本成本可分为个别资本成本、综合资本成本和边际资本成本。

（1）个别资本成本是单种筹资方式的资本成本，包括长期借款成本、长期债券成本、优先股成本、普通股成本和留存收益成本。其中，前两种称为债务资本成本，后三种称为权益资本成本或自有资本成本。个别资本成本一般用于比较和评价各种筹资方式。

（2）综合资本成本是对各种个别资本成本进行加权平均而得的结果，其权数可以在账面价值、市场价值和目标价值之中选择。综合资本成本一般用于资本结构决策。

（3）边际资本成本是指新筹集部分资本的成本，在计算时，也需要进行加权平均。边际资本成本一般用于追加筹资决策。

个别资本成本、综合资本成本和边际资本成本三种资本成本之间存在着密切的关系。个别资本成本是综合资本成本和边际资本成本的基础，综合资本成本和边际资本成本都是对个别资本成本的加权平均。三者都与资本结构紧密相关，但具体关系有所不同。个别资本成本高低与资本性质关系很大，债务资本成本一般低于自有资本成本。综合资本成本主要用于评价和选择资本结构。边际资本成本主要用于在已经确定目标资本结构的情况下，考察资本成本随筹资规模变动而变动的情况。当然，三种资本成本在实务中往往同时运用，缺一不可。

（五）影响资本成本的因素

1．总体经济环境

一个国家或地区的总体经济环境状况，表现在国民经济发展水平、预期的通货膨胀等方面。这些都会对企业筹资的资本成本产生影响。如果国民经济保持健康、稳定、持续增长，整个社会经济的资金供给和需求相对均衡且通货膨胀水平低，资金所有者投资的风险小，预期报酬率低，筹资的资本成本率相应就比较低。相反，如果经济过热，通货膨胀持续居高不下，投资者投资的风险大，预期报酬率高，筹资的资本成本率就高。

2．资本市场条件

资本市场条件包括资本市场的效率和风险。如果资本市场缺乏效率，证券的市场流动性低，投资者投资风险大，要求的预期报酬率高，那么通过资本市场融通的资本的成本水平就比较高。

3．企业经营状况和融资状况

企业的经营风险和财务风险共同构成企业总体风险。如果企业经营风险高，财务风险大，则企业总体风险水平高。投资者要求的预期报酬率高，企业筹资的资本成本相应就大。

4．企业对筹资规模和时限的需求

在一定时期内，国民经济体系中的资金供给总量是一定的，致使资本成为一种稀缺资源。因此，若企业一次性需要筹集的资金规模大、占用资金时限长，资本成本就高。当然，融资规模、时限与资本成本的正向相关性并非线性关系。一般来说，融资规模在一定限度内，并不引起资本成本的明显变化，当融资规模突破一定限度时，才引起资本成本的明显变化。

二、资本结构的理论观点

（一）早期资本结构理论

早期资本结构理论是由美国经济学家戴兰德于 1952 年提出的。他认为，资本结构可以按净利理论、经营利润理论和传统理论来建立。

1．净利理论

这种理论认为，企业利用债务，即加大财务杠杆程度，可以降低其资本成本，并且会提高企业价值。因此，举债越多，资本成本越低，倘若举债 100%，则公司价值越大。该理论的缺陷是，没有考虑财务风险对资本成本和企业价值的影响。

2．经营利润理论

该理论认为，无论企业财务杠杆如何变动，综合资本成本和企业价值都是固定的。该理论的假设是，资本成本越低的债务资本增加，会增大权益资本的风险，从而使权益资本成本上升，因此，资本结构与资本成本和企业价值无关，资本结构的选择也毫无意义。该理论的缺陷是，过分夸大了财务风险的作用，并忽略了资本成本与资本结构之间的内在联系。

3．传统理论

该理论认为，财务杠杆的利用伴随着财务风险，从而伴随着债务资本成本和权益资本成本的提高，综合资本成本与负债权益比率密切相关，资本成本不能独立于资本结构之外。因此，最佳资本结构是客观存在的。具体地说，当企业的负债在一定范围之内，债务资本成本与权益资本成本不会显著增加，并且相对稳定，一旦超过该范围，则开始上升。所以，最佳资本结构就在债务资本的边际成本等于权益资本的边际成本那一点上。

（二）现代资本结构理论

1．MM 理论

MM 理论是由莫迪里亚尼（Franco Modidiani）和米勒（Merto Miller）于 1958 年在《资本成本、公司财务和投资理论》一文中提出的。该理论被认为是现代资本结构的开端和最有影响的资本结构理论。他们两人分别于 1985 年和 1990 年获得诺贝尔经济学奖。

MM 理论包括无公司税的 MM 理论和有公司税的 MM 理论。它们都具有以下基本假设。

（1）风险是可以衡量的，且经营风险相同的企业处于同一个风险等级。

（2）投资者对企业未来收益与风险的预期相同。

（3）股票和债券在完全的资本市场上交易。

（4）负债的利率为无风险利率。

（5）投资者预期的息前税前利润不变。

无公司税的 MM 理论的结论是：资本结构不影响企业价值和资本成本。有公司税的 MM 理论的结论是：负债会因税赋节约而增加企业价值，负债越多，企业价值越大，权益资本的所有者获得的收益也越大。

2．权衡理论

MM 理论没有考虑财务拮据成本与代理成本。权衡理论的贡献在于，其在 MM 理论的基础上，充分考虑财务拮据成本和代理成本两个因素来研究资本结构。

财务拮据成本是指企业因财务拮据而发生的成本。例如，企业因经营效益达不到预期水平，但仍然需要按期还本付息，经理为缓解燃眉之急而采取推迟机器大修、降价拍卖资产使企业蒙受的损失及企业客户和供应商不再提供信用而使企业蒙受的损失都属于财务拮据成本。财务拮据成本发生在有负债的企业里，而且，负债越多，固定利息越大，收益下降的概率越高，从而导致财务拮据成本的概率就越高。财务拮据成本越高，势必提高企业的资本成本，降低企业价值。

代理成本是指为处理股东和经理之间、债券持有者与经理之间的关系而发生的成本。它实际上是一种监督成本。代理成本的发生会提高负债成本从而降低负债利益。

权衡理论认为，负债企业的价值等于无负债企业价值加上税赋节约并减去预期财务拮据成本的现值和代理成本的现值。最优资本结构存在于税赋节约与财务拮据成本和代理成本相互平衡的点上。

（三）我国资本结构理论及主要观点

以上介绍了现代西方资本结构理论，从中可以看出，现代资本结构的构思是精巧而新颖的，这对于我们寻求最佳资本结构大有益处。但也应该看到，现代资本结构理论是建立在一系列假设条件上的理论推导，其中的许多假设条件在我国现实的经济条件下尚不具备。例如，我国有些企业在融资后不讲信誉，任意拖欠利息、本金、股息等，使投资者利益得不到保障；股票融资尚未被视为最昂贵的融资方式看待；重股票融资轻债券融资还相当普遍；过度依赖外部融资；融资偏好不良；融资机制不灵等。我国企业对资本结构的选择尚处于摸索和主观确定阶段，资本结构经常出现巨大变动。因此，借鉴西方现代资本结构理论，建立起适合我国企业现实的资本结构理论，是我们面临的一项长期任务。

具体来讲，目前我国适用的资本结构理论包括净收益理论、净营业收益理论、MM 理论、代理理论和等级筹资理论等，主要观点如表 6-2 所示。

表 6-2 我国资本结构理论及主要观点

资本结构理论	主要观点
净收益理论	负债程度越高，加权平均资金成本越低，企业价值越大。当负债比率达到 100%时，企业价值将达到最大
净营业收益理论	该理论认为，资本结构与企业的价值无关，决定企业价值高低的关键要素是企业的净营业收益。尽管企业增加了成本较低的债务资金，但同时也加大了企业的风险，导致权益资金成本的提高，企业的综合资金成本仍保持不变。不论企业的财务杠杆程度如何，其整体的资金成本不变，企业的价值也就不受资本结构的影响，因而不存在最佳资本结构
MM 理论	MM 理论认为，在没有企业和个人所得税的情况下，风险相同的企业，其价值不受有无负债及负债程度的影响；但在考虑所得税的情况下（修正的 MM 理论），由于存在税额庇护利益，企业价值会随负债程度的提高而增加，股东也可获得更多好处。于是，负债越多，企业价值也会越大
代理理论	代理理论认为，随着公司债权资本的增加，债权人的监督成本随之上升，债权人会要求更高的利率。这种代理成本最终要由股东承担（股权代理成本增加），公司资本结构中债权比例过高，会导致股东价值的降低。因此，均衡的企业所有权结构是由股权代理成本和债权代理成本之间的平衡关系来决定的
等级筹资理论	从成熟的证券市场来看，企业的筹资优序模式首先是内部筹资，其次是借款、发行债券、可转换债券，最后是发行新股筹资。但是，20 世纪 80 年代新兴证券市场具有明显的股权融资偏好

【活动题：多项选择题】

在下列各种资本结构理论中，支持“负债越多企业价值越大”观点的有（　　）。

A. 代理理论　　B. 净收益理论　　C. 净营业收益理论　　D. 修正的MM 理论

【答案】BD

【解析】净收益理论认为负债程度越高，企业的加权平均资金成本就越低，当负债比率达到100%时，企业价值达到最大；修正的 MM 理论认为由于存在税额庇护利益，企业价值会随着负债程度的提高而增加，于是负债越多，企业价值越大。

三、资本成本的计量

（一）个别资本成本

个别资本成本是指单一融资方式本身的资本成本，包括银行借款资本成本、公司债券资本成本、融资租赁资本成本、普通股资本成本和留存收益成本等，其中前三类是债务资本成本，后两类是权益资本成本。个别资本成本的高低，用相对数即资本成本率表达。

1．资本成本计算的基本模式

（1）一般模式。为了便于分析比较，资本成本通常用不考虑资金时间价值的一般通用模型计算。计算时，将初期的筹资费用作为筹资额的一项扣除。扣除筹资费用后的筹资额称为筹资净额。一般模式通用的计算公式如下：

$$\text{资本成本率}=\frac{\text{年资金占用费}}{\text{筹资总额}-\text{筹资费用}}=\frac{\text{年资金占用费}}{\text{筹资总额}\times(1-\text{筹资费率})}$$

（2）贴现模式。对于金额大、时间超过 1 年的长期资本，更为准确一些的资本成本计算方式是采用贴现模式，即将债务未来还本付息或股权未来股利分红的贴现值与目前筹资净额相等时的贴现率作为资本成本率，可用如下算式表现。

由：筹资净额现值-未来资本清偿额现金流量现值=0

得：资本成本率=所采用的贴现率

2．债务资本成本率

债务资本的占用成本主要内容是利息费用，其特点是：利息率的高低是预先确定的，不受企业经营业绩的影响；在长期债务有效期内，一般利息率固定不变，并按期支付；利息费用是税前扣除项目。

（1）银行借款的资本成本率。银行借款资本成本包括借款利息和借款手续费，其中，手续费是筹资费用的具体表现。利息费用在税前支付，可以起抵税作用，一般计算税后资本成本率，以便与权益资本成本率具有可比性。银行借款的资本成本率按一般模式。

$$\text{银行借款资本成本率}=\frac{\text{年利率}\times(1-\text{所得税率})}{1-\text{手续费率}}\times 100\%$$

或

$$K_b=\frac{i\times(1-T)}{1-f}\times 100\%$$

式中，K_b为银行借款资本成本率，i为银行借款年利率，f为筹资费率，T为所得税率。

【注意】考虑货币时间价值的长期借款，还可以用贴现模式计算资本成本率。

【经典案例 6-1】某企业取得 5 年期长期借款 200 万元，年利率为 10%，每年付息一次，到期一次还本，借款费用率为 0.2%，企业所得税率为 20%，该项借款的资本成本率计算如下：

$$K_b=\frac{10\%\times(1-20\%)}{1-0.2\%}=8.016\%$$

（2）长期债券的资本成本率。相对于长期借款而言，长期债券的取得成本往往高得多，因而不能忽略不计。此外，长期债券可以溢价或折价发行，但占用成本只能按面值计算。在不考虑资金时间价值且债券平价发行的情况下，一次还本、分期付息的长期债券的资本成本率公式如下。

$$K_b=\frac{\text{年利息}\times(1-\text{所得税率})}{\text{债券筹资总额}(1-\text{手续费率})}\times 100\%$$

或

$$K_b=\frac{I(1-T)}{L(1-f)}$$

式中，L为公司债券筹资总额，I为公司债券年利息。

若债券溢价或折价发行，为更精确地计算资本成本，应以实际发行价格作为债券筹资额，不能用化简公式。

【经典案例 6-2】某企业以 1 100 元的价格溢价发行面值为 1 000 元、期限 5 年、票面利率为 7%的公司债券一批。每年付息一次，到期一次还本，发行费用率为 3%，所得税率为 20%，该批债券的资本成本率如下：

$$K_b=\frac{1\,000\times 7\%\times(1-20\%)}{1\,100\times(1-3\%)}=5.25\%$$

【练习·多选题】

在计算个别资本成本时，需要考虑所得税抵减作用的筹资方式有（　　）。

A. 银行借款　　B. 长期债券　　C. 优先股　　D. 普通股

【答案】AB

【解析】由于债务筹资的利息在税前列支可以抵税，而股权资本的股利分配是从税后利润分配的，不能抵税。

（3）融资租赁的资本成本率计算。融资租赁各期的租金中，包含有本金每期的偿还和各期手续费用（租赁公司的各期利润），其资本成本率只能按贴现模式计算，具体如下：

由：筹资净额现值-未来资本清偿额现金流量现值=0

得：资本成本率=所采用的贴现率

【经典案例 6-3】融资租赁设备价值 60 万元，租期 6 年，租赁期满时预计残值 5 万元，归租赁公司。若每年租金 131 283 元，则该融资租赁的成本率计算如下：

$$600\,000-50\,000\times(P/F,\ i,\ 6)=131\,283\times(P/A,\ i,\ 6)$$

运用插值法，得：i=10%

3．权益资本成本率

（1）普通股资本成本率。普通股成本主要是向股东支付的各期股利。普通股的占用成本具有很大的不确定性。一般而言，普通股比优先股的风险更大，因而资本成本率更高。普通股资本成本率的计算方法有多种。

① 评价法。也称股利固定增长模型。评价法下，假设某股票本期支付的股利为 D_0，普通股的股利每年以固定比率 g 增长，目前股票市场价格为 P_0，具体公式如表 6-3 所示。

表 6-3 股利增长模型

方法	公式
股利增长模型	$K_s=\dfrac{D_0(1+g)}{P_0(1-f)}+g=\dfrac{D_1}{P_0(1-f)}+g$ 【提示】在每年股利固定的情况下，普通股资本成本率的公式如下。 普通股资本成本率=$\dfrac{\text{每年固定股利}}{\text{普通股金额}\times(1-\text{普通股筹资率})}$

【经典案例 6-4】某公司普通股市价 30 元，筹资费用率为 2%，本年发放现金股利每股 0.6 元，预期股利年增长率为 10%，则该普通股资本成本率如下：

$$K_s=\frac{0.6\times(1+10\%)}{30\times(1-2\%)}+10\%=12.24\%$$

② 贝塔系数法。也称资本资产定价模型。普通股的资本成本率可以用投资者对发行企业的风险程度与股票投资承担的平均风险水平来评价。

根据资本资产定价模型，普通股的资本成本率的计算公式如表 6-4 所示，其中，R_f 为无风险报酬率，R_m 为股票市场平均报酬率。

表 6-4 资本资产定价模型

方法	公式
资本资产定价模型	$K_S=R_S=R_f+\beta\ (R_m-R_f)$

【经典案例 6-5】万达公司普通股的 β 系数为 1.2，无风险收益率为 4%，股票市场平均报酬率为 10%。要求：计算该公司普通股的资本成本率。

普通股资本成本率=4%+1.2×（10%-4%）=11.2%。

③ 债券收益加风险溢酬法。这种方法是在企业发行的长期债券利率的基础上加上风险溢酬率，便得到普通股的资本成本率。

这种方法的理论依据是，相对于债券持有者，普通股东承担较大的风险，理应得到比债券持有者更高的报酬率。实证研究表明，该方法下，风险溢酬率的变化范围约为 1.5%～4.5%。

这种方法的主观判断色彩相当浓厚，误差较大。

【经典案例 6-6】假定某股份公司普通股的风险溢价估计为 8%，而无风险利率为 5%，则该公司普通股股票筹资的资金成本如下：

$$K_s=5\%+8\%=13\%$$

④ 历史报酬率法。这种方法假设股东在过去买进股票，一直持有到现在，按现行价格出售股票。这时股东赚得的历史报酬率被当作普通股资本成本率。

历史报酬率法建立在以下几个假设基础之上：公司未来经营业绩没有什么重大变化，利率水平没有什么重大变化，投资者对风险的态度没有变化。应用这种方法必须多加小心，因为这些假设条件比较苛刻。

⑤ 市盈率法。这种方法是以市盈率的倒数作为普通股的资本成本率。虽然此法比较简捷，但在实践中应用较少。因为亏损和零利润企业无法计算市盈率，还有些股票的价格严重偏离价值，市盈率已失真。

（2）优先股资本成本率。一般而言，优先股的取得成本也比较高，不能予以忽略。优先股占用成本的表现形式是股息，一般按年计算。按一般模式便可计算出优先股的资本成本率，其公式如下：

$$K_p=\frac{D_p}{P_p}$$

式中，K_p 表示优先股资本成本率，D_p 表示优先股每股年股利，P_p 表示优先股筹资净额，即发行价格扣除发行费用。

【经典案例 6-7】ABC 公司准备发行一批优先股，每股发行价格 5 元，发行费用 0.2 元，预计年股利 0.5 元，则其资金成本率计算如下。

$$K_p=\frac{0.5}{5-0.2}\times 100\%=10.42\%$$

（3）留存收益资本成本率。留存收益是企业税后净利在扣除当年股利后形成的，属于普通股股东所有。从表面上看，留存收益不需要现金流出，似乎不用计算其资本成本。其实不然。留存收益的资本成本率是一种机会成本，体现为股东追加投资要求的报酬率。因此，留存收益也必须计算资本成本率，其计算方法与普通股相似，唯一的区别是留存收益没有资本取得成本。

【经典案例 6-8】北皖公司普通股目前的股价为 10 元/股，筹资费率为 6%，刚刚支付的每股股利为 2 元，股利固定增长率为 2%，则该企业利用留存收益的资本成本为多少？

$$留存收益资本成本=\frac{2\times(1+2\%)}{10}\times 100\%+2\%=22.4\%$$

【小结】个别资本成本是用来比较个别筹资方式的资本成本高低的。一般而言，个别资本成本从低到高排序为：银行借款<债券<留存收益<普通股。

【活动题】

在不考虑筹款限制的前提下，下列筹资方式中个别资本成本最高的通常是（　　）。

A. 发行普通股　　B. 留存收益筹资　　C. 长期借款筹资　　D. 发行公司债券

【答案】A

【解析】股权的筹资成本大于债务的筹资成本，主要是由于股利从税后净利润中支付，不能抵税，而债务资本的利息可在税前扣除，可以抵税。另外，从投资人的风险来看，普通股的求偿权在债权之后，持有普通股的风险要大于持有债权的风险，股票持有人会要求有一定的风险补偿，所以股权资本的资本成本大于债务资本的资本成本。留存收益的资本成本与普通股类似，只不过没有筹资费，但由于普通股的发行费用较高，所以其资本成本高于留存收益的资本成本。因此，发行普通股的资本成本通常是最高的。

（二）综合资本成本

综合资本成本是以各项个别资本在企业总资本中的比重为权数，对各项个别资本成本率进行加权平均而得到的总资本成本率，又称加权平均资本成本或整体资本成本。计算公式如下：

$$K_w=\sum_{j=1}^{n}K_jW_j$$

式中，K_w为综合资本成本，K_j为第j种个别资本成本率，W_j第j种个别资本在全部资本中的比重。

综合资本成本的计算存在着一个权数价值的选择问题，即个别资本成本按什么价值来确定的问题。各种资金价值的确定基础主要有三种选择，即账面价值、市场价值和目标价值。三种价值的优缺点如表 6-5 所示。

表 6-5　三种价值评价表

确定方法	评　价	
账面价值权数	优　点	易于从资产负债表中取得这些资料，容易计算
	缺　点	反映过去，资金账面价值可能不符合市场价值。如果资金的市场价值与账面价值差别很大，计算结果会与资本市场现行实际筹资成本存在较大的差距，从而不利于加权平均资金成本的测算和筹资管理决策
市场价值权数	优　点	能反映企业目前的实际情况
	缺　点	证券市场价格变动频繁
目标价值权数	优　点	能反映企业期望的资本结构，而不是像按账面价值和市场价值确定的权数那样只反映过去和现在的资本结构，所以，按目标价值权数计算得出的加权平均资金成本更适用于企业筹资新资金
	缺　点	企业很难客观合理地确定证券的目标价值。有时这种计算方法不易推广

【提示】在实务中，通常以账面价值权数计算加权平均资金成本。

【活动题 · 单项选择题】

在下列各项中，不能用于加权平均资金成本计算的是（　　）。

A. 市场价值权数　　B. 目标价值权数　　C. 账面价值权数　　D. 边际价值权数

【答案】D

【解析】在确定各种资金在总资金中所占的比重时，各种资金价值的确定基础包括三种：账面价值、市场价值和目标价值。

【经典案例 6-9】筹资总额 1 000 万元，其中，发行普通股 500 万元，资金成本为 15%；发行债券 300 万元，资金成本为 8%；银行借款 200 万元，资金成本为 7%。要求：计算综合资本成本。

【解析】

（1）计算各种资金所占的比重

$$普通股占资金总额的比重=\frac{500}{1\,000}\times100\%=50\%$$

$$债券占资金总额的比重=\frac{300}{1\,000}\times100\%=30\%$$

$$银行借款占资金总额的比重=\frac{200}{1\,000}\times100\%=20\%$$

（2）计算综合资金成本

$$综合资金成本=15\%\times50\%+8\%\times30\%+7\%\times20\%=11.3\%$$

【活动题·计算题】

某企业拟筹资 4 000 万元。其中，按面值发行债券 1 000 万元，筹资费率为 2%，债券年利率为 5%；普通股 3 000 万元，发行价为 10 元/股，筹资费率为 4%，第一年预期股利为 1.2 元/股，以后各年增长 5%。所得税税率为 33%。计算该筹资方案的加权平均资金成本。

【解析】

$$债券比重=\frac{1\,000}{4\,000}=0.25$$

$$普通股比重=\frac{3\,000}{4\,000}=0.75$$

$$债券资金成本=\frac{1\,000\times5\%\times(1-33\%)}{1\,000\times(1-2\%)}\times100\%=3.42\%$$

$$普通股资金成本=\frac{1.2}{10\times(1-4\%)}\times100\%+5\%=17.5\%$$

$$综合资金成本=0.25\times3.42\%+0.75\times17.5\%=13.98\%$$

（三）边际资金成本

1．边际资金成本的概念

边际资金成本是指资金每增加一个单位而增加的成本，需要用加权平均的方法计算，权数应为市场价值权数。

2．边际资金成本的计算

（1）边际资金成本也是资金成本，但它不是已经筹集的资金的成本，而是追加筹资的成本。

（2）边际资金成本采用加权平均法计算，并假设企业始终按照目标资本结构追加资金。

【思考题】如某企业资金结构为：普通股 60%，长期借款 40%。该结构为目标结构。

（1）若企业新增借款 40 万元，则筹资总额为多少？

【解析】

$$筹资额：\frac{40}{40\%}=100（万元）$$

（2）若企业发行普通股 120 万元，则筹资总额为多少？

【解析】

$$筹资额：\frac{120}{60\%}=200（万元）$$

（3）如果长期借款在 80 万元及以下，则成本为 10%；如果长期借款在 80 万元以上，则成本为 12%。筹资总额为多少时，长期借款的成本为 10%？筹资总额为多少时，长期借款的成本为 12%？

【解析】

$$\frac{80}{40\%}=200（万元）$$

筹资总额为 200 万元及以下时，长期借款的成本为 10%。

筹资总额为 200 万元以上时，长期借款的成本为 12%。

【注意】这里长期借款 80 万元，我们称为个别资金分界点。筹资总额 200 万元，我们称为筹资总额分界点。

（4）如果普通股筹资在 180 万元及以下，成本为 14%；180 万元以上为 16%，计算筹资总额分界点。

【解析】

$$\frac{180}{60\%}=300（万元）$$

根据两个总额分界点，划分筹资总额的区间（0～200）、（200～300）、（300 以上）。

根据各个区间的个别资金成本，按照目标结构即可计算出各个区间的加权平均资金成本。

这也就是各个区间的边际资金成本。

（0～200）：边际资金成本=40%×10%+60%×14%=12.4%

（200～300）：边际资金成本=40%×12%+60%×14%=13.2%

（300 以上）：边际资金成本=40%×12%+60%×16%=14.4%

总结上述内容，计算确定边际资金成本可按如下步骤进行。

（1）确定公司最优资本结构（即目标资本结构）。这部分在做题时属于已知条件。

（2）确定不同筹资方式在不同筹资范围的个别资金成本。

（3）计算筹资总额分界点。

$$筹资总额分界点=\frac{某种筹资方式的成本分界点}{目标资金结构中该种筹资方式所占比重}$$

（4）计算边际资金成本。根据计算出的分界点，可得出若干组新的筹资范围，对各筹资范围分别计算加权平均资金成本，即可得到各种筹资范围的边际资金成本。

【经典案例 6-10】某公司拥有长期资金 400 万元，其中，长期借款 100 万元，普通股 300 万元。该资本结构为公司理想的目标结构。公司拟筹集新的资金，并维持目前的资本结构。随筹资额增加，各种资金成本的变化如表 6-6 所示。

表 6-6　资本成本变化表

资金种类	新筹资额（万元）	资金成本
长期借款	40 及以下	4%
	40 以上	8%
普通股	75 及以下	10%
	75 以上	12%

要求：据表 6-6，计算各筹资总额分界点及相应各筹资范围的边际资金成本。

【解析】

目标资本结构中，借款的比重=$\frac{100}{400}$×100%=25%

普通股的比重=$\frac{300}{400}$×100%=75%

借款的筹资总额分界点=$\frac{40}{25\%}$=160（万元）

普通股的筹资总额分界点=$\frac{75}{75\%}$=100（万元）

根据筹资总额分界点，可得出三组新的筹资范围（1）0～100；（2）100～160；（3）160 以上。对以上三个筹资范围分别计算加权平均资金成本，即可得到各种筹资范围的边际资金成本。

边际资金成本（0—100）=25%×4%+75%×10%=8.5%

边际资金成本（100—160）=25%×4%+75%×12%=10%

边际资金成本（160 以上）=25%×8%+75%×12%=11%

小结：对于个别资本成本，是用来比较个别筹资方式的资本成本的。个别资本成本的从低到高排序：长期借款＜债券＜留存收益＜普通股。

任务二　杠杆效应衡量与分析

一、杠杆效应

杠杆本是物理学用语，意指在力的作用下能绕固定支点转动的杆。改变支点和力点间的距离，可以产生大小不同的力矩，这就是杠杆作用。经济学中所说的杠杆是无形的，通常指杠杆作用，反映的是不同经济变量的相互关系。常见的杠杆有财务杠杆、经营杠杆和复合杠杆。

财务管理中的杠杆效应，是指由于特定费用（如固定成本或固定财务费用）的存在而导致的，当某一财务变量以较小幅度变动时，另一相关财务变量会以较大幅度变动的现象。它包括经营杠杆、财务杠杆和复合杠杆三种形式。财务杠杆反映的是普通股每股收益与息前税前利润（或简称息税前利润）的关系，是指由于债务利息、优先股股息等固定资本成本的存在，犹如杠杆的支点，使得每股收益的变动幅度大于息前税前利润的变动幅度。经营杠杆是指由于固定成本的存在而使得企业的息前税前利润的变动幅度大于销售额的变动幅度。上述两个杠杆既可以各自发挥作用，也可以综合发挥作用。复合杠杆就是用来反映财务杠杆和经营杠杆综合发挥作用的，即研究每股收益变动与销售额变动的关系。杠杆效应具有双面性，既可以产生杠杆利益，也可能带来杠杆风险。

二、成本习性、边际贡献与息税前利润

（一）成本习性及分类

1．成本习性

成本习性，也称为成本性态，指成本总额与业务量之间在数量上的依存关系。

2．成本按习性分类

成本按习性可划分为固定成本、变动成本和混合成本三类。

（1）固定成本是指成本总额在一定时期和一定业务量范围内不随业务量发生任何变动的那部分成本，其具备总额不变、单位额与业务量呈反比例变化的特点。

（2）变动成本是指成本总额随着业务量成正比例变动的那部分成本，其具备与总额正比例变动且单位额不变的特点。

【注意】变动成本也存在相关范围的问题。也就是说，只有在一定范围之内，产量和成本才能完全成同比例变化，超过了一定的范围，这种关系就不存在了。

（3）混合成本最终可分解为固定成本和变动成本两部分。此时，在相关范围内，固定成本总额不变，单位变动成本不变。

3．总成本习性模型 $y=a+bx$

（二）边际贡献及其计算

边际贡献是指销售收入减去变动成本后的差额，具体公式如下：

$$M=px-bx=(p-b)x=mx$$

式中，M 为边际贡献，p 为销售单价，b 为单位变动成本，x 为产销量，m 为单位边际贡献。需要注意的是，单位边际贡献的计算公式如下：

单位边际贡献=单价-单位变动成本

（三）息税前利润及其计算

息税前利润是指企业支付利息和缴纳所得税之前的利润。息税前利润是销售收入减去变动

成本后再减去固定成本，也可以是边际贡献减去固定成本，其公式如下：

$$EBIT=px-bx-a=M-a$$

式中，$EBIT$ 为息税前利润，a 为固定成本。

上式的固定成本和变动成本中不应包括利息费用因素。息税前利润也可以用利润总额加上利息费用求得。

三、经营杠杆

（一）经营杠杆的涵义

经营杠杆是指由于固定性经营成本的存在，而使得企业的资产报酬（息税前利润）变动率大于业务量变动率的现象，也称为营业杠杆、营运杠杆。其实，经营杠杆也指由于企业经营成本中存在固定成本而带来的对企业收益的影响。在同等营业额条件下，固定成本在总成本中所占的比重较大时，单位产品分摊的固定成本额便大，产品销售量发生变动时，单位产品分摊的固定成本会随之变动，最后导致利润更大幅度的变动。

（二）经营杠杆利益

经营杠杆利益是指在扩大营业额的条件下，经营成本中固定成本这个杠杆所带来的增长幅度更大的经营利润（一般用息前税前利润表示经营利润）。在一定的产销规模内，由于固定成本总额并不随产品销售量（或销售额）的增加而增加，而随着销售量的增长，单位销售量所负担的固定成本会相对减少，从而为企业带来额外的收益。或者可以这样来描述：由于固定成本的存在，企业经营利润的增长幅度会始终大于销售量的增长幅度。

（三）经营杠杆风险

经营杠杆风险是经营杠杆所带来的负面效应。它是指由于固定成本的存在，使得企业经营利润的下降幅度大于产销量的下降幅度。影响经营杠杆风险的主要因素有：固定成本比重、产品需求的变动、产品销售价格的变动、单位产品变动成本的变化等。企业欲获得经营杠杆利益，需要承担由此引起的经营杠杆风险，因此必须在这种杠杆利益与杠杆风险之间作出权衡。

（四）经营杠杆效应的度量

为了反映经营杠杆的作用程度，估计经营杠杆利益的大小，评价经营杠杆风险的高低，需要测算经营杠杆系数。

经营杠杆系数（Degree of OPerating Leverage，DOL），也称经营杠杆程度，是息前税前利润的变动率相当于销售量变动率的倍数，计算公式如下：

$$DOL=\frac{\text{息前税前利润的变动率}}{\text{销售量的变动率}}$$

为了便于计算，上述公式可简化为如下格式：

$$DOL=\frac{EBIT+F}{EBIT}$$

式中，$EBIT$ 为息前税前利润，F 为固定成本。具体公式如表 6-7 所示。

表 6-7　经营杠杆系数公式表

经营杠杆系数	定义公式	$DOL=\frac{\Delta EBIT}{EBIT}/\frac{\Delta Q}{Q}=\frac{\text{息税前利润变动率}}{\text{产销变动率}}$	用于预测
	简化计算公式	$DOL=\frac{\text{销售额}-\text{变动成本}}{\text{销售额}-\text{变动成本}-\text{固定成本}}$	用于计算

【经典案例 6-11】泰华公司产销某种服装，固定成本 500 万元，变动成本率为 70%。年产销额 5 000 万元时，变动成本 3 500 万元，固定成本 500 万元，息前税前利润 1 000 万元。年产销额 7 000 万元时，变动成本为 4 900 万元，固定成本仍为 500 万元，息前税前利润为 1 600 万元。可以看出，该公司产销量增长了 40%，息前税前利润增长了 60%，产生了 1.5 倍的经营杠杆效应。具体数据如表 6-8 所示。

表 6-8　成本资料　　金额单位：万元

项目	①变动前	②变动后	增长率（②-①）/①
销售收入	5 000	7 000	40%
变动成本	3 500	4 900	40%
固定成本	500	500	0
息税前利润	1 000	1 600	60%

根据上述数据可做如下计算：

$$DOL=\frac{EBIT变动率}{Q变动率}=\frac{60\%}{40\%}=1.5$$

或

$$DOL=\frac{M}{EBIT}=\frac{5\,000-3\,500}{1\,000}=1.5$$

【活动题 · 计算题】

阳光工厂的固定成本总额为 80 万元，变动成本率为 60%，在销售额为 400 万元时，息前税前利润为 80 万元。要求：计算经营杠杆系数。

【解析】

$$DOL=\frac{EBIT+F}{EBIT}=\frac{80+80}{80}=2$$

或

$$DOL=\frac{400-400\times60\%}{400-400\times60\%-80}=2$$

上题中，经营杠杆系数等于 2 的意义在于：当企业的销售增长 10%时，息税前利润将增长 20%，反之，当企业销售额下降 10%时，息税前利润也将下降 20%。

（五）经营杠杆效应分析

具体分析结论如表 6-9 所示。

表 6-9　经营杠杆效应结论表

存在前提	只要企业存在固定性经营成本，就存在经营杠杆效应
经营杠杆与经营风险	经营杠杆放大了市场和生产等因素变化对利润波动的影响。经营杠杆系数越高，表明资产报酬等利润波动程度越大，经营风险也就越大
影响经营杠杆的因素	固定成本比重越高、成本水平越高、产品销售数量和销售价格水平越低，经营杠杆效应越大，反之亦然

四、财务杠杆

（一）财务杠杆的涵义

财务杠杆是指由于固定性资本成本（利息等）的存在，而使得企业的普通股收益或每股收益（Earning Per Share，EPS）变动率大于息税前利润变动率的现象。

在企业资本结构一定的条件下，企业从息前税前利润中支付债务利息、优先股股息等资本成本是相对固定的。当息前税前利润增长时，每一元利润所负担的固定资本成本就会减少，从而使普通股的每股收益以更快的速度增长。当息前税前利润减少时，每一元利润所负担的固定资本成本就会相应增加，从而导致普通股的每股收益以更快的速度下降。这种由于筹集资本的成本固定引起的普通股每股收益的波动幅度大于息前税前利润的波动幅度现象称为财务杠杆。同样，财务杠杆既有利益的一面，也有风险的一面。影响财务杠杆的主要因素有：利率水平的变动、盈利能力的变化、资本供求的变化、负债率的变化等。企业运用财务杠杆可以获得财务杠杆利益，同时也承担相应的财务风险，对此可用财务杠杆系数来衡量。

（二）财务杠杆效应的度量指标

财务杠杆系数（Degree of Financial Leverage，DFL），又称财务杠杆程度，是指普通股每股收益变动率（或普通股本利润率的变动率，在非股份制企业可用净资产利润率的变动率表示）相当于息前税前利润的变动率的倍数。它可用来反映财务杠杆的作用程度，估计财务杠杆利益的大小，评价财务风险的高低，计算公式如下：

$$DFL=\frac{EPS\text{变动率}}{EBIT\text{变动率}}$$

为了便于计算，可将上述公式变换如下：

$$DFL=\frac{EBIT}{EBIT-I-\dfrac{P}{1-T}}$$

式中，I 为利息费用，T 为所得税率，P 为优先股股息。具体公式如表 6-10 所示。

表 6-10　财务杠杆系数公式表

财务杠杆系数	定义公式	$DFL=\dfrac{\Delta EPS/EPS}{\Delta EBIT/EBIT}=\dfrac{\text{每股收益变动率}}{\text{息税前利润变动率}}$	用于预测
	计算公式	$DFL=\dfrac{EBIT}{EBIT-I}=\dfrac{\text{息税前利润}}{\text{利润总额}}$	用于计算

【活动题·单项选择题】

某企业某年的财务杠杆系数为 2.5，息税前利润（EBIT）的计划增长率为 10%，假定其他因素不变，则该年普通股每股收益（EPS）的增长率为（　　）。

A. 4%　　B. 5%　　C. 20%　　D. 25%

【答案】D

【解析】财务杠杆系数=每股收益变动率/息税前利润变动率，即 2.5=每股收益增长率/10%，所以计算每股收益增长率为 25%。

（三）财务杠杆效应分析

财务杠杆效应分析具体如表 6-11 所示。

表 6-11　财务杠杆效应

存在财务杠杆效应的前提	只要企业融资方式中存在固定性资本成本，就存在财务杠杆效应。如固定利息、固定融资租赁费、固定优先股股利等的存在，都会产生财务杠杆效应
财务杠杆与财务风险	财务杠杆放大了资产报酬变化对普通股收益的影响，财务杠杆系数越高，表明普通股收益的波动程度越大，财务风险也就越大
影响财务杠杆的因素	债务成本比重越高、固定的资本成本支付额越高、息税前利润水平越低，财务杠杆效应越大，反之亦然

【活动题·多项选择题】

下列各项中，影响财务杠杆系数的因素有（　　）。

A. 产品边际贡献总额　　B. 变动成本　　C. 固定成本　　D. 财务费用

【答案】ABCD

【解析】根据财务杠杆系数的计算公式 $DFL=\frac{EBIT}{EBIT-I}$ 如 EBIT=销售收入−变动成本−固定成本，由公式可以看出影响财务杠杆系数的因素。

五、复合杠杆

（一）复合杠杆的涵义

复合杠杆是指由于固定经营成本和固定资本成本的存在，导致普通股每股收益变动率大于产销业务量变动率的现象。复合杠杆也称总杠杆、联合杠杆。它用来反映企业综合利用财务杠杆和经营杠杆给企业普通股东收益带来的影响。前已述及，经营杠杆是通过扩大销售量影响息前税前利润，而财务杠杆是通过息前税前利润影响普通股每股收益，两者最终都影响到普通股东的收益，而且这两种杠杆作用是相互影响。如果企业同时利用经营杠杆和财务杠杆，那么销售额变动对普通股收益的影响就会更大，总的风险也就更高。

（二）复合杠杆效应的度量指标

对经营杠杆和财务杠杆的综合利用程度，可以用复合杠杆系数（Degree of Combined Leverage，DCL）或总杠杆系数（Degree of Total Leverage，DTL）来衡量。DCL 或 DTL 是经营杠杆系数与财务杠杆系数之乘积，DCL 计算公式如下。而 DTL 相关内容如表 6-12 所示。

$$DCL=DOL\times DFL$$

$$DCL=\frac{EPS\text{的变动率}}{\text{销售量的变动率}}$$

$$=\frac{EBIT+F}{EBIT-I-\frac{P}{1-T}}$$

表 6-12　复合杠杆系数表

复合杠杆系数	定义公式	$DTL=\frac{\Delta EPS/EPS}{\Delta Q/Q}=\frac{\text{普通股盈余变动率}}{\text{产销量变动率}}$
	关系公式	DTL=DOL×DFL=经营杠杆系数×财务杠杆系数
	计算公式	$DTL=\frac{M}{EBIT-I}$

【经典案例 6-12】元一公司长期资本总额为 200 万元，其中长期负债占 50%，利率为 10%，公司销售额为 50 万元，固定成本总额为 5 万元，变动成本率为 60%。要求：计算经营杠杆、财务杠杆、复合杠杆。

【解析】

经营杠杆系数（DOL）$=\frac{M}{EBIT}=\frac{50-50\times60\%}{50-50\times60\%-5}=\frac{20}{15}\approx1.33$

财务杠杆系数（DFL）$=\frac{EBIT}{EBIT-I}=\frac{50-50\times60\%-5}{50-50\times60\%-5-200\times50\%\times10\%}=\frac{15}{5}=3$

复合杠杆系数$=\frac{EBIT+F}{EBIT-I}=\frac{50-50\times60\%}{50-50\times60\%-5-200\times50\%\times10\%}=\frac{20}{5}=4$

或复合杠杆=经营杠杆×财务杠杆≈1.33×3≈4

（三）复合杠杆效应分析

复合杠杆系数的意义和影响因素如表 6-13 所示。

表 6-13 复合杠杆效应

意义	（1）只要企业同时存在固定性经营成本和固定性资本成本，就存在复合杠杆效应。 （2）复合杠杆系数能够说明产销业务量变动对普通股收益的影响，据以预测未来的每股收益水平。 （3）提示了财务管理的风险管理策略，即要保持一定的风险状况水平，需要维持一定的复合杠杆系数，经营杠杆和财务杠杆可以有不同的组合
影响因素	凡是影响经营杠杆和财务杠杆的因素都会影响复合杠杆系数

任务三 资本结构决策方法

一、资本结构的涵义

资本结构是企业筹资决策的核心问题。企业应综合考虑有关影响因素，运用适当的方法确定最佳资本结构，并在以后追加筹资时继续保持。若现行资本结构不合理，应通过筹资活动进行调整，使其趋于合理，以至达到最优化。

在企业的筹资中，往往是长期筹资与短期筹资、债务筹资与所有权筹资、内部筹资与外部筹资、直接筹资与间接筹资等的组合。在财务管理中要认真研究上述各种比例关系，甚至可以深化研究这些课题，如普通股与优先股的比例关系、普通股本中国家股的比重问题、普通股本结构与股价的关系等。资本结构侧重研究长期资本来源中债务资本与自有资本的比例关系。国际上，人们将此比例关系又称为“搭配资本结构”或“杠杆资本结构”。流动负债由于在整个资本来源中所占比重较低，而且经常变动，所以在资本结构研究中往往忽略不计。在我国不少企业，流动负债在资本来源中所占比重不低，这就要在考虑流动负债的基础上研究企业的资产负债率的合理性、负债内部结构等问题。可以将这种研究看做是资本结构问题研究的延伸。资本结构含义如表 6-14 所示。

表 6-14 资本结构涵义

资本结构涵义	资本结构是指企业资本总额中各种资本的构成及其比例关系。筹资管理中，资本结构有广义和狭义之分。广义的资本结构包括全部债务与股东权益的构成比率。狭义的资本结构则指长期负债与股东权益资本构成比率。狭义资本结构下，短期债务作为营运资金来管理
最佳资本结构内涵	最佳资金结构是指在一定条件下使企业综合资本成本率最低、企业价值最大的资本结构

二、影响资本结构的因素

影响资本结构的因素很多，具体如表 6-15 所示。

表 6-15 资本结构影响因素

影响因素	说明
企业经营状况的稳定性和成长率	如果产销业务稳定，企业可较多地负担固定的财务费用。如果产销业务量能够以较高的水平增长，企业可以采用高负债的资本结构，以提升权益资本的报酬
企业的财务状况和信用等级	企业财务状况良好、信用等级高，债权人愿意向企业提供信用，企业容易获得债务资本

续表

影响因素	说明
企业资产结构	拥有大量固定资产的企业主要通过长期负债和发行股票融通资金。拥有较多流动资产的企业更多地依赖流动负债融通资金。拥有适用于抵押贷款资产的企业则负债较多；以技术研发为主的企业则负债较少
企业投资人和管理当局的态度	如果股东重视控制权问题，企业一般尽量避免普通股筹资。稳健的管理当局偏好于选择低负债比例的资本结构
行业特征和企业发展周期	市场稳定的成熟产业经营风险低，因此可提高债务资本比重，发挥财务杠杆作用。高新技术企业产品、技术、市场尚不成熟，经营风险高，因此可降低债务资本比重，控制财务风险
	企业初创阶段，经营风险高，在资本结构安排上应控制负债比例。企业发展成熟阶段，产品产销业务量稳定和持续增长，经营风险低，可适度增加债务资本比重，发挥财务杠杆效应。企业收缩阶段，产品市场占有率下降，经营风险逐步加大，应逐步降低债务资本比重
经济环境的税务政策和货币政策	当所得税税率较高时，债务资本的抵税作用大，企业充分利用这种作用以提高企业价值。当国家执行了紧缩的货币政策时，市场利率较高，企业债务资本成本增大

【活动题·判断题】

如果销售具有较强的周期性，则企业在筹集资金时不适宜过多采取负债筹资。(　　)

【答案】√

【解析】本题的考点是影响资本结构的因素中企业产品销售情况因素。如果销售具有较强的周期性，则要负担固定的财务费用的企业将承担较大的财务风险，所以，该类企业不宜过多采取负债筹资。

三、举债经营的利弊

一个企业的债务资本是企业外部债权人对企业的投资，企业使用债权人的投资进行经营就是举债经营。通过举债经营，为企业和股东创造更大的经济利益，被认为是最精明的举动。因为在经济处于上升阶段和通货膨胀比较严重的情况下，举债经营无论对企业还是对股东都是有益处的。

（一）举债经营优点

1．举债可以降低资本成本

债务资本的利息率一般低于企业权益资本的股息率或分红率，并且，债务的利息在税前支付，企业可以减少所得税，因而债务资本成本总是低于权益资本成本。

2．举债可以获得杠杆利益

由于债务利息一般是相对固定的，所以，随着税息前利润的增加，单位利润所负担的固定利息就会减少，企业所有者所分得的税后利润就会随之增加。

3．举债可以增加权益资本收益

这除了杠杆利益的原因之外，还由于在经济上升阶段，企业经营比较顺利，获利水平往往较高，特别是投资收益率大于债务资本利息率时，企业举债越多，其权益资本的收益率就会提高，从而给股东带来超额利润。

4．举债可以减少货币贬值的损失

在通货膨胀日益加重的情况下，利用举债扩大再生产，比利用权益资本更为有利。这时，举债可以减少通货膨胀造成的贬值损失。

（二）举债经营的缺点

举债经营并非完美无缺，也存在一些缺陷，主要表现在以下几方面。

1．资本来源不稳定

如果权益资本比重过低，负债比例过大，企业再举债就会因风险过大而被贷款方拒绝。

2．资本成本可能升高

虽然债务资本成本一般都小于权益资本成本，似乎举债始终是有利的，但是，随着企业负债比例的逐步提高，债权人在提供贷款时会逐步提高利息率或提出额外要求，这势必增加资本成本，给企业经营带来压力。在企业负债率超过一定幅度之后，使用债务资本的资本成本会超过使用权益资本的资本成本。

3．财务杠杆风险会出现

如果企业举债后的资本使用不当，或者整个宏观经济不景气，企业投资报酬率甚至低于借款利息率，就会降低股东的净资产利润率。

4．现金流量需求的增加

举债以后意味着要定期向债权人付出现金，如果企业收益质量稍差或财务状况不佳，企业的信誉与财务形象将因此受到损害，再融资的资本成本也会随之提高。过度的负债、对未来盲目乐观、经营管理和财务管理不善是很多企业破产或被兼并的主要原因。

四、资本结构决策的方法

（一）最优资本结构的涵义

根据现代西方资本结构理论，最优资本结构是客观存在的。在最优资本结构这个点上，企业的加权平均资本成本最低，同时企业价值达到最大。

所谓最优资本结构，是指在一定时期最适宜的条件下，综合资本成本最低而企业价值最大时的资本结构。毫无疑问，最优资本结构是一个理性的企业理财者所追求的目标，因此又称为目标资本结构。

【活动题·判断题】

最优资本结构是使企业筹资能力最强、财务风险最小的资本结构。（　　）

【答案】×

【解析】资本结构是指长期负债与权益资本之间的构成及其比例关系。所谓最优资本结构是指在一定条件下使企业平均资本成本最低、企业价值最大的资本结构。

（二）最优资本结构的选择

1．综合资本成本比较法

这种方法通过计算和比较企业各种可能的筹资组合方案的综合资本成本来选择综合资本成本最低的方案。该方案下的资本结构即为最优资本结构。这种方法侧重于从资本投入的角度对资本结构进行优选分析。

【经典案例 6-13】某企业在初创时拟筹资 500 万元，现在有甲乙两个备选方案。有关资料经测算如表 6-16 所示。

表 6-16　某企业资本结构数据

筹资方式	甲筹资方案		乙筹资方案	
	筹资额/万元	资本成本（%）	筹资额/万元	资本成本（%）
长期借款	80	7	110	7.5
公司债券	120	8.5	40	8
普通股	300	14	350	14
合计	500	—	500	—

要求：用比较资本成本法确定该公司最佳的资本结构。

【解析】

（1）甲方案各种筹资方式的筹资额比例如下。

$$长期借款=\frac{80}{500}=16\%$$

$$公司债券=\frac{120}{500}=24\%$$

$$普通股=\frac{300}{500}=60\%$$

$$甲方案的综合资本成本率=16\%\times7\%+24\%\times8.5\%+60\%\times14\%=11.56\%$$

（2）乙方案各种筹资方式的筹资额比例如下。

$$长期借款=\frac{110}{500}=22\%$$

$$公司债券=\frac{40}{500}=8\%$$

$$普通股=\frac{350}{500}=70\%$$

$$乙方案的综合资本成本率=22\%\times7.5\%+8\%\times8\%+70\%\times14\%=12.09\%$$

【经典案例 6-14】乙公司原来的资金结构如表 6-17 所示。普通股每股面值 1 元，发行价格 10 元，目前价格也为 10 元，年期望股利为 1 元/股，预计以后每年增加股利 5%。该企业适用的所得税税率假设为 33%，假设发行的各种证券均无筹资费。

表 6-17 资本结构数据 单位：万元

筹资方式	金额
债券（年利率 10%）	8 000
普通股（每股面值 1 元，发行价 10 元，共 800 万股）	8 000
合计	16 000

该企业现拟增资 4 000 万元，以扩大生产经营规模，现有如下三种方案可供选择。

甲方案：增加发行 4 000 万元的债券，因负债增加，投资人风险加大，债券利率增加至 12% 才能发行，预计普通股股利不变，但由于风险加大，普通股市价降至 8 元/股。

乙方案：发行债券 2 000 万元，年利率为 10%，发行股票 200 万股，每股发行价 10 元，预计普通股股利不变。

丙方案：发行股票 400 万股，普通股市价 10 元/股。

要求：分别计算其加权平均资金成本，并确定最优方案。

【解析】

（1）计算计划年初的加权平均资金成本。

各种资金的比重和资金成本分别如下。

$$W_b=\frac{8\,000}{16\,000}\times100\%=50\%$$

$$W_e=\frac{8\,000}{16\,000}\times100\%=50\%$$

$$K_b=10\%\times(1-33\%)=6.7\%$$

$$K_e = \frac{1}{10} + 5\% = 15\%$$

计划年初加权平均资金成本=50%×6.7%+50%×15%=10.85%

（2）计算甲方案的加权平均资金成本。

$$W_{b1} = \frac{8\,000}{20\,000} \times 100\% = 40\%$$

$$W_{b2} = \frac{4\,000}{20\,000} \times 100\% = 20\%$$

$$W_C = \frac{8\,000}{20\,000} \times 100\% = 40\%$$

$$K_{b1} = 10\% \times (1-33\%) = 6.7\%$$

$$K_{b2} = 12\% \times (1-33\%) = 8.04\%$$

$$K_C = 1/8 + 5\% = 17.5\%$$

甲方案的加权平均资金成本＝40%×6.7%＋20%×8.04%＋40%×17.5%＝11.29%

（3）计算乙方案的加权平均资金成本。

乙方案筹资后债券和普通股的比重仍然分别为 50%、50%对应的资金成本仍然分别为6.7%、15%。所以乙方案加权平均资金成本仍然为 10.85%。

（4）计算丙方案的加权平均资金成本。

各种资金的比重分别为 40%、60%，资金成本分别为 6.7%、15%。

丙方案的加权平均资金成本=40%×6.7%+60%×15%=11.68%

按照比较资金成本法决策，要选择加权平均资金成本最小的方案为最优方案，因此，最优方案是乙方案。

2．每股收益分析法

（1）基本观点。该种方法判断资本结构是否合理，是通过分析每股收益的变化来衡量的。这种方法下，能提高每股收益的资本结构是合理的，反之则不够合理。

（2）关键指标——每股收益的无差别点。所谓每股收益无差别点，是指不同筹资方式下每股收益都相等时的息税前利润或业务量水平。

（3）决策原则。

① 当预期公司总的息税前利润或业务量水平大于每股收益无差别点时，应当选择财务杠杆效应较大的债务筹资方案。

② 当预期公司总的息税前利润或业务量水平低于每股收益无差别点时，应当选择财务杠杆效应较小的权益筹资方案。

③ 当预期公司总的息税前利润或业务量水平等于每股收益无差别点时，筹资方案无差别。

【提示】用公司预计总 EBIT 进行决策而不能用新增加 EBIT。

（4）计算公式

$$\frac{(\overline{EBIT} - I_1)\quad(1-T)}{N_1} = \frac{(\overline{EBIT} - I_2)\quad(1-T)}{N_2}$$

或

$$\overline{EBIT} = \frac{I_1 \cdot N_2 - I_2 \cdot N_1}{N_2 - N_1}$$

【经典案例 6-15】光华公司目前资本结构为：总资本 1 000 万元，其中债务资本 400 万元（年利息 40 万元）；普通股资本 600 万元（600 万股，面值 1 元，市价 5 元）。企业由于扩大经营规模，需要追加筹资 800 万元，所得税率为 20%，不考虑筹资费用因素。有以下三种筹资方案可供选择。

甲方案：增发普通股 200 万股，每股发行价 3 元，同时，向银行借款 200 万元，利率保持原来的 10%。

乙方案：增发普通股 100 万股，每股发行价 3 元，同时，溢价发行 500 万元面值为 300 万元的公司债券，票面利率为 15%。

丙方案：不增发普通股，溢价发行 600 万元面值为 400 万元的公司债券，票面利率为 15%，同时，由于受债券发行数额的限制，需要补充向银行借款 200 万元，利率为 10%。

要求完成以下计算。

（1）计算甲、乙方案的每股收益无差别点。

（2）计算乙、丙方案的每股收益无差别点。

（3）计算甲、丙方案的息税前利润平衡点（每股收益无差别点）。

（4）根据以上资料，对三个筹资方案进行选择。

【解析】

（1）甲、乙方案

$$\frac{(\overline{EBIT}-40-20)\times(1-20\%)}{600+200}=\frac{(\overline{EBIT}-40-45)\times(1-20\%)}{600+100}$$

$$\overline{EBIT}=260\text{（万元）}$$

（2）乙、丙方案

$$\frac{(\overline{EBIT}-40-45)\times(1-20\%)}{600+100}=\frac{(\overline{EBIT}-40-80)\times(1-20\%)}{600}$$

$$\overline{EBIT}=330\text{（万元）}$$

（3）甲、丙方案

$$\frac{(\overline{EBIT}-40-20)\times(1-20\%)}{600+200}=\frac{(\overline{EBIT}-40-80)\times(1-20\%)}{600}$$

$$\overline{EBIT}=300\text{（万元）}$$

（4）决策。

企业 *EBIT* 预期为 260 万元以下时，应当采用甲筹资方案。

EBIT 预期为 260 万～330 万元之间时，应当采用乙筹资方案。

EBIT 预期为 330 万元以上时，应当采用丙筹资方案。

3．公司价值分析法

以上两种方法都是从账面价值的角度进行资本结构优化分析，没有考虑市场反应，也即没有考虑风险因素。公司价值分析法，是在考虑市场风险基础上，以公司市场价值为标准，进行资本结构优化。这种方法下，能够提升公司价值的资本结构就是合理的资本结构。这种方法主要用于对现有资本结构进行调整，适用于资本规模较大的上市公司。需要注意的是，在公司价值最大的资本结构下，公司的平均资本成本率也是最低的。

这种方法下，令公司的总价值 V 等于债务价值 B 与股票价值 S 之和，即 $V=B+S$。

为简化分析，假设公司各期的 *EBIT* 保持不变，债务资金的市场价值等于其面值，权益资本的市场价值可通过下式计算：

$$S=\frac{(EBIT-I)\times(1-T)}{K_S}$$

式中，I 为利息，T 为所得税税率，而普通股资金成本率 $K_S=R_f+\beta(R_m-R_f)$，此时平均资本成本率可表示如下：

$$K_w = K_b \times \frac{B}{V}(1-T) + K_s \times \frac{S}{V}$$

【经典案例 6-16】某公司息税前利润为 400 万元，资本总额账面价值 2 000 万元。假定无风险报酬率为 6%，证券市场平均报酬率为 10%，所得税率为 40%。经测算，不同债务水平下的权益资本成本率和债务资本成本率如表 6-18 所示。

表 6-18　债务资本成本率和权益资本成本率资料表

债务市场价值 B（万元）	税前债务利息率 K_b	股票 β 系数	权益资本成本率 K_s
0	—	1.50	12.0%
200	8.0%	1.55	12.2%
400	8.5%	1.65	12.6%
600	9.0%	1.80	13.2%
800	10.0%	2.00	14.0%
1000	12.0%	2.30	15.2%
1200	15.0%	2.70	16.8%

根据表 6-18 资料，可计算出不同资本结构下的企业总价值和平均资本成本率，如表 6-19 所示。

表 6-19　公司价值和平均资本成本率　　单位：万元

债务市场价值	股票市场价值	公司总价值	税后债务资本成本	普通股资本成本	平均资本成本
0	2 000	2 000	—	12.0%	12.0%
200	1 888	2 088	4.80%	12.2%	11.5%
400	1 747	2 147	5.10%	12.6%	11.2%
600	1 573	2 173	5.40%	13.2%	11.0%
800	1 371	2 171	6.00%	14.0%	11.1%
1 000	1 105	2 105	7.20%	15.2%	11.4%
1 200	786	1 986	9.00%	16.8%	12.1%

从表 6-19 中的数据可以看出，在没有债务资本的情况下，公司的总价值等于股票的账面价值。当公司增加一部分债务时，财务杠杆开始发挥作用，股票市场价值大于其账面价值，公司总价值上升，平均资本成本率下降。在债务资本达到 600 万元时，上述公司总价值最高，平均资本成本率最低。该公司债务资本超过 600 万元后，随着利息率的不断上升，财务杠杆作用逐步减弱甚至显现负作用，公司总价值下降，平均资本成本率上升。因此，债务资本为 600 万元时的资本结构是该公司的最优资本结构。

（三）实践中调整资本结构的方法

在企业财务管理实践中，当发现现有的资本结构不合理时，可采用以下方法进行调整。

1．债转股、股转债

当企业资产负债率过高或过低，可以通过与现有的债权人、所有者协商的办法来改善资本结构。对于可转换债券，可以设计赎回条款督促债权人尽快行使转换权。

2．从外部取得增量资本

从外部取得增量资本如发行新债券、举借新贷款、进行融资租赁、发行新股票等。

3．调整现有负债结构

与债权人协商，将短期负债转为长期负债，或将长期负债列入短期负债，以达到收回发行在外的可提前收回债券的目的。还可采用债务托管、债务转移负担等方法降低公司负债水平。

4．调整权益资本结构

调整权益资本结构，如优先股转换为普通股、股票回购减少公司股本等。

5．改变企业组织结构

这里是通过兼并其他企业、控股其他企业或进行企业分立等方式改变组织结构，进而实现改善企业资本结构的目的。

本单元小结

本单元任务一系统阐述了比较各种筹资成本的代价（个别资金成本的计算）的方法以及综合资金成本和边际资金成本的计算方法。任务二重点分析了不同筹资方式的筹资风险，计算各种风险衡量指标，如各种杠杆系数。任务三系统的阐述了制定企业最佳的资金结构（利用每股利润无差异点法和比较资金成本法）的方法。

复习与思考

1. 简述资金成本的概念和作用。
2. 简述降低资金成本的途经。
3. 简述各种杠杆的概念和作用。
4. 简述资本结构理论及对企业财务的影响。
5. 简述最佳资本结构及其选择标准。

技能实训

1. 已知某公司 2010 年产销 A 产品 20 万件，其中，该产品单价 80 元，单位变动成本 50 元，固定成本总额 200 万元。公司负债总额 1 200 万元，年利率为 12%，所得税税率为 30%。

要求完成以下计算。

（1）计算边际贡献。

（2）计算息税前利润。

（3）计算经营杠杆系数。

（4）计算财务杠杆系数。

（5）计算综合杠杆系数。

2. 已知某公司当前资本结构数据如表 6-20 所示。

表 6-20 某公司资金结构数据

筹资方式	金额（万元）
长期债券（年利率 8%）	1 000
普通股（4500 万股）	4 500
留存收益	2 000
合计	7 500

企业目前的息税前利润为 1 000 万元，因生产发展，公司年初准备增加资金 2 500 万元投资一个新项目，现有两个筹资方案可供选择：甲方案为增加发行 1 000 万股普通股，每股市价 2.5 元；乙方案为按面值发行每年年末付息、票面利率为 10%的公司债券 2 500 万元。假定股票与债券的发行费用均可忽略不计且适用的企业所得税税率为 25%。

要求：计算两种筹资方案下每股收益无差别点的息税前利润。

单元七 项目投资分析与决策

素质目标

1. 掌握现金流量的涵义及计算方法
2. 掌握项目投资评价方法的特点、计算方法和应用
3. 熟悉项目投资的涵义、类型、构成

技能目标

1. 能计算项目投资的现金流量指标
2. 运用投资项目静态评价方法评价投资项目的优劣
3. 运用投资项目动态评价方法评价投资项目的优劣

案例导入

2011 年 11 月 22 日，光明乳业正式收购新西兰 Synlait Milk （下称“信联”）51%股权。一年之后，信联新建的 2 号工厂竣工投产。新工厂制造设备全球领先，生产线产能世界第一，将成为光明乳业高端婴幼儿奶粉培儿贝瑞（Pure Canterbury）的生产基地。

在奶源越来越紧张的情况下，各大乳企纷纷加速奶源建设，光明乳业宣布投资 2.48 亿元建设奶牛场。光明称，将以全球领先的设备制造出本土企业的 100%洋奶粉，从而叫板大举侵入中国的洋品牌奶粉。光明乳业总裁郭本恒表示，洋品牌垄断了大部分市场，“当前虽群雄争霸但也特别分散，尚未形成领导性的强势品牌”。郭本恒认为，这正是光明信联培儿贝瑞入市的好机会。中国乳品行业的平均毛利率日渐微薄，而利润相对丰厚的中高端婴幼儿奶粉市场成为乳业巨头必争之地，其中，洋品牌的毛利率高达 60%左右，本土品牌的毛利率也达 40%左右。乳业专家王丁棉表示，目前本土乳企里真正拥有海外奶源的仅光明乳业一家。此次光明选择“海外奶源+本土营销”的市场策略能否成功，能否夺回跨国乳企抢占的高端市场，新建的 2 号工厂能否盈利？怎么来评价项目投资是否合理？这将给整个行业留下更多的观察和借鉴意义。

请思考以下问题：

你认为项目投资的决策依据是什么？用会计上的利润指标来评价项目投资方案存在哪些弊端？

任务一 项目投资认知

一、投资的涵义、动机和种类

（一）投资的涵义

投资，是指特定经济主体（包括国家、企业和个人）为了在未来可预见的时期内获得收益

或使资金增值，在一定时期向一定领域的标的物投放足够数额的资金或实物货币等价物的经济行为。从特定企业角度看，投资就是企业为获取收益而向一定对象投放资金的经济行为。

（二）投资的动机

财务活动最主要的目的是实现企业价值最大化，而投资是财务活动中最重要的活动，所以，从本质上说，企业投资的目的是实现企业价值最大化。企业价值最大化理念在投资活动中具体体现为以较低的投资风险与投资总额获取较多的投资收益，具体包括两方面内容，即取得投资收益和降低投资风险。

1．取得投资收益

企业取得投资收益可以通过增加投资规模、降低投资成本的方式进行。因此，取得投资收益这一目的又可细分为两种。

（1）取得规模效益。规模效益是假定企业生产的产品或提供的服务的市场需求规模不受限制，而在产品或服务的固定成本一定的前提下，企业单纯通过扩大投资规模以扩大产品或服务的数量所取得的投资收益。这种收益从财务上可理解为：随着产品产量的提高，单位产品的固定成本相对减少，从而产生单位产品利润相对增加的效应。同时，它还可能意味着产品生产中的变动性成本的降低，从而使单位产品的毛利增加。

（2）维持现有的规模效益。这是指假定企业生产的产品或提供的服务的市场需求规模不变，而在产品或服务的成本一定的前提下，为维持现有的规模效益所进行的更新投资。如不进行这种投资，必然带来规模缩减，引起企业经济效益下降。

2．降低投资风险

投资风险表现为投资收益的不确定性。企业为使投资收益相对稳定就要降低投资风险。为降低投资风险的投资主要有两种，一种是通过多样化经营分散风险，它可以使经营失败的项目损失与经营成功的项目盈利抵消；另一种是通过风险控制机制减少投资风险。如在投资中，企业往往在先期投入大量资金前进行可行性论证，预知风险并提出控制措施，即所投入的资金有一部分用于风险防范机制的建立。

（三）投资的种类

为加强投资管理、提高投资效益，还必须对投资进行科学分类。一般认为，企业投资可分别从以下三方面进行分类。

（1）按照投资行为的介入程度，分为直接投资和间接投资。直接投资是指不借助金融工具，由投资人直接将资金转移交付给被投资对象使用的投资，包括企业内部直接投资和对外直接投资，前者形成企业内部直接用于生产经营的各项资产，如各种货币资金、实物资产、无形资产等，后者形成企业持有的各种股权性资产，如持有子公司或联营公司股份等。间接投资是指通过购买被投资对象发行的金融工具而将资金间接转移交付给被投资对象使用的投资，如企业购买特定投资对象发行的股票、债券、基金等。

（2）按照投入的领域不同，分为生产性投资和非生产性投资。生产性投资是指将资金投入生产、建设等物质生产领域中，并能够形成生产能力或可以产出生产资料的一种投资，又称为生产资料投资。这种投资的最终成果将形成各种生产性资产，包括形成固定资产的投资、形成无形资产的投资、形成其他资产的投资和流动资金投资，其中，前三项属于垫支资本投资，最后一项属于周转资本投资。非生产性投资是指将资金投入非物质生产领域中，不能形成生产能力，但能形成社会消费或服务能力，满足人民的物质文化生活需要的一种投资。这种投资的最终成果是形成各种非生产性资产。

（3）按照投资的方向不同，分为对内投资和对外投资。对内投资是指企业将资金投放于为取得供企业生产经营使用的固定资产、无形资产、其他资产和垫支流动资金而形成的一种投资。对外投资是指企业为购买国家及其他企业发行的有价证券或其他金融产品，包括期货与期权、信托、保险等，或以货币资金、实物资产、无形资产向其他企业，如联营企业、子公司等，注入资金而发生的投资。

（4）按照投资的内容不同，分为固定资产投资、无形资产投资、流动资金投资、房地产投资、有价证券投资、期货与期权投资、信托投资和保险投资。

这里所讨论的企业投资，是指属于直接投资范畴的企业内部投资，即项目投资。

二、项目投资的涵义、目的、特点和种类

（一）项目投资的涵义

对于为企业创造价值而言，投资决策是最重要的决策。投资决策决定着企业的前景，以至于提出投资方案和评价方案的工作已经不是财务人员能单独完成的，需要所有经理人员的共同努力。企业要获得盈利，需要组织经济资源进行生产销售，或是将资金投入资本市场上赚取收益。企业的这种活动就是投资。上述两种投资活动分别被称为项目投资和证券投资。

项目投资是指在一定时间和预算规定的范围内，为达到既定质量水平而完成某项特定任务的长期投资活动，是对企业有着长远意义的经济行为，也称资本性投资或资本预算。从投资行为的介入程度看，项目投资属于直接投资。从投资领域看，项目投资是立足与生产目的的生产性投资。从投资方向看，项目投资是一种企业对其内部的投资。例如，新厂房建造计划实际上就是得力电器公司为了满足市场需求，解决生产能力不足的一项重要工程，是得力电器公司对内直接投资的项目。整个项目的投入涉及厂房、设备等固定资产和人员培训等流动资金投资，并且在以后的运行过程中还需要发生维持性费用，可见该计划就是得力电器公司的一项重大的项目投资方案。

（二）项目投资的目的

1．更新保持业务能力

企业原有的项目在一定时期后就会出现设备老化、技术落后等问题，而该项目在目前及以后的市场上是有利可图的。这时，企业应对该项目的设备、技术等进行更新，以保持原有的业务能力。

2．降低成本

随着科技发展，新材料、新技术的出现将使行业的生产能力提高，生产成本降低。这时，企业进行项目投资降低生产成本，提高市场竞争力，如冶炼厂投资于耗能更低的冶炼技术。

3．现有产品或市场的扩张

企业在自己的市场上进一步扩张，以获得更多的客户群和销售来源，如银行增加新的营业网点。

4．新产品和市场的扩张

企业进行新产品的开发或是进入新的市场。例如，每年饮料市场上都有上百种新口味的饮料推出。

5．其他

企业处于法律的要求和发展的需要，投资于一些辅助生产的项目，如安全设施、环保设施等。这类项目不要求从项目自身盈利，其决策方法与本单元的方法略有不同。

（三）项目投资的特点

1．投资数额大

项目投资，特别是与企业的战略发展相关的项目，需要投入大量的资金，项目投资所形成

的资产在企业总资产中占有一定比重，对企业未来现金流量和财务状况具有深远的影响。

2．作用时间长

项目投资涉及的时间较长，需要几年甚至几十年才能收回投资，特别是作为决定企业发展方向的战略性投资，直接决定了企业未来的生产经营方向。

3．不经常发生

与证券投资相比，项目投资与企业的生产和经营相联系，而生产和经营方式形成之后，不会经常改变。

4．投资风险大

项目投资投入金额大，持续时间长，形成的资产不容易在短时间内变现。项目投资在长时间内受宏观环境和竞争对手等多方面因素的影响，不确定性很强。由此可见，项目投资在决策中具有重要地位。因此，必须对整个投资项目建成后可能取得的经济效益和社会效益进行科学的分析和预测，从而做出该项目是否值得投资的决策。

（四）项目投资的种类

1．维持性投资与扩大生产能力投资

项目投资按其与企业未来经营活动的关系可分为维持性投资和扩大生产能力投资。维持性投资是为维持企业正常经营、保持现有生产能力而投入的财力，如固定资产的更新投资等。扩大生产能力投资是企业为扩大生产规模，增加生产能力，或改变企业经营方向，而做出的对企业今后经营与发展有重大影响的各种投资。

2．固定资产投资、无形资产投资和递延资产投资

项目投资按其投资对象可分为固定资产投资、无形资产投资和递延资产投资。固定资产投资是指投资于企业固定资产，特别是生产经营用固定资产的投资，如对房屋及建筑物、机器设备、工具器具等的投资都属于固定资产投资。无形资产投资是指投资于企业长期使用但没有实物形态的资产上的投资，如对专利权、非专利技术、商标权、著作权、土地使用权和商誉的投资等均属于无形资产投资。递延资产投资是指投资于递延资产上的投资，如开办费投资等。

3．战术性投资和战略性投资

项目投资按其对企业前途的影响可分为战术性投资和战略性投资。战术性投资是指不牵涉整个企业前途的投资，如为提高劳动生产率而进行的投资及为改善工作环境而进行的投资等。战略性投资是指对企业全局有重大影响的投资，如企业转产投资、增加新产品投资等。战略性投资一般所需资金多，回收时间长，风险大。

4．相关性投资和非相关性投资

项目投资按其相互关系可分为相关性投资和非相关性投资。如果采纳或放弃某一项目并不显著地影响另一项目，则可以说这两个项目在经济上是不相关的，二者互为非相关性的投资，如一个制造公司在专用机床上的投资和它在某些办公设施上的投资就是两个非相关性的投资。如果采纳或放弃某个投资项目，可以显著地影响另外一个投资项目，则可以说这两个项目在经济上是相关的，如对油田和输油管道的投资便属于相关性投资。

5．扩大收入投资和降低成本投资

项目投资按其增加利润的途径可分为扩大收入投资与降低成本投资两类。扩大收入投资是指通过扩大企业生产经营规模，以便增加利润的投资。降低成本投资则是指通过降低生产经营中的各种耗费，以便增加利润的投资。

6．采纳与否投资与互斥选择投资

项目投资按其决策角度可分为采纳与否投资和互斥投资。采纳与否投资是指决定是否投资于某一项目的投资，如是否要购入一辆汽车、是否要引进一条生产线、是否要建一栋厂房等都属于采纳与否投资。在两个或两个以上的项目中，只能选择其中之一的投资，叫互斥选择投资。

三、项目投资的决策过程

投资项目决策是通过资本预算进行的。所谓资本预算，就是公司提出长期投资方案并进行分析、选择的过程。一个完整的资本预算过程包括以下步骤。

（一）发现投资机会，提出投资项目建议

不同性质的投资项目可能由公司的不同部门提出，例如，对于新产品项目往往来自公司的营销部门，而对既有设备的更新项目一般来自公司的生产部门。有时公司的投资项目也可能来自公司外部，如政府部门对于环保的要求等。但无论如何，都需要公司以高效的管理系统保证相关投资信息的传递，并根据投资项目的规模由有权决策的管理层进行决策。

对投资项目进行决策的具体方法有很多，并且在不断地发展，但最重要的是所提出的投资项目建议必须与公司的总体战略相符，服从公司的总体发展战略。

（二）分析项目可行性，预测投资价值

影响项目价值的因素有项目的收益、项目的风险和项目的预期寿命。在分析项目的价值时，项目的收益是以现金流量而非收入流量的形式表现的。项目的现金流量包括初始现金流量、经营期间现金流量和项目期末的终点现金流量。对项目机制有意义的现金流量是项目的税后增量现金流量。

在分析、预测项目的价值时，不仅需要分析、预测项目的现金流量大小，还要分析项目的风险，即项目获取现金流量的不确定性。通过调整项目的折现率或调整项目的预期现金流量等方法，将不确定的现金流量转化为确定的现金流量。影响项目价值的还有项目的预期寿命，即项目所能获取现金流量的时间长短。

（三）依据价值最大化标准，评价选择投资项目

依据价值最大化标准选择投资项目时，首先需要确定评价指标和评价方法。对于不同性质的项目，项目评价的指标和方法有所不同，这构成了投资项目决策的各种方法。

（四）继续评估修正后的投资项目，审计已经完成的投资项目

对于初选可行的项目，应该继续扩大所考虑的因素，在更多因素发生变化的情况下，分析项目可行性的变化。对于已经完成的投资项目，要进行事后审计，评价项目是否实现了预定的目标，总结项目成功的经验，发现项目决策的不足，提高公司项目决策的科学性。

任务二　投资项目现金流量内容与计算

一、现金流量的概念

项目投资决策是一项复杂的系统工程。本任务主要探讨项目投资的决策依据，即与项目投资决策直接相关的现金流量。

用现金流量取代利润的依据：整个项目寿命期内，利润总计与现金净流量总是相等的，所

以用现金流量取代利润有可靠的基础；利润的计算额在各年的分布受折旧方法、存货计价方法、费用分配方法、成本计算方法等人为因素影响，而现金流量在各年的分布基本上不受这些因素的影响，可以保证项目评价的客观性和科学性；采用现金流量有利于合理考虑货币时间价值因素。

现金流量，在投资决策中是指一个项目引起的企业现金支出和现金收入增加的数量。这时的“现金”是广义的现金，不仅包括各种货币资金，而且还包括项目需要投入的企业现有的非货币资源的变现价值。例如，一个项目需要使用原有的厂房、设备和材料等，则相关的现金流量是指它们的变现价值，而不是其账面价值。

新建项目的现金流量包括现金流出量、现金流入量和现金净流量三个具体概念。

（一）现金流出量

一个方案的现金流出量，是指该方案引起的企业现金支出的增加额。例如，企业增加一条生产线，通常会引起以下现金流出。

（1）增加生产线的价款。购置生产线的价款可能是一次性支出，也可能分几次支出。

（2）垫支营运资金。该生产线扩大了企业的生产能力，引起对流动资产需求的增加。企业需要追加的营运资金，也是购置该生产线引起的，应列入该方案的现金流出量。只有在营业终了或出售（报废）该生产线时才能收回这些资金，并用于别的目的。

（二）现金流入量

一个方案的现金流入量，是指该方案所引起的企业现金收入的增加额。例如，企业增加一条生产线，通常会引起下列现金流入。

（1）营业现金流入。增加的生产线扩大了企业的生产能力，使企业营业收入增加。扣除有关的付现成本增量后的余额，是该生产线引起的一项现金流入。付现成本在这里是指需要每年支付现金的成本。成本中不需要每年支付现金的部分称为非付现成本，其中主要是折旧费。所以，付现成本可以用成本减折旧来估计。

（2）该生产线出售（报废）时的残值收入。资产出售或报废时的残值收入，应当作为投资方案的一项现金流入。

（3）收回的营运资金。该生产线出售或报废时，企业可以相应收回营运资金，而收回的资金可以用于别处，因此，应将其作为该方案的一项现金流入。

（三）现金净流量

现金净流量是指项目引起的、一定期间内的现金流入量和现金流出量的差额。这里所说的“一定期间”，有时是指1年内，有时是指投资项目持续的整个年限内。流入量大于流出量时，净流量为正值，反之，净流量为负值。

二、项目现金流量的计算

投资项目从整个经济寿命周期来看，大致可以分为三个阶段，即初始投资期、营业期、终结期。三个阶段的每个时点都会有现金流入和现金流出。

（一）初始期现金流量

一般情况下，在初始投资阶段主要是现金流出量，即在该投资项目上的原始投资额，包括在长期资产上的投资和垫支的营运资金。如果该项目的筹建期开办费较高，也可以作为初始阶段的现金流出量计入递延资产。在一般情况下，初始阶段中的固定资产的原始投资通常在年内一次性投入（如购买设备）。如果原始投资不是一次性投入（如工程建造），则应把投资归属于不同投入年份之中。初始期现金流量的计算公式如下：

初始现金流量=-（长期资产投资+营运资金投资）

（二）营业期现金流量

营业期是投资项目的主要阶段。该阶段有现金流入量，也有现金流出量。现金流入量主要是营运各年的营业收入，现金流出量主要是营运各年的付现营运成本，两者之差为营业现金净流量，公式如下：

营业现金净流量=营业收入-付现成本-所得税

其中，付现成本=成本-折旧，则以上公式可以做如下变形：

营业现金净流量=营业收入-付现成本-所得税
=营业收入-（成本-折旧）-所得税
=税后营业净利润+折旧

所得税是投资项目的现金支出，即现金流出量。考虑所得税对投资项目的现金流量的影响，投资项目正常营运阶段所获得的营业现金流量，可以按照下列公式进行测算：

营业现金净流量=营业收入-付现成本-所得税
=税后营业利润+非付现成本

【经典案例 7-1】某项目投产后，每年增加营业收入 600 000 元，增加付现成本 350 000 元，每年折旧额 50 000 元。当所得税率为 40%时，经营期内每年的现金净流量为多少？

【解析】

经营期内每年的现金净流量=[600 000-（350 000＋50 000）]×（1-40%）＋50 000
=170 000（元）

（三）终结期现金流量

终结期的现金流量主要是现金流入量，包括最后一年的营业现金流量、固定资产变价净收入和垫支的营运资金的收回。

1．固定资产变价净收入

在终结阶段，投资项目原有固定资产将退出生产经营，企业对固定资产进行清理处置。固定资产变价净收入，是指固定资产出售或报废时的出售价款或残值收入扣除清理费用后的净额。

2．垫支营运资金的收回

伴随着固定资产的出售或报废，投资项目的经济寿命结束，企业将与该项目相关的存货出售，应收账款收回，应付账款也随之偿付。营运资金恢复到原有水平，项目开始垫支的营运资金在项目结束时得到回收。

【经典案例 7-2】某企业进行一项固定资产投资，在建设起点一次投入 800 万元，建设期为 1 年。该投资从银行贷款，建设期按 10%利息率计算的利息为 80 万元。该项目的生产经营期为 8 年，该固定资产报废时预计有残值 32 万元，存续期间采用直线法折旧。生产经营期每年可获税后利润 130 万元。

要求：计算该投资的项目计算期内各年的现金净流量。

【解析】

固定资产原值=800+80=880（万元）

$$固定资产年折旧额=\frac{880-32}{8}=106\text{（万元）}$$

项目计算期内各年现金净流量的计算如下：

项目建设期的现金净流量 $NCF0=-800$（万元）

$$NCF1=0$$

项目营业期的现金净流量 $NCF_{2\text{-}8}=130+106=236$（万元）

项目终结期的现金净流量 $NCF_9=130+106+32=268$（万元）

任务三　项目投资决策分析与评价

项目投资的决策方法很多，主要包括：既不考虑资金时间价值，又不考虑投资风险的静态评价法；考虑资金时间价值、但不考虑投资风险的动态评价法；既考虑资金时间价值，又考虑投资风险的风险评价法。

一、静态评价法

（一）静态投资回收期法

回收期（Payback Period）是指投资引起的现金流入累计到与投资额相等所需要的时间。它代表收回投资所需要的年限。

投资者希望投入的资本能够以某种方式尽快地收回来，收回的时间越长，所承担的风险就越大。回收年限越短，项目越有利。因而，投资方案回收期的长短也是投资者非常关心的问题，也是评价方案优劣的标准之一。按照是否考虑货币的时间价值，将回收期分为静态回收期和动态回收期。

静态回收期没有考虑时间价值，直接用未来现金净流量累计到原始投资数时所经历的时间作为回收期。

静态回收期的计算分两种情况。

（1）在原始投资一次支出，每年现金净流入量相等时，回收期的计算公式如下：

$$\text{回收期}=\frac{\text{原始投资额}}{\text{每年现金净流入量}}$$

【经典案例 7-3】某项目投资 100 万元，没有建设期，项目寿命期 10 年，每年现金净流量为 50 万元，则回收期的计算如下：

$$\text{回收期}=\frac{100}{50}=2\text{（年）}$$

（2）如果现金流入量每年不等，或原始投资是分几年投入的，则需要把未来每年的现金净流量逐年加总，即根据累计现金净流量来确定回收期，计算公式如下：

$$\text{投资回收期}=\text{最后一项为负值累计净现金流量对应的年份}+\frac{\text{最后一项为负值累计净现金流量绝对值}}{\text{下一年现金净流量}}$$

【经典案例 7-4】某企业现有三个投资机会，已知有关数据如表 7-1 所示。求各方案的投资回收期并进行评价。

表 7-1　某企业投资方案有关数据　　单位：万元

时间（年）		0	1	2	3	4
方案 A	现金净流量	−10 000	5 500	5 500		
方案 B	现金净流量	−10 000	3 500	3 500	3 500	3 500
方案 C	现金净流量	−20 000	7 000	7 000	6 500	6 500
方案 C	累计现金净流量	−20 000	−13 000	−6 000	500	

【解析】

$$方案A投资回收期=\frac{10\,000}{5\,500}=1.82(年)$$

$$方案B投资回收期=\frac{10\,000}{3\,500}=2.86(年)$$

$$方案C投资回收期=2+\frac{|-6\,000|}{6\,500}=2.92(年)$$

可见，方案A的回收期最短，能最快收回投资，所以是最优方案。

回收期法的优点主要体现在以下几个方面：

（1）计算简便；

（2）容易为决策人所正确理解；

（3）可以大体上衡量项目的流动性和风险。

回收期法的缺点主要体现在以下几方面：

（1）忽视了时间价值，把不同时间的货币收支看成是等效的；

（2）没有考虑回收期以后的现金流，也就是没有衡量盈利性；

（3）促使公司接受短期项目，放弃有战略意义的长期项目。

（二）投资收益率法

1．投资收益率法的基本原理

投资收益率法是通过计算项目投产后正常生产年份的投资收益率来判断项目投资优劣的一种决策方法。在这里投资收益率就是项目投产后正常生产年份的净收益与投资总额的比值，其表达式如下：

$$R=\frac{NB}{K}$$

式中，R 为投资收益率，依 NB 的具体涵义，R 可具体为投资利润率、投资利税率、投资净现金收益率等；K 为投资总额，计算方法与 P_t 所回收的全部投资相同，即 $K=\sum_{t=0}^{m}k_t$，其中，k_t 为第 t 年的投资额，m 为投资年限；NB 为正常年份的净收益，按分析目的不同，NB 可以是年利润总额，也可以是年利税总额等。

2．投资收益法的决策规则

运用投资收益率法进行互斥选择投资决策时，应优选投资收益率高的方案。运用投资收益率法选择投资决策时，应设基准投资收益率 R_c，若 $R\geqslant R_c$，项目可以考虑接受，若 $R<R_c$，项目应予拒绝。

3．投资收益率的特点

（1）简便易懂，容易计算，它所需要的资料只是未折现净现金流量，或年均营业利润，或税后利润及初始投资额。

（2）为考虑资金的时间价值，可把第一年的现金流量看作与其他年份的现金流量一样，具有相同的价值，但这可能会导致错误的决策。

二、动态评价法

动态评价法不仅要考虑资金的时间价值，而且还要考虑项目周期内现金流入与现金流出的全部数据。因此，它们是比静态评价法更全面、更科学的评价方法。

（一）净现值法

净现值（Net Preset Value，NPV）是指特定项目未来现金净流量的现值与原始投资额的现值之间的差额。它是评估项目是否可行的最重要的指标。按照这种方法，所有未来现金净流量和原始投资额都要用资本成本折算现值。如果净现值为正数，表明投资报酬率大于资本成本，该项目可以增加股东财富，应予采纳。如果净现值为零，表明投资报酬率等于资本成本，不改变股东财富，没有必要采纳。如果净现值为负数，表明投资报酬率小于资本成本，该项目将减少股东财富，应予放弃。若比较是在几个项目之间进行，净现值越大，则说明相应项目的盈利能力越强。

计算净现值的公式如下：

净现值=未来现金净流量的现值-原始投资额的现值

采用净现值法评估项目可按如下步骤进行。

（1）测定投资方案各年的现金流量。

（2）设定投资方案采用的折现率

贴现率的参考标准：市场利率、投资者希望获得的预期最低投资报酬率、企业平均资本成本率。

（3）按设定的利率，计算现值。

（4）将未来的现金净流量现值与投资额现值进行比较。

【经典案例 7-5】设企业某项目的资本成本为 10%，其现金流量如表 7-2 所示。

表 7-2　企业现金流量

单位：万元

年份	0	1	2	3
现金流量	−9 000	1 200	6 000	6 000

要求：计算该项目的净现值，并判断项目能否采纳。

净现值=1 200×（P/F，10%，1）+6 000×（P/F，10%，2）+6 000×（P/F，10%，3）−9 000
=1 557（万元）

因为净现值为正数，说明项目的投资报酬率超过 10%，应予采纳。

净现值法所依据的原理是：假设原始投资是按资本成本借入的，当净现值为正数时偿还本息后该项目仍有剩余的收益，当净现值为零时偿还本息后一无所获，当净现值为负数时该项目收益不足以偿还本息。资本成本是投资人要求的最低报酬率，净现值为正数表明项目可以满足投资人的要求。

净现值这个指标是一个简单易行的评价指标，它具有以下特点。

（1）净现值法具有广泛的适用性，在理论上也比其他方法更完善。

（2）考虑了投资风险。净现值法在所设定的贴现率中包含着对投资风险报酬率的要求，因而有效地考虑了投资风险。

（3）净现值反映一个项目按现金流量计量的净收益现值，是个金额的绝对值，在比较投资额不同的项目时有一定的局限性。

（二）现值指数法

正是由于净现值这个指标具有一定的局限性，反映的是一个绝对值，所以为了更好地对多个项目的优选问题进行抉择，引入了现值指数（Profitability Index，PI）这个指标。

现值指数是未来现金流入现值与原始投资额的现值的比率，也称现值比率或获利指数。计算现值指数的公式如下：

$$现值指数=\frac{未来现金净流量现值}{原始投资额现值}$$

从现值指数的计算公式可见，现值指数的计算结果有三种：大于 1，等于 1，小于 1。若现值指数大于等于 1，说明方案实施后的投资报酬高于或等于预期报酬，方案可行；若现值指数小于 1，说明方案实施后的投资报酬低于预期报酬，方案不可行。现值指数越大，方案越好。

【经典案例 7-6】有甲、乙两个投资项目，有关资料如表 7-3 所示。请判断甲、乙两项目谁更优。

表 7-3 甲、乙投资项目 单位：万元

	投资额（零时点一次投入）	现金流入现值	净现值
甲项目	100	150	50
乙项目	200	260	60

【解析】

$$甲项目现值指数=\frac{150}{100}=1.5$$

$$乙项目现值指数=\frac{260}{200}=1.3$$

其实根据净现值法，我们是无法判断出甲、乙项目哪个优的，因为虽然甲项目的净现值为 50 万元，小于乙项目净现值 60 万元，但并不表示乙项目优于甲项目，因为甲乙的投资并不相等。如果采用现值指数的指标，根据现值指数的评判标准，甲项目优于乙项目。

（三）年金净流量法

投资项目的未来现金净流量与原始投资额的差额构成项目的现金净流量总额。项目期间内全部现金净流量总额的总现值或总终值折算为等额年金的平均现金净流量，称为年金净流量（Annual Net Cash Flow，ANCF）。

$$年金净流量=\frac{现金净流量总现值}{年金现值系数}=\frac{现金净流量总终值}{年金终值系数}$$

【经典案例 7-7】甲方案需一次投资 10 000 万元，可用 8 年，残值 2 000 元，每年取得净利润 3 500 元。如果资本成本率为 10%，请计算年金净流量。

$$甲方案每年的现金净流量=3\,500+\frac{10\,000-2\,000}{8}=4\,500（元）$$

$$甲方案的净现值=4\,500\times5.335+2\,000\times0.467-10\,000 元=1\,4941.50（元）$$

$$甲方案的年金净流量=\frac{14\,941.50}{(P/A,10\%,8)}=2\,801（元）$$

年金净流量法的决策原则如下。

（1）一个方案时，年金净流量大于 0，则可考虑使用此方案。

（2）多个方案时，年金净流量大于 0 且最大的方案最优。

该方案的缺点是不能揭示各投资方案本身实际可能达到的收益率。

（四）内含报酬率法

内含报酬率（Internal Rate of Return，IRR）是指能够使未来现金流入量现值等于未来现金流出量现值的折现率，或者说是使投资项目净现值为零的折现率。

净现值法和现值指数法虽然考虑了时间价值，并可以说明投资项目的报酬率高于或低于资本成本，但没有揭示项目本身可以达到的报酬率是多少。内含报酬率是根据项目的现金流量计算的，是项目本身的投资报酬率。内含报酬率的计算有两种基本方法，即逐步测试法和年金法，其

中，前者为普遍适用的方法，后者只能应用于特殊的情况。下面对两种方法分别进行介绍。需要注意的是，不管采取何种方法，都可能需要用到内插值法，当 i_1 对应的 NPV_1 大于 0，而当 i_2 对应的 NPV_2 小于 0，运用内插值法公式如下：

$$内含报酬率=i_1+\frac{NPV_1}{NPV_1+|NPV_2|}(i_2-i_1)$$

1．未来每年现金净流量相等

每年现金净流量相等是一种年金的形式，通过查年金现值系数表，可计算出未来现金净流量的现值，并令其净现值等于 0，具体可用如下公式表达。

未来每年现金净流量×年金现值系数−原始投资额=0

计算出净现值为零时的年金现值系数后，通过查年金现值系数表，即可找到相应的贴现率。若找不到净现值正好为零的贴现率就找大于 0 和小于 0 的两个临界利率，应用内插值法求得的该贴现率就是方案的内含报酬率。

【经典案例 7-8】已知某投资项目的有关资料如表 7-4 所示。

表 7-4　项目现金流量表　　单位：万元

年份	0	1	2	3
现金净流量	−12 000	4 600	4 600	4 600

要求：计算该项目的内含报酬率。

【解析】

$$净现值=4\,600×(P/A,\ i,\ 3)-12\,000$$

$$令净现值=0，得(P/A,\ IRR,\ 3)=\frac{12\,000}{4\,600}=2.609$$

查年金现值系数表，当贴现率=7%时，年金现值系数=2.624，当贴现率=8%时，年金现值系数=2.577。由此可以看出，该方案的内含报酬率在 7%～8%，采用内插值法确定：IRR=7.32%。如果该项目的最低报酬率为 10%，则该项目不可行。如果该项目的最低报酬率为 6%，则项目可行。

2．未来每年现金净流量不相等时

如果投资方案的未来每年现金净流量不相等，各年现金净流量的分布就不是年金形式，不能采用查年金现值系数表的方法来计算内含报酬率，需要采用“逐步测试法”。首先估计一个折现率，用它来计算项目的净现值。如果净现值为正数，说明项目本身的报酬率超过折现率，应提高折现率后进一步测试。如果净现值为负数，说明项目本身的报酬率低于折现率，应降低折现率后进一步测试。经过多次测试，寻找出使净现值接近于零的现率，即为项目本身的内含报酬率。

【经典案例 7-9】某公司有一投资方案，需一次性投资 120 000 元，使用年限为 4 年，每年现金净流量分别为 30 000 元、40 000 元、50 000 元、35 000 元。要求：计算该投资方案的内含报酬率，并据以评价该项目是否可行。

由于该方案每年的现金净流量不相等，需逐次测算计算方案的内含报酬率。测算过程如表 7-5 所示。

表 7-5　净现值的逐次测算　　单位：元

年份	每年的现金净流量	第一次测算 8%		第一次测算 12%		第一次测算 10%	
1	30 000	0.926	27 780	0.893	26 700	0.909	27 270
2	40 000	0.857	34 280	0.792	31 880	0.826	33 040
3	50 000	0.794	39 700	0.712	35 600	0.751	37 550

续表

年份	每年的现金净流量	第一次测算 8%		第一次测算 12%		第一次测算 10%	
4	35 000	0.735	25 725	0.636	22 260	0.683	23 905
未来现金流量合计			127 485		116 530		
减原始投资额现值			120 000		120 000		120 000
净现值			7485		−3 470		1765

【解析】

第一次测算，采用的折现率为 8%，净现值为正，说明方案内含报酬率高于 8%。第二次测算 12%，净现值为负数，说明内含报酬率小于 12%。第三次测算 10%，净现值为 1 756，为正数。因此可以估计内含报酬率介于 10%与 12%之间。进一步运用内插值法，得出方案的内含报酬率为 10.67%。

内含报酬率法的主要优点体现在以下两方面。

（1）内含报酬率反映了投资项目本身能够达到的报酬率，易于被高层决策人员所理解。

（2）对于原始投资额现值不同的投资方案，可以通过计算内含报酬率来反映方案的获利水平，进而做出投资评价。

内含报酬率法的主要缺点体现在以下两方面。

（1）计算较为复杂，不易直接考虑投资风险大小。

（2）在互斥投资方案决策时，如果各方案的原始投资额现值不相等，有时无法作出正确的决策。例如，某一方案原始投资额低、净现值小但内含报酬率可能较高，而另一方案原始投资额高、净现值大但内含报酬率可能较低。

（五）动态回收期法

为了克服静态回收期法不考虑时间价值的缺点，人们提出了动态回收期法。动态回收期是指在考虑资金时间价值的情况下以项目现金流入抵偿全部投资所需要的时间。

1．未来每年现金净流量相等时

在这种年金形式下，假定经历几年所取得的未来现金净流量的年金现值系数为（P/A，i，n），则其计算公式如下：

$$(P/A，i，n)=\frac{\text{原始投资额现值}}{\text{每年现金净流量}}$$

计算除年金现值系数后，通过查年金现值系数表，利用插值法，即可推算出回收期 n。

2．未来每年现金净流量不相等时

在这种情况下，应把每年的现金净流量逐一贴并加总现，根据累计现金流量现值来确定回收期。

$$\text{投资回收期}=\text{最后一项负值累计现金净流量现值所对应的年份}+\frac{\text{最后一项为负值累计现金净流量现值绝对值}}{\text{下一年现金净流量现值}}$$

【经典案例 7-10】已知某投资项目的资本成本为 10%，其他有关资料如表 7-6 所示。

表 7-6　某企业投资方案有关数据　　单位：万元

年份	0	1	2
现金净流量	-20 000	11 800	13 240

则项目的动态回收期计算如表 7-7 所示。

表 7-7　动态回收期表　　单位：万元

年份	0	1	2
现金净流量	−20 000	11 800	13 240
折现系数	1	0.9 091	0.8264
现金净流量现值	−20 000	10 727	10 942
累计现金净流量现值	−20 000	−9 273	1 670

【解析】

$$回收期=1+\frac{9\ 273}{10\ 942}=1.85（年）$$

动态回收期考虑了时间价值因素，但它与静态回收期具有一个共同的缺陷，就是没有考虑超过原始投资额的部分。显然，回收期长的项目，其超过原始投资额的现金流量并不一定比回收期短的项目少。

任务四　项目投资决策的实际应用

一、固定资产更新决策

固定资产更新是对技术上或经济上不宜继续使用的旧资产，用新的资产更换，或用先进的技术对原有设备进行局部改造。固定资产更新决策主要研究两个问题：一个是决定是否更新，即继续使用旧资产还是更换新资产；另一个是决定选择什么样的资产来更新。实际上，这两个问题是结合在一起考虑的，如果市场上没有比现有设备更适用的设备，那么就继续使用旧设备。由于旧设备总可以通过修理继续使用，所以更新决策是继续使用旧设备与购置新设备的选择。

（一）使用年限相同的固定资产更新决策

更新决策不同于一般的投资决策。一般说来，设备更换并不改变企业的生产能力，不增加企业的现金流入。更新决策的现金流量主要是现金流出，即使有少量的残值变现收入，也属于支出抵减，而非实质上的流入增加。

【经典案例 7-11】某公司有一台设备，购于 3 年前，现在考虑是否需要更新。该公司所得税税率为 25%，项目资本成本为 10%。其他有关资料见表 7-8。要求进行方案选择。

表 7-8　某公司设备资料表　　单位：万元

项目	旧设备	新设备
原价	60 000	50 000
税法规定残值（10%）	6 000	5 000
税法规定使用年限（年）	6	4
已用年限	3	0
尚可使用年限	4	4
每年操作成本	8 600	5 000
两年末大修支出	28 000	

续表

项目	旧设备	新设备
最终报废残值	7 000	10 000
目前变现价值	10 000	
每年折旧额：	（直线法）	（年数总和法）
第一年	9 000	18 000（45 000×4/10）
第二年	9 000	13 500（45 000×3/10）
第三年	9 000	9 000（45 000×2/10）
第四年	0	4 500（45 000×1/10）

【解析】

从例题中可以看出不管是使用新设备还是旧设备，两者的使用年限都是四年，因此，比较两个的净现值大小即可进行方案选择，具体如表 7-9 所示为继续用旧设备的现金流量、如表 7-10 为使用新设备的现金流量。

表 7-9 继续用旧设备的现金流量 单位：万元

项目	现金流量	时间（年次）	系数（10%）	现 值
继续用旧设备				
旧设备变现价值	-10 000	0	1	-10 000
旧设备变现损失减税	（10 000-33 000）×0.25=-5 750	0	1	-5 750
每年付现操作成本	-8 600×（1-0.25）=-6 450	1 ~ 4	3.170	-20 466.5
每年折旧抵税	9 000×0.25=2 250	1 ~ 3	2.487	5 595.75
两年末大修成本	-28 000×（1-0.25）=-21 000	2	0.826	-17 346
残值变现收入	7 000	4	0.683	4 781
残值变现净收入纳税	-（7 000-6 000）×0.25=-250	4	0.683	-170.75
合计				-43 336.5

表 7-10 使用新设备的现金流量 单位：万元

项目	现金流量	时间（年次）	系数（10%）	现值
更换新设备				
设备投资	-50 000	0	1	-50 000
每年付现操作成本	-5 000×（1-0.25）=-3 750	1~4	3.170	-11 887.5
每年折旧抵税：				
第一年	18 000×0.25=4 500	1	0.909	4 090.5
第二年	13 500×0.25=3 375	2	0.826	2 787.75
第三年	9 000×0.25=2 250	3	0.751	1 689.75
第四年	4 500×0.25=1 125	4	0.683	768.38
残值收入	10 000	4	0.683	6 830
残值净收入纳税	-（10 000-5 000）×0.25=-1250	4	0.683	-853.75
合计				-46 574.88

更新设备的现金流出总现值比继续使用旧设备的现金流出总现值多 3238.38 元，因此，继续

使用旧设备较好。

（二）使用年限不同的固定资产更新决策

前例所研究的固定资产投资方案的选择都是假定在各投资项目的寿命期相等，但实务中，投资项目不同，寿命期也不同。由于项目寿命期不同，因而不能简单地运用净现值、内含报酬率或现值指数等指标进行项目的比较分析，否则，将得不出正确的结论。

购买新式机器设备增加的净现值大于零，说明更新方案可行。

【经典案例 7-12】某企业拟投资建设一条新生产线。现有三个方案可供选择：A 方案原始投资为 1 250 万元，项目计算期为 11 年，净现值为 958.7 万元；B 方案原始投资为 1 150 万元，项目计算期为 10 年，净现值为 920 万元；C 方案的净现值为-12.5 万元。贴现率为 10%。要求：判断方案的可行性并作出投资决策。

【解析】

（1）C 方案的净现值小于零，不具有财务可行性，A、B 两方案的净现值均大于零，具有财务可行性。A 方案的净现值为 958.7 万元，大于 B 项目的 920 万元，那是不是可以说 A 项目优于 B 项目呢？其实不然。从题目中可以看出，A 项目的现金净流量需要经历 11 年才能得到 958.7 万元的收益，而 B 项目的 920 万元现金净流量只需要 10 年。由于时间不一致，所以不能简单地采用净现值进行比较。由此，引出了专门用于寿命期不等的投资方案优劣的分析法——年金净流量法。年金净流量最大的方案为最优方案，其计算公式如下：

$$\text{年金净流量}=\frac{\text{净现值}}{\text{年金现值系数}}$$

（2）计算年等额投资回收额进行决策。

$$\text{A 方案的年金净流量}=\frac{\text{A方案的净现值}}{(P/A,\ 10\%,\ 11)}=\frac{958.7}{6.4951}=147.6\ (\text{万元})$$

$$\text{B 方案的年金净流量}=\frac{\text{B方案的净现值}}{(P/A,\ 10\%,\ 10)}=\frac{920}{6.1446}=149.7\ (\text{万元})$$

由于 149.7（万元）>147.6（万元），所以 B 方案优于 A 方案。

二、资本限量决策

上面讲的是固定资产更新决策的问题，现在讨论独立投资项目的排序问题。所谓独立项目是指被选项目之间是相互独立的，采用一个项目时不会影响另外项目的采用或不采用。按道理说，对于独立项目不需要排序。凡是净现值为正数的项目或者内含报酬率大于资本成本的项目，都可以增加股东财富，都应当被采用。但是，在现实世界中会有许多复杂情况出现，如总量资本受到限制及无法为全部盈利项筹资。这时就需要考虑有限的资本分配给哪些项目的问题。

资本分配问题是指在企业投资项目有总量预算约束的情况下如何选择相互独立项目的问题。

【经典案例 7-13】甲公司可以投资的资本总量为 10 000 万元，资本成本 10%。现有三个投资项目，有关数据如表 7-13 所示。

表 7-11　甲公司三种项目资料表　　单位：万元

项目	时间（年末）	0	1	2	现金流入现值	净现值	现值指数
	现值因数（10%）	1	0.909 1	0.826 4			
A	现金流量	-10 000	9 000	5 000			
	现值	-10 000	8 182	4 132	12 314	2 314	1.23

续表

项目	时间（年末）	0	1	2	现金流入现值	净现值	现值指数
	现值因数（10%）	1	0.909 1	0.826 4			
B	现金流量	−5 000	5 057	2 000			
	现值	−5 000	4 600	1 653	6 253	1 253	1.25
C	现金流量	−5 000	5 000	1 881			
	现值	−5 000	4 546	1 555	6 100	1 100	1.22

【解析】

根据净现值分析：三个项目的净现值都是正数，都可以增加股东财富。可用于投资的资本总量有限即只有 1 000 万元，若按照净现值的一般排序规则，就应当优先安排净现值最大的项目。A 项目的净现值最大，优先被采用，B 项目和 C 项目只能放弃。这个结论其实是不对的。因为 B 和 C 项目的总投资是 10 000 万元，总净现值为 2 353（1 253 + 1 100）万元，大于 A 项目的净现值 2 314 万元。那么，应当如何选出最优项目呢？首先，计算项目的现值指数并排序，其优先顺序为 B、A、C。在资本限额内优先安排现值指数高的项目，即优先安排 B，用掉 5 000 万元。下一个应当是 A 项目，但是剩余 5 000 万元，无法安排。接下来安排 C，全部资本使用完毕。因此，应当选择 B 和 C，放弃 A 项目。

实际环境中，选择项目要比上述举例复杂。例如，C 项目的投资需要 6 000 万元如何处理？具有一般意义的做法是：首先，将全部项目排列出不同的组合，每个组合的投资需要不超过资本总量；其次，计算各项目的净现值以及各组合的净现值合计；最后，选择净现值最大的组合作为采纳的项目。

三、投资开发时机决策

大多数自然资源的数量有限，由于不断开采，价格将随储量的下降而上升。在这种情况下，由于价格的不断上升，早开发的收入少，而晚开发的收入多，但根据资本的时间价值原理，晚开发的收入，其现值不一定比早开发的收入现值多，为此必须进行相应的开发时机决策。

【经典案例 7-14】某企业拥有一座稀有矿藏，且这种矿产品的价格在不断上升。根据预测，五年后价格将上升 50%，因此，该企业需要进行现在开发还是五年后开发的互斥选择投资决策。据分析，如果现在开发，其初始固定资产投资为 100 万元，流动资产投资为 50 万元，单位售价为 1 万元，付现成本为 800 万元；如果五年后开发，其初始固定资产投资为 120 万元，流动资产投资为 60 万元，单位售价为 1.5 万元，付现成本为 1 000 万元。假定该企业的资本成本为 6%，所得税税率为 33%，建设期均为 1 年，所形成的固定资产均无残值，从第二年开始投产，投产后五年开采完毕，每年产销量为 2 000 吨。

【解析】

1. 计算现在开发的净现值

（1）每年应提折旧

$$\frac{100}{5}=20\text{（万元）}$$

（2）投产后每年的净利润

$$[2\,000\times1-(800+20)]\times(1-33\%)=790.6\text{（万元）}$$

（3）投资后每年的现金净流量

790.6+20=810.6（万元）

（4）现在开发的净现值

810.6×（*P*/*A*，6%，5）×（*P*/*F*，6%，1）+50×（*P*/*F*，6%，6）-100-50

=810.6×4.212×0.943+50×0.705-100-50

=3 104.89（万元）

2. 计算五年后开发的净现值

（1）每年应提折旧

$$\frac{120}{5}=24\text{（万元）}$$

（2）投产后每年的净利润

[2 000×1.5-(1 000+24)]×(1-33%)=1 323.92（万元）

（3）投资后每年的现金净流量

1 323.92+24=1 347.92（万元）

（4）五年后开发的净现值

1 347.92×（*P*/*A*，6%，5）×（*P*/*F*，6%，6）+60×（*P*/*F*，6%，11）-（120+60）×（*P*/*F*，6%，5）

=1 347.92×4.212×0.747+60×0.527-180×0.747

=4 138.21（万元）

由于五年后开发的净现值为 4 138.21 万元，大于现在开发的净现值 3 104.89 万元，因此，应五年后开发。

四、投资期决策

项目从开始到投入生产所需的实际时间称为投资期。一般来说，在项目的投资期中，如集中施工力量、交叉作业、加班加点可以缩短投资期，使项目提前竣工，早投入生产，早产生现金流量，但采取上述措施往往需要增大投资额。这里，存在一个互斥选择投资决策问题。

【经典案例 7-15】某企业正在进行一项目投资。正常投资期为 3 年，每年投资 500 万元，第 4 年～第 18 年每年现金净流量为 300 万元；如果把投资期缩短为 2 年，每年需要投资 800 万元，竣工投产后的项目寿命和每年现金净流量不变。假定该企业的资本成本为 6%，项目寿命终结时有 5%的净残值，两个方案均需垫支 600 万元流动资金。问应否缩短投资期。

（1）计算正常投资的净现值

300×（*P*/*A*，6%，15）×（*P*/*F*，6%，3）+500×3×5%×（*P*/*F*，6%，18）+600×（*P*/*F*，6%，18）-500-500×（*P*/*A*，6%，2）-600×（*P*/*F*，6%，3）

=300×9.712×0.840+75×0.350+600×0.350-500-500×1.833-600×0.840

=763.17（万元）

（2）计算缩短投资期的净现值

300×（*P*/*A*，6%，15）×（*P*/*F*，6%，2）+800×2×5%×（*P*/*F*，6%，17）+600×（*P*/*F*，6%，17）-800-800×（*P*/*F*，6%，1）-600×（*P*/*F*，6%，2）

=300×9.712×0.890+80×0.371+600×0.371-800-800×0.943-600×0.890

=756.98（万元）

由于正常投资的净现值为 763.17 万元，大于缩短投资期的净现值 756.98 万元，故不应缩短投资期。

本单元小结

本单元主要讲解了项目投资，其是一种以特定项目为对象且直接与新建项目或更新改造项目有关的长期投资行为。与其他形式的投资相比，项目投资具有投资金额大、影响时间长、变现能力差和投资风险大的特点；现金流量是以收付实现制为基础计算的现金流入量和现金流出量。现金流入量包括：营业收入、回收的固定资产残值、回收的流动资金。现金流出量包括：建设投资、垫付的流动资金、付现的营业成本、支付的各项税款。在建设期内发生的投资支出，现金净流量一般为负值。在生产经营期内，现金净流量一般为正值。投资项目从整个经济寿命周期来看，大致可以分为三个阶段，即初始投资期、营业期、终结期。这三个阶段的每个时点都会有现金流入和现金流出。读者通过本单元需掌握投资决策评价指标，具体包括净现值、现值指数、内含报酬率、动态投资回收期。另外，非贴现指标包括静态投资回收期和投资收益率。

复习与思考

1. 为什么对投资方案的评价必须以现金流量而不是利润的估价为基础?
2. 什么是现金流量？现金流量包括哪些?
3. 投资方案的经济评价指标有哪些?
4. 内含报酬率是如何计算的？它的决策规则是什么?

技能实训

1. 甲方案的经济寿命期为5年，每年现金流量数据分别为：NCF_0=−75 000，NCF_1=30 000，NCF_2=25 000，NCF_3=28 000，NCF_4=25 000，NCF_5=20 000。试求甲方案的投资回收期。

2. 某企业计划投资，预定的投资报酬率为10%，现有甲、乙两个方案可供选择，资料如表7-12所示。

表7-12 甲、乙两方案的资料表　　单位：元

期间	甲方案	乙方案
	净现金流量	净现金流量
0时期	−180 000	−200 000
第1年	20 000	80 000
第2年	23 000	64 000
第3年	45 000	55 000
第4年	60 000	50 000
第5年	80 000	40 000

要求做如下计算：

（1）计算甲、乙两个方案的净现值，并判断应采用哪个方案。

（2）计算计算甲、乙两个方案内含报酬率。

（3）计算甲、乙两个方案现值指数。

单元八　证券投资分析与决策

素质目标

1. 了解股票、债券和基金的涵义、种类和优缺点
2. 掌握证券投资的概念、特点、面临的风险
3. 掌握股票的价值评估方法及收益率计算
4. 掌握债券的价值评估方法及收益率计算

技能目标

1. 熟悉股票和债券的发行
2. 能利用股票的价值评估模型评估股票的价值
3. 能利用债券价值和收益率的计算方法正确评价债券的价值和收益率

案例导入

1930 年 8 月 30 日，沃伦·巴菲特出生于美国内布拉斯加州的奥马哈市，沃伦·巴菲特从小就极具投资意识，他钟情于股票和数字的程度远远超过了家族中的任何人。他满肚子都是挣钱的想法，五岁时就在家门口摆地摊兜售口香糖。稍大后他带领小伙伴到球场捡用过的高尔夫球，然后转手倒卖，生意颇为红火。上中学时，除利用课余做报童外，他还与伙伴合伙购买弹子游戏机出租给理发店老板，挣取外块。1965～2006 年的 42 年间，“股神”沃伦·巴菲特笔下的投资旗舰公司—伯克希尔哈撒维公司净资产的年均增长率达到 21.46%；同期标准普尔 500 指数呈分公司的年均增长率为 10.4%。2011 年其财富位居世界第三，净资产 500 亿美元，我们来看看巴菲特的两条经典投资法则。

第一条法则，别被收益蒙骗。股本收益率是用公司净收入除以股东的股本，它衡量的是公司利润占股东股本的百分比，能够更有效地反映公司的盈利增长状况。根据他的价值投资原则，公司的股本收益率应该不低于 15%。在巴菲特持有的上市公司股票中，可口可乐的股本收益率超过 30%，美国运通公司达到 37%。

第二条法则，要看未来。巴菲特总是有意识地去辨别公司是否有好的发展前途，能不能在今后 25 年里继续保持成功。巴菲特常说，要透过窗户向前看，不能看后视镜。预测公司未来发展的一个办法，是计算公司未来的预期现金收入在今天值多少钱。这是巴菲特评估公司内在价值的办法。然后他会寻找那些严重偏离这一价值、低价出售的公司。

请思考以下问题：

（1）我们可以选择的证券投资方式有哪些？

（2）你认为应该如何评价证券投资的风险和收益？

任务一 证券投资认知

一、证券和证券投资

（一）证券的涵义和类型

1. 证券的涵义

证券是多种经济权益凭证的统称，是一种具有一定票面金额，证明证券人或证券指定的特定主体拥有所有权或债权的凭证。证券的主要内容包括双方交易的标的物、标的物的数量和质量、交易标的的价格、交易标的物的时间和地点等。不同证券的内容有所不同。

2. 广义证券与狭义证券

证券有广义与狭义两种概念。

（1）广义的有价证券主要包括资本证券、货币证券和商品证券。

资本证券是指由金融投资或与金融投资有直接联系的活动而产生的证券。持券人对发行人有一定的收入请求权，包括股票、债券、基金及其衍生品种如期货、期权等。

货币证券是指本身能使持券人或第三者取得货币索取权的有价证券，主要包括汇票、本票和支票。

（2）狭义证券又称资本证券，或直接称为证券。

3. 证券的分类

证券按不同的标准可分为以下几个类型。

（1）按证券发行主体的不同，分为政府证券、金融机构证券和公司证券。

（2）按证券所体现的关系不同，分为所有权证券和债权证券。

（3）按募集方式分为公募证券和私募证券。

（4）按证券收益的决定因素不同，分为原生证券和衍生证券。

（二）证券投资的概念

证券投资是指投资者（法人或自然人）买卖股票、债券、基金等有价证券以及这些有价证券的衍生品，以获取差价、利息及资本利得的投资行为和投资过程，是直接投资的重要形式。证券投资包括四个要素。

（1）投资主体：即证券投资者，主要指机构投资者和个人投资者。机构投资者包括政府部门、企事业单位、金融机构、社会公益基金等，其中，金融机构包括银行、保险公司、证券经营机构和基金管理人。个人投资者为自然人。证券投资就是投资者进行的以盈利为目的的投资活动和投资过程。

（2）投资对象：即投资客体，包括股票、债券、投资基金，也包括认股权证、指数期货、期权等金融衍生品。投资者在选择具体投资对象时，既需要考虑证券的收益性、风险性，又要考虑流通性和投资实际的长短。

（3）投资目的：证券投资的目的就是为了获取收益。收益即投资所得的报酬，具有不确定性。在证券市场上，收益总是和风险相伴。收益和风险有四种组合形式：高收益高风险、低收益低风险、高收益低风险、低收益高风险。

（4）投资行为：证券投资的收益与风险并存，要求投资者不仅要对不同的证券类型进行选择，还要对证券的品种进行分析。因此，证券投资既是一种具有一定风险的投资行为，又是一种复杂的智力活动。投资者要想取得投资成功，必须学习和了解投资的基本知识，熟悉和遵守投资程序，并掌握投资决策的各种方法。

（三）证券资产的特点

1．价值虚拟性

证券资产不能脱离实体资产而完全独立存在，但证券资产的价值不是完全由实体资产的现实生产经营活动决定的，而是取决于契约性权利所能带来的未来现金流量，是一种未来现金流量折现的资本化价值。例如，债券投资代表的是未来按合同规定收取债息和收回本金的权利，股票投资代表的是对发行股票企业的经营控制权、财务控制权、收益分配权、剩余财产追索权等股东权利。证券资产的服务能力在于它能带来未来的现金流量，可按未来的现金流量折现即资本化价值，是证券资产价值的统一表达。

2．可分割性

实体项目投资的经营资产一般具有整体性要求，如购建新的生产能力，往往是厂房、设备、配套流动资产的结合。证券资产可以分割为一个最小的投资单位，如一股股票、一份债券。折旧决定了证券资产投资的现金流量比较单一，其往往由原始投资、未来收益或资本利得、本金回收所构成。

3．持有目的多元性

实体项目投资的经营资产往往是为消耗而持有，为流动资产的加工提供生产条件。证券资产的持有目的是多元的，既可能是为未来积累现金即为未来变现而持有，也可能是为谋取资本利得即为销售而持有，还有可能是为取得对其他企业的控制权而持有。

4．强流动性

证券资产具有很强的流动性，主要表现以下两方面。

（1）变现能力强。证券资产往往都是上市证券，一般都有活跃的交易市场可供及时转让。

（2）持有目的可以相互转换。当企业急需现金时，可以立即将为其他目的而持有的证券资产变现。

证券资产本身的变现能力虽然较强，但其实际周转速度取决于企业对证券资产的持有目的。作为长期投资的形式，企业持有的证券资产的周转一次一般都会经历一个会计年度以上。

5．高风险性

证券资产是一种虚拟资产，决定了金融投资受公司风险和市场风险的双重影响。不仅发行证券资产的公司业绩影响着证券资产投资的报酬率，资本市场的市场平均报酬率变化也会给金融投资带来直接的市场风险。

二、证券投资的意义

（1）证券投资为社会提供了筹集资金的重要渠道。

（2）证券投资有利于调节资金投向，提高资金使用效率，从而引导资源合理流动，实现资源的优化配置。

（3）证券投资有利于改善企业经营管理，提高企业经济效益和社会知名度，促进企业的行为合理化。

（4）证券投资为中央银行进行金融宏观调控提供了重要手段，对国民经济的持续、高效发展具有重要意义。

（5）证券投资可以促进国际经济交流。

三、证券投资的风险

由于证券资产的市价变动频繁，证券投资的风险往往较大。获取投资收益是证券投资的主要目的，而证券投资的风险是投资者无法获得预期投资收益的可能性。按证券性质划分，证券投资风险分为系统性风险和非系统性风险两大类别。

（一）系统性风险

证券投资的系统性风险，是指由于外部经济环境因素变化引起整个资本市场不确定加强，从而对所有证券都产生影响的共同性风险。系统性风险影响到资本市场上的所有证券，无法通过投资多元化的组合而加以避免，也称为不可分散风险。

系统性风险波及所有证券资产，最终会反映在资本市场平均利率的提高上，因此，所有的系统性风险几乎都可以归结为利率风险。利率风险是由于市场利率变动引起证券资产价值变化的可能性。市场利率反映了社会平均报酬率，投资者对证券资产投资报酬率的预期总是在市场利率基础上进行的，只有当证券资产投资报酬率大于市场利率时，证券资产的价值才会高于其市场价格。一旦市场利率提高，就会引起证券资产价值的下降，投资者就不易得到超过社会平均报酬率的超额报酬。市场利率的变动会造成证券资产价格的普遍波动，两者呈反向变化：市场利率上升，证券资产价格下跌；市场利率下降，证券资产价格上升。

1．价格风险

价格风险是指由于市场利率上升，而使证券资产价格普遍下跌的可能性。价格风险来自于资本市场买卖双方资本供求关系的不平衡。资本需求量增加，市场利率上升。资本供应量增加，市场利率下降。

2．再投资风险

再投资风险是由于市场利率下降，而造成的无法通过再投资而实现预期收益的可能性。根据流动性偏好理论，长期证券资产的报酬率应当高于短期证券资产。这是因为期限越长不确定越强。证券资产投资者一般喜欢持有短期证券资产，因为它们较易变现而收回本金。

3．购买力风险

购买力风险是指由于通货膨胀而使货币购买力下降的可能性。在持续而剧烈的物价波动环境下，货币性资产会产生购买力损益：当物价持续上涨时，货币性资产会遭受购买力损失；当物价持续下跌时，货币性资产会带来购买力收益。

（二）非系统性风险

证券资产的非系统性风险，是指由于特定经营环境或特定事件变化引起的不确定性，从而对个别证券资产产生影响的特有性风险。非系统性风险源于每个公司自身特有的营业活动和财务活动，其与某个具体的证券资产相关联，而同整个证券资产市场无关。非系统性风险可以通过持有证券资产的多元化来抵消，也称为可分散风险。

非系统性风险是公司特有风险。从公司外部的证券资产市场投资者的角度考察，公司经营风险和财务风险的特征无法明确区分，而公司特有风险是以违约风险、变现风险、破产风险等形式表现出来的。

1．违约风险

违约风险是指证券资产发行者无法按时兑付证券资产利息和偿还本金的可能性。有价证券资产本身就是一种契约性权利资产，经济合同的任何一方违约都会给另一方造成损失。违约风险是投资于收益固定型有价证券资产的投资者经常面临的，多发生于债券投资中。违约风险产生的原因可能是公司产品经销不善，也可能是公司现金周转不灵。

2．变现风险

变现风险是指证券资产持有者无法在市场上以正常的价格平仓出货的可能性。持有证券资产的投资者，可能会在证券市场持有期限内出售现有证券资产投资于另一项目，但在短期内找不到愿意出合理价格的买主，投资者就会丧失新的投资机会或面临降价出售的损失。在同一证券资产市场上，各种有价证券资产的变现力是不同的，交易越频繁的证券资产，其变现能力越强。

3．破产风险

破产风险是指在证券资产发行者破产清算时投资者无法收回应得权益的可能性。当证券资产发行者由于经营管理不善而持续亏损、现金周转不畅而无力清偿债务或其他原因导致难以持续经营时，其可能会申请破产保护。破产保护会导致债务清偿的豁免、有限责任的推迟，使得投资者无法取得应得的投资收益，甚至无法收回投资的本金。

任务二　债券投资分析与评价

一、债券概述

根据投资期限不同，债券投资分短期和长期投资。企业进行短期债券投资的目的主要是为了合理利用暂时闲置资金，调节现金余额，获得收益。企业进行长期债券投资的目的主要是获得稳定的收益。

（一）债券内涵

债券是政府、金融机构、工商企业等直接向社会借债筹措资金时，向投资者发行，承诺按一定利率支付利息并按约定条件偿还本金的债权债务凭证。债券的本质是债的证明书。债券购买者与发行者之间是一种债权债务关系，债券发行人即债务人，投资者（债券持有人）即债权人。债券是一种有价证券。由于债券的利息通常是事先确定的，所以债券是固定利息证券（定息证券）的一种。在金融市场发达的国家和地区，债券可以上市流通。在中国，比较典型的政府债券是国库券。人们对债券不恰当的投机行为，例如无货沽空，可导致金融市场的动荡。

依照定义，债券包含了以下四层涵义。

（1）债券的发行人（政府、金融机构、企业等机构）是资金的借入者。

（2）购买债券的投资者是资金的借出者。

（3）发行人（借入者）需要在一定时期还本付息。

（4）债券是债的证明书，具有法律效力。债券购买者与发行者之间是一种债权债务关系，债券发行人即债务人，投资者（或债券持有人）即债权人。

（二）债券要素

债券尽管种类多种多样，但是在内容上都要包含一些基本的要素。这些要素是指发行的债券上必须载明的基本内容，是明确债权人和债务人权利与义务的主要约定，具体包括以下几方面。

1．票面面值

债券的面值是指债券的票面价值，是发行人对债券持有人在债券到期后应偿还的本金数额，也是企业向债券持有人按期支付利息的计算依据。债券的面值与债券实际的发行价格并不一定是一致的。发行价格大于面值称为溢价发行，小于面值称为折价发行，等价发行称为平价发行。

2．偿还期

债券偿还期是指企业债券上载明的偿还债券本金的期限，即债券发行日至到期日之间的时间间隔。公司要结合自身资金周转状况及外部资本市场的各种影响因素来确定公司债券的偿还期。

3．付息期

债券的付息期是指企业发行债券后的利息支付的时间。它可以是到期一次支付，或一年、半年或者三个月支付一次。在考虑资金时间价值和通货膨胀因素的情况下，付息期对债券投资者的实际收益有很大影响。到期一次付息的债券，其利息通常是按单利计算的。年内分期付息的债券，其利息是按复利计算的。

4．票面利率

债券的票面利率是指债券利息与债券面值的比率，是发行人承诺以后一定时期支付给债券持有人报酬的计算标准。债券票面利率的确定主要受到银行利率、发行者的资信状况、偿还期限和利息计算方法以及当时资金市场上资金供求情况等因素的影响。

5．发行人名称

发行人名称指明债券的债务主体，为债权人到期追回本金和利息提供依据。

上述要素是债券票面的基本要素，但在发行时并不一定全部在票面印制出来。例如，在很多情况下，债券发行者是以公告或条例形式向社会公布债券的期限和利率。

（三）债券的特征

债券作为一种重要的融资手段和金融工具具有如下特征。

（1）偿还性：债券一般都规定有偿还期限，发行人必须按约定条件偿还本金并支付利息。

（2）流通性：债券一般都可以在流通市场上自由转让。

（3）安全性：与股票相比，债券通常规定有固定的利率，其与企业绩效没有直接联系，收益比较稳定，风险较小。此外，在企业破产时，债券持有者享有优先于股票持有者对企业剩余资产的索取权。

（4）收益性：债券的收益性主要表现在两个方面，一是投资债券可以给投资者定期或不定期地带来利息收入，二是投资者可以利用债券价格的变动买卖债券赚取差额。

二、债券的价值估算

将在债券投资上未来收取的利息和收回的本金折为现值，即可得到债券的内在价值。债券的内在价值也称为债券的理论价格。只有债券价值大于其购买价格时，该债券才值得投资。影响债券价值的因素主要是债券的票面利率、期限和所采用的贴现率等因素。

1．债券估价基本模型

典型的债券类型是有固定的票面利率、每期支付利息、到期归还本金。这种债券模式的债券价值计量的基本模型如下：

$$V_b=\frac{I_1}{(1+R)^1}+\frac{I_2}{(1+R)^2}+\cdots+\frac{I_n}{(1+R)^n}+\frac{M}{(1+R)^n}$$

或 $V=I\times(P/\mathrm{A},\ i,\ n)+M\times(P/F,\ i,\ n)$

式中，V_b表示债券的价值，I 表示债券各期的利息，M 表示债券的面值，R 表示评估债券价值所采用的贴现率即所期望的最低收益率。

一般来说，经常采用市场利率作为评估债券价值时所期望的最低投资报酬率。从债券价值基本计量模型中可以看出，债券面值、债券期限、票面利率、市场利率是影响债券价值的基本因素。

【经典案例 8-1】某债券面值 1 000 元，期限 20 年，以市场利率作为评估债券价值的贴现率，目前的市场利率为 10%，如果票面利率分别为 8%、10%和 12%，请计算相应债券的价值。

（1）如果票面利率为 8%，则债券的价值如下：

$$V_b=80\times(P/A,10\%,20)+1\,000\times(P/F,10\%,20)=830.129\text{（元）}$$

（2）如果票面利率为 10%，则债券的价值如下：

$$V_b=100\times(P/A,10\%,20)+1\,000\times(P/F,10\%,20)=1\,000\text{（元）}$$

（3）如果票面利率为 12%，则债券的价值如下：

$$V_b=120\times(P/A,10\%,20)+1\,000\times(P/F,10\%,20)=1\,170.68\text{（元）}$$

2．到期一次还本付息债券估价模型

一次还本付息债券是指债务期间不支付利息。这类债券利随本清，本金和各期利息都在债券到期时一次性支付，此类债券价值的计算如下：

$$V_b=\frac{I}{(1+R)^n}+\frac{M}{(1+R)^n}$$

【经典案例 8-2】某债券 2009 年 1 月 1 日发行，期限 5 年，面值 1 000 元，年利率为 6%，一年计息一次，按单利计息，一次性还本付息。一投资者希望以年 5% 的收益率于 2012 年 1 月 1 日购买此债券，问他能接受的价格是多少？

$$V_b=(1\,000+1\,000\times6\%\times5)\times(P/F,5\%,2)=1\,179.1\text{（元）}$$

由计算可知，如果市场价格等于或低于 1 179.1 元，则投资者会买入该债券。

3．零息债券的价值模型

零息债券不支付利息，按票面进行大幅折扣后出售。债券到期时，利息和购买价格之和就是债券的面值。买入价与到期日赎回的面值之间的价差便是资本增值。这类债券的特点是：以低于面值的贴现方式发行，由其发行贴现率决定债券的利息率；兑付期限固定，到期后将按债券面值还款，形式上无利息支付问题。此类债券价值的计算如下：

$$P=\frac{F}{(1+i)^m}$$

式中，P 为价格，F 为面值，i 为折现率，m 为距离到期的时间。

【经典案例 8-3】从现在起 15 年到期的一张利息债券，如果面值是 1 000 元，折现率是 12%，它的价格是多少？

$$P=\frac{1\,000}{(1+12\%)^{15}}=182.7\text{(元)}$$

4．市场利率对债券价值的敏感性

债券一旦发行，其面值、期限、票面利率都相对固定了，市场利率成为债券持有期间影响债券价值的主要因素。市场利率是决定债券价值的贴现率，市场利率的变化会造成系统性的利率风险。

【经典案例 8-4】现有面值 1 000 元、票面利率 15% 的 2 年期和 20 年期两种债券，每年付息一次，到期归还本金。当市场利率发生变化时的债券价值如表 8-1 所示。

表 8-1 市场利率变化的敏感性　　单位：元

市场利率	债券价值	
	2 年期债券	20 年期债券
5%	1 185.85	2 246.30
10%	1 086.40	1 426.10
15%	1 000.00	1 000.00
20%	923.20	756.50
25%	856.00	605.10
30%	796.15	502.40

表 8-1 中数据分析可以得出如下结论。

（1）市场利率的上升会导致债券价值的下降，市场利率的下降会导致债券价值的上升。

（2）长期债券对市场利率的敏感性会大于短期债券。在市场利率较低时，长期债券的价值远高于短期债券，在市场利率较高时，长期债券的价值远低于短期债券。

（3）市场利率低于票面利率时，债券价值对市场利率的变化较为敏感，市场利率稍有变动，债券价值就会发生剧烈的波动。市场利率超过票面利率后，债券价值对市场利率的变化并不敏感，市场利率的提高，不会使债券价值过分地降低。

根据上述分析结论，财务经理在债券投资决策中应当注意：长期债券的价值波动较大，特别是票面利率高于市场利率的长期溢价债券，虽然容易获取投资收益，但安全性较低，利率风险较大。如果市场利率波动频繁，利用长期债券来储备现金显然是不明智的，因为这将为较高的收益率而付出安全性的代价。

5．债券期限对债券价值的敏感性

选择长期债券还是短期债券，是公司财务经理经常面临的问题。由于票面利率的不同，当债券期限发生变化时，债券的价值也会随之波动。

【经典案例 8-5】假定市场利率为 10%、面值为 1 000 元、每年支付一次利息、到期归还本金，票面利率分别为 8%、10% 和 12% 的三种债券，在债券到期日发生变化时的债券价值如表 8-2 所示。

表 8-2 债券期限变化的敏感性　　单位：元

债券期限	债券价值				
	票面利率 10%	票面利率 8%	环比差异	票面利率 12%	环比差异
0 年期	1 000	1 000	—	1 000	—
1 年期	1 000	981.72	−18.28	1 018.08	+18.08
2 年期	1 000	964.88	−16.84	1 034.32	+16.24
5 年期	1 000	924.28	−40.60	1 075.92	+41.06
10 年期	1 000	877.6	−46.68	1 123.40	+47.48
15 年期	1 000	847.48	−30.12	1 151.72	+28.32
20 年期	1 000	830.12	−17.36	1 170.68	+18.96

通过分析上表数据，可以得出如下结论。

（1）引起债券价值随债券期限的变化而波动的原因，是债券票面利率与市场利率的不一致。如果债券票面利率与市场利率之间没有差异，债券期限的变化不会引起债券价值的变动。也就是说，只有溢价债券或折价债券，才产生不同期限下债券价值有所不同的现象。

（2）债券期限越短，债券票面利率对债券价值的影响越小。不论是溢价债券还是折价债券，当债券期限较短时，票面利率与市场利率的差异，不会使债券的价值过于偏离债券的面值。

（3）债券期限越长，债券价值越偏离于债券面值，而且溢价债券的期限对债券价值的敏感性会大于折价债券。

（4）随着债券期限的延长，债券的价值会越偏离债券的面值，但这种偏离的变化幅度最终会趋于平稳。或者说，超长期债券的期限差异，对债券价值的影响不大。

根据上述分析结论，在债券投资决策时应当注意：短期的溢价或折价债券对决策的影响并不大；对于长期债券来说，溢价债券的价值与票面金额的偏离度较高，会给债券市场价格提供较大的波动空间，应当利用这个波动空间谋取投资的资本价差利得。

三、债券投资的收益率

1．债券收益的来源

（1）利息收益。债券各期的名义利息收益都是其面值与票面利率的乘积。

（2）利息再投资收益。债券投资评价时，有两个重要假定：① 债券本金是到期收回的，而债券利息是分期收取的；② 将分期收到的利息重新投资于同一项目，并取得与本金同等的利息收益率。

例如，某 5 年期债券面值为 1 000 元，票面利率为 12%，如果每期的利息不进行再投资，5 年共获利息收益 600 元。如果将每期利息进行再投资，第一年获利息 120 元。第二年 1 000 元本金获利息 120 元，第一年的利息 120 元在第二年又获利息收益 14.4 元，第二年共获利息收益 134.4 元。依此类推，到第 5 年年末累计获利息 762.34 元。事实上，按 12%的利率水平，1 000 元本金在第 5 年末的复利终值为 1 762.34 元，按照时间价值的原理计算债券投资收益，就已经考虑了再投资因素。在取得再投资收益的同时，承担着再投资风险。

（3）价差收益。它是指债券尚未到期时投资者中途转让债券，在转让价格与转让时的理论价格之间的价差上所获得的收益，也称为资本利得收益。

2．债券的内部收益率

债券的内部收益率，是指按当前市场价格购买债券并持有至到期日或转让日，所产生的预期报酬率，也就是债券投资项目的内含报酬率。在债券价值估价基本模型中，如果用债券的购买价格 P_0 代替内在价值 V_b，就能求出债券的内部收益率。也就是说，用该内部收益率贴现所决定的债券内在价值，刚好等于债券的目前购买价格。

债券真正的内在价值是按市场利率贴现所决定的内在价值。当按市场利率贴现所计算的内在价值大于按内部收益率贴现所计算的内在价值时，债券的内部收益率才会大于市场利率，而这正是投资者所期望的。

【经典案例 8-6】假定投资者目前以 1 075.92 元的价格，购买一份面值为 1 000 元、每年付息一次、到期归还本金，票面利率为 12% 的 5 年期债券，投资者将该债券持有至到期日。

【解析】

$$1\,075.92=120\times(P/A，R，5)+1\,000\times(P/F，R，5)$$

由上式解内部收益率 R=10%

同样原理，如果债券目前购买价格 1 000 元或 899.24 元，则计算的内部收益率分别为 12% 和 15%。

可见，溢价债券的内部收益率低于票面利率，折价债券的内部收益率高于票面利率，平价债券的内部收益率等于票面利率。

通常，也可以用简便算法对债券投资收益率近似估算，其公式如下：

$$R=\frac{I+(B-P)/N}{(B+P)/2}\times 100\%$$

式中，P 表示债券的当前购买价格，B 表示债券面值，N 表示债券期限，分母是平均占用，分子是平均收益，将上例数据代入公式如下：

$$R=\frac{120+(1\,000-1\,075.92)/5}{(1\,000+1\,075.92)/2}\times 100\%=10.098\%$$

四、债券投资的风险

（一）债券投资风险的种类

债券投资的风险是指债券预期收益变动的可能性及变动幅度。债券投资的风险是普遍存在的。债券的市场价格及实际收益率受许多因素的影响，这些因素的变化，都有可能使投资者的实际利益发生变化，从而使投资行为产生各种风险。债券投资者的投资风险主要由以下几种风险形式构成。

1．利率风险

利率风险是指利率的变动导致债券价格与收益率发生变动的风险。债券是一种法定的契约，大多数债券的票面利率是固定变动的（浮动利率债券与保值债券例外），当市场利率上升时，债券价格下跌，使债券持有者的资本遭受损失。因此，投资者购买的债券离到期日越长，则利率变动的可能性越大，其利率风险也相对越大。

2．购买力风险

购买力是指单位货币可以购买的商品和劳务的数量。在通货膨胀的情况下，货币的购买力是持续下降的。债券是一种金钱资产，因为债券发行机构承诺在到期时付给债券持有人的是金钱，而非其他有形资产。换句话说，债券发行者在协议中承诺付给债券持有人的利息或本金的偿还，都是事先议定的固定金额，此金额不会因通货膨胀而有所增加。由于通货膨胀的发生，债券持有人从投资债券中所收到的金钱的实际购买力越来越低，甚至有可能低于原来投资金额的购买力。通货膨胀剥夺了债券持有者的收益，而债券的发行者则从中大获其利。

3．信用风险

信用风险主要表现在企业债券的投资中。企业由于各种原因，存在着不能完全履行其责任的风险。企业发行债券以后，其营运成绩、财务状况都直接反应在债券的市场价格上。一旦企业走向衰退之路时，第一个大众反应是股价下跌，接着，企业债券持有人担心企业在亏损状态下无法在债券到期时履行契约即无法按规定支付本息，债券持有者便开始卖出其持有的公司债券，债券市场价格也逐渐下跌。

4．收回风险

一些债券在发行时规定了发行者可提前收回债券的条款，这就有可能发生债券在一个不利于债权人的时刻被债务人收回的风险。当市场利率一旦低于债券利率时，收回债券对发行公司有利，这种状况使债券持有人面临着不对称风险，即在债券价格下降时承担了利率升高的所有负担，但在利率降低、债券价格升高时，却没有收到价格升高的好处。

5．突发事件风险

这是由于突发事件使发行债券的机构还本付息的能力发生了重大的事先没有料到的风险。这些突发事件包括突发的自然灾害和意外的事故等，例如，一场重大的事故会极大地损害有关公司还本付息的能力。

6．税收风险

税收风险变现为两种具体的形式。一是投资免税的政府债券的投资者面临着税率下调的风险。税率越高，免税的价值就越大，如果税率下调，免税的实际价值就会相应减少，债券的价格就会下降。二是投资于免税债券的投资者面临着所购买的债券被有关税收征管当局取消免税优惠的风险。例如，1980 年 6 月美国市政当局发售的债券，在发行时当局宣布该债券享有免纳联邦收入税的待遇，但到了 11 月，美国国内税收署裁定这些债券不能享有免税的待遇。

（二）债券投资风险的管理

面对着债券投资过程中可能会遇到的各种风险，投资者应认真加以对待，利用各种方法和手段去了解风险、识别风险，寻找风险产生的原因，然后制定风险管理的原则和策略，运用各种技巧和手段去规避风险、转嫁风险，减少风险损失，力求获取最大收益。

1．认真进行投资前的风险论证

在投资之前，应通过各种途径，充分了解和掌握各种信息，从宏观和微观方面去分析投资对象可能带来的各种风险。

从宏观角度，必须准确分析各种政治、经济、社会因素的变动状况；了解经济运行的周期性特点、各种宏观经济政策尤其是财政政策和货币政策的变动趋势；关注银行利率的变动以及影响利率的各种因素的变动，如通货膨胀、失业率等指标。

从微观角度，既要从总体上把握国家的产业政策，又要对影响国债或企业债券价格变动的各种因素进行具体的分析。对企业债券的投资者来说，了解企业的信用等级状况、经营管理水平、产品的市场占有情况以及发展前景、企业各项财务指标等都是十分必要的。

此外，还要进一步了解和把握债券市场的以下各种情况：债券市场的交易规则、市场规模、投资者的组成以及基本的经济和心理状况、市场运作的特点等。

2．制定各种能够规避风险的投资策略

（1）债券投资期限梯形化。期限梯形化是指投资者将自己的资金分散投资在不同期限的债券上。投资者手中应经常保持短期、中期、长期的债券，不论什么时候，总有一部分即将到期的债券，当它到期后，再把资本投资到最长期的证券中去。假定某投资者拥有 10 万元资金，他分别用两万元购买 1 年期、2 年期、3 年期、4 年期和 5 年期的各种债券。这样，他每年都有两万元债券到期，资金收回后再购买 5 年期债券，循环往复。这种方法简便易行、操作方便，能使投资者有计划地使用、调度资金。

（2）债券投资种类分散化。种类分散化是指投资者将自己的资金分别投资于多种债券，如国债、企业债券、金融债券等。

（3）债券投资期限短期化。短期化是指投资者将资金全部投资于短期证券上。这种投资方法比较适合于我国目前的企业投资者。因为我国大部分单位能够支配的长期资金十分有限，能用于证券投资的仅仅是一些暂时闲置的资金。投资期限短期化既能使债券具有高度的流动性，又能取得高于银行存款的收益。由于所投资的债券期限短，一旦需要资金，企业能够迅速转让这些债券，以满足生产经营的需要。采取这种投资方式能保持资金的流动性和灵活性。

3．运用各种有效的投资方法和技巧

（1）利用国债期货交易进行套期保值。国债期货套期保值交易对规避国债投资中的利率风险十分有效。国债期货交易是指投资者在金融市场上买入或卖出国债期货的同时，相应地做一笔交易进行对冲，用期货交易的盈亏抵补或部分抵补相关期限内现货买卖的盈亏，从而达到规避或减少国债投资亏损的目的。

（2）准确进行投资收益的计算，并以此作为投资决策的依据。投资收益的计算有时十分复杂，必须准确进行。

五、债券投资的优缺点

（一）债券投资的优点

1．安全性高

由于债券发行时就约定了到期后可以支付本金和利息，故其收益稳定、安全性高。特别是对于国债来说，其本金及利息的给付是由政府作担保的，几乎没有什么风险，是具有较高安全性的一种投资方式。

2．收益高于银行存款

在我国，债券的利率高于银行存款的利率。投资于债券，投资者一方面可以获得稳定的、高于银行存款的利息收入，另一方面可以利用债券价格的变动，买卖债券，赚取差价。

3．流动性强

上市债券具有较好的流动性。当债券持有人急需资金时，可以在交易市场随时卖出，而且随着金融市场的进一步开放，债券的流动性将会不断加强。

（二）债券投资的缺点

1．风险较大

利率上扬时，价格会下跌，而且对抗通货膨胀的能力较差。另外，债券投资本金的安全性视发行机构的信用而定。

2．没有经营管理权

债券投资只能获得收益，相对股票投资来说，无权参与债券发行单位的经营和管理。

任务三　股票投资分析与评价

一、股票的价值估算

股票是股份证书的简称，是股份公司为筹集资金而发行给股东作为持股凭证并借以取得股息和红利的一种有价证券。每股股票都代表股东对企业拥有一个基本单位的所有权。股票是股份公司在筹集资本时向出资人或投资者公开或私下发行的、用以证明持有者（即股东）对股份公司的所有权，并根据持有人所持有的股份数享有权益和承担义务的凭证。

投资于股票预期获得的未来现金流量的现值，即为股票的价值或内在价值、理论价格。股票是一种权利凭证。它之所以有价值，是因为它能为持有者带来未来的收益。这种未来的收益包括各期获得的股利、转让股票获得的价差收益、股份公司的清算收益。价格小于内在价值的股票，是值得投资者投资购买的。股份公司的净利润是决定股票价值的基础。股票给持有者带来的未来收益一般是以股利形成出现的，因此也可以说股利决定了股票价值。

1．股票估价的基本模型

从理论上说，如果股东不中途转让股票，股票投资没有到期日，而投资于股票所得到的未来现金流量是各期的股利。假定某股票未来各期股利为 D_t（t 为期数），R_S 为估价所采用的贴现率即所期望的最低收益率，股票价值的股价模型如下：

$$V_b=\frac{D_1}{(1+R_S)^1}+\frac{D_2}{(1+R_S)^2}+\cdots+\frac{D_n}{(1+R_S)^n}+\cdots=\sum_{t=1}^{\infty}\frac{D_t}{(1+R_S)^t}$$

优先股是特殊的股票，需每期在固定的时点上支付相等的股利，并且没有到期日，未来的现金流量是一种永续年金，其价值计算如下：

$$V_S=\frac{D}{R_S}$$

2．常用的股票估价模式

与债券不同的是，持有期限、股利、贴现率是影响股票价值的重要因素。如果投资者准备永久持有股票，未来的贴现率也是固定不变的，那么未来各期不断变化的股利就成为评价股票价值的难题。为此，我们不得不假定未来的股利按一定的规律变化，从而形成几种常用的股票估价模式。

（1）固定成长模式。一般来说，公司并没有把每年的盈余全部作为股利分配出去，留存的收益扩大了公司的资本额，不断增长的资本会创造更多的盈余，进而引起下期股利的增长。如果公司本期的股利为 D_0，未来各期的股利按上期股利的 g 速度呈几何级数增长，根据股票价值的基本模型，股票价值 V_b 可由如下公式算得：

$$V_b=\sum_{i=1}^{\infty}\frac{D_0(1+g)^t}{(1+R_S)^t}$$

因为 g 是一个固定的常数，上式可以化简如下：

$$V_s=\frac{D_1}{R_S-g}$$

【经典案例 8-7】假定某投资者准备购买 A 公司股票，要求达到 12%的收益率，该公司今年每股股利 0.8 元，预计未来股利会以 9%的速度增长，则 A 股票的价值是多少？

【解析】

$$V=\frac{0.8\times(1+9\%)}{12\%-9\%}=29.07\text{（元）}$$

（2）零成长模式。如果公司未来各期发放的股利都相等，并且投资者准备永久持有，那么这种股票与优先股是相类似。或者说，当固定增长模式中 g=0 时，$D_1=D_2=D_3=\cdots=D$，则股票价值的公式如下：

$$V_s=\frac{D}{R_S}$$

上例中，如果 g=0，A 股票的价值如下：

$$V_s=\frac{0.8}{12\%}=6.67\text{（元）}$$

（3）阶段性成长模式。许多公司的股利在某一阶段有一个超常的增长率。这段期间的增长率 g 可能大于股票收益率，而后阶段公司的股利固定不变或正常增长。对于阶段性成长的股票，需要分段计算，才能确定股票的价值。

【经典案例 8-8】假定某投资者准备购买 B 公司的股票，要求达到 12%的收益率。若该公司今年每股股利 0.6 元，预计未来 3 年以 15%的速度高速成长，而后以 9%的速度转入正常的成长，则 B 股票的价值分两段计算。

首先，计算高速成长期股利的现值如表 8-3 所示。

表 8-3　B 公司未来 3 年的股利现值

年份	股利	现值系数（12%）	股利现值
1	0.6×（1+15%）=0.69	0.893	0.616 2
2	0.69×（1+15%）=0.793 5	0.797	0.632 4
3	0.793 5（1+15%）=0.912 5	0.712	0.649 7
合计	—	—	1.898 3

其次，正常成长期股利在第三年年末的现值如下：

$$V_3=\frac{D_4}{R_S-g}=\frac{0.912\,5\times(1+9\%)}{12\%-9\%}=33.154\,2(\text{元})$$

最后，计算该股票的价值如下：

$$V_0=33.154\,2\times0.712+1.898\,3=25.51（\text{元}）$$

3．增长率 g 的确定

未来每期股利的固定增长率 g 是不容易估计的。从理论上看，g 就是公司的成长率。它至少应当不低于整个社会国民生产总值的增长率。从操作上看，一条近似的思路是以净资产报酬率为标准来推断股利增长率 g。

公司只有把每年盈余的一部分留存下来，才能扩大公司的权益资本额，进而创造更多的未来盈余。利润留存增加资本，资本扩大增加利润，多获利则多分股利。按这样一条思路，假定一个经营稳定的公司，每年股利发放率都相等，每年的净资产报酬率也相等，则每年盈余的留存部分用于投资，也能取得与净资产报酬率一致的收益率。因此，股利增长率 g 与净资产报酬率的计算公式如下：

$$\text{股利增长率 } g=（1-\text{股利发放率}）\times\text{净资产报酬率}$$

$$\text{净资产报酬率}=\frac{\text{本期净利润}}{\text{期末净资产}}=\frac{\text{每股收益}}{\text{每股净资产}}$$

式中，期末净资产是指本期利润未留存之前的净资产。

【经典案例 8-9】某公司本期每股收益（EPS）为 1.65 元，股利发放率为 40%，净资产报酬率为 12%，股东所要求的报酬率为 15%，求股利增长率及股票价值。

【解析】

$$\text{股利增长率}=（1-40\%）\times12\%=7.2\%$$

$$\text{股票价值}=\frac{1.65\times40\%\times(1+7.2\%)}{15\%-7.2\%}=9.07(\text{元})$$

二、股票投资的收益率

1．股票收益的来源

股票投资的收益由股利收益、股利再投资收益、转让价差收益三部分构成。只要按照资金时间价值的原理计算股票投资收益，就无需单独考虑再投资收益的因素。

2．股票的内部收益率

股票的内部收益率是在股票投资上未来现金流量贴现现值等于目前的购买价格时的贴现率。股票的内部收益率高于投资者所要求的最低报酬率时，投资者才愿意购买该股票。在固定成长股票估价模型中，用股票的购买价格代替内在价值，计算公式如下：

$$R_S=\frac{D_1}{P_0}+g$$

上式由两部分构成，一部分是预期股利收益率$\dfrac{D_1}{P_0}$，另一部分是股利增长率g。

如果投资者不打算长期持有股票，而将股票转让出去，则股票投资的收益由股利收益和资本利得（转让价差收益）构成。这时，股票内部收益率R是使股票投资净现值为零时的贴现率，计算公式如下：

$$NPV=\sum_{t=1}^{n}\frac{D_t}{(1+R)^t}+\frac{P_t}{(1+R)^n}-P_0=0$$

【经典案例 8-10】某投资者 2010 年 5 月购入 A 公司股票 1000 股，每股购价 3.2 元。A 公司 2011 年、2012 年、2013 年分别派分现金股利 0.25 元/股、0.32 元/股、0.45 元/股。该投资者 2013 年 5 月以每股 3.5 元的价格出售该股票，则 A 股票内部收益率的计算如下：

$$NPV=\frac{0.25}{1+R}+\frac{0.32}{(1+R)^2}+\frac{0.45}{(1+R)^3}+\frac{3.5}{(1+R)^3}-3.2=0$$

当R=12%时，NPV=45.35

当R=14%时，NPV=−34.21

用插值法计算：$R=12\%+2\%\times\dfrac{45.35}{45.38+34.21}=13.14\%$

3．市盈率决定的收益率

由于未来股利难以预计，所以极大地限制了股票价值估价模型使用的广泛性。在实务中，可以利用市盈率大致地估计股票投资的内部收益率。

市盈率是股票目前市价与每股盈余的比值。它反映投资者为取得对每股盈余的要求权而愿意支付的代价，即购买价格是每股盈余的倍数。由于股票的购买价格就是在股票上的投资额，每股盈余则表示在该股票上应当取得的投资收益（包括股利收益和留存收益），那么市盈率的倒数就表示一种在股票投资上的收益率。用PE表示市盈率，投资收益率R的计算公式如下：

$$投资收益率R=\frac{1}{市盈率（PE）}=\frac{EPS_0}{P_0}$$

若用股票的价值V取代股票价格P_0，用股利D取代EPS，那上式的表达与零成长股票模式股价公式是何等的相似。所以，用市盈率来估计股票投资的收益率有两个基本前提：（1）本期的公司盈余全部用来发放股利，即利润留存率为零；（2）由利润留存决定的股利增长率g也为零。

股利增长率g为零，并不意味着公司未来的盈余和股利不会增加。固定成长模式是假定股利的增长来源于权益资本的扩大，而权益资本的扩大来源于利润的留存。事实上，公司可能利用其他途径扩大资本，进而增加利润。所以，未来EPS的增长引起未来股价P的同步增长，市盈率保持不变，由市盈率的倒数决定的投资收益率也保持不变。

三、股票投资的优缺点

（一）股票投资的优点

1．投资收益高

虽然普通股票的价格变动频繁，但优质股票的价格总是呈上涨趋势。随着股份公司的发展，股东获得的股利也会不断增加。只要投资决策正确，股票投资收益是比较高的。

2．能降低购买力的损失

普通股票的股利是不固定的，会随着股份公司收益的增长而提高。在通货膨胀时期，股份公司的收益增长率一般大于通货膨胀率，股东获得的股利可全部或部分抵消通货膨胀带来的购买力损失。

3．流动性很强

上市股票的流动性很强，投资者有闲散资金可随时买入，需要资金时又可随时卖出。这既有利于增强资产的流动性，又有利于提高其收益水平。

4．能达到控制股份公司的目的

投资者是股份公司的股东，有权参与或监督公司的生产经营活动。当投资者的投资额达到公司股本一定比例时，就能实现控制公司的目的。

（二）股票投资的缺点

1．求偿权居后

普通股对企业资产和盈利的求偿权居于最后。企业破产时，股东原来的投资可能得不到全额补偿甚至一无所有。

2．价格不稳定

普通股的价格受众多因素影响很不稳定，如政治因素、经济因素、投资人心理因素、企业的盈利情况、风险情况都会影响股票价格。这也使股票投资具有较高的风险。

3．收入不稳定

普通股股利的多少，视企业经营状况和财务状况而定，其有无、多寡均无法律上的保证，其收入的风险也远远大于固定收益证券。

任务四　基金投资的分析与评价

一、投资基金的运作原理

（一）投资基金的组建

投资基金是一种利益共享、风险共担的集合投资方式，是通过发行基金股份或受益凭证等有价证券聚集确定投资者的出资，交由专业投资机构经营运作，以规避投资风险并谋取投资收益的金融投资工具。

投资基金的称谓各有不同，美国称为共同基金或互惠基金，也称为投资公司，英国和我国香港特别行政区称为单位信托基金，日本和我国台湾省称为证券投资信托基金。尽管称谓各异，但投资基金的组建框架及操作过程基本上都是相同的。

一般来说，投资基金的组织与运作包括如下几个方面的内容。

（1）由投资基金的发起人设计、组织各种类型的投资基金。通过向社会发行基金受益凭证或基金股份，将社会上众多投资者的零散资金聚集成一定规模数额，设立基金。

（2）基金的份额用“基金单位”来表达。基金单位也称为受益权单位，是确定投资者在某一投资基金中所持份额的尺度。将初次发行的基金总额分成若干等额的整数份，每一份即为一个基金单位，表明认购基金所要求达到的最低投资金额。例如，某基金发行时要求以 100 元的整数倍认购，表明该基金的单位是 100 元，投资 2 000 元即拥有 20 个基金单位。一个基金单位与股份公司一股的涵义基本上是相同的。

（3）由指定的信托机构保管和处分基金资产，专款存储以防止基金资产被挪为他用。基金保管机构亦称为基金保管公司，接受基金管理人的指令，负责基金的投资操作，处理基金投资的资金拨付、证券交割和过户、利润分配及本金偿付等事项。

（4）由指定的基金经理公司（也称为基金管理公司）负责基金的投资运作。基金经理公司负责设计基金品种，制订基金投资计划，确定基金的投资目标和投资策略，以基金的名义购买证券资产或其他资产，向基金保管人发出投资操作指令。

（二）投资基金的类型

按基金的组织形式，投资基金分为契约型基金和公司型基金两大类。按基金发行的限制条件，投资基金分为开放型基金和封闭型基金。这两种分类是投资基金最基本的运作分类。

1．契约型基金与公司型基金

（1）契约型基金是基于一定的信托契约而联结起来的代理投资行为，是发展历史最为悠久的一种投资基金。在契约型基金运作中，委托人（基金经理公司）与受托人（基金保管公司）之间签订信托契约，由基金经理公司作为发起人发行等额或不等额的受益凭证募集社会资金并交由基金保管公司保管，而基金经理公司专注于下达投资指令。

（2）公司型基金是按公司法组建股份有限公司而构建的代理投资组织。公司型基金本身就是一个基金股份公司，通常称为投资公司。投资公司向社会发行基金股份，投资者通过购买股份成为股东，股东大会选出董事会，监督基金资产的运用，负责基金资产的安全与增值。

从组织结构上来说，投资公司与一般的股份有限公司并无多大的差别。但投资公司并不是一个自身开展业务的经营实体，只是一种名义、一种机制，一种集腋成裘进行规模性专业投资的集合式间接投资机制。公司型投资基金本身就可以称为投资公司。投资公司的主要职责是创办基金并对基金资产的运作进行监督。除了董事会以外，投资公司可以没有其他工作人员，甚至没有专门的办公场所。

契约型基金的大众化程度较高，公司型基金的经营比较稳定，两种形式的基金各占优势。各国的证券投资信托制度均以这两种组织形式为基本模式，例如，英国的单位信托基金以契约型基金为主。由于受我国香港特区的影响，我国的投资基金多属于契约型基金。

2．封闭型基金与开放型基金

（1）封闭型基金有基金发行总额和发行期限的限定，在募集期间结束和达到基金发行限额后，基金即告成立并予以封闭，在封闭期内不再追加发行新的基金单位，也不可赎回原有的基金单位。

（2）开放型基金，没有基金发行总额和发行期限的限定，发行者可以连续追加发行新的基金单位，投资者也可以随时将原有基金单位退还给基金经理公司。从基金退换角度看，开放型基金公司可回购基金股份或受益凭证，赎回基金，投资者可退还基金，赎回现金，因此开放型基金也叫可赎回基金。

在市场流通方面，封闭型基金采用证券交易所上市的方式，基金募集完毕上市后，投资者要购买或转让基金，都要通过证券经纪商在二级市场上竞价交易。可以说，封闭型基金类似于普通股票，交易价格受供求关系影响。开放型基金在国家规定的营业场所申购，通过基金公司的柜台交易赎回，其赎回价格由基金单位净资产值决定。

在基金期限方面，开放型基金的投资者由于随时可以向基金经理人提出赎回要求，故无设定基金期限的必要，而封闭型基金则需要设定一个固定的基金经营期限。我国国务院证券委员会颁布的《证券投资基金管理暂行办法》（1997）规定，封闭型基金的存续年限不得少于5年。

二、投资目标与投资方向

不论是公司型基金还是契约型基金，投资基金的经营主体是基金经理公司，投资基金的经营业绩完全取决于基金经理人的努力。基金经理公司在对投资基金进行经营运作时，确立投资目标和设计投资方向是决定投资基金经营业绩的前提因素。

（一）投资目标

投资目标是基金投资经营运作所要达到的目的，引导着基金的投资方向和投资政策。根据对投资风险和收益的选择，基金的投资目标一般有四种类型。

1．资本迅速增值

这类基金强调在较短的时期内为投资者谋取较大的资本增长幅度，投资收益的来源主要是资本利得，即投资对象的买卖差价，而当期的期间收益不是追求的对象。谋求资本迅速增值的基金称为积极成长型基金，一般投资于高成长潜力的小型公司股票、高科技公司股票，投资政策往往采取快进快出策略，以避免投资风险。这类基金通常很少或不分派基金分红，而是将盈利滚入本金再投资，以取得高速成长。谋取资本的快速成长，是以承担高风险为代价的。

2．资本长期增值

这类基金强调为投资者谋取长期而稳定的资本增幅，投资收益的来源主要也是资本利得。谋取资本长期增值的基金称为成长型基金，其并不要求资本在短期内迅速扩大，而是强调资本增值的持续性。这类基金的投资对象往往是价格稳定上升的绩优股，投资政策主要是在有成长潜力的证券中组合投资。成长型基金在短期内基金价值下跌的风险也较大。

3．收益与风险平衡

这类基金同时注重收益稳定和资本增值，要求既能派发红利又能使资本适当成长。这类基金称为平衡型基金，其投资对象一般是价格波动较小的证券，强调在收益稳定性证券（如债券、优先股）和成长性证券（如股票）中组合投资。平衡型基金较为保守，适合资金不多的小投资者购买。

（二）投资方向

投资方向是指设计投资基金的主要投资区域。虽然投资基金的投资对象主要是有价证券，但受投资目标的影响，各类基金的投资取向是不同的。

1．货币投资方向

这时，基金投资的取向是以货币为客体的金融工具，形成货币市场基金。货币市场基金的业务主要是货币市场上的一系列长期和短期的存款和贷款，包括银行存款、银行票据、商业票据、短期国库券等。以货币作为投资方向的优势在于：汇集投资者的零散资金作为大额存款，获得优惠的利率；参与外汇市场投资，赚取汇兑收益和利息差。

2．股票投资方向

这时，基金投资的取向是普通股票或分行业专门股票，既可以取得资本收益又可以取得资本利得。对于中小投资者而言，利用基金投资于股票比自己操作股票更安全，市场信息更易取得。并且，股票市场的国际化没有货币市场高，利用基金可以投资境外股票。

3．债券投资方向

基金投资的取向是各类债券， 包括政府公债、地方债券、公用事业债券、公司债券等。无疑，投资于债券的风险较小、收益稳定，但受市场利率的影响较大。

4．认股权证投资方向

认股权证是一种票据类金融工具，持有人有权在指定的期间按指定的价格购买发行公司一定数量的股份。从理论上说，认股权证的价格是正股市价与认股价的差价，但认股权证价格的波动幅度远大于正股市价的波动幅度，具有强烈的杠杆效用，风险较大。我国目前的可转换债券可归类为认股权证。

5. 衍生金融工具投资方向

衍生金融工具是以基础金融工具存在为前提、以基础金融工具为对象、其价值也依附于基础金融工具的金融合同或合约，如金融远期、金融期货、金融期权、金融互换等。衍生金融工具诞生的原动力就是风险管理。它通过买空卖空等手段把市场风险聚集起来，在基础金融工具的价格上涨行情和下跌行情中都能赚取收益。衍生金融工具的收益与风险放大的杠杆效用比认股权证更加强烈。想要在聚集风险的同时释放风险，需要基金经理有较高的投资技巧。

6. 专门化投资方向

专门化投资方向是从股票投资方向中衍化过来的。这时，基金主要集中投放于一些特殊领域背景的证券，如投资于金矿采掘和加工公司股票的黄金基金、投资于国家资源公司证券的资源基金、投资于目前未上市而前景良好的小型企业和新兴企业创业基金、投资于高科技领域的科技基金等。

三、投资基金的估计与收益率

（一）基金的价值与价格

1. 基金的价值

基金也是一种证券，与其他证券一样，基金的内涵价值也是指在基金投资上所能带来的现金净流量。但是，基金内涵价值的具体确定依据与股票、债券等其他证券又有很大的区别。

（1）基金价值的内涵。债券的价值取决于债券投资所带来的利息收入和所收回的本金，股票的价值取决于股份公司净利润的稳定性和增长性。基金的价值取决于基金净资产的现在价值，其原因在于：投资基金不断变换投资组合对象，再加上资本利得是投资基金收益的主要来源，变换莫测的证券价格波动，使得对投资基金未来收益的预计变得不大现实。既然未来不可预测，投资者把握的就是“现在”，即基金资产的现有市场价值。

（2）基金单位净值。基金的单位净值，也称为单位净资产值或单位资产净值。基金的价值取决于基金净资产的现在价值，因此，基金单位净值是评价基金业绩最基本和最直观的指标，也是开放型基金申购价格、赎回价格以及封闭型基金上市交易价格确定的重要依据。

基金单位净值是在某一时点、每一基金单位（或基金股份）所具有的市场价值，计算公式如下：

$$\text{基金单位净值}=\frac{\text{基金净资产值总额}}{\text{基金单位总份数}}$$

$$\text{基金净资产总额}=\text{总资产}-\text{总负债}$$

其中，总资产是指基金拥有的股票、债券、银行存款和其他有价证券在内的资产总值。

上市股票和债券按照计算日的收市价格计算价值，当日未交易的按照最近一个交易日的收市价格计算价值，未上市的国债及未到期的定期存款以至计算日的应付利息额计算价值。所以，基金总资产的价值并不是指资产总额的账面价值，而是指资产总额的市场价值。总负债是指基金运作所形成的负债。基金的负债除了以基金名义对外的融资借款以外，还包括应付投资者的分红、基金应付给基金经理公司的首次认购费、经理费用等各项基金费用。相对来说，基金的负债金额是固定的，基金净资产的价值主要取决于基金总资产的价值。

基金持有的股票和债券基金的价格在每个交易日都会发生变化，因此单位净值在每个交易日都会变化，与上一日持平的情况很少见。每天股市收盘后，基金公司汇集当日股票和债券收市价及基金的申购、赎回份额，计算出单位净值。

（3）累积净值。累积净值是基金成立以来没有扣除分红的总净值即单位净值+累计分红值=

累计净值。如果基金没有分红，则单位净值与累计净值相同。累计净值反映该基金自成立以来的所有收益的数据。在成立时间相近的基金中，如果累计净值越大说明它的过往业绩越好，基金赚得越多。

一般投资人习惯以基金净值判断基金绩效。虽然净值反映了基金的资产价值，但由于基金会“分红”收益，所以投资人不能单由基金净值决定基金绩效的高低。对投资人来说投资基金赚钱的方式有两种，一是固定获得基金的收益分配，二是等待基金资产增值带动净值上涨。基金净值未来的成长性才是判断投资价值的关键。净值的高低除了受到基金经理管理能力的影响之外，还受到很多其他因素的影响。

2．基金的价格

从理论上说，基金的价值决定了基金的价格。基金的交易价格是以基金单位净值为基础的，基金单位净值高，基金的交易价格也高。封闭型基金在二级市场上竞价交易，其交易价格由供求关系和基金业绩决定，围绕着基金单位净值上下波动。开放型基金的柜台交易价格则完全以基金单位净值为基础，通常采用两种报价形式：认购价（卖出价）和赎回价（买入价）。开放型基金柜台交易价格的计算方式如下：

基金认购价=基金单位净值+首次认购费

基金赎回价=基金单位净值-基金赎回价

基金认购价也就是基金经理公司的卖出价，卖出价中的首次认购费是支付给基金经理公司的发行佣金。基金赎回价也就是基金公司的买入价，其低于基金单位净值是由于抵扣了基金赎回费，以此提高赎回成本，防止投资者的赎回，保持基金资产的稳定性。收取首次认购费的基金，一般不再收取赎回费。

（二）基金的收益率

基金收益率用以反映基金增值的情况，通过基金净资产的价值变化来衡量。基金净资产的价值是以市价计量的。基金资产的市场价值增加，意味着基金的投资收益增加，基金投资者的权益也随之增加。基金收益率的计算公式如下：

$$基金收益率=\frac{年末持有数\times 年末NAV-年初持有数\times 年初NAV}{年初持有数\times 年初NAV}$$

式中，“持有数”是指基金单位的持有份数，*NAV* 是单位净值。如果年末和年初基金单位的持有份数相同，基金回报率就简化为基金单位净值在本年内的变化幅度。

（三）有价证券周转率

对投资对象只是有价证券的基金而言，可以用有价证券周转率来衡量基金的投资组合政策。有价证券周转率的计算方式与一般企业资产周转率的计算方式相同，都是资产周转额与资产平均余额的比值。有价证券周转率的计算公式如下：

$$有价证券周转率=\frac{证券资产年出售净额}{证券资产年平均余额}$$

有价证券周转率的高低在一定程度上反映了基金的投资组合政策：周转率越高，表明基金投资越偏重于能获取资本利得的投资组合；周转率越低，表明基金投资越偏重于能获取稳定红利收入的投资组合。当然，从过高的周转率上可以看出基金投资组合的不稳定，对证券频繁地购买和抛售会带来较高的投资管理成本。过低的周转率只能表明基金没有进取性，也无法判断基金经理人对基金投资的操作能力。

四、投资基金的优缺点

（一）投资基金的优点

1．集合投资

基金是这样一种投资方式：将零散的资金巧妙地汇集起来，交给专业机构投资于各种金融工具，以谋取资产的增值。基金对投资的最低限额要求不高，投资者可以根据自己的经济能力决定购买数量，有些基金甚至不限制投资额大小，完全按份额计算收益的分配，因此，基金可以最广泛地吸收社会闲散资金，集腋成裘，汇成规模巨大的投资资金。在参与证券投资时，资本越雄厚，优势越明显，而且可能享有大额投资在降低成本上的相对优势，从而获得规模效益的好处。

2．分散风险

以科学的投资组合降低风险、提高收益是基金的另一大特点。在投资活动中，风险和收益总是并存。“不能将所有的鸡蛋都放在一个篮子里”是证券投资的名言。但是，要实现投资资产的多样化，需要一定的资金实力。对小额投资者而言，由于资金有限，很难做到这一点，而基金则可以帮助中小投资者解决这个困难。基金可以凭借雄厚的资金，在法律规定的投资范围内进行科学的组合，分散投资于多种证券，借助于资金庞大和投资者众多的公有制使每个投资者面临的投资风险较小，另一方面又利用不同的投资对象之间的互补性，达到分散投资风险的目的。

3．专家理财

基金实行专家管理制度。这些专业管理人员都经过专门训练，具有丰富的证券投资和其他项目投资经验。他们善于利用基金与金融市场的密切联系，运用先进的技术手段分析各种信息资料，能对金融市场上各种品种的价格变动趋势做出比较正确的预测，最大限度地避免投资决策失误，提高投资成功率。对于那些没有时间，或者对市场不太熟悉，没有能力专门研究投资决策的中小投资者来说，投资于基金，实际上就可以获得专家们在市场信息、投资经验、金融知识和操作技术等方面所拥有的优势，从而尽可能地避免盲目投资带来的失败。

4．投资小，费用低

证券投资基金最低投资数量一般较低（1 000份基金单位），投资者可以根据自己的财力，多买或少买基金单位，解决了中小投资者“钱不多，入市难”的问题。

（二）基金投资的缺点

（1）无法获得很高的投资收益。基金是一种相对稳定的投资方式，故可能出现股市多头时，基金获利不如某些股票。

（2）不能完全消除风险。首先，虽然可以分散投资，降低风险，但并不能完全消除风险。特别是在大盘整体大幅度下跌的情况下，进行基金投资也可能会损失较多，投资人承担较大风险。

（3）不利于短期投资者。基金更适宜于中长期投资，对短跑线者，由于买卖都需支付一笔手续费，反而增加了投资成本。

本单元小结

证券投资是指投资者（法人或自然人）买卖股票、债券、基金等有价证券以及这些有价证券的衍生品，以获取差价、利息及资本利得的投资行为和投资过程，是直接投资的重要形式。股票是股份公司在筹集资本时向出资人或投资者公开或私下发行的、用以证明持有者（即股东）对股份公司的所有权，并根据持有人所持有的股份数享有权益和承担义务的凭证。债券是政府、金融机构、工商企业等直接向社会借债筹措资金时，向投资者发行，承诺按一定利率支付利息并按约定条件偿还本金的债权债务凭证。

复习与思考

1. 股票与债券的区别有哪些？
2. 在中国，企业以哪种筹资方式为主？
3. 简述债券、股票、投资基金的性质和特点。
4. 债券可以分为哪几类？

技能实训

1. 在网上收集不同专家、学者以及股评人对今后一段时间内股票市场走势的判断，然后撰写题为《股票市场走势判断——对当前不同观点的综述分析》，然后思考：在进行股票投资时需要考虑哪些因素？

2. 假如现在让你利用 10 万元人民币进行模拟股票投资，请你根据自己的判断选择股票组合。在这过程中，可以根据股票市场的变化调整自己的投资组合。30 个股票交易日后，计算你的投资收益，并分析获利后损失的原因。

3. 请就“个人投资者是愿意直接投资于各种股票或债券，还是更愿意投资于证券基金”这一问题，在周围的亲戚朋友中进行小范围的调查，然后得出你的结论，并分析原因。

单元九　营运资金管理实务

素质目标

1. 理解营运资金的概念、内容、管理原则与策略
2. 掌握最佳现金持有量的确定方法及现金收支日常管理的理念
3. 重点掌握信用政策的构成要素、信用政策的制定方法
4. 深入理解存货构成内容，重点掌握存货储备的决策方法

技能目标

1. 找出企业持有现金的动机，有针对性地确定最佳现金持有量
2. 结合实际制定科学合理的信用政策
3. 能够进行存货的功能与成本、存货水平的管理与控制

案例导入

青岛海尔股份有限公司的零营运资本管理实施的是“一个订单信息流加三个资源网”的物流管理模式，该模式是海尔集团（以下简称海尔）零营运资本管理实践的基础。它实现了以最小的物流成本投入实现最大的营运资本效率。公司的一切业务流程和活动均以“订单信息流”提供的信息为依据，先获得订单，然后安排生产和采购。三个资源网则是“海尔全球供应链资源网、海尔全球用户资源网和海尔计算机信息资源网”，海尔的一切业务流程均以“订单信息加三个资源网”为依托，实现零库存、零距离管理、零营运资本的三个相互联系的战略目标。从公司营运资本管理的视角看，零库存和零距离管理突破了传统的成本管理制约，从空间和时间上拓宽了海尔的成本管理范围，为海尔实现零营运资本管理打下坚实的基础。

1. 零库存战略

海尔认为，企业之间的竞争已经从过去直接的市场竞争转向了客户竞争。传统管理下的企业根据生产计划进行采购，由于不知道市场在哪里，所以为了库存而采购，企业内部沉淀了大量存货。现在以订单为中心，拿到订单再组织生产，这就减少了存货占用的高额成本。海尔的做法是，通过实施3个JIT（Just In Time，准时生产）实现零库存目标。3个JIT分别是JIT采购、JIT送料、JIT配送，其中，JIT采购是按照计算机系统的采购计划，需要多少就采购多少；JIT送料是各种零部件暂时存放在海尔的立体库，然后由计算机进行配套，把配套好的零部件直接送到生产线；JIT配送则是海尔建设的全球配送网络，无论什么地方都可以快速送货。

2. 零距离管理

零距离管理就是零距离为客户服务。具体做法是，企业根据用户的需求拿到订单，再以最快的速度满足客户需求。零距离管理与商流有关，强调商流直接面对客户，以用户为中心。那么如何使服务时间缩短为零呢，方法是以空间换时间，利用自己的供应链网络来实现这一目标。现在，海尔的青岛开发区国际工业园和海尔胶州国际工业园，已成为海尔国际化分供方配套基地，

吸引了众多国际分供方入住。此外，海尔还在全国建立了 42 个配送中心，以便及时将产品送到用户手里。这种零距离做法，使海尔因服务时间的极度缩短而使企业产品不会积压，从而减少了产成品库存，同时也节约了商品在时滞中发生的成本。

3. 零营运成本

海尔效仿戴尔公司的营运资本管理，推行零营运资本管理战略。但是，海尔与戴尔公司也有不同之处，海尔的零营运资本管理的目的是减少不必要的流动资产占有和投资，使资金流形成一个良性循环；而不是戴尔公司所追求的负营运资本的管理目标。因此，海尔的营运资本管理重点是存货和应收账款。在"一个订单信息流加三个资源网"的即时物流战略管理模式下，零库存、零距离管理使企业物流极大地加速，而加速的物流又带动了流动资产的高效运行，从而节约了大量沉淀在存货中的资本成本。所以，零库存、零距离管理是实现零营运资本的前提。

请思考以下问题：

青岛海尔的零营运资本管理包括哪些内容？通过阅读上述案例，你能得到哪些启示？

任务一 营运资金管理认知

一、营运资金的概念

营运资金是指投入日常经营活动（营业活动）的资本，是企业流动资产和流动负债的总称。流动资产减去流动负责的余额称为净营运资金。营运资金管理包括流动资产管理和流动负债管理。

（一）流动资产

流动资产是指可以在一年内或超过一年的一个营业周期内变现或耗用的资产。流动资产具有占用时间短、周转快、易变现等特点。企业拥有较多的流动资产，可在一定程度上降低财务风险。流动资产在资产负债表上主要包括以下项目：货币资金、交易性金融资产、应收票据、应收账款、预付账款和存货。

流动资产按不同的标准可进行不同的分类，常见的分类方式如下。

（1）按占用形态不同，分为现金、交易性金融资产、应收及预付款项和存货等。

（2）按在生产经营过程中所处的环节不同，分为生产领域中的流动资产、流通领域中的流动资产以及其他领域中的流动资产。

（3）按盈利能力不同，分为收益性流动资产和非收益性流动资产。收益性流动资产是指可以直接给企业带来收益的各种流动资产，包括短期资产、商品产品、应收账款、应收票据等。企业将资产投放于这类流动资产，其目的主要是为了取得收益，提高企业的整体经济效益。非收益性流动资产是指不能直接给企业带来收益的流动资产，包括现金、银行存款、预付账款、其他应收款等。这类流动资产虽然不能给企业带来明显的收益，但它是维持企业正常生产经营活动，是加速资金循环和周转的基础与前提。

（二）流动负债

流动负债是指需要在一年或者超过一年的一个营业周期内偿还的债务。流动负债又称短期融资，具有成本低、偿还期短的特点，必须认真进行管理，否则，将使企业承受较大的风险。流动负债主要包括以下项目：短期借款、应付票据、应付账款、应付职工薪酬、应交税费及未分配利润等。

流动负债按不同标准可有不同的分类，常见的分类方式如下。

（1）以应付金额是否确定为标准，可以分成应付金额确定的流动负债和应付金额不确定的流动负债。应付金额确定的流动负债是指那些根据合同或法律规定到期必须偿付并有确定金额的流动负债，如短期借款、应付票据、应付短期融资券等。应付金额不确定的流动负债是指那些要根据企业生产经营状况，到一定时期或具备一定条件时才能确定的流动负债，或应付金额需要估计的流动负债，如应交税费、应付产品质量担保债务等。

（2）以流动负债的形成情况为标准，可以分成自然性流动负债和人为性流动负债。自然性流动负债是指不需要正式安排，由于结算程序或有关法律法规的规定等原因而自然形成的流动负债。人为性流动负债是指由财务人员根据企业对短期资金的需求情况，通过人为安排所形成的流动负债，如短期银行借款等。

（3）以是否支付利息为标准，可以分为有息流动负债和无息流动负债。

当流动资产大于流动负债时，营运资金是正值，表示流动负债提供了部分流动资产的资金来源，另外的部分是由长期资金来源支持的，而这部分资金就是营运资金。

企业持有一定的营运资金是很有必要的。这是因为企业在管理过程中客观地存在现金流入量与现金流出量不同步与不确定的情况。营运资金越多，则企业不能偿还短期债务的风险越小。由此可见，营运资金的多少可以反映偿还短期借款的能力。但过多地持有营运资金，又会降低企业的收益率。因此，企业应当合理地配置公司的营运资金，使营运资金的数量控制在一个合理的范围内。

二、营运资金的特点

营运资本的特点需从流动资产和流动负债两个方面予以说明。

（一）流动资产特点

流动资产投资又称经营性投资，与固定资产相比有以下特点。

1．投资回收期短

投资于流动资产的资本一般在一年或一个营业周期内收回，对企业影响的时间比较短。因此，流动资产投资所需要的资金一般可通过商业信用，短期银行借款等加以解决。

2．流动性

流动资产在循环周转过程中，经过供产销三个阶段，其占用形态不断变化，即按现金、材料、在产品、产成品、应收账款、现金的顺序转换。流动性使流动资产的变现能力较强。如遇意外情况，可迅速变卖流动资产，以获取现金。这对于财务上满足临时性资金需求具有重要意义。

3．并存性

在流动资产周转过程中，每天不断有资金流入，也有资金流出。资金的流入和流出要占用一定的时间，从供产销的某一瞬间看，各种不同形态的流动资产同时存在。因此，合理地配置流动资产各项目的比例，是保证流动资产得以顺利周转的必要条件。

（二）流动负债的特点

与长期负债融资相比，流动负债融资具有以下特点。

1．速度快

申请短期借款往往比申请长期借款更容易、更便捷，通常在较短时间内便可获得。长期借款的借贷时间长、贷款风险大、贷款人需要对企业的财务状况评估后方能做出决定。因此，当企业急需要资金时，往往首先寻求短期借款。

2．弹性高

与长期债务相比，短期贷款给债务人更大的灵活性。长期债务的债权人为了保护自己的利益，往往要在债务契约中对债务人的行为加以种种限制，使债务人丧失某些经营决策权。短期借款契约中的限制条款比较少，使企业有更大的经营自由。对于季节性企业，短期借款比长期借款具有更大的灵活性。

3．成本低

在正常情况下，短期负债筹资所发生的利息支出低于长期负债筹资的利息支出，而某些自然融资，如应付税金、应计费用等，则没有利息负担。

4．风险大

尽管短期债务的成本低于长期债务，但其风险却大于长期债务。这主要表现在两个方面：一方面长期债务的利息相对比较稳定，即在相当长一段时间内保持不变，而短期债务的借款利率则随市场利率的变化而变化，时高时低，使企业难以适应；另一方面，如果企业过多筹措短期债务，当债务到期时，企业不得不在短期内筹措大量资金还债，这极易导致企业财务状况恶化，甚至会因无法及时还债而破产。

三、营运资金的管理原则

企业的营运资金在全部资金中占有相当大的比重，而且周转期短、形态易变，因此，营运资金管理是企业日常财务管理工作的一项重要内容。企业进行营运资金管理，应遵循以下原则。

（一）保证合理的资金需求

营运资金的管理必须把满足正常合理的资金需求作为首要任务。企业营运资金的需求数量与企业生产经营活动有直接关系。一般情况下，当企业产销两旺时，流动资产会不断增加，流动负债也会相应增加。当企业产销数量减少时，流动资产和流动负债也会相应减少。因此，企业财务人员应认真分析生产经营状况，采用一定的方法预测营运资金的需求数量。

（二）提高资金使用效率

营运资金的周转是指企业的营运资金从现金投入生产经营开始到最终转化为现金的过程。加速资金周转是提高资金使用效率的主要手段之一。提高营运资金使用效率的关键就是采取得力措施，缩短营业周期，加速变现过程，加快营业资金周转。因此，企业要千方百计地加速存货、应收账款等流动资产的周转，以便用有限的资金服务于更大的产业规模，为企业取得更优的经济效益提供条件。

（三）节约资金使用成本

在营运资金管理中，必须正确处理保证生产经营需要和节约资金使用成本两者之间的关系。要在保证生产经营需要的前提下，尽力降低资金使用成本：一方面，要挖掘资金潜力，加速资金周转，精打细算地使用资金；另一方面，积极拓展融资渠道，合理配置资源，筹措低成本资金，服务于生产经营。

（四）保持足够的短期偿债能力

偿债能力是企业财务风险高低的标志之一。合理安排流动资产与流动负债的比例关系，保持流动资产结构与流动负债结构的适配性，保证企业有足够的短期偿债能力，是营运资金管理的重要原则之一。流动负债是在短期内需要偿还的债务，而流动资产则是在短期内可以转化为现金的资产。因此，如果一个企业的流动资产比较多，流动负债较少，说明企业的短期偿债能力较强。反之，则说明企业偿债能力比较弱。但如果企业的流动资产太多，流动负债太少，也不是正常现象。这可能是因为流动资产闲置或流动负债利用不足导致的。

企业在进行营运资金管理的时候一定要遵守上述的四个原则，提高营运资金的使用效率，降低风险，为企业创造财富。

四、营运资金管理策略

企业需要评估营运资金管理中的风险与收益，制定流动资产的投资策略和融资策略。实际上，财务管理人员的营运资金管理方面必须做两项决策：一是需要拥有多少流动资产；二是如何为需要的流动资产融资。在实践中，这两项决策一般同时进行，相互影响。

（一）流动资产的投资策略

由于销售水平、成本、生产时间、存货补给时间（从订货到交货的时间）、顾客服务水平、收款和支付期限等方面存在不确定性，所以流动资产的投资决策至关重要。企业经营的不确定性和风险忍受程度决定了流动资产的存量水平，表现为在流动资产账户上的投资水平。流动资产账户通常随着销售额的变化而立即变化。销售的稳定性和可预测性反映了流动资产投资的风险程度。销售额越不稳定，越不可预测，则投资于流动资产上的资金就应越多，以保证有足够的存货和应收账款占用来满足生产经营和顾客的需要。

一个企业必须选择与其业务需要和管理风格相符合的流动资产投资策略。如果企业管理政策趋于保守，就会选择较高的流动资产水平，保证更高的流动性（安全性），但盈利能力也更低。如果管理者偏向于为了更高的盈利能力而愿意承担风险，那么企业将保持一个低水平的流动资产与销售收入比率。

1．流动资产的投资策略有两种基本类型

（1）紧缩的流动资产投资策略

在紧缩的流动资产投资策略下，企业维持低水平的流动资产与销售收入比率。需要说明的是，这里的流动资产通常只包括生产经营过程中产生的存货、应收账款以及现金等生产性流动资产，而不包括股票、债券等金融性流动资产。

紧缩的流动资产投资策略可以节约流动资产的持有成本，例如节约持有资金的机会成本，但与此同时可能伴随着更高风险。这些风险表现为更严格的应收账款信用政策和较低的存货占用水平以及缺乏现金用于偿还应付账款等。但是，只要不可预见的事件没有损坏企业的流动性而导致严重的问题发生，紧缩的流动资产投资策略就会提高企业效益。

采用紧缩的流动资产投资策略，无疑对企业的管理水平有较高的要求。因为一旦失控，流动资产的短缺会对企业的经营活动产生重大影响。根据最近几年的研究，美国、日本等一些发达国家的流动资产比率呈现越来越小的趋势。这并不意味着企业对流动性的要求越来越低，而主要是因为在流动资产管理方面，尤其是应收账款与存货管理方面，取得了一些重大进展。存货控制的 JIT（Just In Time，准时制生产方式）系统，又称为适时管理系统，便是其中一个突出代表。

（2）宽松的流动资产投资策略

在宽松的流动资产投资策略下，企业通常会维持高水平的流动资产与销售收入比率。也就是说，企业将保持高水平的现金和有价证券、高水平的应收账款（通常给予客户宽松的付款条件）和高水平的存货（通常源于补给原材料或不愿意因为产成品存货不足而失去销售）。在这种策略下，由于较高的流动性，企业的财务与经营风险较低。但是，过多的流动资产投资，无疑会承担较大的流动资产持有成本，提高企业的资金成本，降低企业的收益水平。

2．如何制定流动资产投资策略

制定流动资产投资策略时，首先需要权衡的是资产的收益性与风险性。增加流动资产投资会增加流动资产的持有成本，降低资产的收益性，但会提高资产的流动性。反之，减少流动资产投资会降低流动资产的持有成本，增加资产的收益性，但资产的流动性会降低，短缺成本会增加。因此，从理论上说，最优的流动资产投资应该是流动资产的持有成本与短缺成本之和最低。

其次，制定流动资产投资策略时还应充分考虑企业经营的内外部环境。通常，银行和其他借款人对企业流动性水平非常重视。因为流动性是这些债权人确定信用额度和借款利率的主要依据之一。他们会考虑应收账款和存货的质量，尤其是当这些资产被用来当作一项贷款的抵押品时。

（二）流动资产的融资策略

一个企业对流动资产的需求数量，一般会随着产品销售的变化而变化。

1．期限匹配融资策略

在期限匹配融资策略中，永久性流动资产和非流动性资产以长期融资方式（负债或股东权益）融通，波动性流动资产用短期来源融通。这意味着，在给定的时间，企业的融资数量反映了当时的波动性流动资产的数量。当波动性资产扩张时，信贷额度也会增加，以便支持企业的扩张。当资产收缩时，就会释放出资金，以偿还短期借款。

资金来源的有效期与资产的有效期的匹配。这种匹配只是一种战略性的观念匹配，而不要求实际金额完全匹配。实际上，企业也做不到完全匹配，其原因如下。

（1）企业不可能为每一项资产按其有效期配置单独的资金来源，只能分为短期来源和长期来源两大类统筹安排筹资。

（2）企业必须有所有者权益筹资。它是无限期的资本来源，而资产总是有期限的，不可能完全匹配。

（3）资产的实际有效期是不确定的，而还款期是确定的，必然会出现不匹配。

2．保守融资策略

在保守融资策略中，长期融资支持非流动资产、永久性流动资产和部分波动性流动资产。企业通常以长期融资来源为波动性流动资产的平均水平融资，短期融资仅用于融通剩余的波动性流动资产，融资风险较低。这种策略通常最小限度地使用短期融资，但由于长期负债成本高于短期负债成本，就会导致融资成本较高，收益较低。

如果长期负债以固定利率为基础，而短期融资方式以浮动或可变利率为基础，则利率风险可能降低。因此，这是一种风险低、成本高的融资策略。

3．激进融资策略

在激进融资策略中，企业以长期负债和权益为所有的固定资产融资，仅对一部分永久性流动资产使用长期融资方式融资。短期融资方式支持永久性流动资产和所有的临时性流动资产。这种策略观念下，通常使用更多的短期融资。

短期融资方式通常比长期融资方式具有更低的成本。然而，过多地使用短期融资会导致较低的流动比率和较高的流动性风险。

由于经济衰退、企业竞争环境的变化以及其他因素，企业必须面对业绩惨淡的经营年度。当销售下跌时，存货将不会那么快就能转换成现金，这将导致现金短缺。曾经及时支付的顾客可能会延迟支付，这进一步加剧了现金短缺。企业可能会发现它对应付账款的支付已经超过信用期限。由于销售下降，会计利润将降低。

在这种环境下，企业需要与银行重新签订短期融资协议，但此时企业对于银行来说似乎很危险。银行可能会向企业索要更高的利率，从而导致企业在关键时刻筹集不到急需的资金。

企业依靠大量的短期负债来解决目前的困境，这会导致企业每年都必须更新短期负债协议进而产生更多的风险。有签协议可以弱化这种风险。例如，多年期（通常 3～5 年）滚动信贷协议，这种协议允许企业以短期为基础进行借款。这种类型的借款协议不像传统的短期借款那样会降低流动比率。另外，企业还可以利用衍生融资产品来对紧缩投资政策的风险进行套期保值。

任务二　现金及有价证券的评价与管理

一、现金管理的目标

流动资产投资需求主要来自现金和有价证券、存货和应收账款，有时还包括预付账款。现金是可以立即投入流动的交换媒介。它的首要特点是普遍的可接受性，即可以有效地立即用来购买商品、货物、劳务或偿还债务。因此，现金是企业中流动性最强的资产。属于现金内容的项目，包括企业的库存现金、各种形式的银行存款和银行本票、银行汇票。

有价证券是企业现金的一种转换形式。有价证券变现能力强，可以随时兑换成现金。企业有多余现金时，常将现金兑换成有价证券。当现金流出量大于流入量需要补充现金时，再出让有价证券换回现金。在这种情况下，有价证券就成了现金的替代品。获取收益是持有有价证券的原因。这里讨论有价证券是将其视为现金的替代品，是“现金”的一部分。

为了了解现金管理的目标，必须先了解企业持有现金的动机。

（一）企业持有现金的动机

企业置存现金的原因，主要是满足交易性动机、预防性动机和投机性动机。

1．交易性动机

交易性需要是指满足日常业务的现金支付需要。企业经常得到收入，也经常发生支出，两者不可能同步同量。收入多于支出，形成现金置存。收入少于支出，需要借入现金。企业必须维持适当的现金余额，才能使业务活动正常地进行下去。

2．预防性动机

预防性需要是指置存现金以防发生意外的支付。企业有时会出现意想不到的开支，需要置存现金来满足这些开支。现金流量的不确定性越大。预防性现金的数额也就应越大。反之，企业现金流量的可预测性强，预防性现金数额则可小些。此外，预防性现金数额还与企业的借款能力有关。如果企业能够很容易地随时借到短期资金，也可以减少预防性现金的数额否则应扩大预防性现金额。

3．投机性动机

投机性需要是指置存现金用于不寻常的购买机会。例如，遇有廉价原材料或其他资产供应的机会，便可用手头现金大量购入。再如，在适当时机购入价格有利的股票和其他有价证券。当然，除了金融和投资公司外，一般地讲，其他企业专为投机性需要而特殊置存现金的不多，遇到不寻常的购买机会，也常设法临时筹集资金。但拥有相当数额的现金，确实为突然的大批采购提供了方便。

企业缺乏必要的现金，将不能应付业务开支，使企业蒙受损失。企业由此而造成的损失，称之为短缺现金成本。短缺现金成本不考虑企业其他资产的变现能力，仅就不能以充足的现金支付购买费用而言，内容上大致包括：丧失购买机会（甚至会因缺乏现金不能及时购买原材料，而使生产中断造成停工损失）、造成信用损失和得不到折扣好处。其中，失去信用而造成的损失难以准确计量，但其影响往往很大，甚至导致供货方拒绝或拖延供货、债权人要求清算等情况发生。但是，如果企业置存过量的现金，又会因这些资金不能投入周转无法取得盈利而遭受另一些损失。此外，在市场正常的情况下，一般来说，流动性强的资产，其收益性较低。这意味着企业应尽可能少地置存现金，即使不将其投入本企业的经营周转，也应尽可能多地投资于能产生高收益的其他资产，避免资金闲置或用于低收益资产带来的损失。这样，企业便面临现金不足和现金过量两方面的威胁。企业现金管理的目标，就是要在资产的流动性和盈利能力之间作出抉择，以获取最大的长期利润。

（二）现金管理的目标

现金是企业流动资产的重要内容，持有过量的现金可以提高企业的支付能力，降低财务风险，但同时企业的收益也会降低，而企业现金短少会影响企业日常交易活动。因此，企业现金管理的目标就是在保证生产经营所需现金的同时，尽可能减少现金的持有量，而将闲置的现金用于投资，以获取一定的投资收益。

二、现金成本的组成

与现金有关的成本通常由四个部分组成。

1．机会成本

现金作为企业的一项资金占用是有代价的，这种代价就是它的机会成本。

机会成本=现金持有量×有价证券利率或报酬率

如公司欲持有150 000元现金，就只有放弃15 000元的证券投资收益（假设证券投资收益为10%）。机会成本随着企业现金持有量的增加而成正比例上升。现金持有量越大，机会成本越高。现金持有量过多所造成的机会成本大幅度提高，对企业是极为不利的。

2．管理成本

管理成本是企业因持有一定数量的现金而发生的管理费用。企业拥有现金会发生管理费用，如管理人员工资、安全保障措施等。这些费用是现金的管理成本，是一种固定成本。在一定范围内与现金持有量之间无明显的比例关系。

3．短缺成本

短缺成本是因现金持有量不足，又无法及时通过有价证券变现加以补充而使企业遭受的直接损失和间接损失，如丧失的购买机会甚至因供应不足造成停工损失、造成信用损失和得不到折扣的好处等。现金短缺成本随现金持有量的增加而下降，随现金持有量的减少而上升，即与现金持有量负相关。

4．转换成本

转换成本是指企业用现金购入有价证券以及用有价证券换取现金时付出的交易费用，即现金同有价证券之间相互转换的成本，如委托买卖佣金、委托手续费、证券过户费、印花税、实物交割费等。转换成本可以分为两类。一类是与委托金额相关的费用，如委托买卖佣金和印花税。这些费用通常是按照委托成交金额计算的，属于变动转换成本。另一类是与委托金额无关，只与转换次数有关的费用，如委托手续费、过户费等。这样与证券变现次数密切相关的转换成本便只包括其中的固定性交易费用。转换成本与证券变现次数呈线性关系。

明确与现金有关的成本及其各自的特性，有助于从现金持有总成本最低的角度出发确定最佳现金持有量。

三、最佳现金持有量的确定

现金的管理除了做好日常收支、加速现金流转速度外，还需控制好现金持有规模，即确定适当的现金持有量。

下面是几种确定最佳现金持有量的方法。

（一）成本分析模式

成本分析模式是通过分析持有现金的成本，寻找持有成本最低的现金持有量。采用这种方法确定现金最佳持有量，需假定只持有一定量的现金而产生的机会成本、管理成本及短缺成本，而不予考虑转换成本。这种成本费用合计最小时的现金余额就是最佳现金持有量，其计算公式如下。

最佳现金持有量=机会成本+管理成本+短缺成本

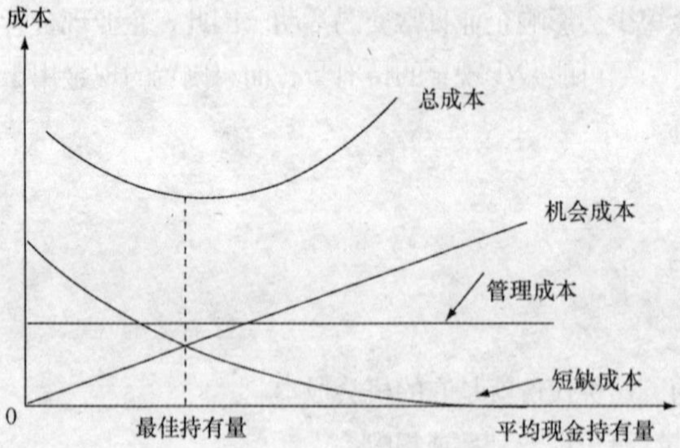

图 9-1　持有现金的总成本

上述三项成本之和最小的现金持有量就是最佳现金持有量。如果把以上三种成本线放在一张图上，如图 9-1 所示，就能表现出持有现金的总成本（总代价），找出最佳现金持存量的点。图 9-1 中，机会成本线向右上方倾斜，短缺成本线向右下方倾斜，管理成本线为平行于横轴的平行线，总成本线便是一条抛物线，该抛物线的最低点即为持有现金的最低总成本。超过这一点，机会成本上升的代价又会大于短缺成本下降的好处。这一点之前，短缺成本上升的代价又会大于机会成本下降的好处。这一点横轴上的量即是最佳现金持有量。

在实际工作中运用成本分析模式确定最佳现金持有量的具体步骤如下：

（1）根据不同现金持有量测算并确定有关成本数值；

（2）按照不同现金持有量及其相关成本资料编制最佳现金持有量测算表；

（3）在测算表中找出总成本最低时的现金持有量即最佳现金持有量。

最佳现金持有量的具体计算，可以先分别计算出各种方案的机会成本、管理成本、短缺成本之和，再从中选出总成本之和最低的现金持有量即为最佳现金持有量。

【经典案例 9-1】某企业有四种现金持有方案，它们各自的机会成本、管理成本、短缺成本如表 9-1 所示。

表 9-1　现金持有方案　　单位：元

方案项目	A	B	C	D
现金持有量	20 000	30 000	40 000	50 000
机会成本率	10%	10%	10%	10%
管理费用	1 000	1 000	1 000	1 000
短缺成本	6 000	4 000	2 000	1 200

这四种方案的总成本计算结果如表 9-2 所示。

表 9-2 最佳现金持有量测算表 单位：元

方案	机会成本	管理费用	短缺成本	总成本
A	2 000	1 000	6 000	9 000
B	3 000	1 000	4 000	8 000
C	4 000	1 000	2 000	7 000
D	5 000	1 000	1 200	7 200

将以上各方案的总成本加以比较可知，C 方案的总成本最低。也就是说当企业平均持有 7 000 元现金时，各方面的总代价最低，对企业最合算，故 7 000 元是该企业的最佳现金持有量。

（二）存货模式

从上面的分析中我们已经知道，企业平时持有较多的现金，会降低现金的短缺成本，但也会增加现金占用的机会成本，而平时持有较少的现金，则会增加现金的短缺成本，却能减少现金占用的机会成本。如果企业平时只持有较少的现金，在有现金需要时（如手头的现金用尽），通过出售有价证券换回现金（或从银行借入现金），既能满足现金的需要，避免短缺成本，又能减少机会成本。因此，适当的现金与有价证券之间的转换，是企业提高资金使用效率的有效途径。这与企业奉行的营运资金政策有关。采用宽松的投资政策，保留较多的现金则转换次数少。如果经常进行大量的有价证券与现金的转换，则会加大转换交易成本。因此，如何确定有价证券与现金的每次转换量是一个需要研究的问题。这可以应用现金持有量的存货模式解决。

现金持有量的存货模式又称鲍曼模型，是威廉·鲍曼（William Baumol）提出的用以确定目标现金持有量的模型。

企业每次以有价证券转换回现金是要付出代价的（如支付经纪费用）。这被称为现金的交易成本。现金的交易成本与现金转换次数、每次的转换量有关。假定现金每次的交易成本是固定的，在企业一定时期现金使用量确定的前提下，每次以有价证券转换回现金的金额越大，企业平时持有的现金量便越高，转换的次数便越少，现金的交易成本就越低。反之，每次转换回现金的金额越低，企业平时持有的现金量便越低，转换的次数会越多，现金的交易成本就越高。这时，现金交易成本与持有量成反比。在现金成本构成的图上，可以将现金的交易成本与现金的短缺成本合并为同一条曲线，反映与现金持有量相关的总成本。这样，现金的成本构成可重新表现，如图 9-2 所示。

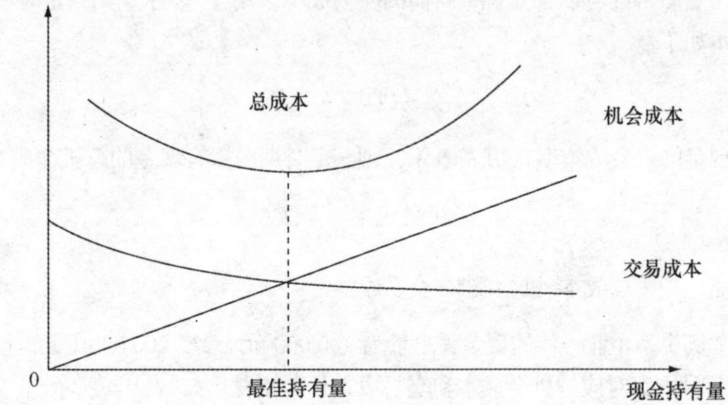

图 9-2 现金的成本构成

在图 9-2 中，现金的机会成本和交易成本是两条随现金持有量呈不同方向发展的曲线。两条曲线交叉点相应的现金持有量即是总成本最低的现金持有量，可以运用现金持有量存货模式求出。以下通过举例，说明现金持有量存货模式的应用。

某企业的现金使用量是均衡的，每周的现金净流出量为 100 000 元。若该企业第 0 周开始时持有现金 300 000 元，那么这些现金够企业支用 3 周，而在第 3 周结束时现金持有量将降为 0，其 3 周内的平均现金持有量则为 150 000 元（300 000 ÷ 2）。第 4 周开始时，企业需将 300 000 元的有价证券转换为现金以备支用，待第 6 周结束时，现金持有量再次降为 0。从第 4 周到第 6 周结束的这 3 周时间内的现金平均余额仍为 150 000 元。如此循环，企业一段时期内的现金持有状况的表现如图 9-3 所示。

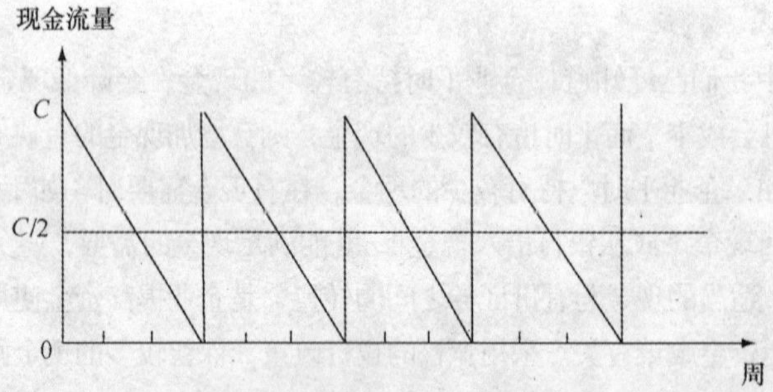

图 9-3　一段时期内的现金持有状况

在图 9-3 中，每 3 周为一个现金使用的循环期，以 C 代表各循环期之初的现金持有量，以 $C/2$ 代表各循环期内的现金平均持有量。如果企业将 C 定得较高些，比如定为 600 000 元，每周的现金净流出量仍为 100 000 元。这些现金将够支用 6 周，企业可以在 6 周后再出售有价证券补充现金。这能够减少现金的交易成本，但 6 周内的现金平均余额将增加为 300 000（600 000 ÷ 2）元又会增加现金的机会成本。如果企业将 C 定得较低些，比如定为 200 000 元，每周的现金净流出量还是 100 000 元，那么这些现金只够支用两周，企业必须频繁地每两周就出售有价证券。这必然增加现金的交易成本。不过，周循环期内的现金平均余额可降为 100 000（200 000 ÷ 2）元，降低了现金的机会成本。

于是，企业需要合理地确定 C，以使现金的相关总成本最低。解决这一问题先要明确三点。

（1）一定期间内的现金需求量，用 T 表示。

（2）每次出售有价证券以补充现金所需的交易成本，用 F 表示，则一定时期内出售有价证券的总交易成本如下：

$$交易成本=\frac{T}{C}\times F$$

（3）持有现金的机会成本率，用 K 表示，则一定时期内持有现金的总机会成本表示如下：

$$机会成本=\frac{C}{2}\times K$$

据上述三点，相关总成本=机会成本+交易成本=$\frac{C}{2}\times K+\frac{T}{C}\times F$。

在以上的举例中，企业一年的现金需求量为 100 000 元×52=5 200 000（元）该企业有几种确定 C 的方案，每种方案对应的机会成本和交易成本分别如表 9-3、表 9-4 所示。

计算出了各种方案的机会成本和交易成本，将它们相加就可以得到各种方案的总成本。

表 9-3　现金持有的机会成本　　单位：元

初始现金持有量 C	平均现金持有量 $C/2$	机会成本（K=0.1）（$C/2$）×K
600 000	300 000	30 000
400 000	200 000	20 000
300 000	150 000	15 000
200 000	100 000	10 000
100 000	50 000	5 000

表 9-4　现金持有的交易成本　　单位：元

现金总需求 T	初始现金持有量 C	交易成本（F=1 000）（T/C）×F
5 200 000	600 000	8 667
5 200 000	400 000	13 000
5 200 000	300 000	17 333
5 200 000	200 000	26 000
5 200 000	100 000	52 000

该企业各种初始现金持有量方案的总成本如表 9-5 所示。

表 9-5　现金持有的总成本　　单位：元

初始现金持有量	机会成本	交易成本	总成本
600 000	30 000	8 667	38 667
400 000	20 000	13 000	33 000
300 000	15 000	17 333	32 333
200 000	10 000	26 000	36 000
100 000	5 000	52 000	57 000

表 9-5 显示，当企业的初始现金持有量为 300 000 元时，现金总成本最低。以上结论是通过对各种初始现金持有量方案的逐次成本计算得出的。此外，也可以利用公式求出成本最低的现金持有量。这一现金持有量称为最佳现金持有量，以 C^*表示。

从图 9-2 中已知，最佳现金持有量 C^*是机会成本线与交易成本线交叉点所对应的现金持有量，因此 C^*可通过以下计算过程得出。

机会成本=交易成本，即 $\frac{C^*}{2}\times K=\frac{T}{C^*}\cdot F$

整理后，可得出 $C^{*2}=\frac{2TF}{K}$

等式两边分别取平方根，则 C^*可表示如下。

$$C^*=\sqrt{\frac{2TF}{K}}$$

本例中，T=5 200 000 元，F=1 000 元，K=0.1，利用上述公式即可计算出最佳现金持有量。

$$C^*=\sqrt{2\times 5\ 200\ 000\times\frac{1\ 000}{0.1}}\approx 322\ 490(\text{元})$$

现金持有量的存货模式是一种简单、直观地确定最佳现金持有量的方法。但它也有缺点，如该模式假定现金的流出量稳定不变在实际环境中很少出现。相比而言，那些适用于现金流量不确定的控制最佳现金持有量的方法，就显得更具普遍应用性。

（三）随机模式

随机模式是在现金需求量难以预知的情况下进行现金持有量控制的方法。对企业来讲，现金需求量往往波动大且难以预知，但企业可以根据历史经验和现实需要，测算出一个现金持有量的控制范围，即制定出现金持有量的上限和下限，将现金量控制在上下限之内。当现金量达到控制上限时，用现金购入有价证券，使现金持有量下降。当现金量降到控制下限时，则抛售有价证券换回现金，使现金持存量回升。若现金量在控制的上下限之内，便不必进行现金与有价证券的转换，保持它们各自的现有存量。这种对现金持有量的控制如图 9-4 所示。

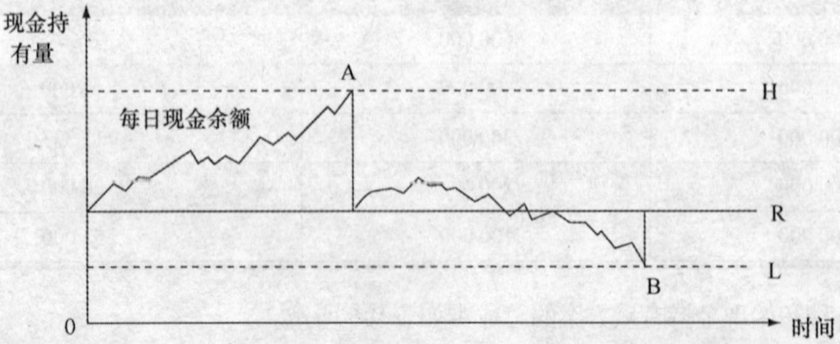

图 9-4　现金持有量的随机模式图

在图 9-4 中，虚线 H 为现金存量的上限，虚线 L 为现金存量的下限，实线 R 为最优现金返回线。从图 9-4 中可以看到，企业的现金存量（表现为现金每日余额）是随机波动的，当其达到 A 点时，即达到了现金控制的上限，企业应用现金购买有价证券，使现金持有量回落到现金返回线（R 线）的水平。当现金存量降至 B 点时，即达到了现金控制的下限，企业则应转让有价证券换回现金，使其存量回升至现金返回线的水平。现金存量在上下限之间的波动属控制范围内的变化，是合理的，可不予理会。以上关系中的上限 H、现金返回线 R 可按下列公式计算：

$$\mathrm{R}=\sqrt[3]{\frac{3bd^2}{4i}}+L$$

$$H=3R-2L$$

式中，b 为每次有价证券的固定转换成本，i 为有价证券的日利息率，d 为预期每日现金余额变化的标准差（可根据历史资料测算）。

而下限 L 的确定，则要受到企业每日的最低现金需要、管理人员的风险承受倾向等因素的影响。

【经典案例 9-2】假定某公司有价证券的年利率为 9%，每次固定转换成本为 50 元，公司认为任何时候其银行活期存款及现金余额均不能低于 1 000 元，又根据以往经验测算出现金余额波动的标准差为 800 元。最优现金返回线 R、现金控制上限 H 的计算如下。

$$\text{有价证券日利率}=\frac{9\%}{360}=0.025\%$$

$$\mathrm{R}=\sqrt[3]{\frac{3bd^2}{4i}}+L=\sqrt[3]{\frac{3\times50\times800^2}{4\times0.025\%}}=5\,579\text{（元）}$$

$$H=3R-2L=3\times5\,579-2\times1\,000=14\,737\text{（元）}$$

这样，当公司的现金余额达到 14 737 元时，即应以 9 158 元（14 737-5 579）的现金去投资于有价证券，使现金持有量回落为 5 579 元。当公司的现金余额降至 1 000 元时，则应转让 4 579 元（5 579-1 000）的有价证券，使现金持有量回升为 5 579 元。如图 9-5 所示。

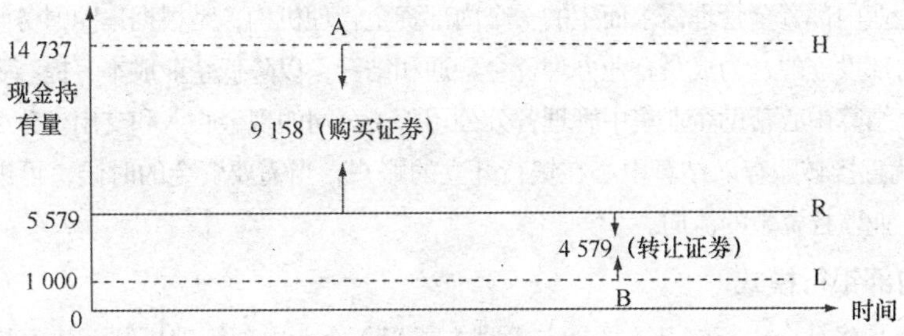

图 9-5 随机模式的示例

随机模式建立在企业的现金未来需求总量和收支不可预测的前提下，因此计算出来的现金持有量比较保守。

四、资金集中管理模式

企业集团下属机构多，地域分布广，如果子分公司多头开户，资金存放分散，会大大降低资金的使用效率。通过资金的集中管理、统一筹集、合理分配、有序调度，能够降低融资成本，提高资金使用效率，确保集团战略目标的实现，实现整体利益的最大化。

资金集中管理，也称司库制度，是指集团企业借助商业银行网上银行功能及其他信息技术手段，将分散在集团各所属企业的资金集中到总部，有总部统一调度、统一管理和统一运用。资金集中管理在各个集团的具体运用可能会有所差异，但一般包括以下主要内容：资金集中、内部结算、融资管理、外汇管理、支付管理等。其中资金集中是基础，其他各方面均建立在此基础之上。目前，资金集中管理模式逐渐被我国企业集团所采用。

资金集中管理模式的选择，实质上是集团管理集权还是分权管理体制的体现，也就是说，在企业集团内部所属各子企业或分部是否有货币资金使用的决策权、经营权。这是由行业特点和本集团资金运行规律决定的。现行的资金集中管理模式大致可以分为以下几个环节。

（一）统收统支模式

在该模式下，企业的一切现金收入都集中于总部的财务部门，各分支机构或子企业不单独设立账号，一切现金支出都通过集团总部财务部门付出，现金收支的批准权高度集中。统收统支模式有利于企业集团实现全面收支平衡，提高资金的周转效率，减少资金沉淀，监控现金收支，降低资金成本。但是该模式不利于调动成员企业开源节流的积极性，影响成员企业经营的灵活性，以至降低整个集团经营活动和财务活动的效率，而且在制度的管理上欠缺一定的合理性，如果每笔收支都要经过总部财务部门之手，那么总部财务部门的工作量就大了很多。因此，这种模式通常适用于企业规模比较小的企业。

（二）拨付备用金模式

拨付备用金模式是指集团按照一定的期限统拨给所有所属分支机构或子企业备其使用的一定数额的现金。各分支机构或子企业发生现金支出后，持有关凭证到集团财务部门报销以补足备用金。拨付备用金模式相比统收统支模式具有一定的灵活性，但这种模式也通常适用于那些经营规模比较小的企业。

（三）结算中心模式

结算中心通常是企业集团内部设立的，办理内部各成员现金收付和往来结算业务的专门机构。结算中心通常设立于财务部门，是一个独立运行的职能机构。结算中心是企业集团发展到一定阶段，应企业内部资金管理需求而生的一个内部资金管理机构，是根据集团财务管理和控制的需要在集团内部设立的，为成员企业办理资金融通和结算，以降低企业成本、提高资金使用效率的服务机构。结算中心帮助企业集中管理各分公司、子公司的现金收入和支出。分公司、子公司收到现金后就直接转账存入结算中心在银行开立的账户，当需要资金的时候，再进行统一的拨付，有助于企业监控资金的流向。

（四）内部银行模式

内部银行是将社会银行的基本职能与管理方式引入企业内部管理机制而建立起来的一种内部资金管理机构。它将“企业管理”、“金融信贷”和“财务管理”三者融为一体，一般是将企业下属各单位闲散资金调剂余缺减少资金占用，活化与加速资金周转速度，提高使用效率、效益。内部银行通常具有三大职能：结算、融资信贷和监督控制。内部银行一般适用于具有较多责任中心的企事业单位。

（五）财务公司模式

财务公司是一种经营部分银行业务的非银行金融机构。它一般是集团公司发展到一定水平后需要经过人民银行审核批准才能设立，其主要职责是开展集团内部资金集中结算，同时为集团成员企业提供包括存贷款、融资租赁、担保、信用鉴证、债券承销、财务顾问等在内的全方位金融服务。集团设立财务公司是把一种市场化的企业关系或银企关系引入集团资金管理中，使得集团各子公司具有完全独立的财权，可以自行经营自身的现金，对现金的使用行使决策权。另外，这时，集团对各子公司的现金控制是通过财务公司进行的。财务公司对集团各子公司进行专门的约束，而且这种约束是建立在各自具有独立的经济利益基础上的。集团公司经营者（或最高决策机构）不再直接干预子公司的现金使用和取得。

五、现金日常收支管理

企业在确定了最佳现金持有量和进行现金收支预算后，还应采取各种措施，加速现金的日常管理。在保证现金安全和完整的基础上，加速现金的周转速度，提高现金的使用效率。现金日常管理的基本内容包括以下几个方面。

（一）现金回收管理

为了最大限度地发挥现金的使用效能，企业要尽量加速款项的收回。一般来说，企业款项的收回包括客户开出支票、企业收到支票和银行清算支票三个阶段。企业款项的收回时间包括支票邮寄时间、支票在企业停留时间以及银行支票结算的时间。这些时间的长短，不但与客户、企业、银行之间的距离有关，而且与收款的效率有关。

因此，企业要缩短款项的回收时间，应满足以下要求。

（1）减少顾客付款的邮寄时间。

（2）减少企业收到顾客开来支票与支票兑现之间的时间。

（3）加速资金存入资金往来银行的过程。

为达到以上要求，企业除了建立科学的信用政策、科学地选择转账结算方式并采用有效的催收策略外，还可以借鉴西方国家常用的两种收款方法：邮政信箱法和银行业务集中法。

1．邮政信箱法

邮政信箱法，又称锁箱法，采用这种方法企业要在各主要城市租用专门邮政信箱，并开立分行存款户，授权当地银行每日开启信箱，在取得客户支票后立即予以结算，并通过电汇将款项转账划拨到企业总部所在地银行。在这种方法下，客户将支票直接寄给所在地邮箱而不是企业总部，缩短了支票邮寄和支票在企业停留时间。

2．银行业务集中法

银行业务集中法是通过建立多个收款中心来加速现金流转的方法。采用这种方法时，企业总部所在地开户银行为集中银行，并在收款额较集中的地区设置若干个收款中心；客户将款项直接交给当地收款中心；中心收款后存入当地银行，当地银行向总部所在地银行划拨款项。这种方法缩短了现金从客户到企业的中间周转时间。

（1）采用银行业务集中法的基本做法有以下三步。

① 根据客户分布的地理状况和收款业务的多少，选择客户较为集中、收款业务较多和数额较大的地区，建立服务于该地区的收款中心。

② 将所确定的收款中心通知该地区的各个客户，让其将支票直接寄到当地的收款中心。

③ 各收款中心收妥款项后，将补偿性余额以上的部分及时交汇总部所在地的开户银行。

（2）采用银行业务集中法的主要优点有以下几点。

① 可以大大缩减账单和款项的邮寄时间。由各个收款中心向该地区客户寄发付款账单，客户付款直接邮寄到最近的收款中心。由此，可以大大缩短账单和款项的邮寄时间。

② 缩短支票兑现的时间。各个收款中心收到客户交来的支票，直接存入当地的银行，而支票的付款银行通常也在该地区，使得支票兑现较方便。

（3）采用银行业务集中法的主要缺点有以下几点。

① 增加现金的持有成本。各个收款中心的地区银行都要求有一定的补偿性余额，而补偿性余额是一种闲置的不能自由支配的资金，设立的收款中心越多，补偿性余额就越多，现金的持有成本就越高。

② 增加企业的管理费用。设立收款中心需要一定的人力、物力和财力，会加大企业的管理费用。

因此，在采用银行业务集中法时，要权衡利弊，遵从经济效益原则，以取得更好的效果。

（二）现金支出管理

现金支出管理是尽可能控制现金支出的时间。延迟现金支付是企业在不影响其商业信誉的前提下，根据风险和收益权衡的原则，选用适当的方法尽可能地推迟应付款项的支付时间，充分利用供货方的信用优惠。

1．力争现金流量同步

如果企业能尽量使它的现金流入与现金流出发生的时间趋于一致，就可以使其所持有的交易性现金余额降到最低水平。这就是所谓现金流量同步。

2．使用现金浮游量

从企业开出的支票，收票人收到支票并存入银行，至银行将款项划出企业账户，中间需要一段时间。现金在这段时间的占用称为现金浮游量。在这段时间里，尽管企业已开出了支票，却仍可动用在活期存款账户上的这笔资金。不过，在使用现金浮游量时，一定要控制好使用的时间，否则会发生银行存款的透支。

3．推迟应付账款的支付

推迟应付账款的支付是指企业在不影响自己信誉的前提下，尽可能地推迟应付款的支付期，充分运用供货方所提供的信用优惠。如遇企业急需现金，甚至可以放弃供货方的折扣优惠，在信用期的最后一天支付款项。当然，这要权衡折扣优惠与急需现金之间的利弊得失而定。

4．汇票代替支票

汇票分为商业承兑汇票和银行承兑汇票。与支票不同的是，承兑汇票并不是见票即付。这一方式的优点是它推迟了企业调入资金支付汇票的实际所需时间。这样企业就只需在银行中保持较少的现金余额。它的缺点是某些供应商可能并不喜欢用汇票付款，银行也不喜欢处理汇票，因为这通常需要耗费更多的人力。同支票相比，银行会收较高的手续费。

5．改进员工工资支付模式

企业可以为支付工资专门设立一个工资账户，通过银行向职工支付工资。为了最大限度地减少工资账户的存款余额，企业要合理预测开出支付工资的支票到职工去银行兑现的具体时间。

6．透支

企业开出支票的金额大于活期存款余额即为透支。它实际上是银行向企业提供的信用。透支的限额由银行和企业共同商定。

7．使用零余额账户

企业与银行合作，保持一个主要账户和一系列子账户，且只在主账户保持一定的安全储备，而在一系列子账户不需要保持安全储备。当从某个子账户签发的支票需要现金时，所需要的资金立即从主账户划拨过来，从而使更多的资金可以用作他用。

六、短期有价证券的管理

（一）短期有价证券的特点

短期有价证券是指短期内到期并可以随时兑换成现金的有价证券。短期有价证券的流动性仅次于现金。它具有以下几个方面的特点。

（1）短期有价证券有到期日，期限较短。不同种类的短期有价证券期限长短不等，短则几天、1 个月，长则 1 年。有些有价证券虽然期限比较长，超过 1 年，但在接近到期日（不超过 1 年）时购买，也可以作为短期投资。

（2）短期有价证券有利率。不同种类的有价证券利率不同，一般来说，期限越长，风险越大，利率就越高。

（3）短期有价证券具有较强的流动性，可以在金融市场上出售、转让，容易兑现，畅销性好，流动性较强。

（4）短期有价证券具有一定的风险。一般认为，国库券是没有风险的，其报酬被视为无风险报酬率，但其他的证券都是有风险的，要求的报酬率都含有风险报酬率。例如，购买某些公司的短期债券，就存在债券发行者可能不付利息和本金的风险。

（二）选择短期有价证券的标准

企业可以投资的有价证券有很多，不同的投资者对证券的需求也不同，但一般都会要求投资的短期有价证券能够较为容易变现并获取一定的收益。此外，还必须考虑一定的安全性。因而，短期有价证券的投资者所关心的主要是投资的安全性、变现性和收益性。

（1）安全性是指本金不受损失。一般情况下，企业存入银行及其他金融机构的存款可以在指定的日期随着利息一起付还。但是，即使相当大的金融公司或银行，也有可能因财务困难而使存户面临风险。企业购买的定期固定利息债券不仅在其销售过程中可能因价格波动而蒙受损失，而且债券本金能否得到补偿也具有不确定性，尤其是公司债券。投资于普通股则会在价格上面临相当大的风险。

（2）变现性是指有价证券易于出售的程度，包括当销售时所需经历的销售时间的长短、取得价款的时间以及在急售时须降价的幅度等。有价证券的销售时间，一方面取决于证券市场的活跃程度，另一方面又取决于投资者持有某种有价证券的份额大小。比方说，一个投资者持有某上市股票的比例较大，达到50%，那么不太可能在很短的时间内出售手中所持有的股份。

（3）收益性是指一项投资所获得纳税后的利息、股利和资本增值数额的大小。对大部分的债券投资来说，收益是固定的。小部分的债券投资由于利率不固定，其收益也是不固定的。普通股的投资收益也是不稳定的，因为企业的盈利是不确定的。

总之，一种证券所提供的预期收益越高，其风险也就越大。因此，投资者必须在风险和预期收益之间做出权衡。

（三）短期有价证券的投资政策

短期有价证券的投资政策是指企业在利用暂时闲置现金购买有价证券时，对于投资相关的一系列基本问题所作的选择。由于各企业对待安全性、流动性、收益性与投资风险等的态度不同，就相应形成了以下三种基本的短期有价证券投资政策。

1. 保守的短期有价证券投资政策

这种投资政策非常注重手头持有的可用现金数额，只有现金余额巨大时才考虑进行短期有价证券投资，而且投资时特别看重短期有价证券本金的安全性、流动性与投资风险，把投资收益放在一个比较次要的位置。

2. 激进的短期有价证券投资政策

这种政策并不希望手头持有太多的现金，而是将现金最大限度的用于购买有价证券，把持有现金的理由看成是持有有价证券的理由，投资时更注重短期有价证券的收益能力，考虑流动性也是为了频繁地买入卖出，以确保收益最大。

3. 中庸的短期有价证券投资政策

这种政策对投资的态度介于保守与激进政策之间。这种政策通常需要对最佳现金持有量和未来的现金流转进行精心测算，并严格据以进行投资。选择短期有价证券时，基本上是按照保证流动性、安全性的基础上追求最大可能收益的投资思路，但绝不像激进的投资政策那样为获得最大投资收益而去冒亏本风险。

任务三　应收账款管理

一、应收账款的功能

这里所说的应收账款是指因对外销售产品、材料、供应劳务及其他原因，应向购货单位或接受劳务的单位及其他单位收取的款项，包括应收销售款、其他应收款、应收票据等。它是企业流动资产的一个重要组成部分。合理安排应收账款的资金占用，加强对企业应收账款的管理是企业营运资金管理的一项重要内容。

企业通过提供商业信用，采取赊销、分期付款等方式，可以扩大销售，增强竞争力，获得利润。应收账款作为企业为扩大销售和盈利的一项投资，也会发生一定的成本，所以企业需要在应收账款所增加的盈利和所增加的成本之间作出权衡。应收账款管理就是分析赊销的条件，使赊销带来的盈利增加大于应收账款投资产生的成本费用增加，最终使企业现金收入增加、价值上升。

应收账款的功能指其在生产经营中的作用，主要有以下两方面。

1．扩大销售的功能

在激烈的市场竞争中，通过提供赊销可有效地促进销售。企业提供赊销不仅向顾客提供了商品，还在一定时间内向顾客提供了购买商品的资金，顾客将从赊销中得到好处。因此，赊销会带来企业销售收入和利润的增加。特别是在企业销售新产品、开拓新市场时，赊销更具有重要的意义。

提供赊销所增加的产品销售量一般不增加固定成本，因此，赊销所增加的收益等于增加的销量与单位边际贡献，计算公式如下：

$$增加的收益=增加的销售量\times单位边际贡献$$

2．减少存货的功能

企业持有一定产成品存货会相应地占用资金，形成仓储费用、管理费用等，产生成本，而赊销则可避免这些成本的产生。因此，无论是季节性生产企业还是非季节性生产企业，当产成品存货较多时，一般会采用优惠的信用条件进行赊销，将存货转化为应收账款，减少产成品存货，存货资金占用成本、仓储与管理费用等会相应减少，从而提高企业收益。

二、应收账款的管理目标

发生应收账款的原因，主要有以下两种。

（1）商业竞争。这是发生应收账款的主要原因。在社会主义市场经济的条件下，存在着激烈的商业竞争。竞争机制迫使企业以各种手段扩大销售。除了依靠产品质量、价格、售后服务、广告等外，赊销也是扩大销售的手段之一。对于同等的产品价格、类似的质量水平、一样的售后服务，实行赊销的产品或商品的销售额将大于现金销售的产品或商品的销售额。这是因为顾客将从赊销中得到好处。出于扩大销售的竞争需要，企业不得不以赊销或其他优惠方式招揽顾客，于是就产生了应收账款。由竞争引起的应收账款，是一种商业信用。

（2）销售和收款的时间差距。商品成交的时间和收到货款的时间的不一致也导致了应收账款的发生。当然，现实生活中现金销售是很普遍的，特别是零售企业更常见。不过就一般批发和大量生产企业来讲，发货的时间和收到货款的时间往往不同。这是因为货款结算需要时间。结算手段越是落后，结算所需时间就越长，销售企业只能承认这种现实并承担由此引起的资金垫支。由于销售和收款的时间差而产生的应收账款，不属于商业信用，也不是应收账款的主要内容，在此不再对它进行深入讨论，而只论述属于商业信用的应收账款的管理。

既然企业发生应收账款的主要原因是扩大销售，增强竞争力，那么其管理的目标就是求得利润。应收账款是企业的一项资金投放，是为了扩大销售和盈利而进行的投资，而投资肯定要发生成本。这就需要在应收账款信用政策所增加的盈利和这种政策的成本之间作出权衡。只有当应收账款所增加的盈利超过所增加的成本时，才应当实施应收账款赊销。如果应收账款赊销有着良好的盈利前景，就应放宽信用条件增加赊销量。因此，应收账款管理的目标就是：通过应收账款管理发挥应收账款强化竞争、扩大销售的功能，同时，尽可能降低应收账款投资的机会成本、坏账损失与管理成本，最大限度地提高应收账款投资的效益。

三、应收账款的成本

应收账款的成本是指企业持有一定金额的应收账款所要付出的代价，包括机会成本、管理成本以及坏账成本。

1．机会成本

应收账款会占用企业一定量的资金，而企业若不把这部分资金投放于应收账款，便可以用于其他投资并可能获得收益。这种因投资于应收账款而放弃其他投资收益产生的成本即为应收账款的机会成本，其计算公式如下：

（1）应收账款平均余额=日销售额×平均收现期=$\frac{\text{全年赊销额}}{360}$×平均收账期

（2）维持应收账款所需要的资金=应收账款平均余额×变动成本率

（3）应收账款的机会成本=维持应收账款所需要的资金×资本成本率

$$=\text{应收账款平均余额}\times\text{变动成本率}\times\text{资本成本率}$$

$$=\text{日销售额}\times\text{平均收账期}\times\text{变动成本率}\times\text{资本成本率}$$

$$=\frac{\text{全年赊销额}}{360}\times\text{平均收账期}\times\text{变动成本率}\times\text{资本成本率}$$

$$=\frac{\text{全年销售额}\times\text{变动成本率}}{360}\times\text{平均收账期}\times\text{资本成本率}$$

$$=\frac{\text{全年变动成本}}{360}\times\text{平均收账期}\times\text{资本成本率}$$

式中，平均收账期指的是各种收现期的加权平均数。

通过公式可以看出，年赊销额和应收账款天数是影响应收账款机会成本的两个重要因素。若要降低机会成本，就应尽可能地降低赊销额或缩短应收账款的时间。

【经典案例 9-3】长江公司 2013 年全年赊销额为 2 400 000 元，应收账款平均收账天数为 30 天，变动成本率为 65%，资金成本率为 10%，为公司持有应收账款的机会成本是多少？

【解析】

$$\text{应收账款的机会成本}=\frac{2\,400\,000}{360}\times 30\times 65\%\times 10\%=130\,000\text{（元）}$$

从计算结果可以看出，企业投放 130 000 元的资金就可维持 2 400 000 元的赊销业务，接近于垫支资金的 20 倍。

正常情况下，应收账款收账天数越少，一定数量资金所维持的赊销额就越大；应收账款天数越多，维持相同赊销额所需要的资金数量就越大。

2．管理成本

应收账款的管理成本主要是指在进行应收账款管理时，所增加的费用，主要包括：调查客户信用状况的费用、收集各种信息的费用、账簿的记录费用、收账费用、数据处理成本、相关管理人员成本和从第三方购买信用信息的成本等。

3．坏账成本

在赊销交易中，债务人由于种种原因无力偿还债务，债权人就有可能因为无法收回账款而发生损失。这种损失就是坏账成本。可以说，企业发生坏账成本是不可避免的，而此项成本一般与应收账款发生的数量成正比。一般用公式表达如下：

$$\text{应收账款的坏账成本}=\text{赊销额}\times\text{预计坏账损失率}$$

四、应收账款的信用政策

应收账款赊销的效果好坏，依赖于企业的信用政策。信用政策包括：信用标准、信用条件、收账政策三个方面。

（一）信用标准

信用标准，是指顾客获得企业提供的商业信用所应具备的最低条件。如果顾客达不到信用标准，便不能享受企业的信用或只能享受较低的信用优惠。企业在设定某一顾客的信用标准时，主要从以下几个方面来分析。

1．同行业竞争对手的情况

如果企业的竞争对手实力很强，企业应放宽信用标准，反之，其信用标准应严格一些。

2．企业承担违约风险的能力

当企业具有较强的违约风险承受力时，可以指定较低的信用标准以争取客户，提高竞争力，反之，就只能指定严格的信用标准以尽可能地降低客户的违约风险。

客户的资信程度。如果客户的资信程度高，企业应放宽信用标准，反之，应严格信用标准。客户信用评估的方法有很多，常见的可以通过“5C”系统来进行。所谓“5C”系统，是评估顾客信用品质的五个方面，即品质（Character）、能力（Capacity）、资本（Capital）、抵押（Collateral）和条件（Condition）。

（1）品质指顾客的信誉，即履行偿债义务的可能性。企业必须设法了解顾客过去的付款记录，看其是否有按期如数付款的一贯做法及与其他供货企业的关系是否良好。这一点经常被视为评价顾客信用的首要因素。

（2）能力指顾客的偿债能力，即其流动资产的数量和质量以及与流动负债的比例。顾客的流动资产越多，其转换为现金支付款项的能力越强。同时，还应注意顾客流动资产的质量，看是否有存货过多、过时或质量下降，影响其变现能力和支付能力的情况。

（3）资本指顾客的财务实力和财务状况，表明顾客可能偿还债务的背景。

（4）抵押指顾客拒付款项或无力支付款项时能被用作抵押的资产。这对于不知底细或信用状况有争议的顾客尤为重要。一旦收不到这些顾客的款项，便以抵押品抵补。如果这些顾客提供足够的抵押，就可以考虑向他们提供相应的信用。

（5）条件指可能影响顾客付款能力的经济环境。例如，万一出现经济不景气，会对顾客的付款产生什么影响、顾客会如何做等。这需要了解顾客在过去困难时期的付款历史。

上述客户信用状况五个方面的资料，可通过以下途径取得：企业可通过商业代理机构或资信调查机构获得客户信息资料及信用等级标准资料；委托往来银行信用部门向客户有关联业务银行索取信用资料；与同一客户有信用关系的其他企业相互交换该客户信用资料；查阅客户财务报告资料或凭企业自身的经验及其他方面取得资料。

（二）信用条件

信用条件是销货企业要求赊购客户支付货款的条件，由信用期限、折扣期限和现金折扣政策三个要素组成。

1．信用期限

信用期限是企业允许的顾客从购货到付款之间的时间，或者说是企业给予顾客的付款期间。例如，若某企业允许顾客在购货后的50天内付款，则信用期为50天。信用期过短，不足以吸引顾客，在竞争中会使销售额下降。信用期过长，对销售额增加固然有利，但只顾及销售增长而盲目放宽信用期，所得的收益有时会被增长的费用抵消，甚至造成利润减少。因此，企业必须慎重研究，确定出恰当的信用期。信用期的确定，主要是分析改变现行信用期对收入和成本的影响。延长信用期，会使销售额增加，产生有利影响。与此同时，应收账款、收账费用和坏账损失增加，会产生不利影响。当前者大于后者时，可以延长信用期，否则不宜延长。如果缩短信用期，情况与此相反。

在实际工作中，企业的信用期限通常根据行业惯例确定，在此基础上，如果更改信用期限，可以采用边际收益法进行评估，以确定更适宜的信用期限。

边际收益法的基本思路是：首先按以前年度的信用期限、本行业的信用期限或假定信用期限为零设计一种基准信用期限作为分析基础，然后确定适当延长或缩短信用期限的几个方案并测算更改信用期限后的边际收益和边际成本，最后按照边际收益大于边际成本的原则，选择最适宜的信用期限。

【经典案例 9-4】某公司现在采用 30 天按发票金额付款的信用政策，拟将信用期放宽至 60 天，仍按发票金额付款即不给折扣。假设风险投资的最低报酬率为 15%，其他有关的数据如表 9-6 所示。

表 9-6　某公司信用期放宽的有关资料表

信用期项目	30 天	60 天
销售量（件）	100 000	120 000
销售额（元）（单价 5 元）	500 000	600 000
销售成本（元）		
变动成本（每件 4 元）	400 000	480 000
固定成本（元）	50 000	50 000
毛利（元）	50 000	70 000
可能发生的收账费用（元）	3 000	4 000
可能发生的坏账损失（元）	5 000	9 000

在分析时，先计算放宽信用期得到的收益，然后计算增加的成本，最后根据两者比较的结果做出判断。

（1）边际收益

收益的增加=销售量的增加×单位边际贡献

=（120 000−100 000）×（5−4）=20 000（元）

（2）边际成本

应收账款机会成本=维持应收账款所需要的资金×资本成本

维持应收账款所需要的资金=应收账款平均余额×变动成本率

应收账款平均余额=日销售额×平均收现期

$$30\text{ 天信用期机会成本}=\frac{500\,000}{360}\times 30\times\frac{400\,000}{500\,000}\times 15\%=5\,000\text{（元）}$$

$$60\text{ 天信用期机会成本}=\frac{600\,000}{360}\times 60\times\frac{480\,000}{600\,000}\times 15\%=12\,000\text{（元）}$$

机会成本增加=12 000−5 000=7 000（元）

（3）收账费用和坏账损失增加

收账费用增加=4 000−3 000=1 000（元）

坏账损失增加=9 000−5 000=4 000（元）

边际成本=7 000+1 000+4 000=12 000（元）

由于边际收益 20 000 元大于边际成本 12 000 元，故应采用 60 天的信用期。

上述信用期分析的方法是比较简略，可以满足一般制定信用政策的需要。如有必要，也可以进行更细致地分析，如进一步考虑销货增加引起存货增加而多占用的资金。

2．折扣期限

折扣期限是在信用期限内客户可以得到现金折扣的时间限定。

3．现金折扣政策

现金折扣是企业对顾客在商品价格上所做的扣减。向顾客提供这种价格上的优惠，主要目的在于吸引顾客为享受优惠而提前付款，缩短企业的平均收款期。另外，现金折扣也能招揽一些视折扣为减价出售的顾客前来购货，借此扩大销售量。折扣的表示常采用如 5/10、3/20、*n*/30 这样一些符号形式。这三种符号的涵义为：5/10 表示 10 天内付款，可享受 5% 的价格优惠，即只需支付原价的 95%，如原价为 10 000 元，只支付 9 500 元；3/20 表示 20 天内付款，可享受 3% 的价格优惠，即只需支付原价的 97%，若原价为 10 000 元，只支付 9 700 元；*n*/30 表示付款的最后期限为 30 天，此时付款无优惠。

企业采用什么程度的现金折扣，要与信用期间结合起来考虑。例如，要求顾客最迟不超过 30 天付款，若希望顾客 20 天、10 天付款，能给予多大折扣？或者给予 5%、3% 的折扣，能吸引顾客在多少天内付款？不论是信用期间还是现金折扣，都可能给企业带来收益，但也会增加成本。现金折扣带给企业的好处前面已讲过，它使企业增加的成本，则指的是价格折扣损失。当企业给予顾客某种现金折扣时，应当考虑折扣所能带来的收益与成本孰高孰低，权衡利弊，抉择决断。

因为现金折扣是与信用期间结合使用的，所以确定折扣程度的方法与程序实际上与前述确定信用期间的方法与程序一致，只不过要把所提供的延期付款时间和折扣综合起来，看各方案的延期与折扣能取得多大的收益增量，再计算各方案带来的成本变化，最终确定最佳方案。

【经典案例 9-5】续【经典案例 9-4】资料，假定该公司在放宽信用期的同时，为了吸引顾客尽早付款，提出了“0.8/30、*n*/60”的现金折扣条件，估计会有一半的顾客（按 60 天信用期所能实现的销售设计）将享受现金折扣优惠。

（1）边际收益

$$收益的增加=销售量的增加\times单位边际贡献=(120\,000-100\,000)\times(5-4)=20\,000（元）$$

（2）应收账款占用资金的机会成本

$$30天信用期机会成本=\frac{500\,000}{360}\times30\times\frac{400\,000}{500\,000}\times15\%=5\,000（元）$$

$$提供现金折扣的机会成本=\frac{600\,000}{360}\times60\times\frac{480\,000}{600\,000}\times15\%\times50\%+\frac{600\,000}{360}\times30\times\frac{480\,000}{600\,000}\times15\%\times50\%$$

$$=6\,000+3\,000=9\,000（元）$$

$$机会成本的增加=9\,000-5\,000=4\,000（元）$$

（3）收账费用和坏账损失增加

$$收账费用增加=4\,000-3\,000=1\,000（元）$$

$$坏账损失增加=9\,000-5\,000=4\,000（元）$$

（4）估计现金折扣成本的变化

现金折扣成本增加=新的销售水平×新的现金折扣率×享受现金折扣的顾客比例-旧的销售水平×旧的现金折扣率×享受现金折扣的顾客比例

$$=600\,000\times0.8\%\times50\%-500\,000\times0\times0=2\,400（元）$$

（5）提供现金折扣后的税前损益

$$收益增加-成本费用增加=20\,000-(4\,000+1\,000+4\,000+2\,400)=8\,600（元）$$

由于可获得税前收益，故应当放宽信用期，提供现金折扣。

（三）收账政策

应收账款发生后，企业应采取各种措施，尽量争取按期收回款项，否则会因拖欠时间过长而发生坏账，使企业蒙受损失。这些措施包括对应收账款回收情况的监督、对坏账损失的事先准备和制定适当的收账政策。

1．应收账款回收情况的监督

企业已发生的应收账款时间有长有短，有的尚未超过收款期，有的则超过了收款期。一般来讲，拖欠时间越长，款项收回的可能性越小，形成坏账的可能性越大。对此，企业应实施严密的监督，随时掌握回收情况。实施对应收账款回收情况的监督，可以通过编制账龄分析表进行。账龄分析表是一张能显示应收账款在外天数（账龄）长短的报告，其格式如表 9-7 所示。

表 9-7　账龄分析表

账龄（天）	应收账款金额（元）	占应收账款总额的百分比（%）
0～30	1 750 000	70
31～60	375 000	15
61～90	250 000	10
91 以上	125 000	5
合计	2 500 000	100

账龄分析表能够揭示出应收账款的变化趋势，可以表明账款的拖欠情况。对不同拖欠时间的欠款，企业应采取不同的收账方法，制定出经济、可行的收账政策。对可能发生的坏账损失，企业则应提前做好准备，充分估计这一因素对损益的影响。

2．收账政策的制定

企业对各种不同过期账款的催收方式，包括准备为此付出的代价，就是它的收账政策。例如，对过期较短的顾客，不过多地打扰，以免将来失去这一市场；对过期稍长的顾客，可措辞婉转地写信催款；对过期较长的顾客，频繁的信件催款并电话催询；对过期很长的顾客，可在催款时措辞严厉，必要时提请有关部门仲裁或提起诉讼。

催收账款要发生费用，某些催款方式的费用还会很高（如诉讼费）。一般说来，收账的花费越大，收账措施越有力，可收回的账款应越多，坏账损失也就越小。因此，制定收账政策要在收账费用和所减少坏账损失之间作出权衡。制定有效、得当的收账政策很大程度上靠有关人员的经验。从财务管理的角度讲，也有一些数量化的方法可以参照，可根据收账政策的优劣与应收账款总成本最小化的道理，以通过比较各收账方案成本的大小对其加以选择。

五、应收账款的日常管理

应收账款的管理难度比较大，在确定合理的信用政策之后，还要做好应收账款的日常管理工作，包括对账户的信用调查和分析评价、应收账款的催收工作等。

（一）调查客户信用

信用调查是指收集和整理反映客户信用状况有关资料的工作。信用调查是企业应收账款日常管理的基础，是正确评价客户信用的前提条件。企业对顾客进行信用调查主要通过两种方法。

1．直接调查

直接调查是指调查人员与被调查单位直接接触，通过当面采访、询问、观看等方式获取信用资料的一种方法。直接调查可以保证收集资料的准确性和及时性，但也有一定的局限，往往获得的是感性资料，同时，若不能得到被调查单位的合作，则会使调查工作难以开展。

2．间接调查

间接调查是以被调查单位以及其他单位保存的有关原始记录和核算资料为基础，通过加工整理获得被调查单位信用资料的一种方法。这些资料主要来自以下几个方面。

（1）财务报表。通过财务报表分析，可以基本掌握一个企业的财务状况和信用状况。

（2）信用评估机构。专门的信用评估部门，因为它们的评估方法先进，评估调查细致，评估程序合理，所以可信度较高。在我国，目前的信用评估机构有三种形式：第一种是独立的社会评级机构，只根据自身的业务吸收有关专家参加，不受行政干预和集团收益的牵制，独立自主地开办信用评估业务；第二种是政策性银行、政策性保险公司负责组织的评估机构，一般由银行、保险公司有关人员和各部门专家进行评估；第三种是有商业银行、商业性保险公司组织的评估机构，由商业性银行、商业性保险公司组织专家对其客户进行评估。

（3）银行。银行是信用资料的一个重要来源，许多银行都设有信用部，为其顾客服务，并负责对其顾客信用状况进行记录、评估。但银行的资料一般仅愿意在内部及同行间进行交流，而不愿向其他单位提供。

（4）其他途径。如财税部门、工商管理部门、消费者协会等机构都可能提供相关的信用状况资料。

（二）评估客户信用

收集好信用资料以后，就需要对这些资料进行分析、评价。企业一般采用“5C”系统来评价，并对客户信用进行等级划分。在信用等级方面，目前主要有两种。一种是三级九等，即将企业的信用状况分为AAA、AA、A、BBB、BB、B、CCC、CC、C等九等，其中AAA为信用最优等级，C为信用最低等级。另一种是三级制，即分为AAA、AA、A三个信用等级。

（三）收账的日常管理

应收账款发生后，企业应采用各种措施，尽量争取按期收回款项，否则会因拖欠时间过长而发生坏账，使企业蒙受损失。因此，企业必须在对应收的收益与成本进行比较分析的基础上，制定切实可行的收账政策。通常企业可以采取寄发账单、电话催收、派人上门催收、法律诉讼等方式催收应收账款。然而，催收账款要发生费用，而且某些催款方式的费用还会很高。一般来说，收账的花费越大，收账措施越有利，可收回的账款应越多，坏账损失也就越小。因此，制定收账政策要在收账费用和所减少坏账损失之间作出权衡。制定有效、得当的收账政策很大程度上靠有关人员的经验。从财务管理的角度讲，也有一些数量化的方法可以参照。根据应收账款总成本最小化的原则，可以通过比较各收账方案成本的大小对其加以选择。

（四）应收账款保理

保理是保付代理的简称，是指保理商与债权人签订协议，转让其对应收账款的部分或全部权利与义务，并收取一定费用的过程。

保理又称托收保付，是指卖方（供应商或出口商）与保理商间存在的一种契约关系。根据契约，卖方将其现在或将来的基于其与买方（债务人）订立的货物销售（服务）合同所产生的应收账款转让给保理商，由保理商提供下列服务中的至少两项：贸易融资、销售账户管理、应收账款的催收、信用风险控制与坏账担保。可见，保理是一项综合性的金融服务方式，其同单纯的融资或收账管理有本质区别。

应收账款保理是企业将赊销形成的未到期应收账款，在满足一定条件的情况下，转让给保理商，以获得流动资金，加快资金的周转。保理可以分为有追索权保理（非买断型）和无追索权保理（买断型）、明保理和暗保理、折扣保理和到期保理。

有追索权保理是指供应商将债权转让给保理商，供应商向保理商融通货币资金后，如果购货商拒绝付款或无力付款，保理商有权向供应商要求偿还预付的货币资金，如购货商破产或无力支付，只要有关款项到期未能收回，保理商都有权向供应商进行追索，因而保理商具有全部“追索权”。这种保理方式在我国采用较多。无追索权保理是指保理商将销售合同完全买断，并承担全部的收款风险。

明保理是指保理商和供应商需要将销售合同被转让的情况通知购货商，并签订保理商、供应商、购货商之间的三方合同。暗保理是指供应商为了避免客户知道自己因流动资金不足而转让应收账款，并不将债权转让情况通知客户，货款到期时仍由销售商出面催款，再向银行偿还借款。

折扣保理又称融资保理，即在销售合同到期前，保理商将剩余未收款部分先预付给销售商，一般不超过全部合同额的 70%～90%。到期保理是指保理商并不提供预付账款融资，而是在赊销到期时才支付，届时不管货款是否收到，保理商都必须向销售商支付货款。

任务四　存货的管理

一、存货管理的目标

存货是指企业在生产经营过程中为销售或者耗用而储备的物资，包括材料、燃料、低值易耗品、在产品、半成品、产成品、协作件、商品等。存货管理水平的高低直接影响着企业的生产经营能否顺利进行，并最终影响企业的收益、风险等状况。因此，存货管理是财务管理的一项重要内容。

如果工业企业能在生产投料时随时购入所需的原材料，或者商业企业能在销售时随时购入该项商品，就不需要存货。但实际上，企业总有储存存货的需要，并因此占用或多或少的资金。进行存货管理，就要尽力在各种存货成本与存货效益之间作出权衡，达到两者的最佳结合。在保证生产或者销售经营需要的前提下，最大限度地降低存货成本，是存货管理的目标，具体包括以下几个方面。

（一）保证生产或销售的经营需要

实际上，企业很少能做到随时购入生产或销售所需的各种物资，即使是市场供应量充足的物资也如此。这不仅因为不时会出现某种材料的市场断档，还因为企业距供货点较远而需要必要的途中运输及可能出现运输故障。一旦生产或销售所需物资短缺，生产经营将被迫停顿，造成损失。为了避免或减少出现停工待料、停业待货等事故，企业需要储存存货。

（二）出自价格优惠的考虑

零购物资的价格往往较高，而整批购买在价格上常有优惠。但是，过多的存货要占用较多的资金，并且会增加包括仓储费、保险费、维护费、管理人员工资在内的各项开支。存货占用资金是有成本的，占用过多会使利息支出增加并导致利润的损失。另外各项开支的增加更直接使成本上升。

（三）有利于销售

一定数量的存货储备能够增加企业在生产和销售方面的机动性和适应市场变化的能力。当企业市场需求量增加时，若产品储备不足，就有可能失去销售良机。同时，由于顾客为节约采购成本和其他费用，一般可能成批采购。另外，企业为了达到运输上的最优批量也会组织成批发运。所以保持一定量的存货是有利于市场销售的。

（四）便于维持均衡生产，降低产品成本

有些企业产品属于季节性产品或者需求波动较大的产品，若根据需求状况组织生产，则可能出现不能充分利用生产能力或超负荷生产的情况，造成产品成本的上升。为了降低生产成本，实现均衡生产，就要储备一定的产成品存货，并相应地保持一定的原材料存货。

（五）防止意外事件的发生

企业在采购、运输、生产和销售过程中，都可能发生意料之外的事故，保持必要的存货保险储备，可以避免和减少意外事件的损失。

二、存货的成本

（一）取得成本

取得成本指为取得某种存货而支出的成本，通常用 TC_a 表示，其又分为订货成本和购置成本。

1．订货成本

订货成本指取得订单的成本，如办公费、差旅费、邮资、电报电诉费等支出。订货成本中有一部分与订货次数无关，如常设采购机构的基本开支等，称为订货的固定成本，用 F_1 表示。另一部分与订货次数有关，如差旅费、邮资等，称为订货的变动成本，用 K 表示。订货次数等于存货年需要量 D 与每次进货量 Q 之商。订货成本的计算公式如下：

$$订货成本=F_1+\frac{D}{Q}K$$

2．购置成本

购置成本指存货本身的价值，经常用数量与单价的乘积来确定。年需要量用 D 表示，单价用 U 表示，于是购置成本为 DU。

订货成本加上购置成本就等于存货的取得成本，其公式可表达如下：

$$\begin{aligned}取得成本TC_a&=订货成本+购置成本\\&=订货固定成本+订货变动成本+购置成本\\&=F_1+\frac{D}{Q}K+DU\end{aligned}$$

（二）储存成本

储存成本指为保持存货而发生的成本，包括存货占用资金所应计的利息（若企业用现有现金购买存货，便失去了现金存放银行或投资于证券本应取得的利息，是为“放弃利息”。若企业借款购买存货，便要支付利息费用，是为“付出利息”）、仓库费用、保险费用，存货破损和变质损失等，通常用 TC_c 来表示。

储存成本也分为固定成本和变动成本。固定成本与存货数量的多少无关，如仓库折旧、仓库职工的固定月工资等，通常用 F_2 来表示。变动成本与存货的数量有关，如存货资金的应计利息、存货的破损和变质损失、存货的保险费用等，其中，单位成本用 K_c 来表示。用公式表达的储存成本如下。

$$\begin{aligned}储存成本TC_c&=储存固定成本+储存变动成本\\&=F_2+\frac{Q}{2}K_c\end{aligned}$$

（三）缺货成本

缺货成本指由于存货供应中断而造成的损失，包括材料供应中断造成的停工损失、产成品库存缺货造成的拖欠发货损失和丧失销售机会的损失（还应包括需要主观估计的商誉损失）。如果生产企业以紧急采购代用材料解决库存材料中断之急，那么缺货成本表现为紧急额外购入成本（紧急额外购入的开支会大于正常采购的开支）。缺货成本用 TC_s 表示。

如果以 TC 来表示储备存货的总成本，它的计算公式如下：

$$\begin{aligned} TC &= TC_a + TC_c + TC_s \\ &= F_1 + \frac{D}{Q}K + DU + F_2 + \frac{Q}{2}K_c + TC_s \end{aligned}$$

企业存货的最优化，即是使企业总成本即上式 TC 值最小。

三、存货决策

存货的决策涉及四项内容：决定进货项目、选择供应单位、决定进货时间和决定进货批量。决定进货项目和选择供应单位是销售部门、采购部门和生产部门的职责。财务部门要做的是决定进货时间和决定进货批量（分别用 T 和 Q 表示）。按照存货管理的目的，需要通过合理的进货批量和进货时间，使存货的总成本最低。这个批量叫做经济订货量或经济批量。有了经济订货量，可以很容易地找出最适宜的进货时间。

与存货总成本有关的变量（即影响总成本的因素）很多，为了解决比较复杂的问题，有必要简化或舍弃一些变量，先研究解决简单的问题，然后再扩展到复杂的问题。这需要设立一些假设，之后，在此基础上建立经济订货量的基本模型。

（一）经济订货量基本模型

经济订货量基本模型需要设立的假设条件如下。

（1）企业能够及时补充存货，即需要订货时便可立即取得存货。

（2）能集中到货，而不是陆续入库。

（3）不允许缺货，即无缺货成本，TC_s 为零。这是因为良好的存货管理本来就不应该出现缺货成本。

（4）需求量稳定，并且能预测，即 D 为已知常量。

（5）存货单价不变，即 U 为已知常量。

（6）企业现金充足，不会因现金短缺而影响进货。

（7）所需存货市场供应充足，不会因买不到需要的存货而影响其他。

设立了上述假设后，存货总成本的公式可以简化如下：

$$TC = F_1 + \frac{D}{Q}K + DU + F_2 + \frac{Q}{2}K_c$$

当 F_1、K、DU、F_2、K_c 为常数量时，TC 的大小取决于 Q。为了求出 TC 的最小值，对其进行求导演算，可得出下列公式：

$$Q^* = \sqrt{\frac{2KD}{K_c}}$$

这一公式称为经济订货量基本模型，可求出的每次订货批量，其使 TC 达到最小值。此外，通过这个公式可以推导出与批量有关的存货总成本公式：

$$TC^* = \sqrt{2KDK_c}$$

每年最佳订货次数公式如下：

$$N*=\frac{D}{Q^*}$$

最佳订货周期公式如下：

$$t*=\frac{1}{N^*}$$

经济订货量占用资金公式如下：

$$I*=\frac{Q^*}{2}\cdot U$$

【经典案例 9-6】某企业每年耗用某种材料 3 600 千克，该材料单位成本为 10 元，单位存储成本为 2 元，一次订货成本为 25 元，则利用上述公式可做如下计算。

$$Q*=\sqrt{\frac{2KD}{K_c}}=\sqrt{\frac{2\times3\,600\times25}{2}}=300(\text{千克})$$

$$TC*=\sqrt{2KDK_c}=\sqrt{2\times3\,600\times25\times2}=600(\text{元})$$

$$\text{订货次数}=\frac{D}{Q}=\frac{3\,600}{300}=12\ (\text{次})$$

$$\text{订货周期}=\frac{360}{\text{订货次数}}=\frac{360}{12}=30\ (\text{天})$$

$$\text{存货占用资金}=\frac{Q}{2}\times U=\frac{300}{2}\times10=1\,500\ (\text{元})$$

经济订货量也可以用图解法求得：先计算出一系列不同批量的各有关成本，然后在坐标图上描出由各有关成本构成的订货成本线、储存成本线和总成本线，而总成本线的最低点（或者是订货成本线和储存成本线的交接点）相应的批量，即经济订货量。【经典案例 9-5】中不同批量的有关成本变动情况如图 9-6 所示。从图形中可以很清楚地看出，当订货批量为 300 千克时总成本最低，小于或大于这一批量都是不合算的。

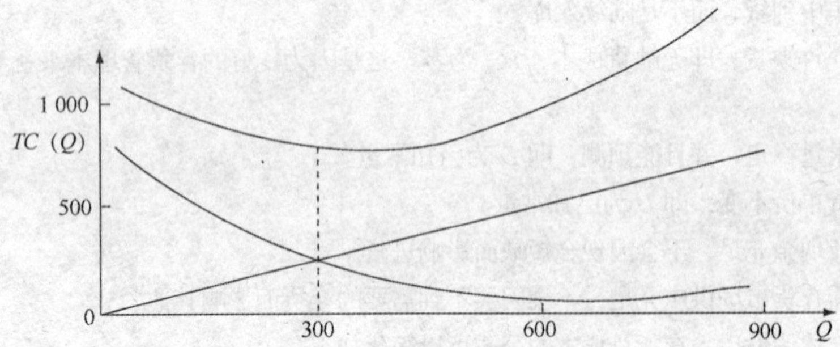

图 9-6　不同批量的成本变动情况

（二）基本模型的扩展

经济订货量的基本模型是在前述各假设条件下建立的，但现实生活中能够满足这些假设条件的情况十分罕见。为使模型更接近于实际情况，具有较高的可用性，需逐一放宽假设，同时改进模型。

1．订货提前期

一般情况下，企业的存货不能做到随用随时补充，因此不能等存货用光再去订货，而需要在没有用完时提前订货。在提前订货的情况下，企业再次发出订货单时，尚有存货的库存量，称为再订货点，用 R 来表示。它的数量等于交货时间（L）和每日平均需用量（d）的乘积，具体公式如下：

$$R=L\times d$$

续【经典案例 9-6】资料，企业订货日至到货期的时间为 10 天，每日存货需要量为 10 千克，那么 $R=L\times d=10\times 10=100$（千克）

即企业在尚存 100 千克存货时，就应当再次订货，等到下批订货到达时（再次发出订货单 10 天后），原有库存刚好用完。此时，有关存货的每次订货批量、订货次数、订货间隔时间等并无变化，与瞬时补充相同。订货提前期的情形如图 9-7 所示。这就是说，订货提前期对经济订货量并无影响，可仍以原来瞬时补充情况下的 300 千克为订货批量，只不过在达到再订货点（库存 100 千克）时即发出订货单罢了。

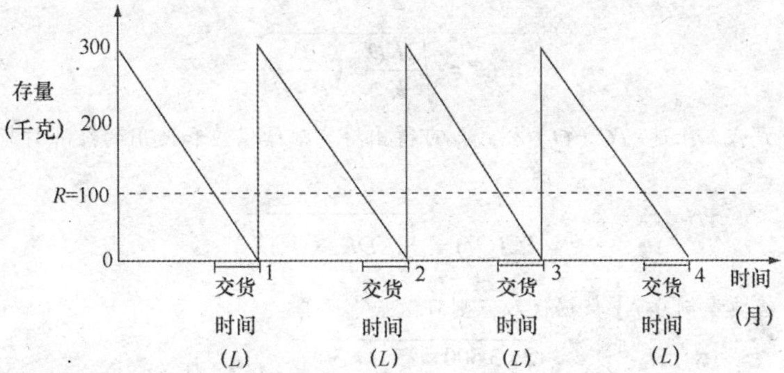

图 9-7 订货提前期

2．存货陆续供应和使用

在建立基本模型时，假设了存货一次全部入库，故存货增加时存量变化为一条垂直的直线。事实上，各批存货可能陆续入库，使存量陆续增加。尤其是产成品入库和在产品转移，几乎总是陆续供应和陆续耗用的。在这种情况下，需要对图 9-6 基本模型做一些修改。

【经典案例 9-7】某零件年需用量（D）为 3 600 件，每日送货量（P）为 30 件，每日耗用量（d）为 10 件，单价（U）为 10 元，一次订货成本（生产准备成本）（K）为 25 元，单位储存变动成本（K_c）为 2 元。存货数量的变动如图 9-8 所示。

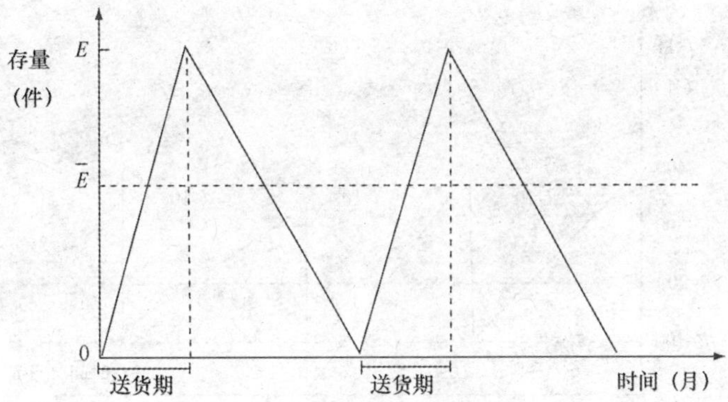

图 9-8 陆续供货时存货数量的变动

设每批订货数为 Q。由于每日送货量为 P，故该批货全部送达所需日数为 Q/P，称之为送货期。因零件每日耗用量为 d，故送货期内的全部耗用量为 $\frac{Q}{P}\times d$。由于零件边送边用，所以每批送完时，最高库存量为 $Q-\frac{Q}{P}\times d$，平均存量则为 $\frac{1}{2}(Q-\frac{Q}{P}\times d)$。

图 9-8 中的 E 表示最高库存量，这样，与批量有关的总成本可用如下公式表示。

$$TC(Q)=\frac{D}{Q}\times K+\frac{1}{2}(Q-\frac{Q}{P}\times d)\times K_c$$
$$=\frac{D}{Q}\times K+\frac{Q}{2}(1-\frac{d}{P})\times K_c$$

在订货变动成本与储存变动成本相等时，$TC(Q)$ 有最小值，故存货陆续供应和使用的经济订货量公式如下。

$$\frac{D}{Q}\times K=\frac{Q}{2}(1-\frac{d}{P})\times K_c$$

求得

$$Q^*=\sqrt{\frac{2KD}{K_c}\times(\frac{P}{P-d})}$$

将这一公式代入上述 $TC(Q)$ 公式，可得出存货陆续供应和使用的经济订货量总成本公式如下。

$$TC(Q^*)=\sqrt{2KDK_c\times(1-\frac{d}{p})}$$

将上述【经典案例 9-7】数据代入，则可做如下运算。

$$Q^*=\sqrt{\frac{2\times3\,600\times25}{2}\times\frac{30}{30-10}}=367\text{（件）}$$
$$TC(Q^*)=\sqrt{2\times3\,600\times25\times(1-\frac{10}{30})}=347\text{（元）}$$

3．保险储备

以前讨论假定存货的供需稳定且确知，即每日需求量不变，交货时间也固定不变。实际上，每日需求量可能变化，交货时间也可能变化。按照某一订货批量（如经济订货批量）和再订货点发出订单后，如果需求增大或送货延迟，就会发生缺货或供货中断。为防止由此造成的损失，就需要多储备一些存货以备应急之需，称为保险储备（安全存量）。这些存货在正常情况下不动用，只有当存货过量使用或送货延迟时才动用。若取【经典案例 9-5】数据，则保险储备如图 9-9 所示。

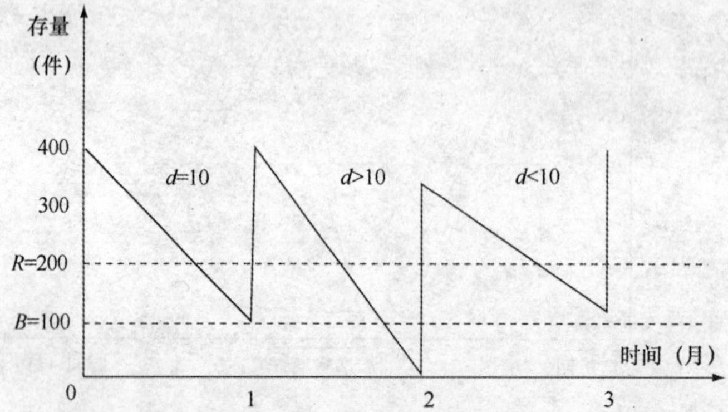

图 9-9 存货的保险储备

图 9-9 中，年需用量（D）为 3 600 件，已计算出经济订货量为 300 件，每年订货 12 次。又知全年平均日需求量（d）为 10 件，平均每次交货时间（L）为 10 天。为防止需求变化引起缺

货损失，设保险储备量（B）为 100 件，再订货点 R 由此而相应提高的数量如下：

$$R=交货时间×平均日需求+保险储备=L×d+B=10×10+100=200（件）$$

建立保险储备，固然可以使企业避免缺货或供应中断造成的损失，但存货平均储备量加大却会使储备成本升高。研究保险储备的目的，就是要找出合理的保险储备量，使缺货或供应中断损失和储备成本之和最小。方法上可先计算出各不同保险储备量的总成本，然后再对总成本进行比较，选定其中最低的。

四、存货的控制系统

存货管理不仅需要各种模型帮助确定适当的存货水平，还需要建立相应的存货控制系统，传统的存货控制系统有定量控制系统和定时控制系统两种。定量控制系统是指当存货下降到一定存货水平时即发出订货单，订货数量是固定的和事先决定的。定时控制系统是每隔固定时期，无论现有存货水平多少，即发出订货申请。这两种系统都较简单和易于理解，但不够精确。现在许多大型企业都宜采用了计算机存货控制系统，当存货数据输入计算机后，计算机即对这批货物开始跟踪，此后，每当有该货物取出时，计算机就及时作出记录并修正库存余额。当存货下降到订货点时，计算机自动发出订单，并在收到订货时记下所有的库存量。计算机系统能对大量种类的存货进行有效管理，这也是为什么大型企业愿意采用这种系统的原因之一。对于大型企业，其存货种类数以十万计，要使用人力及传统方法来对如此众多的库存进行有效管理，及时调整存货水平并避免出现缺货或浪费现象简直是不可能的，但计算机系统对此能做出迅速有效的反应。

伴随着业务流程重组的兴起以及计算机行业的发展，存货管理系统也得到了很大的发展，从 MRP（Material Requirement Planning，物料资源规划）发展到 MRP-Ⅱ（Manafacture Resource Plan，制造资源规划）再到 ERP（企业资源规划）以及后来的柔性制造和供应链管理甚至是外包（Out-sourcing）等管理方法的快速发展，都大大提高了企业存货管理方法的发展。这些新的生产方式把信息技术革命和管理进步融为一体，提高了企业的整体运作效率。以下将两个典型的存货控制系统进行介绍。

（一）ABC 控制系统

ABC 控制法就是把企业种类繁多的存货，依据其重要程度、价值大小或者资金占用等标准分为三大类：A 类高价值存货，品种数量约占整个存货的 10%～15%，但价值约占全部存货的 50%～70%；B 类中等价值存货，品种数量约占全部存货的 20%～25%，价值约占全部存货的 15%～20%；C 类低价值存货，品种数量多，约占整个存货的 60%～70%，价值约占全部存货的 10%～35%。针对不同类别的存货分别采用不同的管理办法，A 类存货应作为管理的重点，实行重点控制、严格管理，而对 B 类和 C 类存货的重视程度则可依次降低，采取一般管理。

（二）适时制库存控制系统

适时制存货控制系统又称零库存管理、看板管理系统。它最早是由丰田公司提出并将其应用于实践，是指制造企业事先和供应商及客户协调好：只有当制造企业在生产过程中需要原料或零件时，供应商才会将原料或零件送来；每当产品生产出来就被客户拉走。这样，制造企业的存货持有水平就可以大大下降，企业的物资供应、生产和销售形成连续的同步运动过程。显然，适时制存货控制系统需要的是稳定而标准的生产程序以及诚信的供应商，否则，任何一环出现差错将导致整个生产线的停止。目前，已有越来越多的企业利用适时制存货控制系统减少甚至消除对存货的需求即实行零库存管理，比如说，沃尔玛、丰田、海尔等。适时制存货控制系统进一步的发展被应用于企业整个生产管理过程中，是集开发、生产、库存和分销于一体，大大提高了企业运营管理效率。

五、存货的日常管理

存货日常管理目标是保证企业生产经营在正常进行的前提下，尽量减少库存、防止积压。在实践中，常用的方法有存货 ABC 分类管理法、存货的归口分级管理、存货储存期控制法和零库存管理等。

（一）存货 ABC 分类管理

存货 ABC 管理法又称重点管理法，这种方法是把不同项目的存货按照一定的标准分成 A、B、C 三大类，并对 A 类存货重点管理的一种方法。

存货 ABC 分类管理适用于大型企业对存货的管理控制。在一个大型企业，存货项目成千上万种，有的价值昂贵，有的价值较低，有的数量庞大，有的寥寥无几，如果不分主次、面面俱到，对每一种存货都进行周密的规划、严格地控制，会浪费大量的人力和财力，而且也没有必要。采用存货 ABC 分类管理法就可以抓住重点，合理有效地控制存货资金。

1．存货 ABC 分类管理的分类标准

分类标准主要有两个，一是金额标准，二是品种数量标准，其中，金额标准是最基本的，品种数量标准仅作为参考。A 类存货的特点是金额巨大、品种数量少。B 类存货金额一般、品种数量相对较多。C 类存货品种数量繁多，但价值金额却很小。一般而言，三类存货的金额比重大致为 A：B：C＝0.7：0.2：0.1，而品种数量比重大致为 A：B：C＝0.1：0.2：0.7。对 A 类存货要重点规划和控制，对于 B 类存货作为次重点管理，对于 C 类存货只是从总额上掌握，进行一般管理。

2．存货 ABC 分类管理的操作步骤

运用存货 ABC 分类管理存货资金占用量时，一般可按以下步骤进行。

（1）计算每一种存货在一定时间内（一般为一年）资金占用额。

（2）计算每一种存货的资金占用额占全部存货资金占用额的百分比，并按大小顺序排列编成表格。

（3）根据事先测定好的标准，把重要的存货划为 A 类，把一般存货划为 B 类，把不重要的存货划为 C 类，并画图表示出来。

（4）对 A 类存货进行重点规划和管理，对 B 类存货进行次重点管理，对 C 类存货只进行一般管理即可。

【经典案例 9-8】美华公司共有 40 种材料，计划年度材料的耗用总额为 1 000 000 元，按占用资金多少的顺序排列后，根据企业规定的控制标准把 40 种材料划分为 A、B、C 类，编制材料资金 ABC 分类表，如表 9-8 所示。

表 9-8　材料资金 ABC 分类表

材料品种	各种材料耗用资金数额（元）	各类材料资金占用		各类材料品种		管理类别
		金额（元）	比重（%）	品种数	比重（%）	
1# 2# 3# 4#	300 000 180 000 150 000 70 000	700 000	70	4	10	A

续表

材料品种	各种材料耗用资金数额（元）	各类材料资金占用		各类材料品种		管理类别
		金额（元）	比重（%）	品种数	比重（%）	
5# 6# 7# ... 11# 12#	42 000 30 000 27 000 ... 12 000 10 000	200 000	20	8	20	B
13# 14# 15# ... 38# 39# 40#	9 200 8 000 6 800 ... 450 230 120	100 000	10	28	70	C

（二）存货的归口分级管理

1．存货资金的统一管理

财务部门对存货实行统一综合管理，实现资金使用的综合平衡。财务部门对存货统一管理的重要内容包括：根据财务制度和企业具体情况，制订资金管理的各种制度；测算原材料、在产品、产成品的资金占用定额，汇总编制存货资金计划；将有关控制指标分别归口落实到供应、生产、销售等部门，以便具体负责；对各部门资金运用情况进行检查、分析和考核。

2．存货资金的归口管理

根据物资管理和资金管理相结合的原则，每项物资由哪个部门使用，其资金就由哪个部门管理。资金归口管理一般按以下原则分工：原材料、燃料、包装物等占用的资金归物资供应部门负责；在产品和自制半成品占用的资金归生产部门管理；产成品占用的资金归销售部门负责；工具用具的占用资金归工具管理部门负责；修理用备件占用的资金归维修部门负责。

3．存货资金的分级管理

各归口的管理部门要根据具体情况，将资金控制计划进行层层分解，分配给所属的仓库、车间、班组等基层单位。原材料资金计划指标分解给各车间、半成品库管理；产成品资金计划指标分解给仓库保管、成品发运、销售等业务组管理。

（三）存货储存期控制法

无论是商品流通企业还是生产制造企业，其商品一旦买进入库或产品一旦生产完工入库，便面临着如何尽快销售出去的问题。且不考虑未来市场供求关系如何变化，仅就存货储存本身就会给企业造成较多的费用支出。这些费用支出按照与储存时间的关系可以分为固定储存费用与变动储存费用两类。固定储存费用的大小与存货储存期的长短没有直接联系，如进货运杂费、包装费、行政管理费等。变动储存费用则随着存货储存期的长短成正比例增减变动，如保管费、库存商品占用资金的利息、储存期间损耗等。

企业在生产经营过程中，售出商品产品后，实现的毛利要抵补费用和税金，剩下的才是企业经营利润，其计算公式如下：

$$利润=毛利-固定储存费-销售税金及附加-变动储存费\times储存天数$$

由上述公式可知，变动储存费用的大小，会直接影响到企业利润的减增。这样随着存货储存期的延长，利润将日渐减少。当毛利减固定储存费减销售税金及附加的金额后的数值被变动储存费抵消到等于企业目标利润时，表明存货储存到了保利期；当完全被变动储存费抵消时，便意味着存货储存已经到了保本期。无疑，存货如果能够在保本期内售出，所获得的利润将会超过目标值。反之，将难以实现预期的利润目标。如果存货不能在保本期内出售，便会使企业蒙受损失。

（四）零存货管理

零存货管理系统的特征是，争取存货为零。即在生产刚开始时，供应商发出的原材料刚好到达；在生产线上没有留存的半成品，只有不断运动的在产品，产品一旦完工，马上销售出去。零存货库存突破了传统的存货库存模式。这种模式能够使企业加速流动资金周转，减少利息支出，减少库存仓储存放费用和运输装卸费用，降低原材料费用成本，同时，该模式还避免随着商品不断更新，库存物资因不适合市场需要和生产质量工艺要求，出现削减处理、报废处理，甚至霉烂变质等损失。

零存货库存的管理要有严密的生产计划。企业根据产品销售订货合同，按照交货进度与供应原材料公司订立供货原材料合同，按照原材料交货时间和质量标准，数量多少和交货时间来组织生产。安排的生产计划，应尽可能在生产、供应、销售三个环节实现零存货库存目标，进而逐步做到不需要建立原材料、外购件、在产品、半成品及产成品的库存准备或者少储存。同时，这种管理模式也对供应商、员工、生产系统等提出了更高的要求。只有满足这些要求，零存货管理才能取得成功。

任务五　流动负债管理

一、流动负债筹资的特点

流动负债筹资所筹资金的可使用时间较短，一般不超过 1 年。流动负债具有如下一些特点。

（1）筹资速度快，容易取得。长期负债的债权人为了保护自身利益，往往要对债务人进行全面的财务调查，因而筹资所需时间一般较长且不易取得。短期负债在较短时间内即可归还，故债权人顾虑较少，容易取得。

（2）筹资富有弹性。举借长期负债，债权人或有关方面经常会向债务人提出很多限定性条件或管理规定，而流动负债的限制则相对宽松些，使筹资企业的资金使用较为灵活、富有弹性。

（3）筹资成本较低。一般地讲，短期负债的利率低于长期负债，短期负债筹资的成本也就较低。

（4）筹资风险高。短期负债需在短期内偿还，因而要求筹资企业在短期内拿出足够的资金偿还债务，若企业届时资金安排不当，就会陷入财务危机。此外，短期负债利率的波动比较大，一时高于长期负债的水平也是可能的。

二、流动负债融资的方式

（一）商业信用

商业信用是指在商品交易中由于延期付款或预收货款所形成的企业间的借贷关系。商业信用产生于商品交换之中，是所谓的“自发性筹资”。虽然按照惯例，经常把它们归入自发性负债，但严格说来它是企业主动选择的一种筹资行为，并非完全不可控的自发行为。商业信用运用广泛，在短期负债筹资中占有相当大的比重。

商业信用的具体形式有应付账款、应付票据、预收账款等。

1．应付账款

应付账款是企业购买货物暂未付款而欠对方的账项，即卖方允许买方在购货一定时期内支付货款的一种形式。卖方利用这种方式促销，而对买方来说延期付款则等于向卖方借用资金购进商品，可以满足短期的资金需要。

商业信用条件常包括以下两种。第一，有信用期，但无现金折扣。如“*n*/30”，表示 30 天内按发票金额全数支付。第二，有信用期和现金折扣，如“2/10，*n*/30”表示 10 天内付款享受现金折扣 2%，若买方放弃折扣，30 天内必须付清款项。供应商在信用条件中规定有现金折扣，目的主要在于加速资金回收。企业在决定是否享受现金折扣时，应仔细考虑。通常，放弃现金折扣的成本是高昂的。

（1）放弃现金折扣的信用成本。倘若买方企业购买货物后在卖方规定的折扣期内付款，可以获得免费信用，那企业没有因为取得延期付款信用而付出代价。例如，某应付账款规定付款信用条件为“2/10，*n*/30”是指，买方在 10 天内付款，可获得 2%的付款折扣，而在 10 天至 30 天内付款则无折扣，允许买方付款期限最长为 30 天。

【经典案例 9-9】某企业按“2/10，*n*/30”的付款条件购入货物 60 万元。如果企业在 10 天以后付款，便放弃了现金折扣 1.2 万元（60 万元×2%），信用额为 58.8 万元（60 万元−1.2 万元）。放弃现金折扣的信用成本如下。

$$\begin{aligned}\text{放弃现金折扣的成本率}&=\frac{\text{折扣百分比}}{1-\text{折扣百分比}}\times\frac{360\text{天}}{\text{信用期}-\text{折扣期}}\\&=\frac{2\%}{1-2\%}\times\frac{360}{30-10}\\&=36.73\%\end{aligned}$$

公式表明，放弃现金折扣的信用成本率与折扣百分比大小、折扣期长短和付款期长短有关系，与货款额和折扣额没有关系。如果企业在放弃现金折扣的情况下，推迟付款的时间越长，其信用成本便会越小，但展期信用的结果是企业信誉恶化导致信用度的严重下降，日后可能招致更苛刻的信用条件。

（2）放弃现金折扣的信用决策。企业放弃应付账款现金折扣的原因，可能是企业资金暂时的缺乏，也可能是基于将应付账款用于临时性短期投资，以获得更高的投资收益。如果企业将应付账款额用于短期投资，所获得的投资报酬率高于放弃折扣的信用成本率，则应当放弃现金折扣。

【经典案例 9-10】企业采购一批材料，供应商报价为 20 万元，付款条件为“3/10、2.5/30、1.8/50、*n*/90”。目前企业用于支付账款的资金需要在 90 天时才能周转回来，在 90 天内付款，只能通过银行借款解决。如果银行利率为 12%，请确定企业材料采购款的付款时间和价格。

【解析】

根据放弃折扣的信用成本率计算公式，10 天内付款方案，放弃折扣的信用成本率为 13.92%；30 天内付款方案，放弃折扣的信用成本率为 15.38%；50 天付款方案，放弃折扣的信用成本率为 16.50%。由于各种方案放弃折扣的信用成本率均高于借款利息率，因此初步结论是要取得现金折扣，借入银行借款以偿还货款。

10 天付款方案，得折扣 300 元，用资 9 700 元，借款 80 天，利息 258.67 元，净收益 41.33 元。

30 天付款方案，得折扣 250 元，用资 9 750 元，借款 60 天，利息 195 元，净收益 55 元。

50 天付款方案，得折扣 180 元，用资 9 820 元，借款 40 天，利息 130.93 元，净收益 49.07 元。

总结论：第 30 天付款是最佳方案，其净收益最大。

2．应付票据

应付票据是企业进行延期付款商品交易时开具的反映债权债务关系的票据。根据承兑人的不同，应付票据分为商业承兑汇票和银行承兑汇票两种，支付期最长不超过6个月。应付票据可以带息，也可以不带息。应付票据的利率一般比银行借款的利率低，且不用保持相应的补偿性余额和支付协议费，所以应付票据的筹资成本低于银行借款成本。但是应付票据到期必须归还，如若延期便要交付罚金，因而风险较大。

3．预收账款

预收账款是卖方企业在交付货物之前向买方预先收取部分或全部货款的信用形式。对于卖方来讲，预收账款相当于向买方借用资金后用货物抵偿。预收账款一般用于生产周期长、资金需要量大的货物销售。

4．应付未付款

此外，企业往往还存在一些在非商品交易中产生、但亦为自发性筹资的应付费用，如应付职工薪酬、应交税费、其他应付款等。应付费用使企业受益在前、费用支付在后，相当于享用了受款方的借款，一定程度上缓解了企业的资金需要。应付费用的期限具有强制性，不能由企业自由斟酌使用，但通常无需花费代价。

5．商业信用筹资的优点

（1）商业信用容易获得。商业信用的载体是商品购销行为，企业总有一批既有供需关系又有相互信用基础的客户，所以对大多数企业而言，应付账款和预收账款是自然的、持续的信贷形式。商业信用的提供方一般不会对企业的经营状况和风险作严格的考量，企业无需办理像银行借款那样复杂的手续便可取得商业信用，有利于应对企业生产经营之急需。

（2）企业有较大的机动权。企业能够根据需要，选择决定筹资的金额大小和期限长短，同样要比银行借款等其他方式灵活得多，甚至在期限内不能付款或交货时，一般还可以通过与客户的协商，请求延长时限。

（3）企业一般不用提供担保。通常，商业信用筹资不需要第三方担保，也不会要求筹资企业用资产进行抵押。这样，在出现逾期付款或交货的情况时，可以避免像银行借款那样面临抵押资产被处置的风险，企业的生产经营能力在相当长的一段时间内不会受到限制。

6．商业信用筹资的缺点

（1）商业信用筹资成本高。在附有现金折扣条件的应付账款融资方式下，其筹资成本与银行信用相比较高。

（2）容易恶化企业的信用水平。商业信用的期限短，还款压力大，对企业现金流量管理的要求很高。如果长期和经常性地拖欠账款，会造成企业的信誉恶化。

（3）受外部环境影响较大。商业信用筹资受外部环境影响较大，稳定性较差，即使不考虑机会成本，也是不能无限利用的。一是受商品市场的影响，如当求大于供时，卖方可能停止提供信用。二是受资金市场的影响，当市场资金供应紧张或有更好的投资方向时，商业信用筹资就可能遇到障碍。

（二）短期借款

短期借款是指企业向银行和其他非银行金融机构借入的期限在1年以内的借款。在短期负债筹资中，短期借款的重要性仅次于商业信用。短期借款可以随企业的需要安排，便于灵活使用，且取得亦较简便，但其突出的缺点是短期内要归还，特别是在带有诸多附加条件的情况下更使风险加剧。

1．短期借款的种类

我国目前的短期借款按照目的和用途分为若干种，主要有生产周转借款、临时借款、结算借款等。按照国际通行做法，短期借款还可依偿还方式的不同，分为一次性偿还借款和分期偿还借款；依利息支付方法的不同，分为收款法借款、贴现法借款和加息法借款；依有无担保，分为抵押借款和信用借款等。企业在申请借款时，应根据各种借款的条件和需要加以选择。

2．借款的取得

企业举借短期借款，首先必须提出申请，经审查同意后，借贷双方签订借款合同，注明借款的用途、金额、利率、期限、还款方式、违约责任等内容，然后企业根据借款合同办理借款手续。借款手续完毕，企业便可取得借款。

3．借款的信用条件

按照国际通行做法，银行发放短期借款往往带有一些信用条件，主要包含以下几方面。

（1）信贷限额。信贷限额是银行对借款人规定的无担保贷款的最高额。信贷限额的有效期限为1年，但根据情况也可延期1年。一般来讲，企业在批准的信贷限额内，可随时使用银行借款。但是，银行并不承担必须提供全部信贷限额的义务。如果企业信誉恶化，即使银行曾同意过按信贷限额提供贷款，企业也可能得不到借款。这时，银行不会承担法律责任。

（2）周转信贷协定。周转信贷协定是银行具有法律义务地承诺提供不超过某一最高限额的贷款。在协定的有效期内，只要企业的借款总额未超过最高限额，银行就必须满足企业任何时候提出的借款要求。企业享用周转信贷协定，通常要就贷款限额的未用部分付给银行一笔承诺费（Commitment Fee）。

例如，某周转信贷额为1 000万元，承诺费率为0.5%，借款企业年度内用了600万元，余额400万元，借款企业该年度就要向银行支付承诺费2万元（400×0.5%）。这是银行向企业提供此项贷款的一种附加条件。周转信贷协定的有效期通常超过1年，但实际上贷款每几个月发放一次，所以这种信贷具有短期和长期借款的双重特点。

（3）补偿性余额。补偿性余额是银行要求借款企业在银行中保持按贷款限额或实际借用额一定百分比（一般为10%～20%）的最低存款余额。从银行的角度讲，补偿性余额可降低贷款风险，补偿遭受的贷款损失。对于借款企业来讲，补偿性余额则提高了借款的实际利率。

【经典案例 9-11】某企业向银行借款800万元，利率为6%，银行要求保留10%的补偿性余额，则企业实际可动用的贷款为720万元，该借款的实际利率如下。

$$借款实际利率=\frac{800\times6\%}{720}=\frac{6\%}{1-10\%}=6.67\%$$

（4）借款抵押。银行向财务风险较大的企业或对其信誉不甚有把握的企业发放贷款，有时需要有抵押品担保，以减少自己蒙受损失的风险。短期借款的抵押品经常是借款企业的应收账款、存货、股票、债券等。银行接受抵押品后，将根据抵押品的面值决定贷款金额，一般为抵押品面值的30%～90%。这一比例的高低，取决于抵押品的变现能力和银行的风险偏好。抵押借款的成本通常高于非抵押借款，因为银行主要向信誉好的客户提供非抵押贷款，而将抵押贷款看成是一种风险投资，故而收取较高的利率。同时，银行管理抵押贷款要比管理非抵押贷款困难，为此往往另外收取手续费。企业向贷款人提供抵押品，会限制其财产的使用和将来的借款能力。

（5）偿还条件。贷款的偿还有到期一次偿还和在贷款期内定期（每月、季）等额偿还方式。一般来讲，企业不希望采用后一种偿还方式，因为这会提高借款的利率。而银行不希望采用前一种偿还方式，是因为这会加重企业的财务负担及企业的拒付风险，同时会降低实际贷款利率。

（6）其他承诺。银行有时还要求企业为取得贷款而作出其他承诺，如及时提供财务报表、保持适当的财务水平（如特定的流动比率）。如企业违背所作出的承诺，银行可要求企业立即偿还全部贷款。

4．短期借款的成本

短期借款成本主要包括利息、手续费等。短期借款成本的高低主要取决于贷款利率的高低和利息的支付方式。短期贷款利息的支付方式有收款法、贴现法和加息法三种，付息方式不同，短期借款成本计算也有所不同。

（1）收款法。收款法是在借款到期时向银行支付利息的方法。银行向企业贷款一般都采用这种方法收取利息。采用收款法时，短期贷款的实际利率就是名义利率。

（2）贴现法。贴现法又称折价法，是指银行向企业发放贷款时，先从本金中扣除利息部分，到期时借款企业偿还全部贷款本金的一种利息支付方法。在这种利息支付方式下，企业可以利用的贷款只是本金减去利息部分后的差额，因此，贷款的实际利率要高于名义利率。

【经典案例 9-12】某企业从银行取得借款 200 万元，期限 1 年，利率为 6%，利息 12 万元。按贴现法付息，企业实际可动用的贷款为 188 万元，该借款的实际利率如下。

$$\text{借款实际利率}=\frac{200\times6\%}{188}=\frac{6\%}{1-6\%}=6.34\%$$

（3）加息法。加息法是银行发放分期等额偿还贷款时采用的利息收取方法。在分期等额偿还贷款情况下，银行将根据名义利率计算的利息加到贷款本金上，计算出贷款的本息和，要求企业在贷款期内分期偿还本息之和的金额。由于贷款本金分期均衡偿还，借款企业实际上只平均使用了贷款本金的一半，却支付了全额利息。这样企业所负担的实际利率便要高于名义利率大约 1 倍。

【经典案例 9-13】某企业借入（名义）年利率为 12% 的贷款 20 000 元，分 12 个月等额偿还本息，则该项借款的实际年利率如下。

$$\text{实际年利率}=\frac{20\,000\times12\%}{\left(\dfrac{20\,000}{2}\right)}=24\%$$

（三）短期融资券

短期融资券是指企业依法发行的无担保短期本票。在我国，短期融资券是指企业依据《银行间债券市场非金融企业债务工具管理办法》的条件和程序，在银行间债券市场发行和交易并约定一定期限内还本付息的有价证券，是企业筹措短期资金的一种直接融资方式。

1．发行短期融资券的相关规定

（1）发行人为非金融企业，发行企业均经过在中国境内工商注册且具备债券评级能力的评级机构的信用评级，并将评级结果向银行间债券市场公示。

（2）发行和交易的对象是银行间债券市场的机构投资者，不向社会公众发行和交易。

（3）融资券的发行由符合条件的金融机构承销，企业不得自行销售融资券，发行融资券募集的资金用于本企业的生产经营。

（4）融资券采用实名记账的方式在中央国债登记结算有限责任公司登记托管，由中央结算公司负责提供有关服务。

（5）债券融资工具发行利率、发行价格和所涉费率以市场化方式确定，任何商业机构不得以欺诈、操纵市场等行为获取不正当利益。

2. 短期融资券的种类

（1）按发行人分类，短期融资券分为金融企业的融资券和非金融企业的融资券。在我国，目前发行和交易的是非金融企业的融资券。

（2）按发行方式分类，短期融资券分为经纪人承销的融资券和直接销售的融资券。非金融企业发行融资券一般采用间接承销方式进行，金融企业发行融资券一般采用直接发行方式进行。

3. 短期融资券的筹资特点

（1）短期融资券筹资成本低。相对于发行企业债券筹资而言，发行短期融资券的筹资成本较低。

（2）短期融资券筹资数额比较大。相对于银行借款筹资而言，短期融资券一次性筹资数额比较大。

（3）发行短期融资券的条件比较严格。发行短期融资券的企业，必须具备一定的信用等级。

三、流动负债的利弊

（一）流动负债的经营优势

理解流动负债（期限为 365 天甚至更少）和长期负债（期限在 1 年以上）的优势和劣势相当重要。除了成本和风险的不同，为流动资产融资时使用短期和长期负债之间还存在经营上的不同。

流动负债的主要经营优势包括：容易获得，灵活性，有效地为季节性信贷需要融资的能力。这创造了需要融资和获得融资之间的同步性。另外，短期借款一般比长期借款具有更少的约束性条款。如果仅在一个短期内需要资金，以短期为基础进行借款可以使企业维持未来借款决策的灵活性。如果一个企业签订了长期借款协议，该协议具有约束性条款、大量的预付成本和信贷合约的初始费用，那么流动负债所具有的那种灵活性通常不再适用。

流动负债的一个主要使用是为季节性行业的流动资产进行融资。为了满足增长的需要，一个季节性企业必须增加存货和应收账款。流动负债是为流动资产中临时性的、季节性的增长进行融资的主要工具。

（二）流动负债的经营劣势

流动负债的一个经营劣势是需要持续地重新谈判或滚动安排负债。贷款人由于企业财务状况的变化，或整体经济环境的变化，可能在到期日不愿滚动贷款，或重新设定贷款额度。另外，提供贷款额度的贷款人一般要求，用于为短期营运资金缺口而筹集的贷款，必须每年支付至少 1～3 个月的全额款项。这 1～3 个月被称为结清期。贷款人之所以这么做，是为了确认企业是否在长期负债为合适的融资来源时仍使用流动负债。许多企业的实践证明，使用短期贷款为永久性流动资产融资是一件危险的事情。

本单元小结

营运资金是指企业在流动资产减去流动负债后的余额。现金，是指在生产过程中暂时停留在货币形态的资金。现金管理的目标是在保证企业生产经营所需现金的同时，节约使用现金，并从暂时闲置的现金中获取较多的利息收入。应收账款是企业因对外销售产品、材料、供应劳务及其他原因，应向购货单位或接受劳务的单位及其他单位收取的款项，包括应收销售款、其他应收款、应收票据等。应收账款的目标就是通过对应收账款的管理，在发挥应收账款功能的基础上，尽可能降低应收账款投资的成本。存货是指企业在生产经营过程中为销售或者耗用而储备的物资，包括材料、燃料、低值易耗品、在产品、半成品、产成品、协作件、商品等。进行存货管理的目标就是尽力在各种存货成本与存货效益之间作出权衡，达到两者的最佳结合，就是在保证生产或者销售经营需要的前提下，最大限度地降低存货成本。企业在生产经营过程中，往往需要一些临时性资金供企业周转使用，或者出于各种考虑需要临时调整其资产负债结构等，都需要筹集短期资金。这种短期筹资所得资金属于流动负债，可使用的时间较短。短期融资方式主要有：商业信用、短期借款、短期融资券。

复习与思考

1. 如何加强存货的管理？
2. 企业信用政策制定的主要内容？
3. 短期融资方式主要有哪些？

技能实训

1. F 公司有关资料如下。

（1）未来 1 年，预计公司年需求量为 432 万元。

（2）F 公司的证券买卖都是通过一个代理员进行的，每一笔业务将需要由公司支付 500 元。

（3）货币市场上的年证券收益率为 6.5%。

要求采用存货模型计算如下内容：

（1）该公司应保留多少元的现金余额？

（2）公司在未来 12 个月内将进行多少次证券销售？

2. C 公司生产和销售甲、乙两种产品，目前的信用政策为“2/15，*n*/30”，有占销售额 60%的客户在折扣期内付款并享受公司提供的折扣；不享受折扣的应收账款中，有 80%可以在信用期内收回，另外 20%在信用期满后 10 天（平均数）收回。逾期账款的收回，需要支出占逾期账款额 10%的收账费用。如果明年继续保持目前的信用政策，预计甲产品销售量为 4 万件，单价 100 元，单位变动成本 60 元；乙产品销售量为 2 万件，单价 300 元，单位变动成本 240 元。

如果明年将信用政策改为“5/10，*n*/20”，预计不会影响产品的单价、单位变动成本和销售的品种结构，而销售额将增加到 1 200 万元。与此同时，享受折扣的比例将上升至销售额的 70%。不享受折扣的应收账款中，有 50%可以在信用期内收回，另外 50%可以在信用期满后 20 天（平均数）收回。这些逾期账款的收回，需要支出占逾期账款额 10%的收账费用。该公司应收账款的资金成本为 12%。

要求做如下计算：

（1）假设公司继续保持目前的信用政策，计算其平均收现期和应收账款应计利息。

（2）假设公司采用新的信用政策，计算其平均收现期和应收账款应计利息。

（3）计算改变信用政策引起的损益变动净额，并据此说明公司应否改变信用政策。

3. 某零件年需要量 16 200 件，日供应量 60 件，一次订货成本 25 元，单位储存成本 1 元/年。假设一年为 360 天，且需求是均匀的，不设置保险库存并且按照经济订货量进货。

要求做如下计算：

（1）计算经济订货量。

（2）计算最高库存量。

（3）计算与进货批量有关的总成本。

单元十 收益分配管理实务

素质目标

1. 掌握利润分配程序
2. 掌握股利理论的主要内容
3. 掌握股利政策的影响因素以及股利政策的类型
4. 理解股票回购的动机与方式
5. 了解股票分割与股票股利的区别

技能目标

1. 能针对不同企业制定适合的股利分配方案
2. 能找出企业股利政策制定的制约因素
3. 能熟悉各种不同股利理论的应用
4. 能针对不同企业选择合适的股利分配政策

案例导入

苹果计算机公司创立于 1976 年，到 1980 年，该公司研制生产的家用电脑已经销售 13 万多台，销售收入达到 1.17 亿美元。1980 年苹果公司首次公开发行股票上市。上市以后，公司得到快速成长，到 1986 年，公司的销售收入已达 19 亿美元，实现净利润 1.54 亿美元。1980～1986 年，苹果公司的净利润年增长率达到 53%。1986 年，苹果公司与马克公司联合进入办公电脑市场，当时办公电脑市场的主要竞争对手是实力非常强大的 IBM 公司。因为竞争非常激烈，所以 1987 年苹果公司对自身能否持续增长表示怀疑。为了增强投资者的信心，特别是吸引更多的机构投资者，苹果公司在 1987 年 4 月 23 日宣布首次分配季度股利，每股支付现金股利 0.12 美元，同时按 1∶2 比例进行股票分割（即每 1 股分拆成 2 股）。股票市场对苹果公司首次分配股利反应非常强烈，股利分配方案宣布当天，股价就上涨了 1.75 美元，之后，在 4 个交易日里，股价上涨了约 8%。在之后的三年多时间里，苹果公司的经营业绩保持良好的增长。截至 1990 年，实现销售收入 55.58 亿美元，净利润 4.75 亿美元。1986～1990 年，销售收入平均年增长率为 31%，净利润平均年增长率为 33%。但是，1990 年以后，苹果公司的业绩开始逐年下降，1996 年亏损 7.42 亿美元，1997 年亏损 3.79 亿美元。苹果公司的股票价格也从 1990 年的 48 美元/股跌到 1997 年的 24 美元/股。尽管经营业绩发生较大变化，但苹果公司从 1987 年首次分配股利开始，一直坚持每年支付大约每股 0.45 美元的现金股利，直到 1996 年，由于经营困难，不得不停止发放股利。

请思考以下问题：

你认为股票市场对苹果公司首次分配股利为什么反应如此强烈？股利分配对企业有什么影响？你认为苹果公司执行的是什么股利分配政策？你对苹果公司的股利分配有更好的建议吗？

任务一　收益分配管理认知

一、收益分配管理的概念及意义

（一）收益分配管理的概念

收益分配管理是对企业收益分配的主要活动及其形成的财务关系的组织与调节，是企业将一定时期内所创造的经营成果合理地在企业内、外部各利益相关者之间进行有效分配的过程。企业的收益分配有广义和狭义两种概念。广义的收益分配是指对企业的收入和净利润进行分配，包含两个层次的内容，其中，第一层次是对企业收入的分配，第二层次是对企业净利润的分配。狭义的收益分配则仅仅是指对企业净利润的分配。本单元所指收益分配采用狭义的收益分配概念，即对企业净利润的分配。

企业通过经营活动取得收入后，要按照补偿成本、缴纳所得税、提取公积金、向投资者分配利润等顺序进行收益分配。对于企业来说，收益分配不仅是资产保值、保证简单再生产的手段，同时也是资产增值、实现扩大再生产的工具。收益分配可以满足国家政治职能与组织经济职能的需要，是处理所有者、经营者等各方面物质利益关系的基本手段。

（二）收益分配管理的意义

收益分配管理作为现代企业财务管理的重要内容之一，对于维护企业与各相关利益主体的财务关系、提升企业价值具有重要意义。具体而言，企业收益分配管理的意义表现在以下三个方面。

1．收益分配集中体现了企业所有者、经营者与职工之间的利益关系

企业所有者是企业权益资金的提供者，按照谁出资、谁受益的原则，其应得的投资收益须通过企业的收益分配来实现，而获得投资收益的多少取决于企业盈利状况及利润分配政策。通过收益分配，投资者能实现预期的收益，提高企业的信誉程度，有利于增强企业未来融通资金的能力。

企业的债权人再向企业投入资金的同时也承担了一定的风险，企业的收益分配应体现出对债权人利益的充分保护。除了按时支付到期本金、利息外，企业在进行收益分配时也要考虑债权人未偿付本金的保障程度，否则将在一定程度上削弱企业的偿债能力，从而降低企业的财务弹性。

职工是价值的创造者，是企业收入和利润的源泉。通过薪资的支付以及各种福利的提供，可以提高职工的工作热情，为企业创造更多价值。因此，为了正确、合理地处理好企业各方利益相关者的需求，就必须对企业所实现的收益进行合理分配。

2．收益分配是企业再生产的条件以及优化资本结构的重要措施

企业在生产经营过程中所投入的各类资金，随着生产经营活动的进行不断地发生消耗和转移，形成成本费用，最终构成商品价值的一部分。销售收入的取得，为企业成本费用的补偿提供了前提，为企业简单再生产的正常进行创造了条件。通过收益分配，企业能形成一部分自行安排的资金，可以增强企业生产经营的财力，有利于企业适应市场需要扩大再生产。

此外，留存收益是企业重要的权益资金来源，收益分配的多少，影响企业积累的多少，从而影响权益与负债的比例，即资本结构。企业价值最大化的目标要求企业的资本结构最优，因而收益分配便成了优化资本结构、降低资本成本的重要措施。

3．收益分配是国家建设资金的重要来源之一

在企业正常的生产经营活动中，职工不仅为自己创造了价值，还为社会创造了一定的价值，即利润。利润代表企业的新创财富，是企业收入的重要构成部分。除了满足企业自身的生产经营性积累外，通过收益分配，国家财政也能够集中一部分企业利润，由国家有计划地分配使用，实现国家政治职能和经济职能，发展能源、交通和原材料基础工业，为社会经济的发展创造良好条件。

二、收益分配的原则

企业通过经营活动赚取收益，并将其在相关各方之间进行分配。收益分配作为一项重要的财务活动，应当遵循以下原则。

（一）依法分配原则

企业的收益分配必须依法进行。为了规范企业的收益分配行为，维护各利益相关者的合法权益，国家颁布了相关法规。这些法规规定了企业收益分配的基本要求、一般程序和重要比例，企业应当认真执行，不得违反。

（二）资本保全原则

企业的利润分配必须以资本的保全为前提。企业的利润分配是对投资者投入资本的增值部分所进行的分配，不是投资者本金的返还。以企业的投资本金进行的分配，属于一种清算行为，而不是利润的分配。企业必须在有可供分配留存收益的情况下进行分配，只有这样才能充分保护投资者的利益。

（三）分配与积累并重原则

企业的收益分配必须坚持积累与分配并重的原则。企业通过经营活动赚取收益，既要保证企业简单再生产的持续进行，又要不断积累企业扩大再生产的财力基础。恰当处理分配与积累之间的关系，留存一部分净收益以供未来分配之需，能够增强企业抵抗风险的能力，同时，也可以提高企业经营的稳定性与安全性。

（四）兼顾各方利益原则

企业的收益分配必须兼顾各方面的利益。企业是经济社会的基本单元，其收益分配涉及国家、企业股东、债权人、职工等多方面的利益。正确处理它们之间的关系，协调其矛盾，对企业的生存、发展是至关重要的。企业在进行收益分配时，应当统筹兼顾，维护各利益相关者的合法权益。

（五）投资与收益对等原则

企业进行收益分配应当体现“谁投资谁受益”、收益大小与投资比例相对等的原则。这是正确处理投资者利益关系的关键。企业在向投资者分配收益时，应本着平等一致的原则，按照投资者投资额的比例进行分配，不允许任何一方随意多分多占，以从根本上实现收益分配中的公开、公平和公正，保护投资者的利益。

三、利润分配的程序

利润分配是对企业所实现的经营成果进行分割与派发的活动。企业利润分配的基础是净利润，即企业缴纳所得税后的利润。利润分配既是对股东投资回报的一种形式，也是企业内部筹资的一种方式，对企业的财务状况会产生重要的影响。利润分配必须依据法定程序进行，按照《中华人民共和国公司法》《企业财务通则》等法律法规的规定，股份有限公司实现的税前利润，应首先依法缴纳企业所得税，且税后利润应当按照下列基础程序进行分配。

1．弥补以前年度亏损

企业在提取法定公积金之前，应先用当年利润弥补亏损。企业年度亏损可以用下一年度的税前利润弥补，下一年度不足弥补的，可以在五年之内用税前利润连续弥补，连续五年未弥补的亏损则用税后利润弥补。税后利润弥补亏损可以用当年实现的净利润，也可以用盈余公积转入。

2．提取法定盈余公积金

根据公司法的规定，法定盈余公积金的提取比例为当年税后利润（弥补亏损后）的 10%。当年法定盈余公积的累积额已达注册资本的 50%，可以不再提取。法定盈余公积金提取后，根据企业的需要，可用于弥补亏损或转增资本，但企业用盈余公积金转增资本后，法定盈余公积金的余额不得低于转增前公司注册资本的 25%。提取法定盈余公积金的目的是为了增加企业内部积累，以利于企业扩大再生产。

3．提取任意盈余公积金

根据公司法的规定，公司从税后利润中提取法定公积金后，经股东会或股东大会决议，还可以从税后利润中提取任意盈余公积。这是为了满足企业经营管理的需要，控制向投资者分配利润的水平，以及调整各年度利润分配的波动。

4．向股东（投资者）分配股利（利润）

根据公司法的规定，公司弥补亏损和提取公积金后所余税后利润，可以向股东(投资者)分配股利(利润)。有限责任公司股东按照实缴的出资比例分取红利，全体股东约定不按照出资比例分取红利的除外。股份有限公司按照股东持有的股份比例分配，但股份有限公司章程规定不按照持股比例分配的除外。

任务二　股利分配理论与分配方案制定

一、股利分配理论

股利政策是指在法律允许的范围内，企业是否发放股利、发放多少股利以及何时发放股利的方针及对策。

股利政策的最终目标是使公司价值最大化。股利往往可以向市场传递一些信息，如股利的发放多寡、是否稳定、是否增长等往往是大多数投资者推测公司经营状况、发展前景优劣的依据。因此，股利政策关系到公司在市场上、在投资者中间的形象，成功的股利政策有利于提高公司的市场价值。

企业的股利分配方案既取决于企业的股利政策，又取决于决策者对股利分配的理解与认识，即股利分配理论。股利分配理论是指人们对股利分配的客观规律的科学认识与总结，其核心问题是股利政策与公司价值的关系问题。市场经济条件下，股利分配要符合财务管理目标。人们对股利分配与财务目标之间关系的认识存在不同的流派与观念，还没有一种被大多数人所接受的权威观点和结论。但主要有以下两种较流行的观点。

（一）股利无关论

股利无关论是由美国经济学家弗兰科·莫迪利安尼（Franco Modigliani）和财务学家默顿·米勒（Merton Miller）于 1961 年提出，又称为 MM 理论。股利无关论认为，在一定的假设条件限制下，股利政策不会对公司的价值或股票的价格产生任何影响，投资者不关心公司股利的分配。公司市场价值的高低，由公司所选择的投资决策的获利能力和风险组合所决定，而与公司的利润分配政策无关。股利无关论的主要观点如下所述。

1．投资者并不关心公司的股利分配

若公司留存较多的利润用于再投资，会导致公司股票价格上升。此时尽管股利较低，但需用现金的投资者可以出售股票换取现金。反之，若公司发放较多的股利，投资者又可以用现金再买入一些股票以扩大投资。也就是说，无论公司多分配或者少分配股利，对投资者而言都没有区别，投资者只是通过不同的方式获利而已，所以投资者对股利和资本利得两者并无偏好。

2．股利支付比率不影响公司的价值

公司对股东的分红只是盈利减去投资之后的差额部分，且分红只能采取派现或股票回购等方式，因此，一旦投资政策已定，那么，在完全的资本市场上，股利政策的改变就仅仅意味着收益在现金股利与资本利得之间分配上的变化。如果投资者按理性行事的话，这种改变不会影响公司的市场价值以及股东的财富。该理论是建立在完全资本市场理论之上的，假定条件包括：（1）市场具有强式效率；（2）不存在任何公司或个人所得税；（3）不存在任何筹资费用；（4）公司的投资决策与股利决策彼此独立。

（二）股利相关理论

与股利无关理论相反，股利相关理论认为，企业的股利政策会影响股票价格和公司价值。主要观点有以下几种。

1．“在手之鸟”理论

该理论认为，用留存收益再投资给投资者带来的收益具有较大的不确定性，并且投资的风险随着时间的推移会进一步加大，因此，厌恶风险的投资者会偏好确定的股利收益，而不愿将收益留存在公司内部，去承担未来的投资风险。该理论认为公司的股利政策与公司的股票价格是密切相关的，即当公司支付较高的股利时，公司的股票价格会随之上升，公司价值将得到提高。

2．信号传递理论

该理论认为，在信息不对称的情况下，公司可以通过股利政策向市场传递有关公司未来获利能力的信息，从而会影响公司的股价。一般来讲，预期未来获利能力强的公司，往往愿意通过相对较高的股利支付水平吸引更多的投资者。对于市场上的投资者来讲，股利政策的差异或许是反映公司预期获利能力的有价值的信号。如果公司连续保持较为稳定的股利支付水平，那么投资者会对公司未来的盈利能力与现金流量抱有乐观的预期。如果公司的股利支付水平突然发生变动，那么股票市价也会对这种变动作出反应。

3．所得税差异理论

该理论认为，由于普遍存在的税率和纳税时间的差异，资本利得收入比股利收入更有助于实现收益最大化目标，公司应当采用低股利政策。一般来说，对资本利得收入征收的税率低于对股利收入征收的税率。再者，即使两者没有税率上的差异，但由于投资者对资本利得收入的纳税时间选择更具有弹性，投资者仍可以享受延迟纳税带来的收益差异。

4．代理理论

该理论认为，股利政策有助于减缓管理者与股东之间的代理冲突，即股利政策是协调股东与管理者之间代理关系的一种约束机制。该理论认为，股利的支付能够有效地降低代理成本。首先，股利的支付减少了管理者对自由现金流量的支配权。这在一定程度上可以抑制公司管理者的过度投资或在职消费行为，从而保护外部投资者的利益。其次，较多的现金股利发放，减少了内部融资，导致公司进入资本市场寻求外部融资，从而公司将接受资本市场上更多的、更严格的监督。这样便通过资本市场的监督减少了代理成本。因此，高水平的股利政策降低了企业的代理成本，但同时增加了外部融资成本，理想的股利政策应当使两种成本之和最小。

二、股利分配政策

股利政策由企业在不违反国家有关法律法规的前提下，根据本企业具体情况制定。股利政策既要保持相对稳定，又要符合公司财务目标和发展目标。在实际工作中，通常有以下几种股利政策可供选择。

（一）剩余股利政策

1．剩余股利政策的涵义

剩余股利政策是指公司在有良好的投资机会时，根据目标资本结构，测算出投资所需的权益资本额，先从盈余中留用，然后将剩余的盈余作为股利来分配，即净利润首先满足公司的资金需求，如果还有剩余，就派发股利，否则不派发股利。

2．理论依据

剩余股利政策的理论依据是 MM 股利无关理论。根据 MM 股利无关理论，在完全理想状态下的资本市场中，公司的股利政策与普通股每股市价无关，故而股利政策只需随着公司投资、融资方案的制定而自然确定。因此，采用剩余股利政策时，公司要遵循如下四个步骤。

（1）设定目标资本结构。在此资本结构下，公司的加权平均资本将达到最低水平。

（2）确定公司的最佳资本预算，并根据公司的目标资本结构预计资金需求中所需增加的权益资本数额。

（3）最大限度地使用留存收益来满足资金需求中所需增加的权益资本数额。

（4）留存收益在满足公司权益资本的增加需求后，若还有剩余再用来发放股利。

【经典案例 10-1】假定某公司某年税后净利润为 1 000 万元，第二年的投资计划需要资金 1 200 万元，公司的目标资本结构为权益资本占 60%，债务资本占 40%。

按照目标资本结构的要求，公司投资方案所需的权益资本数额如下：

$$1\,200 \times 60\% = 720（万元）$$

公司当年可供分配的利润为 1 000 万元，除了满足上述投资方案所需的权益资本数额外，还有剩余可用于发放股利。2013 年，公司可以发放的股利额如下：

$$1\,000-720=280（万元）$$

假设该公司当年流通在外的普通股为 400 万股，那么，每股股利如下：

$$\frac{280}{400}=0.7（元）$$

3．剩余股利政策的优缺点

剩余股利政策的优点是：留存收益优先保证再投资的需要，有助于降低再投资的资金成本，保持最佳的资本结构，实现企业价值的长期最大化。

剩余股利政策的缺陷是：若完全遵照执行剩余股利政策，股利发放额就会每年随着投资机会和盈利水平的波动而波动。在盈利水平不变的前提下，股利发放额与投资机会的多寡呈反方向变动。在投资机会维持不变的情况下，股利发放额将与公司盈利呈同方向波动。剩余股利政策不利于投资者安排收入与支出，也不利于公司树立良好的形象，一般适用于公司初创阶段。

（二）固定或稳定增长的股利政策

1．固定或稳定增长的股利政策的涵义

固定或稳定增长的股利政策是指公司将每年派发的股利额固定在某一特定水平或是在此基础上维持某一固定比率逐年稳定增长。公司只有在确信未来盈利不会发生逆转时才会宣布实施固定或稳定增长的股利政策。在这一政策下，应首先确定股利分配额，而且该分配额一般不随资金需求的波动而波动。

近年来，为了避免通货膨胀对股东收益的影响，最终达到吸引投资的目的，很多公司开始实行稳定增长的股利政策：为了避免股利的实际波动，公司在支付某一固定股利的基础上，还确定了一个目标股利增长率，依据公司的盈利水平按目标股利增长率逐步提高公司的股利支付水平。

2．固定或稳定增长的股利政策的优点

（1）由于股利政策本身的信息含量，稳定的股利向市场传递着公司正常发展的信息，有利于树立公司的良好形象，增强投资者对公司的信心，稳定股票的价格。

（2）稳定的股利额有助于投资者安排股利收入和支出，有利于吸引那些打算进行长期投资并对股利有很高依赖性的股东。

（3）稳定的股利政策可能会不符合剩余股利理论，但考虑到股票市场会受多种因素影响（包括股东的心理状态和其他要求），为了将股利维持在稳定的水平上，即使推迟某些投资方案或暂时偏离目标资本结构，也可能比降低股利或固定股利增长率更为有利。

3．固定或稳定增长的股利政策的缺点

（1）固定或稳定增长股利政策下的股利分配只升不降，股利支付与公司盈利相脱离，即不论公司盈利多少，均要按固定的乃至固定增长的比率派发股利。

（2）在公司的发展过程中，难免会出现经营状况不好或短暂的困难时期，如果这时仍执行固定或稳定增长的股利政策，甚至派发的股利金额大于公司实现的盈利，那必将侵蚀公司的留存收益，影响公司的后续发展，甚至侵蚀公司的现有资本，给公司的财务运作带来很大压力，最终影响公司正常的生产经营活动。

因此，采用固定或稳定增长的股利政策，要求公司对未来的盈利和支付能力能作出准确的判断。一般来说，公司确定的固定股利额不宜太高，以免陷入无力支付的被动局面。固定或稳定增长的股利政策通常适用于经营比较稳定或正处于成长期的企业，但很难被长期采用。

（三）固定股利支付率政策

1．固定股利支付率政策的涵义

固定股利支付率政策是指公司将每年净利润的某一固定百分比作为股利分派给股东。这一百分比通常称为股利支付率，股利支付率一经确定，一般不得随意变更。在这一股利政策下，只要公司的税后利润一经计算确定，所派发的股利也就相应确定了。固定股利支付率越高，公司留存的净利润越少。

2．固定股利支付率的优点

（1）采用固定股利支付率政策，股利与公司盈余紧密地配合，体现了“多盈多分、少盈少分、无盈不分”的股利分配原则。

（2）由于公司的获利能力在年度间是经常变动的，因此，每年的股利也应当随着公司收益的变动而变动。采用固定股利支付率政策，公司每年按固定的比例从税后利润中支付现金股利。从企业的支付能力的角度看，这是一种稳定的股利政策。

3．固定股利支付率的缺点

（1）传递的信息容易成为公司的不利因素。大多数公司每年的收益很难保持稳定不变，导致年度间的股利额波动较大。由于股利的信号传递作用，波动的股利很容易给投资者带来经营状况不稳定、投资风险较大的不良印象，成为公司的不利因素。

（2）容易使公司面临较大的财务压力。这是因为公司实现的盈利多，并不能代表公司有足够的现金流用来支付较多的股利额。

（3）缺乏财务弹性。股利支付率是公司股利政策的主要内容，模式的选择、政策的制定是公司的财务手段和方法。在不同阶段，根据财务状况制定不同的股利政策，会更有效地实现公司的财务目标。但在固定股利支付率政策下，公司丧失了利用股利政策的财务方法，缺乏财务弹性。

（4）合适的固定股利支付率的确定难度比较大。如果固定股利支付率定得较低，不能满足投资者对投资收益的要求。固定股利支付率定得较高，没有足够的现金派发股利时会给公司带来巨大财务压力，另外当公司发展需要大量资金时，也要受其制约。所以确定较优的股利支付率的难度较大。

由于公司每年面临的投资机会、筹资渠道都不同，而这些都可以影响到公司的股利分派，所以，一成不变地奉行固定股利支付率政策的公司在实际中并不多见。固定股利支付率政策只是比较适用于那些处于稳定发展且财务状况也较稳定的公司。

【经典案例 10-2】某公司长期以来用固定股利支付率政策进行股利分配，确定的股利支付率为 30%。2013 年税后净利润为 1 500 万元，如果仍然继续执行固定股利支付率政策，公司本年度将要支付的股利如下：

$$1\,500\times30\%=450（万元）$$

但公司下一年度有较大的投资需求，因此，准备本年度采用剩余股利政策。如果公司下一年度的投资预算为 2 000 万元，目标资本结构为权益资本占 60%。

按照目标资本结构的要求，公司投资方案所需的权益资本额如下：

$$2\,000\times60\%=1\,200（万元）$$

公司 2013 年度可以发放的股利如下：

$$1\,500-1\,200=300（万元）$$

（四）低正常股利加额外股利政策

1．低正常股利加额外股利政策的涵义

低正常股利加额外股利政策，是指公司事先设定一个较低的正常股利额，每年除了按正常股利额向股东发放股利外，还在公司盈余较多、资金较为充裕的年份向股东发放额外股利。但是，额外股利并不固定化，不意味着公司永久地提高了股利支付率。可以用以下公式表示。

$$Y=a+bX$$

其中，Y 为每股股利，X 为每股收益，a 为低正常股利，b 为股利支付比率。

2．低正常股利加额外股利政策的优点

（1）赋予公司较大的灵活性，使公司在股利发放上留有余地，并具有较大的财务弹性。公司可根据每年的具体情况，选择不同的股利发放水平，以稳定和提高股价，进而实现公司价值的最大化。

（2）低正常股利加额外股利政策有助于稳定股价，增强投资者信心。由于公司每年固定派发的股利维持在一个较低的水平上，在公司盈利较少或需用较多的留存收益进行投资时，公司仍然能够按照既定承诺的股利水平派发股利，使投资者保持固有的收益保障，有助于维持公司股票的现有价格。而当公司盈利状况较好且有剩余现金时，就可以在正常股利的基础上再派发额外股利，而额外股利信息的传递则有助于公司股票的股价上扬，增强投资者的信心。

3．低正常股利加额外股利政策的缺点

（1）由于年份之间公司盈利的波动使得额外股利不断变化，造成分派的股利不同，容易给投资者收益不稳定的感觉。

（2）当公司在较长时间持续发放额外股利后，可能会被股东误认为“正常股利”，一旦取消，传递出的信号可能会使股东认为这是公司财务状况恶化的表现，进而导致股价下跌。

相对来说，对那些盈利随着经济周期而波动较大的公司或者盈利与现金流量很不稳定时，低正常股利加额外股利政策也许是一种不错的选择。

【经典案例 10-3】若 XY 公司维持的最低股利分配额为每股 0.55 元，由于 2013 年利润创新高达到 900 万元，每股增加 5%的股利分配额。采用低正常股利加额外股利政策，计算公司 2014 应向投资者发放股利的数额如下：

$$900\times(0.55+5\%\times0.55)=519.75\text{（万元）}$$

（五）股利政策总结

公司处于不同的发展阶段与其所适应的股利政策总结可参见表 10-1。

表 10-1　股利政策总结表

公司发展阶段	适用的股利分配政策
初创阶段	剩余股利政策
高速成长阶段	低正常股利加额外股利政策
稳定成长阶段	固定或稳定增长政策
成熟阶段	固定或稳定增长政策
衰退阶段	剩余股利政策

三、股利分配制约因素

企业的利润分配涉及企业相关各方的切身利益，受众多不确定因素的影响，在确定分配政策时，应当考虑各种相关因素的影响，主要包括法律、公司、股东及其他因素。

（一）法律因素

为了保护债权人和股东的利益，法律规定就公司的利润分配做出如下规定。

1．资本保全约束

资本保全限制规定企业不能用资本发放股利。如我国法律规定公司不能用资本（包括实收资本或股本和资本公积）发放股利，目的在于维持企业资本的完整性，保护企业完整的产权基础，保障债权人的利益。

2．资本积累约束

规定公司必须按照一定的比例和基数提取各种公积金，股利只能从企业的可供分配利润中支付。此处可供分配利润包含公司当期的净利润按照规定提取各种公积金后的余额和以前累积的未分配利润。另外，在进行利润分配时，一般应当贯彻“无利不分”的原则，即当企业出现年度亏损时，一般不进行利润分配。

3．超额累积利润约束

由于资本利得与股利收入的税率不一致，所以，如果公司为了避税而使得盈余的保留大大超过了公司目前及未来的投资需要时，将被加征额外的税款。

4．偿债能力约束

要求公司考虑现金股利分配对偿债能力的影响，确定在分配后仍能保持较强的偿债能力，以维持公司的信誉和借贷能力，从而保证公司的正常资金周转。

（二）公司因素

公司基于短期经营和长期发展的考虑，在确定利润分配政策时，需要关注以下因素。

1．现金流量

由于会计规范的要求和核算方法的选择，公司盈余与现金流量并非完全同步，净收益的增加不一定意味着可供分配的现金流量的增加。公司在进行利润分配时，要保证正常的经营活动对现金的需求，以维持资金的正常周转，使生产经营得以有序进行。

2．资产的流动性

企业现金股利的支付会减少其现金持有量，降低资产的流动性，而保持一定的资产流动性是企业正常运转的必备条件。

3．盈余的稳定性

企业能否获得长期稳定的盈余是其股利决策的重要基础。盈余相对稳定的企业有可能支付较高的股利，而盈余不稳定的企业一般采用低股利政策。对于盈余不稳定的企业，低股利政策可以减少因盈余下降而造成的股利无法支付、股价急剧下降的风险，还可将更多的盈余用于再投资，以提高企业的权益资本比重，减少财务风险。

4．投资机会

如果公司的投资机会多，对资金的需求量大，那么它就很可能会考虑采用低股利支付水平的分配政策。相反，如果公司的投资机会少，对资金的需求量小，那么它就很可能倾向于采用较高的股利支付水平。此外，如果公司将留存收益用于再投资所得报酬低于股东个人单独将股利收入投资于其他投资机会所得的报酬时，公司就不应多留存收益，而应多发股利。这样有利于股东价值的最大化。

5．筹资因素

如果公司具有较强的筹资能力，随时能筹集到所需资金，那么它会具有较强的股利支付能力。另外，留存收益是企业内部筹资的一种重要方式，同发行新股或举债相比，其无需花费筹资费用，同时增加了公司权益资本的比重，降低了财务风险，便于低成本取得债务资本。

6．其他因素

由于股利的信号传递作用，公司不宜经常改变其利润分配政策，应保持一定的连续性和稳定性。此外，利润分配政策还会受到其他公司的影响，如不同发展阶段、不同行业的公司股利支付比例会有差异。这就要求公司在进行政策选择时要考虑发展阶段以及所处的行业的相关状况。

（三）股东因素

股东在控制权、收入和税赋方面的考虑也会对公司的利润分配政策产生影响。

1．控制权

现有股东往往将股利政策作为维持其控制地位的工具。企业支付较高的股利导致留存收益的减少，当企业为有利可图的投资机会筹集所需资金时，发行新股的可能性增大，新股东的加入必然稀释公司的控制权。所以，股东会倾向于较低的股利支付水平，以便从内部的留存收益中取得所需资金。

2．稳定的收入

如果股东以现金股利维持生活，他们往往要求企业能够支付稳定的股利，而反对过多的留存。还有一些股东认为通过增加留存收益引起股价上涨而获得的资本利得是有风险的，而目前的股利是确定的，即便是现在较少的股利，也强于未来的资本利得，因此他们往往也要求较多的股利支付。

3．避税

政府对企业利润征收所得税以后，还要对自然人股东征收个人所得税。由于股利收入的税率要高于资本利得的税率，所以一些高股利收入的股东处于避税的考虑而往往倾向于较低的股利支付水平。

（四）其他因素

1．债务契约

一般来说，股利支付水平越高，留存收益越少，企业的破产风险加大，就越有可能损害到债权人的利益。因此，为了保证自己的利益不受侵害，债权人通常都会在债务契约、租赁合同中加入关于借款企业股利政策的限制条款。

2．通货膨胀

通货膨胀会让货币购买力水平下降，导致固定资产重置资金不足。此时，企业往往不得不考虑留用一定的利润，以便弥补由于购买力下降而造成的固定资产重置资金缺口。因此，在通货膨胀时期，企业一般会采取偏紧的利润分配政策。

四、股利分配方案的制定

股利分配方案的确定，主要考虑确定以下四个方面的内容：（1）选择股利政策类型；（2）确定股利支付水平的高低；（3）确定股利支付形式，即确定合适的股利分配形式；（4）确定股利发放的日期。

对于股份有限公司而言，股利分配方案的确定与变更决策权都在董事会。要完成股利政策的制定与决策，通常需要涉及三个部门，分别为公司的财务部门、董事会、股东大会。其中，财务部门为董事会提供制定股利政策与方案的各种财务数据，董事会拟定企业的股利政策的草案与分配方案，股东大会主要是坚持公司财务报告，审核批准董事会制定的股利政策与分配方案等的预案。

（一）股利支付方式

股利支付形式可以分为不同的种类，主要有以下四种。

1．现金股利

现金股利是以现金支付的股利，是股利支付的最常见的方式。公司选择发放现金股利除了要有足够的留存收益外，还要有足够的现金，而现金充足与否往往会成为公司发放现金股利的主要制约因素。

2．财产股利

财产股利，是以现金以外的其他资产支付的股利，主要是以公司所拥有的其他公司的有价证券，如债券、股票等，作为股利支付给股东。

3．负债股利

负债股利，是以负债方式支付的股利，通常以公司的应付票据支付给股东，有时也以发放公司债券的方式支付股利。

财产股利和负债股利实际上是现金股利的替代，但这两种股利支付形式在我国公司实务中很少使用。

4．股票权利

股票权利，是公司以增发股票的方式所支付的股利，我国实务中通常也称其为“红股”。股票股利对公司来说，并没有现金流出，也不会导致公司的财产减少，而只是将公司的留存收益转化为股本和资本公积。股票权利会增加流通在外的股票数量，同时降低股票的每股价值。它不改变公司股东权益总额，但会改变股东权益的构成。

【经典案例 10-4】某上市公司在 20× 8 年发放股票股利前，其资产负债表上的股东权益账户情况如表 10-2 所示。

表 10-2　股东权益账户表　单位：万元

普通股(面值 1 元，发行在外 2 000 万股)	2 000
资本公积	3 000
盈余公积	2 000
未分配利润	3 000
股东权益合计	10 000

假设该公司宣布发放 10%的股票股利，现有股东每持有 10 股即可获赠 1 股普通股。若该股票当时市价为 5 元，那么随着股票股利的发放，需从“未分配利润”项目划转出的资金如下：

$$2\,000\times10\%\times5=1\,000\text{（万元）}$$

由于股票面值（1 元）不变，发放 200 万股，“普通股”项目只应增加 200 万元，其余的 800（1 000-200）万元应作为股票溢价转至“资本公积”项目，而公司的股东权益总额并未发生改变，仍是 10 000 万元，股票股利发放后的资产负债表上的股东权益部分如表 10-3 所示。

表 10-3　发放股利的股东权益表　单位：万元

普通股(面值 1 元，发行在外 2 200 万股)	2 200
资本公积	3 800
盈余公积	2 000
未分配利润	2 000
股东权益合计	10 000

假设某股东在公司派发股票股利之前持有公司的普通股 10 万股，那么，他所拥有的股权比例如下：

$$\frac{10}{2\,000}=0.5\%$$

派发股利之后，他所拥有的股票数量和股份比例如下：

$$10\times(1+10\%)=11\text{（万股）}$$

$$\frac{11}{2\,200}=0.5\%$$

可见，发放股票股利，不会对公司股东权益总额产生影响，但会引起资金在各股东权益项目间的再分配。而股票股利派发前后每一位股东的持股比例也不会发生变化。需要说明的是，案例中股票股利以市价计算价格的做法，是很多西方国家所通行的，但在我国，股票股利价格则是按照股票面值来计算的。

发放股票股利虽不直接增加股东的财富，也不增加公司的价值，但对股东和公司都有特殊意义。

对股东来讲，股票股利的优点主要体现在以下几方面。

（1）派发股票股利后，理论上每股市价会成比例下降，但实务中这并非必然结果。因为市场和投资者普遍认为，发放股票股利往往预示着公司会有较大的发展和成长，这样的信息传递会稳定股价或使股价下降比例减少甚至不降反升，股东便可以获得股票价值相对上升的好处。

（2）由于股利收入和资本利得税率的差异，如果股东把股票股利出售，还会给他带来资本利得纳税上的好处。

对公司来讲，股票股利的优点主要体现在以下几方面。

（1）发放股票股利不需要向股东支付现金，在再投资机会较多的情况下，公司就可以为再投资提供成本较低的资金，从而有助于公司的发展。

（2）发放股票股利可以降低公司股票的市场价格，既有利于促进股票的交易和流通，又有利于吸引更多的投资者成为公司股东，进而使股权更为分散，有效地防止公司被恶意控制。

（3）股票股利的发放可以传递公司未来发展前景良好的信息，从而增强投资者的信心，在一定程度上稳定股票价格。

（二）股利支付程序

公司股利的发放必须遵守相关的要求，按照日程安排来进行。一般情况下，先由董事会提出分配预案，然后提交股东大会决议通过才能进行分配。股东大会决议通过分配预案后，要向股东宣布发放股利的方案，并确定股权登记日、除息日和股利发放日。

1．预案公布日

预案公布日，是上市公司分派股利时，首先要由公司董事会制订分红预案，包括本次分红的数量、分红的方式，股东大会召开时间、地点及表决方式等。以上内容由公司董事会向社会公开发布。

2．股利宣告日

股利宣告日，是股东大会决议通过并由董事会将股利支付情况予以公告的日期。公告中包括每股应支付的股利、股权登记日、除息日以及股利支付日。

3．股权登记日

股权登记日，是有权领取本期股利的股东资格登记截止日期。凡是在此指定日期收盘之前取得公司股票，成为公司在册股东的投资者都可以作为股东享受公司分派的股利。在这一天之后取得股票的股东则无权领取本次分派的股利。

4．除息日

除息日，是领取股利的权利与股票分离的日期。在除息日之前购买的股票才能领取本次股利，而在除息日当天或是以后购买的股票，则不能领取本次股利。由于失去了“付息”的权利，除息日的股票价格会下跌。

5．股利发放日

股利发放日，是公司按照公布的分红方案向股权登记日登记在册的股东实际支付股利的日期。

【经典案例 10-5】某上市公司于 20×9 年 4 月 10 日公布 20×8 年度的最后分红方案，其公告如下：“20×8 年 4 月 9 日在北京召开的股东大会，通过了董事会关于每股分派 0.15 元的 20×8 年股息分配方案。股权登记日为 4 月 25 日，除息日为 4 月 26 日，股东可在 5 月 10 日至

25 日之间通过深圳交易所按交易方式领取股息。特此公告。”

该公司的股利支付程序如图 10-1 所示。

图 10-1　股利支付程序图

任务三　股票分割、股票回购与股权激励

一、股票分割

（一）定义

股票分割又称拆股，即将一股股票拆分成多股股票的行为。股票分割一般只会增加发行在外的股票总数，但不会对公司的资本结构产生任何影响。股票分割与股票股利非常相似，都是在不增加股东权益的情况下增加了股份的数量，所不同的是，股票股利虽不会引起股东权益总额的改变，但股东权益的内部结构会发生变化，而股票分割之后，股东权益总额及其内部结构都不会发生任何变化，变化的只是股票面值。

（二）股票分割的作用

（1）降低股票价格。股票分割会使每股市价降低，买卖该股票所需资金量减少，从而可以促进股票的流通和交易。流通性的提高和股东数量的增加，会在一定程度上加大对公司股票恶意收购的难度。此外，降低股票价格还可以为公司发行新股做准备。因为股价太高会使许多潜在投资者力不从心而不敢轻易对公司股票进行投资。

（2）向市场和投资者传递“公司发展前景良好”的信号，有助于提高投资者对公司股票的信心。

（3）股票分割可以为公司发行新股做准备。公司股票价格太高，会使许多潜在投资者力不从心而不敢轻易对公司的股票进行投资。在新股发行之前利用股票分割降低股票价格可以促进新股发行。

（4）股票分割有助于公司并购政策的实施，增加对被并购方的吸引力。

（5）股票分割带来的股票流通性的提高和股东数量的增加，会在一定程度上加大对公司股票恶意收购的难度。

（三）反分割

与股票分割相反，如果公司认为其股票价格过低，不利于其在市场上的声誉和未来的再筹资时，为提高股票的价格，会采取反分割措施。反分割又称股票合并或逆向分割，是指将多股股票合并为一股股票的行为。反分割显然会降低股票的流通性，提高公司股票投资的门槛，向市场传递的信息通常都是不利的。实务证据及统计结果也表明在其他因素不变的条件下，股票反分割宣布日前后股票价格会大幅度的下跌。

【经典案例 10-6】某上市公司在 20×8 年年末资产负债表上的股东权益账户情况如表 10-4 所示。

表 10-4 股东权益账户表 单位：万元

普通股（面值 10 元，发行在外 1 000 万股）	10 000
资本公积	10 000
盈余公积	5 000
未分配利润	8 000
股东权益合计	33 000

（1）假设股票市价为 20 元，该公司宣布发放 10%的股票股利，即现有股东每持有 10 股即可获赠 1 股普通股。发放股票股利后，股东权益有何变化？每股净资产是多少？

（2）假设该公司按照 1∶2 的比例进行股票分割。股票分割后，股东权益有何变化？每股净资产是多少？

根据上述资料，分析计算如下。

（1）发放股票股利后股东权益情况如表 10-5 所示。

表 10-5 发放股票股利后股东权益表 单位：万元

普通股（面值 10 元，发行在外 1 100 万股）	11 000
资本公积	11 000
盈余公积	5 000
未分配利润	6 000
股东权益合计	33 000

$$每股净资产=\frac{33\,000}{1\,000+100}=30（元/股）$$

（2）股票分割后股东权益情况如表 10-6 所示。

表 10-6 股票分割后股东权益表 单位：万元

普通股（面值 5 元，发行在外 2 000 万股）	10 000
资本公积	10 000
盈余公积	5 000
未分配利润	8 000
股东权益合计	33 000

$$每股净资产=\frac{33\,000}{1\,000\times 2}=16.5（元/股）$$

二、股票回购

（一）股票回购的涵义及方式

股票回购是指上市公司出资将其发行在外的普通股以一定价格购买回来予以注销或作为库存股的一种资本运作方式。公司不得随意收购本公司的股份。只有满足相关法律规定的情形才允许股票回购。

股票回购的方式主要包括公开市场回购、要约回购和协议回购三种。其中，公开市场回购，是指公司在公开交易市场上以当前市价回购股票；要约回购是指公司在特定期间向股东发出的以高出当前市价回购股票；协议回购则是指公司以协议价格直接向一个或几个主要股东回购股票。

（二）股票回购的动机

在证券市场上，股票回购的动机多种多样，主要有以下几点。

（1）现金股利的替代。现金股利政策会对公司产生未来的派现压力，而股票回购不会。当公司有富余资金时，通过回购股东所持股票将现金分配给股东，这样，股东就可以根据自己的需要选择继续持有股票或出售获得现金。

（2）改变公司的资本结构。无论是现金回购还是举债回购股份，都会提高公司的财务杠杆水平，改变公司的资本结构。公司认为权益资本在资本结构中所占比例较大时，为了调整资本结构而进行股票回购，可以在一定程度上降低整体资金成本。

（3）传递公司信息。由于信息不对称和预期差异，证券市场上的公司股票价格可能被低估，而过低的股价将会对公司产生负面影响。一般情况下，投资者会认为股票回购意味着公司认为其股票价值被低估而采取的应对措施。

（4）基于控制权的考虑。控股股东为了保证其控制权，往往采取直接或间接的方式回购股票，从而巩固既有的控制权。另外，股票回购使流通在外的股份数变少，股价上升，从而可以有效地防止敌意收购。

（5）提高每股收益。减少股票的供应，相应地提高每股收益及每股市价。

（6）防止敌意收购。收购可以使公司流通在外的股份数变少，股价上升，从而使收购方要获得控制公司的法定股份比例变得更为困难。

（7）满足认股权的行使。在企业发放认股权证的情况下，认股权证持有人行使认股权时企业必须提高股票，回购的股票可以满足认股权行使的要求。

（8）满足企业兼并与收购的需要。回购的股票可以在并购时换取并购企业股东的股票，从而使企业以较小的代价取得对被并购企业的控股权。

（三）股票回购的影响

1．对股东的影响

对于投资者来说，与现金股利相比，股票回购不仅可以节约个人税收，而且具有更大的灵活性。因为股东派发的现金股利没有是否接受的可选择性，而对股票回购则具有可选择性。这时，需要现金的股东可以选择卖出股票，而不需要现金的股东则可继续持有股票。

2．对上市公司的影响

（1）股票回购需要大量资金支付回购的成本，容易造成资金紧张，降低资产流动性，影响公司的后续发展。

（2）股票回购无异于股东退股和公司资本的减少，也可能会使公司的发起人股东更注重创业利润的实现，不仅在一定程度上削弱了对债权人利益的保护，还忽视了公司的长远发展，损害了公司的根本利益。

（3）股票回购容易导致公司操纵股价。公司回购自己的股票容易导致其利用内幕消息进行炒作，加剧公司行为的非规范化，损害投资者的利益。

（四）股票回购的方式

股票回购包括公开市场回购、要约回购及协议回购 3 种方式。

1．公开市场回购

公开市场回购是指公司在股票的公开交易市场上以等同于任何潜在投资者的地位，按照公司股票当前市价回购股票。这种方式的缺点是在公开市场回购时很容易推高股价，从而增加回购成本。这时，交易税和交易佣金也是不可忽视的成本。

2．要约回购

要约回购是指公司在特定期间向市场发出的以高出股票当前价格的某一价格，回购既定数量股票的要约。这种方式赋予所有股东向公司出售其所持股票的均等机会。与公开市场回购相比，要约回购通常被市场认为是更积极的信号，原因在于要约价格存在于高出股票当前价格的溢价。但是，溢价的存在也使得回购要约的执行成本较高。

3．协议回购

协议回购是指公司以协议价格直接向一个或几个主要股东回购股票。协议价格一般低于当前的股票市场价格，尤其是在卖方首先提出的情况下。但是有时公司也会以超常溢价向其认为有潜在威胁的非控股股东回购股票，显然，这种过高的回购价格将损害继续持有股票的股东的利益，公司可能为此而涉及法律诉讼。

三、股权激励

随着资本市场的发展和公司治理的完善，公司股权日益分散化，管理技术日益复杂化。为了合理激励公司管理人员，创新激励方式，一些大公司纷纷推行了股票期权等形式的股权激励机制。股权激励是一种通过经营者获得公司股权形式给予企业经营者一定的经济权利，使他们能够以股东的身份参与企业决策、分享利润、承担风险，从而勤勉尽责地为公司的长期发展服务的一种激励方法。现阶段，股权激励模式主要有股票期权模式、限制性股票模式、股票增值权模式、业绩股票模式和虚拟股票模式等。下面主要介绍四种较为普遍的股权激励模式。

（一）股票期权模式

股票期权是指股份公司赋予激励对象（如经理人员）在未来某一特定日期内以预先确定的价格和条件购买公司一定数量股份的选择权。持有这种权利的经理人可以按照特定价格购买公司一定数量的股票，也可以放弃购买股票的权利，但股票期权本身不可转让。

股票期权实质上是公司给予激励对象的一种激励报酬，但能否取得该报酬取决于以经理人为首的相关人员是否通过努力实现公司的目标。在行权期内，如果股价高于行权价格，激励对象可以通过行权获得市场价与行权价格差带来的收益，否则，将放弃行权。《上市公司股权激励管理办法》对股票期权行权的规定为股票期权授予日与获受股票期权首次可以行权日之间的间隔不得少于 1 年。股票期权的有效期从授权日计算不得超过 10 年。

股票期权模式的优点在于能够降低委托代理成本，将经营者的报酬与公司的长期利益绑在一起，实现了经营者与企业所有者利益的高度一致，使二者的利益紧密联系起来，并且有利于降低激励成本。另外，可以锁定期权人的风险。由于期权人事先没有支付成本或支付成本较低，所以，如果行权时公司股票价格下跌，期权人可以放弃行权，几乎没有损失。

股票期权激励模式存在以下缺点。

（1）影响现有股东的权益。激励对象行权将会分散股权，改变公司的总资本和股本结构，会影响到现有股东的权益，可能导致产权和经济纠纷。

（2）可能遭遇来自股票市场的风险。由于股票市场受较多不可控因素的影响，导致股票市场的价格具有不确定性，而且在持续的牛市会产生“收入差距过大”的问题。当期权人行权但尚未售出购入的股票时，如果股价下跌至行权价以下，期权人又将同时承担行权后纳税和股票跌破行权价的双重损失的风险。

（3）可能带来经营者的短期行为。由于股票期权的收益取决于行权之日市场上的股票价格高于行权价格的差额，所以可能促使公司的经营者片面追求股价提升的短期行为，而放弃有利于公司发展的重要投资机会。

股票期权模式比较适合那些初始资本投入较少，资本增值较快，处于成长初期或扩张期的企业，如网络、高科技等风险较高的企业等。

（二）限制性股票模式

限制性股票指公司为了实现某一特定目标，公司先将一定数量的股票赠与或以较低价格售予激励对象。只有当实现预定目标后，激励对象才可以将限制性股票抛售并从中获利；若预定目标没有实现，公司有权将免费赠与的限制性股票收回或者将售出股票以激励对象购买时的价格回购。

由于只有达到限制性股票所规定的限制性期限时，持有人才能拥有实在的股票，所以在限制期间公司不需要支付现金对价，便能够留住人才。但限制性股票缺乏一个能推动企业股价上涨的激励机制，即在企业股价下跌的时候，激励对象仍能获得股份。这样可能达不到激励的效果，并使股东遭受损失。

对于处于成熟期的企业，由于其股价的上涨空间有限，因此采用限制性股票模式较为合适。

（三）股票增值权模式

股票增值权模式是指公司授予经营者一种权利，如果经营者努力经营企业，在规定的期限内，公司股票价格上升或业绩上升，经营者就可以按一定比例获得这种由股价上扬或业绩提升所带来的收益，收益为行权价与行权日二级市场股价之间的差价或净资产的增值额。激励对象不用为行权支付现金，行权后由公司支付现金、股票或股票和现金的组合。

股票增值权模式比较易于操作。股票增值权持有人在行权时，直接兑现股票价值部分。这种模式审批程序简单，无需解决股票来源问题。但由于激励对象不能获得真正意义上的股票，激励的效果相对较差。其次，公司方面需要提取奖励基金，从而使公司的现金支付压力较大。因此，股票增值权激励模式较适合现金流量比较充裕且比较稳定的上市公司和现金流量比较充裕的非上市公司。

（四）业绩股票激励模式

业绩股票激励模式指公司在年初确定一个合理的年度业绩目标，如果激励对象经过大量努力后，在年末实现了公司预定的年度业绩目标，则公司给予激励对象一定数量的股票，或奖励其一定数量的奖金来购买本公司的股票。业绩股票在锁定一定年限以后才可以兑现。因此，这种激励模式是根据被激励者完成业绩目标的情况，以普通股作为长期激励形式支付给经营者的激励机制。

业绩股票模式能够激励公司高管人员努力完成业绩目标。激励对象获得激励股票后便成为公司的股东，与原股东有了共同利益，会更加努力地去提升公司的业绩，进而获得因公司股价上涨带来的更多收益。但由于公司的业绩目标确定的科学性很难保证，容易导致公司高管人员为获得业绩股票而弄虚作假，同时，激励成本较高，可能造成公司支付现金的压力。

业绩股票激励模式只对公司的业绩目标进行考核，不要求股价上涨，因此比较适合业绩稳定型的上市公司及其集团公司、子公司。

本单元小结

本单元首先讲述收益分配概述，包括收益分配管理的意义、收益分配应遵循的原则、利润分配的程序，让读者对收益分配管理有了直观的认识。接着，本单元讲解股利分配方案的制定，从股利分配理论开始讲解，进而分析股利分配政策及各股利分配政策如何使用、有何优缺点、适用于哪些企业。然后，本单元介绍了股票分割与回购，讲解股票分割的定义和作用以及如何分割。此外，还列示了股票回购的方式动机以及股票回购对企业的影响。通过本单元的学习，读者应能为企业制定合理的股利分配政策，提高企业价值。

复习与思考

1. 制约企业制定股利政策的因素有哪些？
2. 股利政策有哪些类型？各自有何优缺点，适用范围怎样？
3. 企业为什么要进行股票回购？
4. 股票分割对企业有哪些影响？
5. 如何制定股利分配方案？
6. 股利支付方式有哪些？对企业有何影响？

技能实训

某股份公司发行在外的普通股有 30 万股，2013 年的税后利润为 300 万元，2014 年的税后利润为 500 万元。该公司准备在 2015 年再投资 250 万元，目前的资金结构为最佳资金结构，资金总额为 10 000 万元，其中，自有资金为 6 000 万元，负债资金为 4 000 万元。另已知该企业 2013 年的股利为 4.8 元。

要求做以下相关计算：

（1）如果该公司采取剩余股利政策，则其在 2014 年每股的股利为多少？

（2）如果该公司采取固定或稳定增长股利政策，则其在 2014 年每股的股利为多少？

（3）如果该公司采取固定股利支付率政策，则其在 2014 年每股的股利为多少？

单元十一　财务分析与绩效评价方法

素质目标

1. 了解财务分析的定义、目的、作用
2. 理解资产负债表、现金流量表以及利润表的内容和格式
3. 掌握资产负债表、现金流量表以及利润表开展财务分析的技巧

技能目标

1. 熟悉并运用财务报表分析的方法
2. 掌握比率分析法中各种指标的定义、计算方法和意义
3. 学会使用杜邦分析体系进行财务分析
4. 理解财务报表分析中需要注意的问题

案例导入

"十年前的那段日子是我一直都想忘记的。1997 年开始的金融危机是我在三星三十年中感受最难过的一件事。"11 月 3 日，在北京招商大厦中国三星总部，55 岁的大中华区三星集团总裁朴根熙回忆往事时显得略带伤感，"当时我们做出了非常强有力的结构调整，我参与了从之前的企划到最后度过危机的整个过程，每三个人中就有一个人离开了公司，这是一段非常痛苦的记忆。"1997 年，亚洲金融危机中的韩国，众多财团艰难度日。当时的三星已处于生死边缘，长期负债最糟糕时达到 180 亿美元，几乎是公司净资产的 3 倍，这家韩国公司濒临倒闭。

关键时刻，三星开始了痛苦的自我救赎之旅。通过裁员、缩减费用、剥离不良债权及低利润的业务，获得了涅槃重生，重新处于风雨飘摇的经济危机中。不同的是，此时的三星早已深谙危机中的生存法则。

2008 年 10 月 24 日，三星公布的第三季财报显示，净利润同比下滑 44%，为 11.5 亿美元。但三星高管表示，他们有理由对公司未来保持乐观。这首先源自于三星拥有巨额"战争基金"，目前三星的现金储备高达 76 亿美元，使其有足够资金支持研发、营销和工厂。而这对于其囊中羞涩的竞争对手而言，这只能是个望尘莫及的奢望。朴根熙告诉记者，从 1997 年的金融危机中重新站起来的三星已习惯用危机意识武装公司的全体员工。"首先要保证现金流，同时要确保竞争力。一定要挑战极限式地降低成本。"

事实上，在最近的世界经济危机中，三星让对手望尘莫及的业绩还很多。如作为全球第二大半导体制造商，三星是内存芯片制造商中唯一一家未亏损的企业。此外，作为全球仅次于诺基亚的第二大手机制造商，三星也是唯一一家在截至 9 月底的前三个季度内出货量增长的手机制造商，而在中国，三星手机的市场份额也从 11% 增长到了 19%。

请思考以下问题：

什么是财务报表？如何分析财务报表？会计收益和净现金流量有区别吗？基本财务报表能否为报表使用者提供足够的决策依据？

任务一 财务分析认知与资料准备

一、财务分析的涵义、意义和内容

（一）财务分析的涵义

财务分析是指利用财务报表及其他有关资料，通过一系列专门的技术与方法，揭示各项财务指标直接的内在联系，系统分析和评价企业财务状况、经营成果以及未来发展趋势，为未来决策提供依据的一项财务管理活动。

（二）财务分析的意义

财务分析是一项科学的、复杂细致的管理工作，是对已经完成的财务活动的总结，又是财务预测的前提，在财务管理的循环中起着承上启下的作用，具有十分重要的意义。

（1）可以判断企业的财务实力。通过对资产负债表和利润表有关资料进行分析，计算相关指标，可以了解企业的资产结构和负债水平是否合理，从而判断企业的偿债能力、营运能力及盈利能力等财务实力，揭示企业在财务状况方面可能存在的问题。

（2）可以评价和考核企业的经营业绩，揭示财务活动存在的问题。通过指标的计算、分析和比较，能够评价和考核企业的盈利能力和资产周转状况，揭示其经营管理的各个方面和各个环节，找出差距，得出分析结论。

（3）可以挖掘企业潜力，寻求提高企业经营管理水平和经济效益的途径。企业进行财务分析的目的不仅仅是发现问题，更重要的是分析问题和解决问题。通过财务分析，应保持和进一步发挥生产经营管理中成功的经验，对存在的问题应提出解决的策略和措施，以达到扬长避短、提高经营管理水平和经济效益的目的。

（4）可以评价企业的发展趋势。通过各种财务分析，可以判断企业的发展趋势，预测其生产经营的前景及偿债能力，从而为企业领导层进行生产经营决策、投资者进行投资决策和债权人进行信贷决策提供重要的依据，避免因决策错误给其带来重大的损失。

（三）财务分析的内容

财务分析的不同主体考虑的利益不同，在进行财务分析时有着各自不同的要求，使得他们的财务分析内容既有共性又有不同的侧重。尽管侧重点不同，但就企业总体来看，财务分析的内容可以归纳为偿债能力分析、营运能力分析、盈利能力分析和其他能力分析等几个方面。

1．偿债能力分析

偿债能力是指企业偿还债务的能力。通过对企业的财务报告等会计资料进行分析，可以了解企业资产的流动性、负债水平及偿还债务的能力，从而评价企业的财务状况和经营风险，为企业经营管理者、投资者和债权人等提供财务信息。

2．营运能力分析

营运能力是指企业资产利用的能力，是衡量企业各项经济资源利用效率的重要指标。企业的生产经营过程就是利用资产取得收益的过程。资产是企业生产经营活动的经济资源，资产的管理和利用水平直接影响企业的收益。进行财务分析，可以了解到企业资产的保值和增值情况及资金周转状况、现金流量情况等，进而评价企业的营运能力水平。

3．盈利能力分析

盈利能力是指企业获取经营利润的能力。获取利润是企业最主要的经营目标。企业要生存和发展，必须争取获得较高的利润，这样才能在竞争中立于不败之地。投资者和债权人都十分关心企业的盈利能力，因为盈利能力强可以提高企业的偿债能力，提高企业的信誉。对企业盈利能力的分析不能仅看其获取利润的绝对数，还应分析其相对指标。这些都可以通过财务分析来实现。

4．其他能力分析

对企业进行财务分析，除上述内容之外，还包括对企业的发展能力分析、现金流量分析、资本保值增值能力分析、资本累计情况分析等。

二、财务分析的目的

财务分析是财务工作的重要环节，是对企业财务管理工作的总结。企业进行财务分析有许多目的，但是，归纳起来不外乎以下几个方面。

1．评价过去的经营业绩

无论是企业的投资者、债权人，还是企业本身，都必须了解企业过去的经营情况，以便正确决策投资方向，改善经营管理，提高获利能力。进行财务分析，有助于有关人员和企业正确评价企业过去的经营业绩，并与同行业相比较，检验其成败得失。

2．衡量目前的财务状况

由于财务报告只能概括地反映出企业财务的现状，无法对企业财务状况是否良好、企业经营管理是否健全得出有事实根据的结论，所以，只有进行财务分析，使大量的财务数据更为条理化、形象化，并揭示出这些财务数据的内在涵义，才能对企业目前的经营、财务状况得出正确的评估。同时，通过提供正确、完整的财务分析资料，可以检查财务法规、制度的执行情况，以便发现各种错误和违法行为，及时加以纠正，维护投资者、债权人、协作单位等的合法权益。

3．可以挖掘企业潜力，寻求提高企业经营管理水平和经济效益的新途径

企业进行财务分析的目的不仅仅是发现问题，更重要的是分析问题和解决问题。通过财务分析，应保持和进一步发挥生产经营管理中的成功经验，对存在的问题应提出解决的策略和措施，以达到扬长避短、提高经营管理水平和经济效益的目的。

4．预测未来的趋势

进行财务分析，可以使财务报告中的历史性数据变为有用的未来信息，从财务数据资料中预测企业的发展趋势，以制订多项可供选择的未来发展方案，帮助决策者做出决策。

三、财务分析的资料依据

财务分析能否顺利进行以及其结果的可靠性在很大程度上取决于分析者根据其分析目的所收集到的信息资料。这些信息资料一般包括公司年度报告（公司财务报告、公司基本情况、主要财务数据和指标、治理结构信息）、公司公告、证券交易管理机构所提供的其他资料、专业财务数据库中相关行业、相关竞争公司的财务数据及开放性网络资源中相关公司的经营状况和财务状况研究报告、行业景气指数分析报告等。其中，企业的财务报告是财务分析的主要依据。财务报告是企业对外提供的反映企业财务状况和经营成果等会计信息的书面文件，包括财务报表、报表附注、其他财务报告等。企业财务分析需要分析人员不断地收集、筛选、归纳、分析公司内外部的各种相关信息。企业财务分析的各类资料来源如图 11-1 所示。

（一）资产负债表

资产负债表是总括地反映企业在某一特定时期（一般为月末、季末、年末）全部资产、负债和所有者权益及其构成情况的报表，又称为“财务状况表”。通过资产负债表的分析，可以全

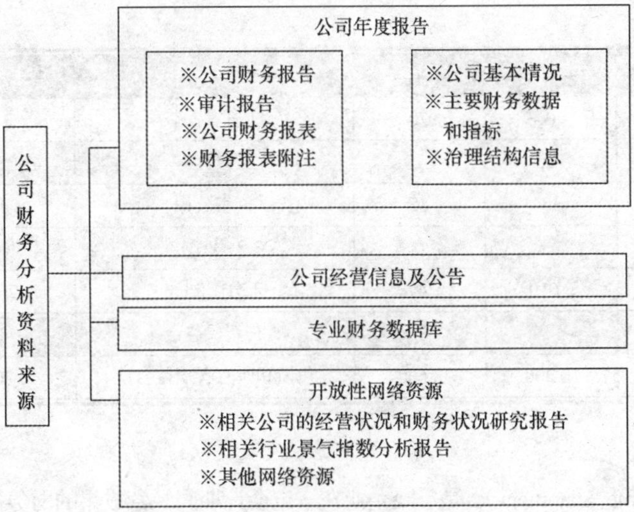

图 11-1 公司财务分析资料来源

面综合地了解企业资产的规模和结构、负债的规模和结构以及所有者权益的构成情况，并能据此了解企业的资产实力、偿债能力强弱和变动情况以及财务状况的大致变化趋势。表 11-1 是珠江公司 2014 年 12 月 31 日的资产负债表。

表 11-1 资产负债表

编制单位：珠江公司　　2014 年 12 月 31 日　　单位：万元

资　产	年末余额	年初余额	负债和所有者权益	年末余额	年初余额
流动资产			流动负债		
货币资金	260	135	短期借款	310	235
交易性金融资产	40	70	交易性金融负债	0	0
应收票据	50	65	应付票据	35	30
应收账款	2 000	1 005	应付账款	510	555
预付账款	70	30	预收款项	60	30
应收利息	0	0	应付职工薪酬	90	105
应收股利	0	0	应交税费	55	70
其他应收款	120	120	应付股利	0	0
存货	605	1 640	应付利息	55	35
一年内到期的非流动资产	235	0	其他应付款	240	145
其他流动资产	210	65	一年内到期的非流动负债	260	0
流动资产合计	3 590	3 130	其他流动负债	25	35
非流动资产			流动负债合计	1 640	1 240
可供出售金融资产	0	0	非流动负债		
持有至到期投资	0	0	长期借款	2 260	1 235
长期应收款	0	0	应付债券	1 210	1 310
长期股权投资	160	235	其他非流动负债	360	385
固定资产	6 190	4 775	非流动负债合计	3 830	2 930
在建工程	100	185	负债合计	5 470	4 170

续表

资　产	年末余额	年初余额	负债和所有者权益	年末余额	年初余额
固定资产清理	0	70	所有者权益		
无形资产	100	120	实收资本	3 000	3 000
递延所得税资产	35	85	资本公积	90	60
其他非流动资产	25	0	盈余公积	380	210
非流动资产合计	6 610	5 470	未分配利润	1 260	1 160
			所有者权益合计	4 730	4 430
资产总计	10 200	8 600	负债和所有者权益合计	10 200	8 600

（二）利润表

利润表（Income Statement），是反映企业在一定会计期间经营成果的财务报表。利润表是一张动态报表，是根据收入实现原则和配比原则，把一定期间的收入与同一会计期间相关的费用（成本）相配比并计算出企业一定时期的净利润或净亏损的表格。所以，利润表实际上就是一张利润计算表。表 11-2 是珠江公司 2014 年的利润表。

表 11-2　利润表

编制单位：珠江公司　　　　2014 年　　　　单位：万元

利　润　表		
项　　目	本期数额	上期数额
一、营业收入	15 010	14 260
减：营业成本	13 230	12 525
营业税金及附加	150	150
销售费用	120	110
管理费用	240	210
财务费用	560	490
加：公允价值变动收益	110	190
投资收益	210	130
二、营业利润	1 030	1 095
加：营业外收入	60	95
减：营业外支出	110	35
三、利润总额	980	1 155
减：所得税费用	330	385
四、净利润	650	770

四、财务分析的方法

财务报表分析（Financial Statement Analysis）是以财务报表中所包含的财务信息为主要分析数据的来源，通过使用适当的分析方法，对企业的财务状况或经营成果等方面进行分析评判，并将分析的结果作为相关决策制定的基础。财务报表分析是财务分析最重要的组成部分，也是财务分析最基本的形式。

“工欲善其事，必先利其器”，在财务分析过程中，为了揭示财务数据之间的重要联系以获取有助于决策的信息，必须借助于一定的技术方法对财务报表的信息进行再加工。财务报表分析包括了定性分析和定量分析。定性分析是指分析人员根据自己的知识、经验以及对企业内部状况、外部环境的了解程度所做出的非量化的分析和评价。定量分析是指分析人员运用一定的数学方法和分析工具、分析技巧对有关指标所做出的量化分析。这里主要介绍财务报表分析中的定量分析方法。

（一）比率分析法

比率分析法（Ratio Analysis）是将影响财务状况的两个相关因素联系起来，通过计算比率反映它们之间的关系，借以评价企业财务状况和经营成果的一种财务分析方法，也就是利用相对数的形式来对企业的财务状况与经营成果进行考察。运用相对数进行比较，排除了规模的影响，而且具有简单、明了、可比性强的特点，因此在实际的财务分析中被广泛运用。但是，必须注意比率分析法的局限性。比率分析法使用历史数据，对预测未来仅有参考价值，并非绝对合理可靠。由于不同企业使用的会计制度可能不同，在不同企业之间比较时必须考虑会计政策差异对可比性的影响。比率指标的类型主要有构成比率、效率比率和相关比率等三类。

1．构成比率

构成比率又称结构比率，是某项财务指标的各组成部分数值占总体数值的百分比，反映部分与总体的关系，其计算公式如下：

$$构成比率=\frac{某个组成部分数值}{总体数值}\times 100\%$$

例如，企业资产中流动资产、固定资产和无形资产占资产总额的百分比（资产构成比率），企业负债中流动负债和长期负债占负债总额的百分比（负债构成比率）等。利用构成比率，可以考察总体中某个部分的形成和安排是否合理，以便协调各项财务活动。

2．效率比率

效率比率是某项财务活动中所费与所得的比率，反映投入与产出的关系。利用效率比率指标，可以进行得失比较，考察经营成果，评价经济效益。

例如，将利润项目与销售成本、销售收入、资本金等项目加以对比，可以计算出成本利润率、销售利润率和资本金利润率等指标，从而从不同的角度观察比较企业盈利能力的高低及其增减变化情况。

3．相关比率

相关比率是以某个项目和与其有关但又不同的项目加以对比所得的比率，反映有关经济活动的相互关系。利用相关比率指标，可以考察企业相互关联的业务安排是否合理，以保障经营活动顺畅进行。

例如，将流动资产与流动负债进行对比，计算出流动比率，可以判断企业的短期偿债能力，而将负债总额与资产总额进行对比，则可以判断企业长期偿债能力。

采用比率分析法时，应当注意以下几点：（1）对比项目的相关性；（2）对比口径的一致性；（3）衡量标准的科学性。

（二）因素分析法

因素分析法是依据分析指标与其影响因素的关系，从数量上确定各因素对分析指标影响方向和影响程度的一种方法。

因素分析法具体有两种：连环替代法和差额分析法。

1．连环替代法

连环替代法是将分析指标分解为各个可以计量的因素，并根据各个因素之间的依存关系，顺次用各因素的比较值（通常为实际值）替代基准值（通常为标准值或计划值），据以测定各因素对分析指标的影响。

【经典案例 11-1】某企业 2014 年 10 月某种原材料费用的实际数是 4 620 元，而其计划数是 4 000 元。实际比计划增加 620 元。由于原材料费用是由产品产量、单位产品材料消耗量和材料单价三个因素的乘积组成，所以可以把材料费用这一总指标分解为三个因素，然后逐个来分析它们对材料费用总额的影响程度。现假设这三个因素的数值如表 11-3 所示。

表 11-3 材料耗费表

项目	单位	计划数	实际数
产品产量	件	100	110
单位产品材料消耗量	千克	8	7
材料单价	元	5	6
材料费用总额	元	4 000	4 620

根据表 11-3 中资料，材料费用总额实际数较计划数增加 620 元。运用连环替代法，可以计算各因素变动对材料费用总额的影响。

（1）计划指标

100×8×5=4 000（元） ①

第一次替代：110×8×5=4 400（元） ②

第二次替代：110×7×5=3 850（元） ③

第三次替代：110×7×6=4 620（元） ④

（2）实际指标

②-①=4 400-4 000=400（元） 产量增加的影响

③-②=3 850-4 400=-550（元） 材料节约的影响

④-③=4 620-3 850=770（元） 价格提高的影响

400-550+770=620（元） 全部因素的影响

2．差额分析法

差额分析法是连环替代法的一种简化形式，是利用各个因素的比较值或基准值之间的差额来计算各因素对分析指标的影响。

【经典案例 11-2】沿用表 11-3 的数据。可采用差额分析法计算确定各因素变动对材料费用的影响。

（1）由于产量增加对财务费用的影响=（110-100）×8×5=400（元）

（2）由于材料消耗节约对材料费用的影响=（7-8）×110×5=-550（元）

（3）由于价格提高对材料费用的影响=（6-5）×110×7=770（元）

采用因素分析法时，必须注意以下问题。

（1）因素分解的关联性。构成经济指标的因素，必须客观上存在因果关系，并能够反映形成该项指标差异的内在构成原因，否则就失去了应用价值。

（2）因素替代的顺序性。确定替代因素时，必须根据各因素的依存关系，遵循一定的顺序并依次替代，不可随意加以颠倒，否则就会得出不同的计算结果。

（3）顺序替代的连环性。因素分析法在计算每一因素变动的影响时，都是在前一次计算的基础上进行，并采用连环比较的方法确定因素变化的影响结果。

（4）计算结果的假定性。由于因素分析法的计算的各因素变动的影响数，会因替代顺序不同而有差别，因而计算结果不免带有假定性，即它不可能使每个因素计算的结果都达到绝对的准确。为此，分析时应力求使这种假定合乎逻辑，具有实际意义。这样，计算结果的假定性，才不至于妨碍分析的有效性。

（三）比较分析法

比较分析法（Comparative Analysis）是通过经济指标的对比来揭示经济指标间数量差异的一种最基本的分析方法，是其他分析方法的基础。决策依赖于评价，而评价则建立在比较的基础之上。通过比较，发现矛盾，进而分析矛盾，从而才有助于解决矛盾。

如果按照比较的对象来划分，比较分析法可以分为趋势分析（也叫纵向分析）、横向分析和差异分析三种。将同一企业不同时期间的状况进行对比以了解其发展趋势就属于趋势分析。通过同一时期不同企业间经济指标的对比以发现差距就属于横向比较分析。与计划、预算相比以了解计划或预算的完成情况就属于差异分析。

如果按比较的内容分，比较分析法又可以具体划分为比较会计要素总量、比较结构百分比和比较财务比率三种。比较会计要素总量，就是比较报表项目的总金额，从绝对值的角度比较财务要素的增减额变化。比较结构百分比，就是将资产负债表、利润表、现金流量表转换为结构百分比报表，以发现存在问题的相关项目，揭示进一步分析的方向，如比较同一企业不同时期流动资产占总资产中的比重，以揭示企业流动性的变化趋势。比较财务比率，就是比较各会计要素的相关关系，反映不同比较对象的差异，其是财务能力的分析主要采用的方法。

比较分析法的运用，最重要的是遵循可比性的原则，相比较的指标在内容、时间、计算方法和计价标准等口径上要保持一致。

（四）趋势分析法

趋势分析法（Trend Analysis）是将两期或者连续数期财务报告中相同指标进行对比，确定其增减变动的方向、数额和幅度，以说明企业财务状况或经营成果的变动趋势的一种方法，具体有以下几种趋势分析。

（1）定基趋势分析。

定基趋势分析是以某一时期的数值为固定的基期数值而计算出来的动态比率，其计算公式如下：

$$定基趋势比例=\frac{计算期某指标值}{固定期某指标值}$$

（2）环比趋势分析。

环比趋势分析是以每一分析期的前期数为基期数值而计算出来的动态比率，其计算公式如下：

$$环比趋势比率=\frac{计算期某指标值}{上期同指标值}\times 100\%$$

（3）平均趋势分析。

平均趋势分析是指计算连续数期某财务指标的平均趋势比率以反映该指标平均变动水平的

方法，其计算公式如下：

$$平均趋势比率=\sqrt[期数]{\frac{最后一期某指标值}{基期同指标值}}\times100\%$$

或

$$平均趋势比率=\sqrt[期数]{各期环比趋势比率的乘积}\times100\%$$

总的来说，各种财务分析的基本方法在财务分析的整个过程中都有其不同的作用。例如，在财务能力的描述与分析过程中会着重运用相关比率的比率分析法，在财务的综合分析与评价过程中将着重应用因素分析法，而比较分析法和趋势分析法则贯穿于财务分析的整个过程，以体现同一项目在横向与纵向方面的差异。因此，在进行具体分析时，应根据不同的目的和需要选择合适的财务报表分析方法，尤其要善于将多种方法加以综合运用，从不同的角度对企业的财务状况进行全面、透彻的分析和说明，以达到了解企业过去、评价企业现状、预测企业未来的分析目的。

任务二　基本的财务报表分析

比率分析法是财务报表分析中最常用和最重要的分析方法，往往是财务分析的第一步。财务比率显示了同一企业或不同企业间财务报表账目之间的关系。通过将财务数据转化为比率，可以对不同公司和不同期间的财务状况进行分析比较。根据比率分析的原理，几乎任何两个或多个财务数据之间都能形成一定的比率关系，只不过是财务数据之间相互关系的强弱有所不同。因此，财务报表的使用者可以根据具体的需要，设计和计算财务比率。这里介绍的是财务分析中最为常用和经典的财务比率，可进行偿债能力分析、营运能力分析、盈利能力分析、发展能力分析和现金流量分析。

本任务以珠江公司 2014 年的财务报表（见表 11-1、表 11-2）为例来说明每一大类中各个具体指标的定义、计算方法和意义。

一、偿债能力分析

偿债能力分析是指企业偿还本身所欠债务的能力。对偿债能力进行分析有利于债权人进行正确的借贷决策，有利于投资者进行正确的投资决策，有利于企业经营者进行正确的经营决策，有利于正确评价企业的财务状况。

偿债能力的衡量方法有两种：一种是比较可供偿债资产与债务的存量，资产存量超过债务存量较多，则认为偿债能力较强；另一种是比较经营活动现金流量和偿债所需现金，如果产生的现金超过需要的现金较多，则认为偿债能力较强。

债务一般按到期时间分为短期债务和长期债务，偿债能力分析也由此分为短期偿债能力分析和长期偿债能力分析。

（一）短期偿债能力分析

企业在短期（一年或一个营业周期）需要偿还的负债主要指流动负债，因此短期偿债能力衡量的是对流动负债的清偿能力。企业的短期偿债能力取决于短期内企业产生现金的能力，即在短期内能够转化为现金的流动资产的多少。所以，短期偿债能力比率也称为变现能力比率或流动性比率，主要考察的是流动资产对流动负债的清偿能力。企业短期偿债能力的衡量指标主要有营运资金、流动比率、速动比率和现金比率。

1．营运资金

营运资金是指流动资产超过流动负债的部分，其计算公式如下：

营运资金=流动资产–流动负债

根据珠江公司的财务报表数据可得如下计算结果：

本年度营运资金=3 590–1 640=1 950（万元）

上年度营运资金=3 130–1 240=1 890（万元）

计算营运资金使用的“流动资产”和“流动负债”，通常可以直接取自资产负债表。资产负债表项目区分为流动项目和非流动项目，并且按照流动性强弱排序，方便了计算营运资金和分析流动性。营运资本越多则偿债越有保障。当流动资产大于流动负债时，营运资金为正，说明企业财务状况稳定，不能偿债的风险较小。反之，当流动资产小于流动负债时，营运资金为负，此时，企业部分非流动资产以流动负债作为资本来源，企业不能偿债的风险很大。因此，企业必须保持正的营运资金，以避免流动负债的偿付风险。

营运资金是绝对数，不便于不同企业之间的比较。例如，A 公司和 B 公司有相同的营运资金，如表 11-4 所示，是否意味着它们具有相同的偿债能力呢？

表 11-4　A 公司和 B 公司营运资金表　　单位：万元

	A 公司	B 公司
流动资产	600	2 400
流动负债	200	2 000
营运资金	400	400

尽管 A 公司和 B 公司营运资金都为 400 万元，但是 A 公司的偿债能力明显好于 B 公司，原因是：A 公司的营运资金占流动资产的比例是 2/3，即流动资产中只有 1/3 用于偿还流动负债；而 B 公司的营运资金占流动资产的比例是 1/6，即流动资产的绝大部分（5/6）用于偿还流动负债。

因此，在实务中直接使用营运资金作为偿债能力的衡量指标受到局限，偿债能力更多的通过债务的存量比率来评价。

2．流动比率

流动比率是企业流动资产与流动负债之比，其计算公式如下：

$$流动比率=\frac{流动资产}{流动负债}$$

流动比率表明每 1 元流动负债有多少流动资产作为保障，流动比率越大通常短期偿债能力越强。一般认为，生产企业合理的最低流动比率是 2。这是因为流动资产中变现能力最差的存货金额约占流动资产总额的一半，剩下的流动性较大的流动资产至少要等于流动负债，企业短期偿债能力才会有保证。

运用流动比率进行分析时，要注意以下几个问题。

（1）流动比率高不意味着短期偿债能力一定很强。流动比率假设全部流动资产可变现清偿流动负债，而实际上各项流动资产的变现能力并不相同而且变现金额可能与账面金额存在较大差异。因此，流动比率是对短期偿债能力的粗略估计，还需进一步分析流动资产的构成项目。

（2）计算出来流动比率，只有和同行业平均流动比率、本企业历史流动比率进行比较，才能知道这个比率是高还是低。这种比较通常并不能说明流动比率为什么这么高或低，要找出过高或过低的原因还必须分析流动资产和流动负债所包括的内容以及经营上的因素。

一般情况下，营业周期、流动资产中的应收账款和存货的周转速度是影响流动比率的主要因素。营业周期短、应收账款和存货的周转速度快的企业其流动比率低一些也是可以接受的。

根据表 11-1 的资料，珠江公司 2014 年年初与年末的流动资产分别为 3 130 万元、3 590 万元，流动负债分别为 1 240 万元、1 640 万元，则该公司流动比率如下：

$$年初流动比率=\frac{3130}{1\,240}=2.524$$

$$年末流动比率=\frac{3\,590}{1\,640}=2.189$$

珠江公司年初年末流动比率均大于 2，说明该企业具有较强的短期偿债能力。

流动比率的缺点是该比率比较容易人为操纵，并且没有揭示流动资产的构成内容，只能大致反映流动资产整体的变现能力。流动资产中包含像存货这类变现能力较差的资产，如能将其剔除，获得的指标所反映的短期偿债能力更加可信。这个指标就是速动比率。

3．速动比率

速动比率是企业速动资产与流动负债之比，其计算公式如下：

$$速动比率=\frac{速动资产}{流动负债}$$

构成流动资产的各项目，流动性差别很大。货币资金、交易性金融资产和各种应收款项，可以在较短时间内变现，称为速动资产。除此之外的流动资产，包括存货、预付款项、一年内到期的非流动资产和其他流动资产等，属于非速动资产。

速动资产主要剔除了存货，原因如下。

（1）流动资产中存货的变现速度最慢。

（2）部分存货可能已被抵押。

（3）存货成本和市价可能存在差异。

由于剔除了存货等变现能力较差的资产，速动比率比流动比率能更准确、可靠地评价企业资产的流动性及偿还短期债务的能力。

速动比率表明每 2 元流动负债有多少速动资产作为偿债保障。一般情况下，速动比率越大，短期偿债能力越强。由于通常认为存货占了流动资产的一半左右，因此剔除存货影响的速动比率至少是 1。速动比率过低，企业面临偿债风险。速动比率过高，会因占用现金及应收账款过多而增加企业的机会成本。影响此比率可信性的重要因素是应收账款的变现能力。因为，应收账款的账面金额不一定都能转化为现金，而且对于季节性生产的企业，其应收账款金额存在着季节性波动，根据某一时点计算的速动比率不能客观反映其短期偿债能力。此外，使用该指标应考虑行业的差异性，如大量使用现金结算的企业其速动比率大大低于 1 是正常现象。

根据表 11-1 的资料，珠江公司 2014 年年初的速动资产为 1 395（135+70+65+1 005+120）万元，年末速动资产为 2470（260+40+50+2 000+120）万元，则珠江公司的速动比率如下：

$$年初速动资产比率=\frac{1395}{1\,240}=1.13$$

$$年末速动资产比率=\frac{2\,470}{1\,640}=1.51$$

珠江公司 2014 年年初及年末的速动比率都比一般公认标准高，说明其短期偿债能力较强。进一步分析可以发现，在珠江公司的速动资产中应收账款比重很高（分别占 72%和 81%），而应收账款不一定能按时收回，所以我们还必须计算分析第三个重要比率——现金比率。

4．现金比率

现金资产包括货币资金和交易性金融资产等。现金资产与流动负债的比值称为现金比率。现金比率计算公式如下：

$$现金比率=\frac{货币资金+交易性金融资产}{流动负债}$$

现金比率剔除了应收账款对偿债能力的影响，最能反映企业直接偿付流动负债的能力，表明每 1 元流动负债有多少现金资产作为偿债保障。由于流动负债是在一年内（或一个营业周期内）陆续到期清偿，所以并不需要企业时时保留相当于流动负债金额的现金资产。经验研究表明，0.2 的现金比率就可以接受。若这一比率过高，就意味着企业过多资源占用在盈利能力较低的现金资产上从而影响企业的盈利能力。

根据表 11-1 的资料，珠江公司的现金比率如下：

$$年初现金比率=\frac{135+70}{1\,240}=0.165$$

$$年末现金比率=\frac{260+40}{1\,640}=0.183$$

珠江公司虽然流动比率和速动比率都较高，但现金比率偏低，说明该公司短期偿债能力还是存在一定风险的，应缩短收账期，加大应收账款催账力度，以加速应收账款资金的周转。

（二）长期偿债能力

长期偿债能力是指企业在较长的期间偿还债务的能力。企业在长期内，不仅要偿还流动负债，还需偿还非流动负债，因此，长期偿债能力衡量的是对企业所有负债的清偿能力。企业对所有负债的清偿能力取决于其总资产水平，因此长期偿债能力比率考察的是企业资产、负债和所有者权益之间的关系。长期偿债能力的财务指标主要有四项：资产负债率、产权比率、权益乘数和利息保障倍数。

1．资产负债率

资产负债率是企业负债总额与资产总额之比，其计算公式如下：

$$资产负债率=\frac{负债总额}{资产总额}\times100\%$$

资产负债率反映总资产中有多大比例是通过负债取得的，可以衡量企业清算时资产对债权人权益的保障程度。当资产负债率高于 50% 时，表明企业资产来源主要依靠的是负债，财务风险较大。当资产负债率低于 50% 时，表明企业资产的主要来源是所有者权益，财务比较稳健。这一比率越低，表明企业资产对负债的保障能力越高，企业的长期偿债能力越强。

事实上，利益主体不同，看待该指标的立场也不同。从债权人的立场看，债务比率越低越好，企业偿债有保证，贷款不会有太大风险。从股东的立场看，其关心的是举债的效益。在全部资本利润率高于借款利息率时，负债比率越大越好，因为股东所得到的利润就会加大。从经营者角度看，其进行负债决策时，更关注如何实现风险和收益的平衡。资产负债率较低表明财务风险较低，但同时也意味着可能没有充分发挥财务杠杆的作用，盈利能力也较低，而较高的负债率表明较大的财务风险和较高的盈利能力。只有当负债增加的收益能够涵盖其增加的风险时，经营者才能考虑借入负债。在风险和收益实现平衡的条件下，是选择较高的负债水平还是较低的负债水平，则取决于经营者的风险偏好等多种因素。

对该指标进行分析时，应结合以下几个方面。

（1）结合营业周期分析：营业周期短的企业，资产周转速度快，可以适当提高资产负债率。

（2）结合资产构成分析：流动资产占的比率比较大的企业可以适当提高资产负债率。

（3）结合企业经营状况分析：兴旺期间的企业可适当提高资产负债率。

（4）结合客观经济环境分析：如利率和通货膨胀率水平。当利率提高时，会加大企业负债的实际利率水平，增加企业的偿债压力，这时企业应降低资产负债率。

（5）结合资产质量和会计政策分析。

（6）结合行业差异分析：不同行业资产负债率有较大差异。

根据表 11-1 的资料，珠江公司的资产负债率如下：

$$年初资产负债率=\frac{4\,170}{8\,600}\times100\%=48.49\%$$

$$年末资产负债率=\frac{5\,470}{10\,200}\times100\%=53.63\%$$

珠江公司年初资产负债率为 48.49%，年末资产负债率为 53.63%，后者较前者有所上升，表明企业负债水平提高。但偿债能力强弱还需结合行业水平进一步分析。如果珠江公司所属的行业平均资产负债率为 60%，说明尽管珠江公司资产负债率上升，财务风险有所加大但相对于行业水平而言其财务风险仍然较低，长期偿债能力较强。这时，企业仍有空间进一步提高负债水平，以发挥财务杠杆效应。

2．产权比率

产权比率又称资本负债率，是负债总额与所有者权益之比，是企业财务结构稳健与否的重要标志，其计算公式如下：

$$产权比率=\frac{负债总额}{所有者权益}\times100\%$$

产权比率反映了由债务人提供的资本与所有者提供的资本的相对关系，即企业财务结构是否稳定，还反映了债权人资本受股东权益保障的程度，或者是企业清算时对债权人利益的保障程度。一般来说，这一比率越低，表明企业长期偿债能力越强，债权人权益保障程度越高。在分析时同样需要结合企业的具体情况加以分析。当企业的资产收益率大于负债成本率时，负债经营有利于提高资金收益率，获得额外的利润。这时产权比率可适当高些。产权比率高，是高风险、高报酬的财务结构。产权比率低，是低风险、低报酬的财务结构。

根据表 11-1 的资料，珠江公司的产权比率如下：

$$年初产权比率=\frac{4\,170}{4\,430}\times100\%\approx94.13\%$$

$$年末产权比率=\frac{5\,470}{4\,730}\times100\%\approx115.64\%$$

由计算可知，珠江公司年末的产权比率提高，表明年末该公司举债经营程度提高，财务风险有所加大，但仍然低于行业的产权比率 1.5（行业资产负债率是 60%，因此产权比率是 60%÷40%=1.5）。

产权比率与资产负债率对评价偿债能力的作用基本一致，只是资产负债率侧重于分析债务偿付安全性的物质保障程度，产权比率则侧重于揭示财务结构的稳健程度以及自有资金对偿债风险的承受能力。

3．权益乘数

权益乘数是总资产与股东权益的比值，其计算公式如下：

$$权益乘数=\frac{总资产}{股东权益}$$

权益乘数表明股东每投入 1 元钱实际拥有和控制的金额。在企业存在负债的情况下，权益乘数大于 1。企业负债比例越高，权益乘数越大。产权比率和权益乘数是资产负债率的另外两种表现形式，是常用的反映财务杠杆水平的指标。

根据表 11-1 的资料，珠江公司的权益乘数如下：

$$年初权益乘数=\frac{8\ 600}{4\ 430}\approx 1.94$$

$$年末权益乘数=\frac{10\ 200}{4\ 730}\approx 2.16$$

4．利息保障倍数

利息保障倍数是指企业息税前利润与全部利息费用之比，又称已获利息倍数，用以衡量偿付借款利息的能力，其计算公式如下：

$$利息保障倍数=\frac{息税前利润}{全部利息费用}=\frac{净利润+利润表中的利息费用+所得税}{全部利息费用}$$

公式中的分子"息税前利润"是指利润表中未扣除利息费用和所得税前的利润。公式中的分母"全部利息费用"是指本期发生的全部应付利息，不仅包括财务费用中的利息费用，还应包括计入固定资产成本的资本化利息。资本化利息虽然不在利润表中扣除，但仍然是要偿还的。利息保障倍数的重点是衡量企业支付利息的能力，没有足够大的息税前利润，利息的支付就会发生困难。

利息保障倍数反映支付利息的利润来源（息税前利润）与利息支出之间的关系。该比率越高，长期偿债能力越强。从长期看，利息保障倍数至少要大于 1（国际公认标准为 3），也就是说，息税前利润至少要大于利息费用，企业才具有负债的可能性。如果利息保障倍数过低，企业将面临亏损、偿债的安全性与稳定性下降的风险。在短期内，利息保障倍数小于 1 也仍然具有利息支付能力，因为计算净利润时减去的一些折旧和摊销费用并不需要支付现金。但这种支付能力是暂时的，当企业需要重置资产时，势必发生支付困难。因此，在分析时需要比较企业连续多个会计年度（如 5 年）的利息保障倍数，以说明企业支付利息能力的稳定性。

根据表 11-2 的资料，假定表中财务费用全部为利息费用、资本化利息为 0，则珠江公司利息保障倍数如下：

$$上年利息保障倍数=\frac{1\ 155+490}{490}\approx 3.36$$

$$本年利息保障倍数=\frac{980+560}{560}\approx 2.75$$

从以上计算结果看，珠江公司的利息保障倍数减少，利息支付能力有所下降，但盈利能力还能支付将近 3 期的利息，有一定的偿债能力。不过，精确分析还需要与其他企业特别是本行业平均水平进行比较来评价。

（三）影响偿债能力的其他因素

1．可动用的银行贷款指标或授信额度

企业可动用的银行贷款指标或授信额度虽不在财务报表内反映，但由于可以随时增加企业

的支付能力，因此可以提高企业偿债能力。

2．资产质量

在财务报表内反映的资产金额为资产的账面价值，但由于财务会计的局限性，资产的账面价值与实际价值可能存在差异，如资产可能被高估或低估、一些资产无法进入到财务报表等。此外，资产的变现能力也会影响偿债能力。如果企业存在能很快变现的长期资产，则会增加企业的短期偿债能力。

3．或有事项和承诺事项

如果企业存在债务担保或未决诉讼等或有事项，会增加企业的潜在偿债压力。同样，各种承诺支付事项也会加大企业偿债义务。

4．经营租赁

当企业存在经营租赁时，意味着企业要在租赁期内分期支付租赁费用，也即有固定的、经常性的支付义务。但是经营租赁的负债未反映在资产负债表中，因此经营租赁作为一种表外融资方式，会影响企业的偿债能力，特别是经营租赁期限较长、金额较大的情况。因此，企业存在经营租赁时，应考虑租赁费用对偿债能力的影响。

二、营运能力分析

营运能力主要指资产运用、循环的效率高低。一般而言，资金周转速度越快，说明企业的资金管理水平越高，资金利用效率越高。这时，企业可以以较少的投入获得较多的收益。因此，营运能力指标是通过投入与产出（主要指收入）之间的关系反映。企业营运能力分析主要包括：流动资产营运能力分析、固定资产营运能力分析和总资产营运能力分析三个方面。

（一）流动资产营运能力比率分析

反映流动资产营运能力的指标主要有应收账款周转率、存货周转率和流动资产周转率。

1．应收账款周转率

应收账款在流动资产中有着举足轻重的地位，及时收回应收账款，不仅增强了企业的短期偿债能力，也反映出企业管理应收账款的效率。反映应收账款周转情况的比率有应收账款周转率（次数）和应收账款周转天数。

应收账款周转次数，是一定时期内商品或产品销售收入净额与应收账款平均余额的比值，表明一定时期内应收账款平均收回的次数，其计算公式如下：

$$\text{应收账款周转次数}=\frac{\text{销售收入净额}}{\text{应收账款平均余额}}=\frac{\text{销售收入净额}}{（\text{期初应收账款}+\text{期末应收账款}）/2}$$

应收账款周转天数指应收账款周转一次（从销售开始到收回现金）所需要的时间，其计算公式如下。

$$\text{应收账款周转天数}=\frac{\text{计算期天数}}{\text{应收账款周转次数}}=\frac{\text{计算期天数}\times\text{应收账款平均余额}}{\text{销售收入净额}}$$

通常，应收账款周转率越高、周转天数越短表明应收账款管理效率越高。

在计算和使用应收账款周转率指标时应注意的问题如下。

（1）销售收入指扣除销售折扣和折让后的销售净额。从理论上讲，应收账款是由赊销引起的，其对应的收入应为赊销收入，而非全部销售收入。但是赊销数据难以取得，且可以假设现金销售是收账时间为零的应收账款，因此，只要保持计算口径的历史一致性，使用销售净额不影响分析。销售收入数据使用利润表中的“营业收入”。

（2）应收账款包括会计报表中“应收账款”和“应收票据”等全部赊销账款，其中，应收票据是销售形成的应收款项的另一种形式。

（3）应收账款应为未扣除坏账准备的金额。应收账款在财务报表上按净额列示，计提坏账准备会使财务报表上列示的应收账款金额减少，对应收账款实际管理欠佳的企业反而会得出应收账款周转情况更好的错误结论。

（4）应收账款期末余额的可靠性问题。应收账款是特定时点的存量，容易受季节性、偶然性和人为因素的影响。在用应收账款周转率进行业绩评价时，最好使用多个时点的平均数，以减少这些因素的影响。

应收账款周转率反映了企业应收账款周转速度的快慢及应收账款管理效率的高低。在一定时期内周转次数多、周转天数少体现以下几点涵义。

（1）企业收账迅速，信用销售管理严格。

（2）应收账款流动性强，从而增强企业短期偿债能力。

（3）可以减少收账费用和坏账损失，相对增加企业流动资产的信用程度，调整企业信用政策。

（4）通过比较应收账款周转天数及企业信用期限，可评价客户的信用程度，调整企业信用政策。

根据表 11-1、表 11-2 的资料，珠江公司 2014 年度销售收入净额为 15 010 万元，2014 年应收账款、应收票据年末数为 2 050（2 000+50）万元，年初数为 1 070（1 005+65）万元。假设年初、年末坏账准备均为零，则 2014 年该公司应收账款周转率指标计算如下。

$$\text{应收账款周转次数}=\frac{15\,010}{(2\,050+1\,070)\div 2}=9.62\text{（次）}$$

$$\text{应收账款周转天数}=\frac{360}{9.62}=37\text{（天）}$$

运用应收账款周转率指标评价企业应收账款管理效率时，应将计算出的指标与该企业前期、与行业平均水平或其他类似企业相比较来进行判断。

2．存货周转率

在流动资产中，存货所占比重较大，其流动性将直接影响企业的流动比率。存货周转率的分析可以通过存货周转次数和存货周转天数反映。

存货周转率（次数）是指一定时期内企业销售成本与存货平均资金占用额的比率，是衡量和评价企业购入存货、投入生产、销售收回等各环节管理效率的综合性指标，其计算公式如下。

$$\text{存货周转次数}=\frac{\text{销售成本}}{\text{存货平均余额}}$$

$$\text{存货平均余额}=\frac{\text{期初存货}+\text{期末存货}}{2}$$

式中，销售成本是利润表中“营业成本”的数值。

存货周转天数是指存货周转一次（即存货取得到存货销售）所需要的时间，其计算公式如下。

$$\text{存货周转天数}=\frac{\text{计算期天数}}{\text{存货周转次数}}=\frac{\text{计算期天数}\times\text{存货平均余额}}{\text{销售成本}}$$

根据表 11-1、表 11-2 的资料，珠江公司 2014 年度销售成本为 13 230 万元，期初存货为 1 640 万元，期末存货为 605 万元，则该公司存货周转率指标如下。

$$\text{存货周转次数}=\frac{13\,230}{(1\,640+605)\div 2}=11.79\text{（次）}$$

$$\text{存货周转天数}=\frac{360}{11.79}=30.53\text{（天）}$$

一般来讲，存货周转速度越快，存货占用水平越低，流动性越强，存货转化为现金或应收账款的速度就越快。这样会增强企业的短期偿债能力及盈利能力。存货周转速度分析有利于找出存货管理中存在的问题，可尽可能降低资金占用水平。在具体分析时，应注意以下几点。

（1）存货周转率的高低与企业的经营特点有密切联系，应注意行业的可比性。

（2）该比率反映的是存货整体的周转情况，不能说明企业经营各环节的存货周转情况和管理水平。

（3）应结合应收账款周转情况和信用政策进行分析。

3．流动资产周转率

流动资产周转率（次数）是反映企业流动资产周转速度的指标，是一定时期销售收入净额与企业流动资产平均占用额之间的比率，其计算公式如下。

$$流动资产周转次数=\frac{销售收入净额}{流动资产平均余额}$$

$$流动资产周转天数=\frac{计算期天数}{流动资产周转次数}=\frac{计算期天数\times流动资产平均余额}{销售收入净额}$$

式中，$流动资产平均余额=\frac{期初流动资产+期末流动资产}{2}$。

在一定时期内，流动资产周转次数越多，表明以相同的流动资产完成的周转额越多，流动资产利用效果越好。流动资产周转天数越少，表明流动资产在经历生产销售各阶段所占用的时间越短，可相对节约流动资产，增强企业盈利能力。

根据表 11-1、表 11-2 的资料，珠江公司 2014 年销售收入净额 15 010 万元，2014 年流动资产期初数为 3 130 万元，期末数为 3 590 万元，则该公司流动资产周转指标计算如下：

$$流动资产周转次数=\frac{15\,010}{(3\,130+3\,590)\div 2}=4.47（次）$$

$$流动资产周转天数=\frac{360}{4.47}=80.53（天）$$

（二）固定资产营运能力分析

反映固定资产营运能力的指标为固定资产周转率。固定资产周转率是指企业年销售收入净额与固定资产平均净额的比率。它是反映企业固定资产周转情况从而衡量固定资产利用效率的一项指标，其计算公式如下：

$$固定资产周转率=\frac{销售收入净额}{固定资产平均净值}$$

式中，$固定资产平均净值=\frac{期初固定资产净值+期末固定资产净值}{2}$。

固定资产周转率高，说明企业固定资产投资得当，结构合理，利用效率高。反之，如果固定资产周转率不高，则表明固定资产利用效率不高，提供的生产成果不多，企业的营运能力不强。

根据表 11-1、表 11-2 的资料，珠江公司 2013 年、2014 年的销售收入净额分别为 14 260 万元、15 010 万元，2014 年年初固定资产净值为 4 775 万元，2014 年年末为 6 190 万元。假设 2013 年年初固定资产净值为 4 000 万元，则固定资产周转率计算如下：

$$2013年固定资产周转率=\frac{14\,260}{(4\,000+4\,775)\div 2}=3.25（次）$$

$$2014年固定资产周转率=\frac{15\,010}{(4\,775+6\,190)\div 2}=2.74（次）$$

通过以上计算可知，2014 年固定资产周转率为 2.74 次，2013 年固定资产周转率为 3.25 次，说明 2014 年度周转速度要比上年要慢，其主要原因在于固定资产净值增长幅度要大于销售收入净额增长幅度，说明企业营运能力有所减弱。这种减弱幅度是否合理，还要视公司目标及同行业水平的比较而定。

（三）总资产营运能力分析

反映总资产营运能力的指标是总资产周转率。总资产周转率是企业销售收入净额与企业资产平均总额的比率，计算公式如下：

$$总资产周转率=\frac{销售收入净额}{平均资产总额}$$

如果企业各期资产总额比较稳定，波动不大，则平均总资产的计算公式如下：

$$平均总资产=\frac{期初总资产+期末总资产}{2}$$

如果资金占用的波动性较大，企业应采用更详细的资料进行计算，如按照各月份的资金占用额计算，则可得如下计算公式：

$$月平均总资产=\frac{月初总资产+月末总资产}{2}$$

$$季平均占用额=\frac{1/2季初+第一月末+第二月末+1/2季末}{3}$$

$$年平均占用额=\frac{1/2年初+第一季末+第二季末+第三季末+1/2年末}{4}$$

计算总资产周转率时，分子与分母在时间上应保持一致。

这一比率用来衡量企业资产整体的使用效率。总资产由各项资产组成，在销售收入既定的情况下，总资产周转率的驱动因素是各项资产。因此，对总资产周转情况的分析应结合各项资产的周转情况，以发现影响企业资产周转的主要因素。

根据表 11-1、表 11-2 的资料，2013 年珠江公司销售收入净额为 14 260 万元，2014 年销售收入净额为 15 010 万元，2014 年年初资产总额为 8 600 万元，2014 年年末资产总额为 10 200 万元。假设 2013 年年初资产总额为 7 800 万元，则该公司 2013 年、2014 年总资产周转率计算如下：

$$2013年总资产周转率=\frac{14\,260}{(7\,800+8\,600)\div 2}=1.74（次）$$

$$2014年总资产周转率=\frac{15\,010}{(8\,600+10\,200)\div 2}=1.60（次）$$

从以上计算可知，珠江公司 2014 年总资产周转率比上年减慢。这与前面计算分析固定资产周转速度减慢结论一致。该公司应扩大销售额，处理闲置资产，以提高资产使用效率。

总之，各项资产的周转率指标用于衡量各项资产赚取收入的能力，经常和企业盈利能力的指标结合在一起，以全面评价企业的盈利能力。

三、盈利能力分析

不论是投资人、债权人还是经理人员，都会非常重视和关心企业的盈利能力。盈利能力就是企业获取利润、实现资金增值的能力。因此，盈利能力指标主要通过收入与利润之间的关系、资产与利润之间的关系反映。反映企业盈利能力的指标主要有销售毛利率、销售净利率、总资产净利率和净资产收益率。

（一）销售毛利率

销售毛利率是销售毛利与销售收入之比，其计算公式如下：

$$销售毛利率=\frac{销售毛利}{销售收入}$$

其中，销售毛利=销售收入-销售成本。

销售毛利率反映产品每销售 1 元所包含的毛利润是多少，即销售收入扣除销售成本后还有多少剩余可用于各期费用和形成利润。销售毛利率越高，表明产品的盈利能力越强。将销售毛利率与行业水平进行比较，可以反映企业产品的市场竞争地位。那些销售毛利率高于行业水平的企业意味着实现一定的收入占用了更少的成本，表明它们在资源、技术或劳动生产率方面具有竞争优势。而那些销售毛利率低于行业水平的企业则在行业中处于竞争劣势。此外，将不同行业的销售毛利率进行横向比较，也可以说明行业间盈利能力的差异。

根据表 11-2 的资料，可计算珠江公司销售毛利率如下：

$$2013\text{ 年销售毛利率}=\frac{14\,260-12\,525}{14\,260}=12.17\%$$

$$2014\text{ 年销售毛利率}=\frac{15\,010-13\,230}{15\,010}=11.86\%$$

（二）销售净利率

销售净利率是净利率与销售收入之比，其计算公式如下：

$$销售净利率=\frac{净利润}{销售收入}$$

销售净利率反映每 1 元销售收入最终赚取了多少利润，用于反映产品最终的盈利能力。在利润表上，从销售收入到净利润需要扣除销售成本、期间费用、税金等项目。因此，将销售净利率按利润的扣除项目进行分解可以识别影响销售净利率的主要因素。

根据表 11-2 的资料，可计算销售净利率如下：

$$2013\text{ 年销售净利率}=\frac{770}{14\,260}=5.40\%$$

$$2014\text{ 年销售净利率}=\frac{650}{15\,010}=4.33\%$$

从上述计算分析可以看出，2014 年各项销售利润率指标均比上年有所下降，说明企业盈利能力有所下降。企业应查明原因，采取相应措施，提高盈利水平。

（三）总资产净利率

总资产净利率指净利润与平均总资产的比率，反映每 1 元资产创造的净利润，其计算公式如下：

$$总资产净利率=\frac{净利润}{平均资产}\times100\%$$

总资产净利率衡量的是企业资产的盈利能力。总资产净利率越高，表明企业资产利用效果越好。影响总资产净利率的因素是销售净利率和总资产周转率。总资产净利率的计算公式如下：

$$总资产净利率=\frac{净利润}{平均总资产}=\frac{净利润}{销售收入}\times\frac{销售收入}{平均总资产}=销售净利率\times总资产周转率$$

因此，企业可以通过提高销售净利率、加速资产周转来提高总资产净利率。

据表 11-1、表 11-2 的资料，珠江公司 2013 净利润为 770 万元，年末总资产 8 600 万元，2014 年净利润 650 万元，年末总资产 10 200 万元。假设 2013 年年初总资产 7 800 万元，则珠江公司总资产净利率计算如下：

$$2013\text{ 年总资产净利率}=\frac{770}{(7\,800+8\,600)\div2}\times100\%=9.39\%$$

$$2014\text{ 年总资产净利率}=\frac{650}{(10\,200+8\,600)\div2}\times100\%=6.91\%$$

由以上计算结果可知，珠江公司总资产净利率下降明显，表明企业盈利能力减弱。结合前面计算的销售净利率和总资产周转率发现，销售净利率和资产周转率均下降是总资产净利率下降的原因，表明企业产品的盈利能力和资产运用效率均存在问题。企业应进一步分析产品盈利能力和资产周转能力下降的原因，通过提高销售净利率和资产周转率改善企业整体盈利水平。

（四）净资产收益率

净资产收益率又叫权益净利率或权益报酬率，是净利润与平均所有者权益的比值，表示每 1 元股东资本赚取的净利润，反映资本经营的盈利能力，其计算公式如下：

$$净资产收益率=\frac{净利润}{平均所有者权益}\times 100\%$$

该指标是企业盈利能力指标的核心，也是杜邦财务指标体系的核心，更是投资者关注的重点。一般来说，净资产收益率越高，股东和债权人的利益保障程度越高。如果企业的净资产收益率在一段时期内持续增长，说明资本盈利能力稳定上升。但净资产收益率不是一个越高越好的概念，分析时要注意企业的财务风险。

$$净资产收益率=\frac{净利润}{平均净资产}=\frac{净利润}{平均总资产}\times\frac{平均总资产}{平均净资产}=资产净利率\times 权益乘数$$

上式通过对净资产收益率的分解表明，改善资产盈利能力和增加企业负债都可以提高净资产收益率。而如果不改善资产盈利能力，单纯通过加大举债提高权益乘数进而提高净资产收益率的做法则十分危险。企业负债经营的前提是有足够的盈利能力，但若无法涵盖增加的财务风险而使企业面临财务困境。因此，只有当企业净资产收益率上升同时财务风险没有明显加大，才能说明企业财务状况良好。

据表 11-1、表 11-2 的资料，珠江公司 2013 年净利润 770 万元，年末所有者权益为 4 430 万元，2014 年净利润为 650 万元，年末所有者权益为 4 730 万元。假设 2013 年年初所有者权益为 4 000 万元，则珠江公司净资产收益率如下：

$$2013\text{ 年净资产收益率}=\frac{770}{(4\,000+4\,430)\div 2}\times 100\%\approx 18.27\%$$

$$2014\text{ 年净资产收益率}=\frac{650}{(4\,430+4\,730)\div 2}\times 100\%\approx 14.19\%$$

由于该公司所有者权益的增长，2014 年净资产收益率要比上年低了 4 个多百分点，从所有者的角度看，盈利能力明显降低。由前面的计算结果可以发现，企业权益乘数有所增加，但由于资产盈利能力下降较快导致了净资产收益率的下降。因此，珠江公司盈利水平下降同时财务风险加大。企业应尽快改善盈利能力，通过提高产品竞争能力、加快资产周转的同时控制财务风险以改善企业所面临的问题。

四、发展能力分析

衡量企业发展能力的指标主要有：销售收入增长率、总资产增长率、营业利润增长率、资本保值增值率和资本积累率等。

（一）销售收入增长率

该指标反映的是相对化的销售收入增长情况，是衡量企业经营状况和市场占有能力、预测企业经营业务拓展趋势的重要指标。在实际分析时，应考虑企业历年的销售水平、市场占有情况、行业未来发展及其他影响企业发展的潜在因素，或结合企业前三年的销售收入增长率进行趋势性分析判断。销售收入增长率的计算公式如下：

$$销售收入增长率=\frac{本年销售收入增长率}{上年销售收入}\times 100\%$$

其中，本年销售收入增长额=本年销售收入-上年销售收入。

计算过程中，销售收入可以使用利润表中的“营业收入”数据。销售收入增长率大于零，表明企业本年销售收入有所增长。该指标值越高，表明企业销售收入的增长速度越快，企业市场前景越好。

据表 11-2 的资料，珠江公司 2013 年销售收入为 14 260 万元，2014 年销售收入为 15 010 万元，则珠江公司销售收入增长率如下：

$$2014年销售收入增长率=\frac{15\,010-14\,260}{14\,260}\times 100\%\approx 5.26\%$$

（二）总资产增长率

总资产增长率是企业本年资产增长额同年初资产总额的比率，反映企业本期资产规模的增长情况，其计算公式如下：

$$总资产增长率=\frac{本年资产增长额}{年初资产总额}\times 100\%$$

其中，本年资产增长额=年末资产总额-年初资产总额。

总资产增长率越高，表明企业一定时期内资产经营规模扩张的速度越快。但在分析时，需要关注资产规模扩张的质和量的关系，以及企业的后续发展能力，避免盲目扩张。

据表 11-1 的资料，珠江公司 2014 年年初资产总额为 8 600 万元，2014 年年末资产总额为 10 200 万元，则珠江公司总资产增长率如下：

$$2014年总资产增长率=\frac{10\,200-8\,600}{8\,600}\times 100\%=18.60\%$$

（三）营业利润增长率

营业利润增长率是企业本年营业利润增长额与上年营业利润总额的比率，反映企业营业利润的增减变动情况，其计算公式如下：

$$营业利润增长率=\frac{本年营业利润增长额}{上年营业利润总额}\times 100\%$$

其中，本年营业利润增长额=本年营业利润-上年营业利润。

据表 11-2 的资料，珠江公司 2013 年营业利润为 1 095 万元，2014 年营业利润为 1 030 万元，则珠江公司营业利润增长率如下：

$$2014年营业利润增长率=\frac{1\,030-1\,095}{1\,095}\times 100\%\approx -5.94\%。$$

（四）资本保值增值率

资本保值增值率是指所有者权益的期末总额与期初总额之比，其计算公式如下：

$$资本保值增值率=\frac{期末所有者权益}{期初所有者权益}\times 100\%$$

如果企业盈利能力提高，利润增加，必然会使期末所有者权益大于期初所有者权益，所以该指标也是衡量企业盈利能力的重要指标。当然，这一指标的高低，除了受企业经营成果的影响外，还受企业利润分配政策和投入资本的影响。

根据前面净资产收益率的有关资料，珠江公司资本保值增值率计算如下：

$$2013\text{ 年资本保值增值率}=\frac{4\,430}{4\,000}\times100\%=111\%$$

$$2014\text{ 年资本保值增值率}=\frac{4\,730}{4\,430}\times100\%=107\%$$

可见该公司 2014 年资本保值增值率比上年有所降低。

（五）资本积累率

资本积累率是指企业本年所有者权益增长额与年初所有者权益的比率，反映企业当年资本的积累能力，其计算公式如下：

$$\text{资本积累率}=\frac{\text{本年所有者权益增长额}}{\text{年初所有者权益}}\times100\%$$

本年所有者权益增长额=年末所有者权益−年初所有者权益

资本积累率越高，表明企业的资本积累越多，应对风险、持续发展的能力越强。

根据表 11-1 的资料，珠江公司 2014 年年初所有者权益为 4 430 万元，2014 年年末所有者权益为 4 730 万元，则珠江公司资本积累率如下：

$$2014\text{ 年资本积累率}=\frac{4\,730-4\,430}{4\,430}\times100\%=9.03\%$$

五、现金流量分析

现金流量分析一般包括现金流量的结构分析、流动性分析、获取现金能力分析、财务弹性分析及收益质量分析。这里主要从获取现金能力及收益质量方面介绍现金流量比率。

（一）获取现金能力的分析

获取现金的能力可通过经营活动现金流量净额与投入资源之比来反映。投入资源可以是销售收入、资产总额、营运资金净额、净资产或普通股股数等。

1．销售现金比率

销售现金比率是指企业经营活动现金流量净额与企业销售额的比值，其计算公式如下：

$$\text{销售现金比率}=\frac{\text{经营活动现金流量净额}}{\text{销售收入}}$$

如果 A 公司销售收入（含增值税）为 15 010 万元，经营活动现金流量净额为 5 857.5 万元，则销售现金比率如下：

$$\text{销售现金比率}=\frac{5\,857.5}{15\,010}\approx0.39$$

该比率反映每元销售收入得到的现金流量净额，其数值越大越好。

2．每股营业现金净流量

每股营业现金净流量是通过企业经营活动现金流量净额与普通股股数之比来反映的，其计算公式如下：

$$\text{每股营业现金净流量}=\frac{\text{经营活动现金流量净额}}{\text{普通股股数}}$$

假设 A 公司有普通股 50 000 万股，则每股营业现金净流量如下：

$$\text{每股营业现金净流量}=\frac{5\,857.5}{50\,000}\approx0.12\text{（元/股）}$$

该指标反映企业最大的分派股利能力，超过此限度，可能就要借款分红。

3. 全部资产现金回收率

全部资产现金回收率是通过企业经营活动现金流量净额与企业平均总资产之比来反映，用来说明企业全部资产产生现金的能力，其计算公式如下：

$$全部资产现金回收率=\frac{经营活动现金流量净额}{平均总资产}\times 100\%$$

假设 A 公司平均总资产为 86 000 万元，则全部资产现金回收率如下：

$$全部资产现金回收率=\frac{5\,857.5}{86\,000}\times 100\%\approx 6.81\%$$

如果同行业平均全部资产现金回收率为 7%，说明 A 公司资产产生现金的能力较弱。

（二）收益质量分析

收益质量是指会计收益与公司业绩的相关性。如果会计收益能如实反映公司业绩，则其收益质量高，反之，则收益质量不高。收益质量分析，主要包括净收益营运指数分析与现金营运指数分析。

1. 净收益营运指数

净收益营运指数是指经营净收益与净利润之比，其计算公式如下：

$$净收益营运指数=\frac{经营净收益}{净利润}=\frac{净利润-非经营净收益}{净利润}$$

假设 A 公司有关现金流量补充资料如表 11-5 所示。

表 11-5　A 公司现金流量补充资料　　单位：万元

将净利润调整为经营活动现金流量	金额	说明
净利润	3 578.5	
加：计提的资产减值准备	14.5	非付现费用共 4 034.5 万元。少提取这类费用，可增加会计收益却不会增加现金流入，会使收益质量下降
固定资产折旧	1510	
无形资产摊销	1 000	
长期待摊费用摊销	1 510	
处置固定资产损失（减收益）	−760	非经营净收益 594.5 万元，不代表正常的收益能力
固定资产报废损失	305.5	
财务费用	332.5	
投资损失（减收益）	−472.5	
递延所得税资产减少（减增加）	0	
存货减少（减增加）	89.5	经营资产净增加 655.5 万元。如收益不变而现金减少，则收益质量下降（收入未收到现金），应查明应收项目增加的原因
经营性应收项目减少（减增加）	−745	
经营性应付项目增加（减减少）	−800.5	无息负债净减少 505.5 万元。收益不变而现金减少，则收益质量下降
其他	295	
经营活动产生的现金流量净额	5 857.5	

根据表 11-5 的资料，A 公司净收益营运指数计算如下：

A 公司经营活动净收益=3 578.5−594.5=2 984（万元）

$$净收益营运指数=\frac{2\,984}{3\,578.5}=0.83$$

净收益营运指数越小，非经营收益所占比重越大，收益质量越差，因为非经营收益不反映公司的核心能力及正常的收益能力，可持续性较低。

2．现金营运指数

现金营运指数反映企业经营活动现金流量净额与企业经营所得现金的比值，其计算公式如下。

$$现金营运指数=\frac{经营活动现金流量净额}{经营所得现金}$$

公式中，经营所得现金是经营净收益与非付现费用之和。

根据表 11-4 资料，A 公司现金营运指数计算如下：

$$经营所得现金=经营活动净收益+非付现费用=2\,984+4\,034.5=7\,018.5（万元）$$

$$现金营运指数=\frac{5\,857.5}{7\,018.5}=0.83$$

现金营运指数小于 1，说明收益质量不够好。A 公司每 1 元的经营活动收益，只收回约 0.83 元。现金营运指数小于 1，说明一部分收益尚未取得现金，停留在实物或债权形态，而实物或债权资产的风险大于现金，应收账款不一定能足够变现，存货也有贬值的风险，所以未收现的收益质量低于已收现的收益。另外，现金营运指数小于 1，说明营运资金增加了，反映企业取得同样的收益占用了更多的营运资金，取得收益的代价增加了，同样的收益代表着较差的业绩。

六、财务报表分析中需要注意的问题

在进行财务报表分析的过程中，除了选择分析方法、设计财务指标和计算财务数据外，还要考虑如何确定恰当的评价标准和如何正确使用财务报表，同时还要认识到财务报表分析存在的局限性。

（一）财务报表分析的评价标准

通过财务报表分析来衡量企业财务状况，必须将财务指标与评价标准进行比较分析才能得出结论，所以选定适当的评价标准是财务报表分析的基本步骤。这里介绍常用的三种评价标准，即历史标准、行业标准以及经验标准。

1．历史标准

历史标准是指以企业过去一段时期的实际状况作为标准。在实际使用中，通常会将当期的财务数据与上期进行对比，这样，上期的实际水平就作为一种评判标准，或者将当期的财务数据与过去几期的平均数值进行比较。采用历史标准便于评价企业自身财务状况的发展变化趋势。

2．行业标准

行业标准是以反映行业财务状况的平均水平作为标准。通常选择行业中一组有代表性的企业，以其平均情况作为行业标准，或者直接就以情况较为接近的竞争对手的财务数据作为分析基础。运用行业标准进行财务分析，可以说明企业在行业中的相对水平与所处地位。

3．经验标准

经验标准是指通过大量实践的检验得出的具有指导意义的标准。经验标准是人们公认的标准，来自实践并不断接受实践的检验，具有一定的客观性和普遍性。例如，一般认为，企业的流动比率不低于 2、速动比率不低于 1，但是，经验标准只是一般情况下的一个判断，不是适用一切情况和所有企业的绝对标准。在应用经验标准时，需要联系实际情况具体分析。

（二）财务报表数据的时间属性

财务报表分析的主要依据是资产负债表、利润表和现金流量表，而这三张报表具有不同的时间属性。资产负债表包含的财务数据均为时点性信息，利润表和现金流量表反映的是时期性信息。在同时使用来自不同报表的数据时，必须将它们转换成具有相同时间属性的数据才能进行运算，进而生成所需的财务指标。

在同时使用资产负债表数据与利润表或现金流量表数据进行分析时，通常是将时点数据转换成时期数据，例如，在计算存货周转率和净资产收益率等比率时就采用了这种方法。将时点数据转换为时期数据的方法包括加权平均法和算术平均法。加权平均法是将维持同一时点数据的时间长度作为权数，进行加权平均。由于一般很难在财务报表中获得有关持续时间的数据，所以会使用简单的算术平均法作为替代。算术平均法是将不同时点的数据进行简单的算术平均，最常见的是将期初和期末的时点数据进行平均。

（三）财务报表分析存在的局限性

财务报表能为分析企业的财务状况和经营业绩提供很多非常有用的信息，但是也存在一定的局限性，有必要加以注意并进行适当的判断，以免影响分析结果的正确性。

1．不同的会计方法

尽管会计界已经采取措施尽量减少会计方法的可选择性，但是这类问题依然存在。不同企业选择不同的会计方法，或者同一企业在不同时期改变会计方法都会使得报表数据之间缺乏可比性。

2．通货膨胀的因素

通货膨胀一方面会使得企业的资产负债表严重失实，让账面价值远远偏离实际价值，另一方面会影响折旧费用和存货成本，使得利润数字不能反映企业实际的盈利能力。在对企业较长一段时期或者不同时期的财务数据进行比较时，需要对通货膨胀引起的价值变动进行判断，之后，才能进行解释。

3．财务报表粉饰

有些企业会使用一些会计方法对财务报表进行粉饰，即在实际经营业绩和财务状况并没有好转的情况下改善财务数据。例如，一家流动性较差的企业，在年末借入一笔资金，持有现金几天后，在下一年年初就偿还借款，从而提高了企业的流动比率和速动比率。同样，还可以通过年末的销售和下年初的销售退回，在报表上提高企业的盈利能力指标和周转率指标。因此，在财务分析时，需要“透过数字看本质”。

4．季节性因素

对于生产经营活动带有明显的季节性波动的企业，季节性因素也会扭曲财务报表数据，尤其在使用时点数据时会出现较大的波动。例如，零售企业的资产负债表中的存货，在节假日之前和之后会出现大幅度的变化，计算出来的存货周转率会有很大的差异。这时，最好采用月平均数据来计算周转率指标。

5．财务指标的两面性

对于一个财务指标，不能简单地断定其越高越好或越低越好，因为财务指标具有两面性。例如，流动比率越高，说明企业资产的流动性越强的同时，企业现金过多也会导致企业资源的闲置和浪费。同样，企业总资产周转率高，可能反映了企业资产的使用效率高，但也可能说明企业投资不足，无法购买足够的资产。所以，分析财务指标时，不能机械地生搬硬套，需要全面和客观的进行判断。

任务三　综合绩效评价与考核

一、企业综合绩效分析的方法

财务分析的最终目的在于全面、准确、客观地揭示与披露企业财务状况和经营情况，并对企业经济效益优劣作出合理的评价。显然，要达到这样的分析目的，仅仅测算几个简单、孤立的财务比率，或者将一些孤立的财务分析指标堆砌在一起，彼此毫无联系地考察，不可能得出合理、正确的综合性结论，有时甚至会得出错误的结论。因此，只有将企业偿债能力、营运能力、投资收益实现能力以及发展趋势等各项分析指标有机地联系起来，作为一套完整的体系，相互配合使用，作出系统地综合评价，才能从总体意义上把握企业财务状况和经营情况的优劣。

企业综合绩效分析方法有很多，传统方法主要有杜邦分析法和沃尔评分法等。

（一）杜邦分析法

在财务报表分析过程中，除了对各项财务指标进行独立分析外，为了对企业整体财务状况做出正确认识和合理评价，还需要将财务指标联系起来进行综合分析。最常用的财务报表综合分析方法就是杜邦分析体系。

杜邦分析法又称杜邦分析体系，简称杜邦体系。该体系是由美国杜邦（DuPont）公司率先提出并得到广泛运用的财务分析方法。它通过财务指标之间的内在联系，将最为重要和基本的净资产收益率分解为销售净利率、总资产周转率和资产负债率三个指标，并进行再分解，从而将企业的盈利能力、营运能力和偿债能力等综合起来进行分析评价，从而获得对企业财务状况的全面认识。

杜邦分析法将净资产收益率分解如图 11-2 所示。杜邦分析体系中最为核心的指标是净资产收益率。净资产收益率反映了所有者（股东）投入资本的获利能力，表明企业财务管理的目标是所有者（股东）权益最大化。企业的净资产收益率受到企业盈利能力、营运能力和偿债能力等因素的影响，可用公式表示如下：

净资产收益率=总资产收益率×权益乘数

总资产收益率=销售净利率×总资产周转率

净资产收益率=销售净利率×总资产周转率×权益乘数

以上公式说明，要提高净资产收益率，增加所有者（股东）回报，就需要扩大销售，增加销售收入，降低成本和消耗，同时要通过适度的负债经营获得财务杠杆利益。

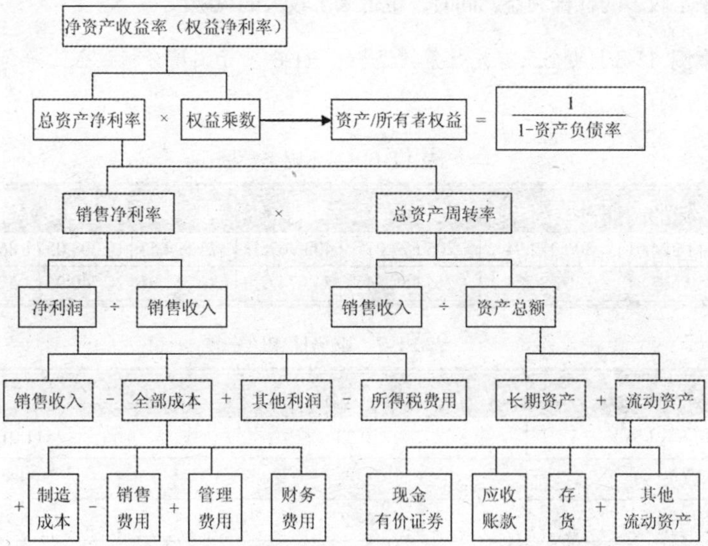

图 11-2 杜邦分析体系

在利润表上查到净利润数额，该表上的营业收入数据对应此处的销售收入数额，而在资产负债表上可以找到净资产和总资产的数额。

运用杜邦分析法需要抓住以下几点。

（1）净资产收益率是一个综合性最强的财务分析指标，是杜邦分析体系的起点。财务管理的目标之一是使股东财富最大化，而净资产收益率反映了企业所有者投入资本的盈利能力，说明了企业筹资、投资、资产营运等各项财务及其管理活动的效率，而不断提高净资产收益率是使所有者权益最大化的基本保证。所以，这一财务分析指标是企业所有者、经营者都十分关心的。净资产收益率高低的决定因素主要有三个，即销售净利率、总资产周转率和权益乘数。这样，在进行分解之后，就可以将净资产收益率这一综合性指标发生升降变化的原因具体化，使得它比只用一项综合性指标更能说明问题。

（2）销售净利率反映了企业净利润与销售收入的关系。它的高低取决于销售收入与成本总额的高低。要想提高销售净利率，一是要扩大销售收入，二是要降低成本费用。扩大销售收入既有利于提高销售净利率，又有利于提高总资产周转率。降低成本费用是提高销售净利率的一个重要因素。从杜邦分析图可以看出成本费用的基本结构是否合理，从而找出降低成本费用的途径和加强成本费用控制的办法。如果企业财务费用支出过高，就要进一步分析其负责比率是否过高。如果管理费用过高，就要进一步分析其资产周转情况等。从图 11-2 中还可以看出，提高销售净利率的另一途径是提高其他利润。为了详细地了解企业成本费用的发生情况，在具体列示成本总额时，还可根据重要性原则，将那些影响较大的费用单独列示，以便为寻求降低成本的途径提供依据。

（3）影响总资产周转率的一个重要因素是资产总额。资产总额由流动资产与长期资产组成。它们的结构合理与否将直接影响资产的周转速度。一般来说，流动资产直接体现企业的偿债能力和变现能力，而长期资产则体现了企业的经营规模、发展潜力。两者之间应该有一个合理的比例关系。如果发现某项资产比重过大，影响资金周转，就应深入分析其原因。例如，企业持有的货币资金超过业务需要，就会影响企业的盈利能力。如果企业占有过多的存货和应收账款，则既会影响盈利能力又会影响偿债能力。因此，还应进一步分析各项资产的占有数额和周转速度。

（4）权益乘数主要受资产负债率指标的影响。资产负债率越高，说明企业的负债程度比较高，给企业带来了较多的杠杆利益，同时，也带来了较大的风险。

【经典案例 11-3】某企业有关财务数据如表 11-6 所示，请分析该企业净资产收益率变化（见表 11-7）的原因。

表 11-6　基本财务数据　　单位：万元

年度	净利润	销售收入	平均资产总额	平均负债总额	全部成本	制造成本	销售费用	管理费用	财务费用
2013	10 284.04	411 224.01	306 222.94	205 677.07	403 967.43	373 534.53	10 203.05	1 8667.77	1 562.08
2014	12 653.92	757 613.81	330 580.21	215 659.54	736 747.24	684 261.91	21 740.96	2 5718.20	5 026.17

表 11-7　财务比率

年　度	2013	2014
净资产收益率（%）	10.23	11.01
权益乘数（%）	3.05	2.88
资产负债率（%）	67.2	65.2
总资产净利率（%）	3.36	3.83
销售净利率（%）	2.5	1.67
总资产周转率（次）	1.34	2.29

【解析】

（1）对净资产收益率的分析

该企业的净资产收益率在2013～2014年出现了一定程度的好转，即从2013年的10.23%增加至2014年的11.01%。企业的投资者在很大程度上依据这个指标来决定是否投资或是否转让股份。这些指标对企业的管理者也至关重要，被用来考察经营者业绩和决定股利分配政策。

由净资产收益率=权益乘数×总资产净利率

得

2013年　　10.23%=3.05×3.36%

2014年　　11.01%=2.88×3.83%

通过分解可以明显地看出，该企业净资产收益率的变动是资本结构（权益乘数）变动和资产利用效果（总资产净利率）变动两方面共同作用的结果，而该企业的总资产净利率太低，显示出很差的资产利用效果。

（2）对总资产净利率的分析

由总资产净利率=销售净利率×总资产周转率

得

2013年　　3.36%≈2.5%×1.34%

2014年　　3.83%≈1.67%×2.29

通过分解可以看出2014年该企业的总资产周转率有所提高，说明资产的利用得到了比较好的控制，显示出比前一年较好的效果，表明该企业利用其总资产产生销售收入的效率在增加。总资产周转率提高的同时销售净利率减少，阻碍了总资产净利率的增加。

（3）对销售净利率的分析

$$由销售净利率=\frac{净利润}{销售收入}$$

得

$$2013年\quad 2.5\%\approx\frac{10\,284.04}{411\,224.01}$$

$$2014年\quad 1.67\%\approx\frac{12\,653.92}{757\,613.81}$$

该企业2014年大幅度提高了销售收入，但是净利润的提高幅度却很小，分析其原因是成本费用增多。由表11-6可知，全部成本从2013年的40 3967.43万元增加到2014年的736 747.24万元，与销售收入的增加幅度大致相当。

（4）对全部成本的分析

由全部成本=制造成本+销售费用+管理费用+财务费用

得

2013年　　403 967.43（万元）=373 534.53+10 203.05+18 667.77+1 562.08

2014年　　736 747.24（万元）=684 261.91+21 740.96+25 718.20+5 026.17

本例中，导致该企业净资产收益率小的主要原因是全部成本过大。也正是因为全部成本的大幅度提高导致了净利润提高幅度不大，而销售收入大幅度增加，就引起了销售净利率的降低，显示出该企业销售盈利能力在降低。总资产净利率的提高当归功于总资产周转率的提高，而销售净利率的减少却起到了阻碍的作用。

（5）对权益乘数的分析

$$由权益乘数=\frac{资产总额}{权益总额}$$

得

$$2013年\quad 3.05=\frac{306\ 222.94}{30\ 622.94-205\ 677.07}$$

$$2014年\quad 2.88=\frac{330\ 580.21}{330\ 580.21-215\ 659.54}$$

该企业下降的权益乘数，说明企业的资本结构在 2013 年至 2014 年发生了变动，即 2014 年的权益乘数较 2013 年有所减小。权益乘数越小，企业负债程度越低，偿还债务能力越强，相应降低了财务风险。这个指标同时也反映了财务杠杆对利润水平的影响。该企业的权益乘数一直处于 2～5 之间，也即负债率在 50%～80% 之间，属于激进战略型企业。管理者应该准确把握企业所处的环境，准确预测利润，合理控制负债带来的风险。

（6）结论

对于该企业，最为重要的就是要努力降低各项成本，在控制成本上下工夫，同时要保持较高的总资产周转率。这样，可以使销售净利率得到提高，进而使总资产净利率大幅提高。

（二）沃尔评分法

企业财务综合分析的先驱者之一是亚历山大・沃尔。他在 20 世纪出版的书籍《信用晴雨表研究》和《财务报表比率分析》中提出了信用能力指数的概念。他把若干个财务比率用线性关系结合起来，以此来评价企业的信用水平，被称为沃尔评分法。他选择了七种财务比率，分别给定了其在总评价中所占的比重，总和为 100 分，然后，确定标准比率，并与实际比率相比较，评出每项指标的得分，求出总评分。

【经典案例 11-4】某企业是一家中型电力企业，2014 年的财务状况评分的结果如表 11-8 所示。

表 11-8　沃尔评分表

财务比率	比重	标准比率	实际比率	相对比率	综合指数
	1	2	3	4=3÷2	5=1×4
流动比率	25	2.00	1.66	0.83	20.75
净资产/负债	25	1.50	2.39	1.59	39.75
资产/固定资产	15	2.50	1.84	0.736	11.04
销售成本/存货	10	8	9.94	1.243	12.43
销售收入/应收账款	10	6	8.61	1.435	14.35
销售收入/固定资产	10	4	0.55	0.137 5	1.38
销售收入/净资产	5	3	0.40	0.133	0.67
合计	100				100.37

从表 11-8 可知，该企业的综合指数为 100.37，总体财务状况是不错的，综合评分达到标准。但由于该方法技术上的缺陷，夸大了达到标准的程度。尽管沃尔评分法在理论上还有待证明，在技术上也不完善，但它还是在实践中被广泛地应用。

沃尔评分法从理论上讲，有一个弱点，就是未能证明为什么要选择这七个指标，而不是更多或更少些，或者选择别的财务比率，以及未能证明每个指标所占比重的合理性。沃尔分析法从技术上讲有一个问题，就是当某一个指标严重异常时，会对综合指数产生不合逻辑的重大影响。这个缺陷是由相对比率与比重相乘而引起的。财务比率提高一倍，其综合指数增加 100%，而财务比率缩小一倍，其综合指数只减少 50%。

现代社会与沃尔的时代相比，已有很大的变化。一般认为企业财务评价的内容首先是盈利能力，其次是偿债能力，再次是成长能力。它们之间大致可按 5∶3∶2 的比重来分配。盈利能力的主要指标是总资产报酬率、销售净利率和净资产收益率，这三个指标可按 2∶2∶1 的比重来安排。偿债能力有四个常用指标。发展能力有三个常用指标（都是本年增量与上年实际量的比值）。假定仍以 100 分为总评分。

【经典案例 11-5】仍以【经典案例 11-3】中企业 2014 年的财务状况为例，以中型电力生产企业的标准值为评价基础，则其综合评分标准如表 11-9 所示。

表 11-9　综合评分表

指　标	评分值	标准比率（%）	行业最高比率（%）	最高评分	最低评分	每分比率的差（%）
盈利能力						
总资产报酬率	20	5.5	15.8	30	10	1.03
销售净利率	20	26.0	56.2	30	10	3.02
净资产收益率	10	4.4	22.7	15	5	3.66
偿债能力						
自有资本比率	8	25.9	55.8	12	4	7.475
流动比率	8	95.7	253.6	12	4	39.475
应收账款周转率	8	290	960	12	4	167.5
存货周转率	8	800	3 030	12	4	557.5
发展能力						
销售增长率	6	2.5	38.9	9	3	12.13
净利增长率	6	10.1	51.2	9	3	13.7
总资产增长率	6	7.3	42.8	9	3	11.83
合计	100			150	50	

标准比率以本行业平均数为基础。在给每个指标评分时，应规定其上限和下限，以减少个别指标异常对总评分造成不合理的影响。上限可定为评分值的 1.5 倍，下限可定为正常评分值的 0.5 倍。此外，给分不是采用“乘”的关系，而采用“加”或“减”的关系来处理，以克服沃尔评分法的缺点。例如，总资产报酬率每分比率的差为 $1.03\%=\dfrac{15.8\%-5.5\%}{30\text{分}-20\text{分}}$。

根据这种方法，对该企业的财务状况重新进行综合评价的得分为 124.94 分（见表 11-10），说明企业财务状况中等略偏上。

表 11-10 综合评分表

指标	实际比率（%）	标准比率	差异	每分比率	调整分	标准评分值	得分
	1	2	3=1-2	4	5=3÷4	6	7=5+6
盈利能力							
总资产报酬率	10	5.5	4.5	1.03	4.37	20	24.37
销售净利率	33.54	26.0	7.54	3.02	2.50	20	22.50
净资产收益率	13.83	4.4	9.43	3.66	2.58	10	12.58
偿债能力							
自有资本比率	72.71	25.9	46.81	7.475	6.26	8	14.26
流动比率	166	95.7	70.3	39.475	1.78	8	9.78
应收账款周转率	861	290	571	167.5	3.41	8	11.41
存货周转率	994	800	194	557.5	0.35	8	8.35
发展能力							
销售增长率	17.7	2.5	15.2	12.13	1.25	6	7.25
净利增长率	-1.74	10.1	-11.84	13.7	-0.86	6	5.14
总资产增长率	46.36	7.3	39.06	11.83	3.30	6	9.30
合计						100	124.94

二、综合绩效评价

综合绩效评价是综合绩效分析的一个重要内容，一般是站在企业所有者（投资人）的角度进行的。综合绩效评价，是指运用数理统计和运筹学的方法，通过建立综合评价指标体系，对照相应的评价标准，结合定量分析与定性分析，对企业一定经营期间的盈利能力、资产质量、债务风险以及经营增长等各方面进行的综合判断。

科学地评价企业绩效，可以为出资人行使经营者的选择权提供重要依据，可以有效地加强对企业经营者的监管和约束，可以为有效激励企业经营者提供可靠依据，还可以为政府有关部门、债权人、企业职工等利益相关方提供有效的信息支持。

（一）综合绩效评价的内容

企业综合绩效评价由财务绩效定量评价和管理绩效定性评价两部分组成。

1．财务绩效定量评价

财务绩效定量评价是指对企业在一定期间的盈利能力、资产质量、债务风险和经营增长四个方面进行定量对比分析和评判。

（1）企业盈利能力分析与评判主要通过资本及资产报酬水平、成本费用控制水平和经营现金流量状况等方面的财务指标，综合反映企业的投入产出水平、盈利质量和现金保障状况。

（2）企业资产质量分析与评判主要通过资产周转速度、资产运行状态、资产结构以及资产有效性等方面的财务指标，综合反映企业所占用经济资源的利用效率、资产管理水平与资产的安全性。

（3）企业债务风险分析与评判主要通过债务负担水平、资产负债结构、或有负债情况、现金偿债能力等方面的财务指标，综合反映企业的债务水平、偿债能力及其面临的债务风险。

（4）企业经营增长分析与评判主要通过销售增长、资本积累、效益变化以及技术投入等方面的财务指标，综合反映企业的经营增长水平及发展后劲。

2．管理绩效定性评价

管理绩效定性评价是指在企业财务绩效定量评价的基础上，通过采取专家评议的方式，对企业一定期间的经营管理水平进行定性分析与综合评判。

管理绩效定性评价指标包括企业发展战略的确定与执行、经营决策、发展创新、风险控制、基础管理、人力资源、行业影响、社会贡献等方面。

（二）综合绩效评价指标

企业综合绩效评价指标由二十二个财务绩效定量评价指标和八个管理绩效定性评价指标组成。

1．财务绩效定量评价指标

财务绩效定量评价指标由反映企业盈利能力状况、资产质量状况、债务风险状况和经营增长状况四方面的基本指标和修正指标构成。

其中，基本指标反映企业一定期间财务绩效的主要方面，并得出财务绩效定量评价的基本结果。修正指标是根据财务指标的差异性和互补性，对基本指标的评价结果作进一步的补充和矫正。

（1）企业盈利能力状况以净资产收益率和总资产报酬率两个基本指标和销售（营业）利润率、利润现金保障倍数、成本费用利润率和资本收益率等四个修正指标进行评价，主要反映企业一定经营期间的投入产出水平和盈利质量。

（2）企业资产质量状况以总资产周转率和应收账款周转率等两个基本指标和不良资产比率、流动资产周转率和资产现金回收率三个修正指标进行评价，主要反映企业所占用经济资源的利用效率、资产管理水平与资产的安全性。

（3）企业债务风险状况以资产负债率和已获利息倍数两个基本指标和速动比率、现金流动负债比率、带息负债比率和或有负债比率等四个指标进行评价，主要反映企业的债务负担水平、偿债能力及其面临的债务风险。

（4）企业经营增长状况以销售增长率和资本保值增值率两个基本指标和销售（营业）利润增长率、总资产增长率和技术投入比率三个修正指标，主要反映企业的经营增长水平、资本增值状况及发展后劲。

2．管理绩效定性评价指标

企业管理绩效定性评价指标包括战略管理、发展创新、经营决策、风险控制、基础管理、人力资源、行业影响和社会贡献八个方面的指标，主要反映企业在一定经营期间所采取的各项管理措施及其管理成效。

（1）战略管理评价主要反映企业所制定战略规划的科学性，包括战略规划是否符合企业实际、员工对战略规划的认知程度、战略规划的保障措施及其执行力以及战略规划的实施效果等方面的情况。

（2）发展创新评价主要反映企业在经营管理创新、工艺创新、技术改造、新产品开发、品牌培育、市场拓展、专利申请及核心技术研发等方面的措施及成效。

（3）经营决策评价主要反映企业在决策管理、决策程序、决策方法、决策执行、决策监督、责任追究等方面采取的措施及实施效果，重点反映企业是否存在重大经营决策失误。

（4）风险控制评价主要反映企业在财务风险、市场风险、技术风险、管理风险、信用风险和道德风险等方面的管理与控制措施及效果，包括风险控制标准、风险评估程序、风险防范与化解措施等。

（5）基础管理评价主要反映企业在制度建设、内部控制、重大事项管理、信息化建设、标准化管理等方面的情况，包括财务管理、对外投资、采购与销售、存货管理、质量管理、安全管理、法律事务等。

（6）人力资源评价主要反映企业人才结构、人才培养、人才引进、人才储备、人事调配、员工绩效管理、分配与激励、企业文化建设、员工工作热情等方面的情况。

（7）行业影响评价主要反映企业主营业务的市场占有率、对国民经济及区域经济的影响与带动力、主要产品的市场认可度、是否具有核心竞争能力以及产业引导能力等方面的情况。

（8）社会贡献评价主要反映企业在资源节约、环境保护、吸纳就业、工资福利、安全生产、上缴税收、商业诚信、和谐社会建设等方面的贡献程度和社会责任的履行情况。

各指标评价内容与权重如表 11-11 所示。

表 11-11　企业综合绩效评价指标及权重表

评价内容与权重		财务绩效（70%）				管理绩效（30%）	
		基本指标	权重	修正指标	权重	评议指标	权重
盈利能力状况	34	净资产收益率	20	销售（营业）利润率	10		
		总资产报酬率	14	利润现金保障倍数	9		
				成本费用利润率	8		
				资本收益率	7		
资产质量状况	22	总资产周转率	10	不良资产比率	9	战略管理	18
						发展创新	15
		应收账款周转率	12	流动资产周转率	7	经营决策	16
						风险控制	13
				资产现金回收率	6	基础管理	14
						人力资源	8
债务风险状况	22	资产负债率	12	速动比率	6	行业影响	8
						社会贡献	8
		已获利息倍数	10	现金流动负债比率	6		
				带息负债比率	5		
				或有负债率	5		
经营增长状况	22	销售（营业）利润率	12	销售（营业）利润增长率	10		
		资本保值增值率	10	总资产增值率	7		
				技术投入比率	5		

（三）企业综合绩效评价标准

综合绩效评价标准分为财务绩效定量评价标准和管理绩效定性评价标准。

1．财务绩效定量评价标准

财务绩效定量评价标准包括国内行业标准和国际行业标准。国内行业标准根据国内企业年度财务和经营管理统计数据，运用数理统计方法，分年度、分行业、分规模统一测算。国际行业标准根据居于行业国际领先地位的大型企业相关财务指标实际值，或者根据同类型企业相关财务指标的先进值，在剔除会计核算差异后统一测算。其中，财务绩效定量评价标准的行业分类，按照国际统一颁布的国民经济行业分类标准结合企业实际情况进行划分。

财务绩效定量评价标准按照不同的行业、不同规模及指标类别，划分为优秀（A）、良好（B）、平均（C）、较低（D）、较差（E）五个档次，对应五档评价的标准系数分别为 1.0、0.8、0.6、0.4、0.2，较差（E）以下为0。

2．管理绩效定性评价标准

管理绩效定性评价标准分为优（A）、良（B）、中（C）、低（D）、差（E）五个档次，对应五档评价的标准系数分别为1.0、0.8、0.6、0.4、0.2，较差（E）以下为0。

管理绩效定性评价指标具有行业普遍性和一般性，在进行评价时，应该根据不同行业的经营特点，灵活把握个别指标的标准尺度。对于定性评价标准没有列示，但对被评价企业经营绩效产生重要影响的因素，在评价时也应予以考虑。

（四）企业综合绩效评价工作程序

1．管理绩效评价工作程序

财务绩效定量评价工作具体包括提取评价基础数据、基础数据调整、评价计分、形成评价结果等内容。

（1）提取评价基础数据。以经社会中介机构或内部审计机构审计并经评价组织机构核实确认的企业年度财务会计报表为基础提取评价基础数据。

（2）基础数据调整。为客观、公正地评价经营绩效，需对评价基础数据进行调整。

（3）评价计分。根据调整后的评价基础数据，对照相关年度的行业评价标准值，利用绩效评价软件或手工评价计分。

（4）形成评价结果。对任期财务绩效评价需要计算任期内平均财务绩效评价分数，并计算绩效改进度。对年度财务绩效评价除计算年度绩效改进度外，需要对定量评价得分深入分析，诊断企业经营管理存在的薄弱环节，并在财务决算批复中提示有关问题，同时进行所监管企业的分类排序分析，最后在一定范围内发布评价结果。

2．管理绩效评价工作程序

管理绩效定性评价工作具体包括收集整理绩效评价资料、聘请咨询专家、召开专家评议会、形成定性评价结论等内容。

（1）收集整理管理绩效评价资料。为了深入了解被评价企业的管理绩效状况，应当通过问卷调查、访谈等方式，充分收集并认真整理管理绩效评价的有关资料。

（2）聘请咨询专家。根据所评价企业的行业情况，聘请不少于 7 名的管理绩效评价咨询专家，组成专家咨询组，并将被评价企业的有关资料提前送达咨询专家。

（3）召开专家评议会。组织咨询专家对企业的管理绩效指标进行评议打分。

（4）形成定性评价结论。汇总管理绩效定性评价指标得分，形成定性评价结论。

（五）企业综合绩效评价计分方法

1．财务绩效评价计分

（1）基本指标计分。财务绩效定量评价基本指标计分是按照功效系数法计分原理，将评价指标实际值对照行业平均标准值，按照规定的计分公式计算各项基本指标得分。相关计算公式如下：

$$基本指标总得分=\sum 单项基本指标得分$$

$$单项基本指标得分=本档基础分+调整分$$

本档基础分=指标权数×本档标准系数

调整分=功效系数×（上档基础分-本档基础分）

上档基础分=指标权数×上档标准系数

$$\text{功效系数}=\frac{\text{实际值}-\text{本档标准值}}{\text{上档标准值}-\text{本档标准值}}$$

本档标准值是指上下两档标准值居于较低等级一档。

（2）修正指标的计分。财务绩效定量评价修正指标的计分是在基本指标计分结果的基础上，运用功效系数法原理，分别计算盈利能力、资产质量、债务风险和经营增长四个部分的综合修正系数，再据此计算出修正后的分数。相关计算公式如下：

$$\text{修正后总得分}=\sum\text{各部分修正后得分}$$

各部分修正后得分=各部分基本指标分数×该部分综合修正系数

$$\text{某部分综合修正系数}=\sum\text{该部分各修正指标加权修正系数}$$

$$\text{某指标加权修正系数}=\frac{\text{修正指标权数}}{\text{该部分权数}}\times\text{该指标单项修正系数}$$

某指标单项修正系数=1.0+（本档标准系数+功效系数×0.2-该部分基本指标分析系数）

$$\text{某部分基本指标分析系数}=\frac{\text{该部分基本指标得分}}{\text{该部分权数}}$$

上述公式中，单项修正系数控制修正幅度在 0.7～1.3 之间。在计算修正指标单项修正系数过程中，对于一些特殊情况应进行调整。

① 如果修正指标实际值达到优秀值以上，其单项修正系数的计算公式如下：

单项修正系数=1.2+本档标准系数-该部分基本指标分析系数

② 如果修正指标实际值处于较差值以下，其单项修正系数的计算公式如下：

单项修正系数=1.0-该部分基本指标分析系数

③ 如果资产负债率≥100%，则指标得 0 分，其他情况按照规定的公式计分。

④ 如果盈余现金保障利润分子为正数，分母为负数，则单项修正系数确定为 1.1。如果分子为负数，分母为正数，则单项修正系数确定为0.9。如果分子分母同为负数，单项修正系数确定为0.8。

⑤ 如果不良资产比率≥100%或分母为负数，则单项修正系数确定为 0.8。

⑥ 对于销售（营业）利润增长率指标，如果上年营业利润为负数，本年为正数，则单项修正系数为 1.1；如果上年营业利润为零，本年为正数，或者上年为负数，本年为零，则单项修正系数确定为1.0。

⑦ 如果个别指标难以确定行业标准，则该指标单项修正系数确定为1.0。

2．管理绩效评价计分

管理绩效定性评价指标的计分一般通过专家评议打分形式完成，聘请的专家应不少于 7 名。评议专家应当在充分了解企业管理绩效状况的基础上，对照评价参考标准，采取综合分析判断法，对企业管理绩效指标做出分析评议，评判各项指标所处的水平档次，并直接给出评价分数。计分公式如下：

$$\text{管理绩效定性评价指标分数}=\sum\text{单项指标分数}$$

$$\text{单项指标分数}=\frac{\sum\text{每位专家给定的单项指标分数}}{\text{专家人数}}$$

3．综合绩效评价计分

在得出财务绩效定量评价分数和管理绩效定性评价分数后，应当按照规定的权重，耦合形成综合绩效评价分数。计算公式如下：

企业综合绩效评价分数=财务绩效定量评价分数×70%+管理绩效定性评价分数×30%

在得出评价分数以后，应当计算年度之间的绩效改进度，以反映企业年度之间经营绩效的变化状况。计算公式如下：

$$绩效改进度=\frac{本期绩效评价分数}{基期绩效评价分数}$$

绩效改进度大于1，说明经营绩效上升。绩效改进度小于1，说明经营绩效下滑。

（六）企业综合绩效评价结果与评价报告

企业综合绩效评价结果以评价得分、评价类型和评价级别表示。

评价类型是根据评价分数对企业综合绩效所划分的水平档次，用文字和字母表示，分为优（A）、良（B）、中（C）、低（D）、差（E）五种类型。

评价级别是对每种类型再划分级次，以体现同一评价类型的不同差异，采用字母后标注"+、-"号的方式表示。

企业综合绩效评价结果以85、70、50、40分作为类型判定的分数线。

（1）评价得分达到85分以上（85分）的评价类型为优（A），在此基础上划分为三个级别，分别为：A++≥95分；95分＞A+≥90分；90分>A≥85分。

（2）评价得分达到70分以上（含70分）不足85分的评价类型为良（B），在此基础上划分为三个级别，分别为：85分＞B+≥80分；80分＞B+≥75分；75分＞B-≥70分。

（3）评价得分达到50分（含50分）不足70分的评价类型为中（C），在此基础上划分为两个级别，分别为：70分＞C≥60分；60分＞C-≥50分。

（4）评价得分在40分以上（含40分）不足50分的评价类型为低（D）。

（5）评价得分在40分以下的评价类型为差（E）。

本单元小结

企业进行财务分析是为了评价企业过去的经营业绩，衡量企业当前的财务状况，预测企业未来的发展趋势。财务分析的主要方法包括比较分析法、趋势分析法、比率分析法和因素分析法。财务报表是财务分析资料的直接来源，因此，正确理解财务报表是进行财务分析的前提。利用比率分析法可以分析企业的盈利能力、营运能力、偿债能力、现金能力以及发展能力，进而直接了解企业各个方面的财务状况。在此基础上，通过综合能力分析，可以系统考察企业的财务状况。常用的财务报表综合分析方法有杜邦分析体系和沃尔评分法。

复习与思考

1. 进行财务分析有什么意义？
2. 财务分析方法主要有哪几种？
3. 偿债能力分析要运用哪些财务比率指标？如何进行计算？
4. 营运能力分析要运用哪些财务比率指标？如何进行计算？
5. 获利能力分析要运用哪些财务比率指标？如何进行计算？
6. 财务比率分析存在什么问题？
7. 是否会出现某公司的资产净利率为26%，却不能偿还债务的情况？

8. 为什么长期债权人应该对偿债能力比率比较感兴趣?

9. 试分析企业的五个财务能力的定义及他们之间的关系。

10. 说明杜邦分析体系的内容及涵义。

技能实训

光华公司资产负债表如表 11-12 所示，其他资料如资料二所示。

资料一

表 11-12 资产负债表（简化）

编制单位：光华公司 2014 年 12 月 31 日 单位：万元

资产	期末余额	年初余额	负债及所有者权益	期末余额	年初余额
流动资产：			流动负债		
货币资金	90	100	流动负债合计	300	450
应收账款	180	120	非流动负债合计	400	250
存货	360	230	所有者权益合计	700	700
流动资产合计	630	450			
非流动资产：					
固定资产	770	950			
非流动资产合计	770	950			
资产合计	1 400	1 400	负债及所有者权益合计	1 400	1 400

资料二

光华公司 2014 年度的销售净利率为 16%、总资产周转率为 0.5 次、权益乘数为 2.2、净资产收益率为 17.6%。光华公司 2013 年度销售收入为 840、净利润为 117.6 万元。

要求根据上述资料做以下计算：

（1）计算 2014 年年末的速动资产比例、资产负债率。

（2）计算 2014 年的总资产周转率、销售净利率和权益乘数。

（3）试用杜邦分析法分析销售净利率、总资产周转率和权益乘数变动对净资产收益率的影响。

第三篇 拓展篇

单元十二 知识经济对财务管理的影响分析

素质目标

1. 理解知识与知识经济的涵义和特征
2. 掌握知识经济时代企业的新特征
3. 掌握知识经济时代的财务管理创新

技能目标

1. 能够说明知识和知识经济具有的涵义和主要特征
2. 能够具体分析知识经济时代下的企业呈现出的新特征
3. 能够分析总结知识经济时代财务管理的新发展

案例导入

英特尔公司（Intel）创立于 1968 年，控制着全球 90%以上的计算机微处理器市场。20 世纪 70 年代，英特尔开发出世界上第一块用于个人电脑的 4004 型微处理器。20 世纪 80 年代，英特尔把普通的芯片制造工艺改造成为世界上最高效、最尖端的工艺。20 世纪 90 年代，英特尔在创新理念的指引下不断改进芯片的设计，使自身年销售额增长了 7 倍、超过 250 亿美元。英特尔公司两至三年之间就会开发出一种新的微处理器，并用新产品淘汰旧的产品。公司也一直致力于进行大规模投资，投资于设计和制造的知识，采用股票期权等薪酬方式激励贡献知识的科技员工。

请思考以下问题：

在知识经济时代下，企业财务管理有何新特征？企业如何进行知识资本的投资、筹资、营运和资本收益的分配等活动的管理？

任务一 知识经济与知识经济时代的企业认知

一、知识与知识经济

知识是知识经济的核心。《辞海》对知识是这样定义的：知识是人们在社会实践中积累起来的经验。1996 年，国际经济合作与发展组织（Organization for Economic Cooperration and Development，OECD）在《以知识为基础的经济》的报告中，引用了西方自 20 世纪 60 年代关于求知的“四个 W”概念，将知识表述如下。

（1）know what（知道是什么），即关于事实方面的知识。这类知识类似于信息。

（2）know why（知道为什么），即自然原理和规律方面的知识。

（3）know how（知道怎么做），即做某些事物的技术和能力。

（4）know who（知道是谁），即涉及谁知道和谁知道如何做某些事的信息。

人类进入知识经济时代经历了较长的过程，知识经济概念也随之逐渐形成。1962 年，美国经济学家弗里茨·马克卢普提出了“知识产业”（Knowledge Industry）的概念，主要包括教育、研究开发、传播业、信息设备、信息服务等方面内容。随后，出现“后工业经济”“信息经济”“高技术经济”“网络经济”等名称来描述这类经济形态。1980 年，未来学家托夫勒在《第三次浪潮》一书中把“后工业经济”描述为“超工业社会”。1982 年，约翰·奈斯比特在《大趋势》一书中提出“信息社会”。1986 年，福莱斯特在《高技术社会》一书中把新型经济的产业支柱群体称为“高技术经济”。

1996 年，联合国经济合作与发展组织在《科学、技术和产业发展》报告中明确提出“以知识为基础的经济”，让“知识经济”概念成为一个全球性的热门话题。知识经济以现代科学技术为核心，是建立在知识和信息的生产、存储、使用和消费之上的经济模式。它是与农业经济、工业经济相对应的概念。

二、知识经济特征

知识经济是相对于农业经济和工业经济而言的新型经济，是以知识和知识的创新运用为基础的经济。作为一种新的经济形式，知识经济具有与传统经济不同的性质。

（一）资源配置方式的变化

农业经济时代的生产活动主要以土地和奴隶等资源作为生产要素，工业经济时代的生产活动主要以物质资源（如货币、机器、钢铁等）和自然资源等作为生产要素。这两种经济时代下，生产的成果取决于这些物质资源投入的数量，知识和技术都视为外部因素，需要通过运用才能转化为生产力，最终将资源从一种实物形态转移或分配到另一种新的实物形态中去。一方面生产要素的资源是有限的，而另一方面，人类的需求是无限的，两方面相互作用使人类面临着不可调和的矛盾。发展到知识经济时代，高新技术产业成为第一产业支柱，知识和技术是生产活动的主要生产要素，技术创新能力、人才状况是决定一个高新技术企业存亡的关键因素。知识要素的使用不会消耗自身，反而在使用中能够增大自身的效用，体现收益递增、成本递减的规律。

（二）经济动力的变化

人类从农业经济转向工业经济的推动力量，主要是蒸汽技术和电气技术，当然资本的力量也很强大。蒸汽机技术革命导致工厂化生产方式的出现，其代替了手工业生产方式。在知识经济时代，基于知识的电子和信息技术将成为经济发展的重要动力，特别是 20 世纪 90 年代以来的数字化信息革命。电子信息技术，是指以微电子技术为基础，以计算机和通信技术为标志，以应用软件为支持，利用信息科学的原理和方法，进行信息传输和信息处理的技术。这种技术与传统技术相互融合和渗透，形成多样化的信息技术。

20 世纪 90 年代，以数字革命为特征的信息化可以总结为“三化”、“三 C”和“三性”。“三化”是指知识经济强调产品和服务的数字化、网络化、智能化，很大程度上消除了知识应用所受到的时空限制，使知识在信息的网络中得到快速发展，促进了知识的创新和进步。“三 C”是指电脑（Computer）、通信（Communications）和信息内容（Content）。“三性”是指竞争性、全球性和综合性。芯片技术、光缆通信技术、网络技术以及软件技术的发展，彻底改变了知识的生产、存储和传播的方式，大大加快了知识应用的速度，并大大提高了知识商品化的能力，为知识经济的到来创造了技术条件。这场新的信息技术革命，引发和带动了一场新的经济革命，加速了知识经济时代的到来。

（三）产业内容的变化

知识经济时代实现了产业内容的转变，从制造业向制造业与服务业一体化趋势发展，为社会提供信息和知识的服务将占越来越大的比重。“数字经济”、“网络经济”、“虚拟经济”成为知识经济时代的新特点。在知识经济时代，服务业占据着越来越重要的地位，以高科技为资源依托的高技术产业特别是信息产业将成为未来全球经济中最大、最有活力的产业，成为最重要的资源和竞争要素。

知识经济时代的高科技不是工业经济时代技术的简单创新，而是技术全面和系统的创新。创新主要体现在信息科学技术、空间科学技术、海洋科学技术、环境科学技术和管理科学技术等领域。信息产业是知识经济时代发展最快的产业，知识型的软产品所占比重将越来越大。知识经济不但使发达国家创造了新的工业群，而且还扩散到传统的工农业，引起了产品质量的提升和新产品的出现，知识经济还渗透到第三产业，使金融、科研、教育等部门成为创造高附加值的行业。

（四）技术创新的变化

知识是人类创新的原动力，创新是知识经济的灵魂。人类社会的发展是一个由低级向高级的变革过程，创新始终以一种变革的动力因素贯穿于发展的全过程。创新的基本动力来源于诸多方面，一般包括以下几方面。

（1）本能。创新是人的本能，每个人都具备创新的机遇和可能。

（2）激励。物质和精神的激励也是创新的动力。

（3）环境。人在备受尊重、心情舒畅时容易创新。

（4）人在比较研究和公平竞争中，发现差异，产生创新。

（5）希望。人有创新的欲望，不甘于墨守成规。

（6）方法。人在取得成果并掌握创新方法之后，就更想创新。

在知识经济时代，技术创新已经从简单创新发展到系统创新。知识经济作为建立在知识和信息的生产、分配、使用之上的经济，与其关联的创新系统主要涵盖知识创新、技术创新、知识传播、知识应用等子系统。知识创新是技术创新的基础和源泉，技术创新是企业发展的根本，通过知识传播将系统地培养高素质人才，知识应用促使科学知识和技术知识转变为现实生产力。这四个子系统各有侧重、相互交叉、互相支持，形成一个有序的、开放的有机整体。在创新系统中，知识创新子系统是由知识的生产、扩散和转移的相关机构和组织构成的网络系统，其核心部分是科研机构和大学。技术创新子系统是由与技术创新全过程相关的机构和组织构成的网络系统，其核心是一些企业。知识传播子系统主要是指高等教育和职业培训，其主要作用是培养具有较高技能、掌握最新知识和创新能力的人力资源。知识应用子系统的主体是社会和企业，其主要功能是社会和技术的实际应用。在知识经济时代，这些创新的子系统共同构成了系统创新。

三、知识经济时代的企业

在知识经济时代，知识和技术是经济增长的主要动力，企业作为经济增长和发展的直接承担者，也将面临一些新的特征。

（一）企业性质

工业经济时代，企业是生产产品的工厂。企业投入的生产要素以资本、土地等物质形态的资源为主。知识经济时代，企业是创新知识和技术的工厂。企业投入的生产要素以知识和技术为主。知识和技术的投入表现在人才培养、智能开发、激励创新等方面。

（二）发展动力

工业经济时代，以蒸气技术和电气技术为经济发展的动力，资本的力量十分强大。知识经济时代，以基于知识的电子和信息技术为经济发展的动力，知识的力量十分强大。

（三）产业类型

工业经济时代，以工业制造业为主。知识经济时代，制造业和服务业趋于一体化，提供知识和信息服务成为社会主流，而以高科技为资源依托的高技术产业特别是信息产业成为未来社会最大、最有活力的产业。在知识经济时代，生产方式柔性化、小型化、分散化，计算机辅助制造并按照事先编好的程序在一条生产线上运转，生产具有小批量、多品种、高效率的特点，每一个产品就是一个型号。

（四）市场竞争

工业经济时代，市场竞争的焦点是产品质量、花色品种和价格。这时，谁能在产品质量、花色品种和价格方面领先，谁将在市场竞争中获胜。

在知识经济时代，要求商品创意求新，体现文化意蕴、环境意识、感情寄寓，同时要求商品适应复杂多变的不同个性化要求。这时，谁能在创意、创新、人文价值、多样化方面领先，谁将在市场竞争中获胜。

（五）管理重点与模式

工业经济时代，管理的中心是生产，采用垂直管理模式。知识经济时代，管理的中心是研究与开发、销售与职工培训，采用水平管理模式。

（六）劳动力结构

工业经济时代，直接从事生产的工人占劳动力的比重在 80%以上。知识经济时代，直接从事知识生产的人占劳动力比重在 80%以上，而直接从事生产的工人占不到 20%。

（七）效率标准

工业经济时代，以劳动生产率（即每个人在单位时间所创造的产量）为标准。如果知识不更新，不能转化为生产力，那么，劳动生产率越高，浪费就越大，亏损就越严重。

在知识经济时代，以知识生产率（即每个人在单位时间生产知识并把知识转化为技术和产品的效率）为标准。知识生产率取决于知识的开发、传播、研究、创新、教育等。

（八）经济发展形态

工业经济时代，经济发展具有明显的周期性。经济衰退和经济危机经常困扰着企业发展。知识经济时代，经济发展具有连续性。经济周期会由于知识的不断创新和科学技术的不断发展而弱化。

任务二 知识经济时代对财务管理创新的影响

一、知识资本成为财务管理的对象

传统经济时代，企业财务的基本要素是财务资本，财务管理的主要对象是对财务资本的筹集、营运、投资和资本收益的分配等活动的操作和控制。在知识经济时代，知识资本成为企业财务管理的主要对象，财务资本虽然还是企业发展的重要动力，但不是最重要的动力。

在知识经济时代，资本不仅包括物质形态的以财产所有权为形式的财务资本，而且包含了可以转换为财务资本的非物质形态的知识资本，即人的知识本身。斯图加特的著名 H-S-C 结构理论，认为知识资本的价值体现在人力资本、结构性资本和顾客资本之中。人力资本是指企业员工所具有的各种技能与知识，是企业知识资本的重要基础，常以潜在的方式存在，往往容易被忽视。结构性资本是企业的组织结构、制度规范、组织文化等。顾客资本是指市场营销渠道、顾客忠诚、企业信誉等这些经营性资本。人力资本、结构性资本、顾客资本相互作用，共同推动企业知识资本的增值与实现。

美国伯克利加州大学教授保罗·罗默提出的“四要素增长”理论认为，经济的长期增长取决于资本、非技术劳动、人力资本和新思想。知识资本不仅可以创造巨额财富，而且可以控制和支配财务资本。未来社会不再是财务资本支配劳动，而是智力劳动支配财务资本。例如，掌握知识的劳动者在网络体系中的地位很高，可在网络上，通过较少的资本支配和调动更大规模的资本。

知识资本的出现使企业的价值不再体现在企业规模的大小上，更不体现在传统财务理论坚持的“流通在外的债券和流通在外的普通股的市价之和”上，而是体现在拥有知识资本的数量和质量上。据美国两大证券交易所的统计，1973 年至 1983 年期间，上市公司的市值是公司净资产的 0.82 倍；1981 年至 1993 年期间，上市公司的市值是公司净资产的 4.4 倍；进入 20 世纪 90 年代以后，高科技上市公司的市值是净资产的 10～50 倍。

资本形态的变化必然引起企业产权结构的变化。在知识经济时代，企业所有者投入的不仅仅是有形资本，无形资产、知识产权和管理能力将比有形资本更重要。于是，在股份选择权制度下，知识资本将具体量化为产权，资本形态不再是物质形态。作为人类知识和智慧的知识资本渗透到企业经济活动中，成为企业竞争能力的重要因素。

因此，在知识经济时代，财务管理的基本要素面临着从财务资本向知识资本的扩展，财务管理的内容也将发生一些新的变化。例如，在知识资本的取得上，财务管理要关注从什么渠道、用什么方式取得知识资本，如何降低知识资本的取得成本，怎样优化财务资本与知识资本之间的结构；在知识资本的运用上，财务管理要关注知识资本与财务资本如何结合运用，如何有效配置企业的财务资本和知识资本，提高知识资本的利用效率；在知识资本收益分配上，财务管理要关注知识资本如何参与企业收益的分配。

二、个性化生产对资本配置和利用的挑战

工业经济时代奉行“规模越大越经济”的规模经济理论。按照这一理论，财务管理在资本运作上，总是致力于大规模筹集资本、大规模运用资本，注重资本的不断扩张，以保证规模生产对资本的需求。实际上，市场需求本质上是个性化需求的集成，由于消费观念和消费条件的差

异，每个人都有自己独特的需求。在工业经济时代，技术上的原因使得产品的供应很难做到这一点，面对用大批量生产方式生产出来的产品，消费者只能被动地从效用最大化原则出发，去选择自己基本满意的产品，而不是绝对满意的产品，即市场均质性的假设。这是规模经济在工业经济时代得以流行的根本原因。

然而，在知识经济时代，规模经济理论面临着新的挑战。

（1）规模经济假设劳动力成本必须相对低于产品的价值，但劳动力成本的不断上升和生产效率的不断提高已经动摇了这一假设。

（2）随着人们生活水平的不断提高，消费的多样化倾向越来越明显，人们要求商品具有创意求新并体现文化意蕴、环保意识和感情寄寓，要求商品适应复杂多变的不同个性化要求，因此，市场均质性假设也同样受到了挑战。

（3）制造技术的发展使柔性生产的产品优于规模生产的产品。一方面，工业机器人的敏捷生产、柔性加工、计算机集成加工系统等先进制造技术和网络技术的普及，使规模个性化生产成为可能。这时，企业可以在一定时间按照个人需求，设计生产出各式各类的产品。另一方面，网络技术又使得成千上万的信息以高速度、低成本传输到制造者手中，让制造者能够了解消费者多元化的需求。虽然这种生产相对提高了产品的制造成本，但降低了产品的销售成本，最大限度地提高了产品的效用。这种生产实现了知识技术与消费者需求的有机结合，体现了真正的“按需生产”。例如，由于人的身材的差异，服装成为个性化程度较高的一种产品。美国一家著名的牛仔服生产厂商——Levi Strauss 采取顾客定衣技术，实现了规模个性化生产。顾客只要在 Levi Strauss 网页上输入自己要求的尺寸、颜色、面料等信息，公司便可在三个星期之内送货上门。这样，Levi Strauss 公司既没有存货也不发生销售成本，更重要的是满足了消费者特定需求。

显然，在规模个性化生产下，基于规模经济的传统财务管理也将发生一些新的变化。

（1）规模个性化生产使得企业程序化的“熟练工作”逐渐被机器系统的软件和硬件所“固化”，大批量的规模化生产被个性化的柔性产品生产所取代，必然打破传统财务管理资本配置的基本格局。

（2）网络销售大大减少了企业的存货，使得企业存货上所占用的资本随之减少，适时生产和适时销售将使零存货成为现实，财务管理对存货的控制将失去价值。

（3）规模个性化生产打破企业内部各生产部门、各职能部门之间的分工，生产与管理的界限变得模糊，物流和信息流达到同步控制，各部门成为相互渗透、紧密联系的整体，部门之间的信息传递更加频繁、迅速，从而会引起企业内部资本配置和利用方式的改变。

（4）规模个性化生产使得企业与外界的联系更加密切，企业之间、行业之间、地区之间乃至国家之间的壁垒能轻易被打破，进而进行各种信息交流、共享信息资源，但同时也使竞争更加激烈。这时，企业资本的筹集、商业信用等财务问题必然面临一些新的环境。

（5）规模个性化生产将不再主要依赖于自然资源、廉价劳动力和资本的存量，而是更多地依赖于对知识创造和应用的能力。这必然引起企业资产结构的重新调整。

三、投资管理新领域：人力资源、无形资产和风险投资

工业经济时代企业生产要素的投入主要以设备、资本、原材料等为主，与之相联系的财务管理比较注重固定资产投资、金融投资和营运资本管理，而对人力资源、无形资产和风险投资的管理问题关注较少。知识经济最根本的特征是知识资本性经济，这时，知识和技术对生产的作用

越来越大，知识资本由于高投入的刺激而不断扩张，企业的资产结构随之发生变化。在新的资产结构中，以知识为基础的专利权、商标权、商誉、计算机软件等无形资产和以人才引进和开发为主的人力资产的比例将大大增加。在这种情况下，人力资源管理、无形资产管理和风险投资管理必然成为财务管理的新领域。

（一）人力资源投资

知识经济时代产业结构的变化必然引起劳动力结构的变化。工业工人的比重大大减少，脑力劳动者、技术劳动者和管理劳动者的比重大大提高。美国从 1965～1995 年的 30 年间，工业中就业的劳动者人数从占劳动力总数的 33%下降到 17%。有人估计，到 2020 年，工业劳动力比重将下降到 2%，工业工人在整个企业中的作用微乎其微。这时，劳动者主要不参与直接生产过程，而是处于直接生产过程之外，成为生产的监督者和调节者；企业经济利益主要依赖于人力资源所提供，人力资源的数量和质量直接影响企业的竞争能力，人力资源的使用效益将直接影响企业的市场价值。因此，财务管理必然涉足人力资源投资领域，研究人力资源投资的成本与收益，努力提高人力资源的投资效益。

（二）无形资产投资

传统观点认为，固定资产是企业重要的物质技术基础，是决定企业生产规模、收益能力的重要因素。固定资产在企业总资产中一般都占有相当大的比重。因此，财务管理中一直把项目投资管理放在一个非常重要的地位。在知识经济时代，科学技术的研究、开发成为企业发展的重要方式，成为企业竞争能力、发展动力和收益能力的重要标志，而体现知识和技术的“无形资产”将超过“有形资产”，成为一种重要的资本形式。美国网景公司仅因为开发了可同微软公司的因特网浏览器相媲美的导航者浏览器，便成为唯一能与微软在这个领域一争高下的公司，而它的所有资产就是导航者浏览器这一软件。同样，世界驰名的耐克公司本身没有一家工厂，却称霸于世界运动鞋市场，其所有财产就是“耐克”商标、设计开发能力和市场销售能力。在这种情况下，企业投资战略将从过去主要投资于机器、设备等有形资产调整到大量投资于无形资产上，财务管理也将把无形资产投资管理作为重要内容。

（三）风险投资

知识经济时代的产业支柱有一个重要特点，就是高收益与高风险同时并存。高技术产业的风险主要来自技术风险和市场风险。据统计，美国高技术企业的成功率一般只有 15%～20%，而有些高技术项目的成功率只有 3%。高技术产业一旦成功，可以为企业带来几倍、数十倍甚至数百倍的巨额收益。据世界电讯联盟测算，信息技术每投入 100 美元可以获得 1 000 美元的产出。相反一旦失败，则可能使企业遭受巨大损失。因此，风险投资在企业总投资的比重日益上升，将成为高技术产业的必然趋势。在这种情况下，财务管理必须面对企业日益增长的风险，在资本运作上加大风险投资，加强风险管理。

风险投资是指为有发展潜力的新公司或新产品提供最初的风险资本投入。风险投资者设立风险投资公司，通过发行风险投资基金，支持有增长潜力的高新技术企业，当被投资企业进入稳定发展阶段后，风险投资公司就通过发行股票上市或者通过转让的方式收回投资，获得利润。在我国，一些上市公司已经开始向风险投资领域迈进。

四、财务资本与知识资本共享资本收益

农业经济时代的收益是凭借土地所有权进行分配的。这时，谁占有土地，谁分享收益，地

主成为最富有的阶层。工业经济时代的收益分配实行的是按资本分配的制度。这时，谁拥有资本，谁分享收益，资本的所有者成为最富有的阶层。在知识经济时代，知识必然成为分配依据之一。这时，谁拥有知识，谁分享收益，知识的所有者也将成为最富有的阶层。美国《福布斯》杂志 1992 年排列出的当年 25 个最富有的个人和家族当中，属于 20 世纪 70 年代以后白手起家、以知识获得财富的占将近一半，其中，比尔·盖茨自 1995 年以来已连续三年成为美国的首富，他的财产已超过了杜邦、洛克菲勒等老富豪。今天，劳动者成为资本拥有者的途径主要的还不是购买公司股票，而是由于挖掘了具有更大经济价值的知识和技能。

在知识经济时代，人作为劳动的主体，其知识成为生产的决定性因素。在知识经济时代，企业的参与者包括物质资本的提供者、直接生产者、经营管理者和知识创造者。其中，物质资本的提供者提供财务资本，凭借资本所有权分配企业收益；直接生产者从事生产经营活动，直接赚取工资收入；企业的经营管理者组织指挥生产，经营企业，不仅获得工资收入，而且也凭借管理知识资本参与企业收益分配；技术知识创新者一方面要获得工资收入，另一方面也要凭借技术知识资本参与企业收益分配。

五、财务决策走向科学化

决策是财务管理的重要内容。从系统上看，决策就是从系统整体出发，为实现特定目标，在占有一定的信息和经验的基础上，借助一定的理论、方法和工具，对几个可供选择的方案，进行科学的分析和正确的计算与判断，以确定指导未来行动的最佳方案的过程。科学决策的依据是充分利用各类信息。

在信息技术广泛应用的今天，信息的“稀缺性”已不再是困扰财务决策的主要障碍，而对面广、量多的信息进行筛选、处理和运用的能力反而变得相对“稀缺”，并成为影响企业进行高水平财务决策的主要“瓶颈”。信息技术除了能准确、及时地传递各类信息外，还有很强的信息处理和计算能力。例如，决策支持系统，能对企业内部及市场环境进行分析、评价、诊断、预测和优化，并能根据定量与定性分析相结合的原则对每一备选方案进行情景分析和模拟，从而辅助决策者制定科学合理的决策。又如专家系统，把专家在解决问题过程中使用的知识分成事实和规则，以适当的形式构成知识库，依据用户提供的信息，运用知识进行合理的推理，能以人类专家的水平解决有关问题，且在某些方面甚至超过人类专家。专家系统在企业中广泛应用于产品设计、市场预测、财务战略、财务规划、财务监控、财务分析等方面。信息技术的应用极大地增强了财务经理的信息处理能力和对众多可行方案的评价能力，改变了决策者靠经验、主观判断进行决策的观念，拓展了决策者的思维空间，延伸了决策者的智力，从而使决策者将原先模糊的管理经验和决策规则进行规范化、形式化、定量化，最大限度地消除决策过程中存在的不确定性、随意性，保证了决策的合理化、管理的现代化、生产过程的科学化。

六、财务管理组织结构：水平化与高效率

传统财务管理的组织结构主要决定于企业的组织结构，而企业组织的目的是使物品从一个部门流向另一个部门，生产技术、投资决策、产品定价等知识掌握在少数人手中，因此，企业组织是一种自上而下的“金字塔”式的等级管理结构。在这种组织结构下，权力和信息从金字塔顶部有秩序地通过顶层组织依次流向底部。它通过职位与部门划分、等级层层设置、横向联系协调和职责权限分配等手段来实现对企业的管理。在信息不完备、信息技术落后的情况下，这种管理结构通过严格的等级体系、明确的责权统一和完整的规章制度保证了用人工方法进行

信息采集、加工和传递的效率，但它人为地割断了物质流与信息流内部及其相互联系，妨碍了信息的传递与交流，造成部门间的摩擦和冲突，阻碍企业整体优势的发挥，也在很大程度上抑制了人的创造性。

信息技术的应用对这种管理组织形式产生了巨大冲击。以互联网为标志的全球信息高速传递，从根本上改变了传统的信息传递方式、信息载体的种类和信息表达的形式。信息网络极大地加强了社会的横向联系与交流，提供了个人直接获取信息的机会与条件，知识和信息成为企业各个部门可以自由获得的资源。

面对信息量多、密度高、覆盖面广、传递速度快、效率高的信息时代，将会出现一种建立在国际互联网或企业内互联网等网络化技术基础之上的灵活而富有创新的财务组织结构。在这种结构中，财务管理规模大大缩减，中层管理的作用大大降低，财务管理的幅度大大加宽。这种组织形式通过水平的、对等的信息传递，来协调企业内部和外部的财务活动和财务关系，并使财务部门对来自外界的各类信息速度做出反应。

财务管理组织结构的变化必然导致财务部门和财务经理工作重点的转移。正如著名财务学家 Mike Anastas 指出的，由于信息时代的到来，未来的财务部门将成为公司的信息中心和公司健康运转的中枢，财务管理将要求拥有最先进的信息技术，并始终处于信息技术的最前沿。信息技术使得财务部门从关注公司的过去中解脱出来，去分析和预测并作出决定。财务管理使用尖端的信息技术，预测公司产品的需求、生产、销售、成本和盈利，并指导管理决策。财务经理将处于更高的管理级别，被吸纳进公司的最高管理当局，成为公司的顾问和战略家。他们应当具有创造性思维和协作精神，通过采用新的财务管理理论和方法，帮助公司寻求保持领先的竞争力和高盈利率，并不断巩固公司的地位。

本单元小结

本单元主要介绍了知识与知识经济的涵义和特征、知识经济时代下的企业以及知识经济时代下的财务管理创新。知识经济是建立在知识的生产、分配和使用上的经济，即以知识为基础的经济。知识经济的主要特征为：资源配置方式的变化，将资源从一种实物形态转移或分配到非实物形态中去；经济动力的变化，从蒸汽和电气技术到电子和信息技术；从制造业向制造业与服务业一体化趋势发展，实现了产业内容的转变；技术创新从简单创新发展到系统创新。经济时代下的企业在企业性质、发展动力、产业类型、市场竞争、管理重点与模式、劳动力结构、效率标准、经济发展形态等方面都呈现新的特点。

知识经济时代的财务管理取得了新发展，知识资本成为财务管理的对象、个性化生产对资本配置和利用的挑战、投资管理新领域：人力资源、无形资产和风险投资、财务资本与知识资本共享资本收益、财务决策走向科学化、财务管理组织结构趋于水平化与高效率。

复习与思考

1. 什么是知识经济？与传统经济相比，知识经济具有哪些主要特征？
2. 知识经济时代的企业有哪些特点？
3. 知识经济对财务管理有哪些影响？
4. 知识经济时代的财务管理组织结构有哪些新特点？

技能实训

上海贝岭股份有限公司是主要从事通信、多媒体信息系统集成电路的设计、制造、销售与技术服务的高科技上市公司，公司约有 50%以上的员工为各类技术人员。为了激励主要技术人员和技术骨干，完善分配体制，公司尝试实施模拟股票期权计划。其中，占总数 20%的科技人员获得总额度的 80%，其余人员则获得剩余的 20%。通过一定程序的考核，最终确定每人的具体数额。模拟股票期权以上海贝岭股票的股数为计量，并以签约时的市场实际价格按一定的比例折扣为基准价格，期权兑现时也以股数计量，并以兑现时的实际市场价格结算，差价部分为员工实际所得。

搜集有关知识经济的资料，完成下列任务：

1. 知识经济时代，结合“资本与知识资本共享资本收益”的观点，分析高科技上市公司薪酬分配制度的主要特点是什么？

2. 分析上海贝岭股份有限公司在知识经济方面做了哪些创新？优劣势在何处？

单元十三　企业的重整与清算管理

素质目标

1. 理解财务失败的原因
2. 明确企业破产的界限、熟悉清算财产的作价方法和破产清算的一般程序
3. 掌握制定企业重整计划的一般步骤及其主要内容

技能目标

1. 能利用财务失败的主要预警方法进行企业财务预警
2. 能为企业制定重整计划
3. 能进行清算财产的作价、实施破产清算

案例导入

2008 年 3 月 6 日下午 3 时，广东省肇庆市中级人民法院宣布裁定批准广东风华高新科技集团有限公司（以下简称“风华集团”）重整计划草案。这是新《中华人民共和国企业破产法》在 2007 年 6 月 1 日起实施以来，广东省内以批准重整方式解决企业破产申请的第一宗案件，也是继国投破产案后广东法院在审理企业破产案件上又闯出的新路子。

由于 2001 年以来长达 5 年的全球电子元件行业调整及历史原因，电子元器件行业不景气，产品盈利能力下降。风华集团 2002 年开始连年亏损，多年的亏损造成企业经营运作十分困难，处于严重资不抵债的状态，明显缺乏清偿能力，已经无法清偿到期债务。债权人为保护自身合法权益，在 2007 年 3 月向肇庆中院申请宣告风华集团破产还债。收到上述申请书后，肇庆中院于 2007 年 6 月 29 日受理了该破产案。

如果破产清算将对地方经济发展和社会稳定产生强烈的负面影响。肇庆中院经全面审查和慎重考虑后，风华集团进入重整程序。在各方努力协调下，风华集团计划筹集资金 8.77 亿元全部用于清偿给各债权人，实现 4 个 100%：自法院批准重整计划草案之日起半年内，对有财产担保的债权，按质押物的评估价值，获得 100%一次性现金清偿；所欠职工债权，获得 100%一次性现金清偿；所欠税款，不实行减债；普通债权获得 21.95%的一次性现金清偿，其余 78.05%的债务予以免除；9000 多职工 100%不用下岗。

请思考以下问题：

你认为风华集团破产清算的原因是什么？为什么说企业破产案件上又闯出了一条新路子？

任务一　如何进行财务失败与财务危机预警

一、财务困境

前面各单元的讨论都是建立在企业持续经营假设前提之下的，但是我们不能忽略企业经营失败的可能性。企业高层管理人员和财务经理必须防止这种可能性变成现实。当然，企业的债权人更不会忘记这个事实。为此，本单元我们将讨论非持续经营前提下的企业重整与清算问题。在此之前，我们将分析企业财务失败的原因及财务危机预警方法。

到目前为止，本书讨论的内容都是持续成长的公司所面临的问题。然而，许多公司在财务上有时会陷入困境，甚至宣告破产倒闭。处于财务困境中的公司财务人员必须知道如何防止公司瓦解，从而减少损失。与此同时，经营顺利的公司财务人员也必须了解公司可能面临的财务困境的本质、成因以及可能的解决办法。

财务困境（Financial Distress），也称财务困难（Financial Difficulty），是指在某一时点企业的变现资产不足以偿还企业到期债务的一种财务状况。变现资产作为企业资产的重要组成部分，对于企业的经营风险和获利能力具有重要影响。一般情况下，企业主要通过增加资产的变现能力（如资产重组）和降低债务契约的刚性（如债务重组）两种方式，使企业摆脱财务困境。

在资产重组和债务重组过程中发生的成本构成财务困境成本。财务困境成本对于企业的资产变现能力和财务杠杆具有重要意义。当企业的财务困境成本较高时，企业将不得不保持较高比例的可变现资产，并采取保守的财务杠杆政策。

财务困境成本包括财务困境直接成本和财务困境间接成本。财务困境直接成本是指企业在处理财务困境时所发生的各项费用，包括财务困境引起的资产贬值和损失。例如，由于财务困境，企业厂房、机器、设备等固定资产未能充分使用所引起的贬值及技术优势、发展机会、人才资源等丧失而造成的损失。

财务困境间接成本是指由于发生财务困境而使企业在经营管理方面遇到困难，并由此产生的相应成本。例如，企业发生财务困境时，债权人会对企业的正常经营活动进行限制，供应商会紧缩其信用政策，银行会缩减其信用额度等。这些都会给企业的经营管理带来负面影响。同时，为了尽快摆脱财务困境，管理层可能会采取一些短期策略，从而影响到企业的长期利益。

二、财务失败

财务失败是一个企业无力偿还到期债务的困难和危机。财务失败的原因很多，既有企业无法左右的政治、经济、自然等外部原因，也有企业管理无能，从而缺乏市场竞争力的内部原因。在这里，企业管理无能主要表现为企业管理当局对特定经营行业缺乏经验或生产、销售、人事、技术等方面的管理经验不平衡，财务管理不善，致使资金周转失灵、竞争能力不足等。据有关调查资料显示，90%以上的财务失败应归因于企业管理当局的管理无能，而地震、水灾、火灾等不测事件致使企业财务失败的仅为 5%。关于这一点，我们可以从表 13-1 中清楚地看到。

表 13-1 1981 年美国 16794 例企业失败的原因分析

原因	百分比
缺乏行业经验	11.1
缺乏管理经验	12.5
管理经验不平衡	19.2
竞争能力不足	45.6
玩忽职守	0.7
欺诈	0.3
灾害	0.5
不明原因	10.1
合计	100.0

但是，失败并不意味着公司瓦解或解散。企业财务失败预警系统主要有两种建立方式。

（1）运用多变模式思路建立多元线型函数公式，即运用多种财务指标加权汇总产生的总判别分（称为 Z 值）来预测财务危机，其判别函数如下：

$$Z = 0.012X_1 + 0.014X_2 + 0.033X_3 + 0.006X_4 + 0.999X_5$$

式中，X_1、X_2、X_3、X_4、X_5 可通过以下公式算出：

$$X_1=\frac{营运资本}{总资产}$$

$$X_2=\frac{累计留存收益}{总资产}$$

$$X_3=\frac{息税前利润}{总资产}$$

$$X_4=\frac{股票市场价值}{负债账面价值}$$

$$X_5=\frac{销售收入}{总资产}$$

该模型实际上是通过五个变量（五种财务比率），将反映企业偿债能力的指标（X_1、X_4）、获利能力指标（X_2、X_3）和营运能力指标（X_5）有机联系起来，综合分析预测企业失败或破产的可能性。一般情况下，Z 值越低企业越可能发生破产。如果 Z 值大于 2.99，则企业破产的概率低。如果 Z 值小于 1.81，则企业破产的概率高。如果 Z 值介于 1.81～2.99 之间，则属于未知区域，较难估计企业破产的可能性，应结合其他方法具体分析。

（2）运用单变量模式思路，通过单个财务比率走势恶化来预测财务危机。预测企业财务失败的比率主要有以下几种：

$$债务保障率=\frac{现金流量}{负债总额}$$

$$资产收益率=\frac{净收益}{资产总额}$$

$$资产负债率=\frac{负债总额}{资产总额}$$

资金安全率=资产变现率-资产负债率

其中，资产变现率可用如下公式计算：

$$资产变现率=\frac{资产变现金额}{资产账面金额}$$

资金安全率的计算方法如下：

$$资金安全率=资产变现率-资产负债率$$

式中，资产变现率$=\frac{资产变现金额}{资产账面金额}$，资产负债率$=\frac{负债额}{资产总额}$，则资金安全率的公式可变换成如下形式：

$$资产安全率=\frac{资产变现值-负债额}{资产账面总额}$$

在企业的预警分析中，可将资金安全率与安全边际率结合起来，判断企业的经营情况和财务状况是否良好。

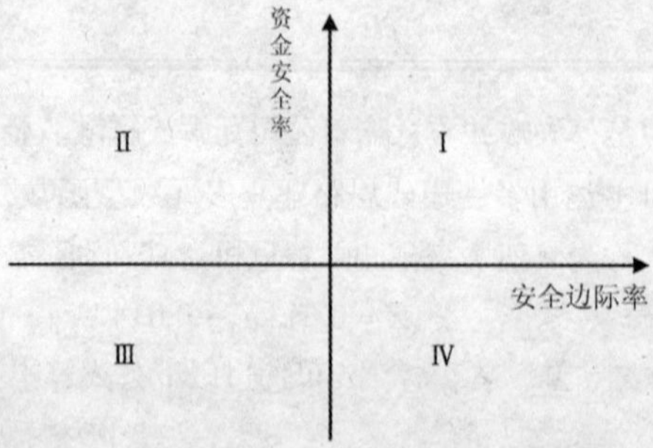

图 13-1　由资金安全率与安全边际率的组合判断经营安全率

当两个指标共同确定的经营安全率落在如图 13-1 的第Ⅰ象限时，表示企业经营状况良好，应该采取有计划的经营扩张策略。

经营安全率落在第Ⅱ象限，表示企业经营财务状况尚好，但是市场销售能力明显不足。企业应全盘研究对策，以加强企业总体销售实力，创造企业应有利润。

经营安全率落在第Ⅲ象限，表示企业经营已陷入经营不善的境地，随时有关门的危机。经营者应下决心立即采取措施，进行有效的重整。

经营安全率落在第Ⅳ象限，表示企业财务状况已露出险兆。经营者应将改善财务结构列为首要任务，要求企业全员有总体现金观念，提高自有资金比例，并积极进行开源节流。此时，企业对市场营销应采用适度的成长策略，并且要求营销部门对顾客做必要筛选，提高信用政策的标准，以防止不良销售损失，加速企业财务状况的恶化。

任务二　应如何进行公司重整

一、公司重整概述

公司如果不能正常履行资金支付责任，则在资金周转运作时将出现入不敷出的情况，进而出现财务危机。为应对财务危机，公司一般会进行重整，以恢复正常生产经营。若公司的财务危机非常严重，已无法重整，则只有通过破产清算来结束其寿命。

公司重整又称公司重组，是指公司遇到财务危机但仍有转机和重建价值，公司根据一定程序进行重新整顿，使公司得以维持和复兴的行为。重整可分为非正式重整和正式重整两种。

（一）非正式重整

非正式重整是指公司遇到暂时性的财务危机，仍有转机或重建价值，公司与债权人进行协商，在债权人同意的情况下，对债务进行展期或部分减免的行为。非正式重整不受法院的检查和监督，是公司与债权人协商进行公司自救的一种行为。

1．非正式重整的分类

非正式重整有展期和部分减免两种方式。展期（Extension）是指债权人同意债务人延长债务的偿还期限。债务偿还期限的延长可以使得债务公司目前面临的财务支出压力减轻而暂时化解财务危机。部分减免（Composition）是指债权人同意减少债务人偿还债务的总额，即在约定的期间内，债务人偿还了约定的金额后，债权人免除其未偿还的债务。非正式重整的两种方式经常混合使用，即延长债务的还款期限的同时，减少一定的债务偿还数额。

2．非正式重整的一般程序

非正式重整的程序较为灵活，一般程序如下。

（1）出现财务危机的公司向债权人提出重整的要求。

（2）债权人对被重整的公司进行评审，决定是否同意重整或采取的重整方式。

（3）债权人及被重整的公司协商谈判，并达成重整协议，经常表现为签订展期协议、债务减免重组协议等。

（4）被重整的公司履行重整协议。非正式重整所达成的重整协议如不能履行，可能导致债权人或被重整公司向人民法院提出被重整公司破产的申请。

3．非正式重整的特点

非正式重整是公司处理临时财务危机常用的一种方式，具有以下特点。

（1）必须征得债权入的同意方能进行。

（2）债务公司面临的应是临时性财务危机，公司经营仍有转机或重建价值。

（3）具有很好的保密性，对于被重整公司而言，其商誉基本不受影响。

（4）重整方式、程序简单，内容灵活多样，可节约重整时间及费用。

（5）依靠被重整公司的信誉和发展前景，重整协议的保障性较差。

（6）被重整公司的股东会、董事会的权力几乎不受重整的影响。

（二）正式重整

正式重整，即按照破产法规定的条件和程序，由人民法院主持的公司重整。《中华人民共和国破产法》（2007 年 6 月 1 日实施）对于重整专章规定，公司重整行为应具有规范性、严肃性和一定的强制性。正式重整是一种司法程序，按破产法的规定，正式重整的程序大体有如下几个方面。

1．重整申请的提出

债权人及债务人均可向人民法院提出重整申请。如债权人向法院提出债务人破产清算申请，则在人民法院受理破产申请后、宣告破产前，债务人或出资额占债务人注册资本 1／10 以上的出资人可向人民法院提出重整申请。

公司已被宣告破产或已解散的，不能进行重整。

2．法院审查受理

重整申请提交法院后，人民法院应进行审查。法院对重整申请的审查分为形式审查和实质审查两种。形式审查内容包括：法院对重整申请有无管辖权、申请人是否有资格提出重整申请、申请书的形式是否符合法律规定、是否在法律规定的时间内提出等。法院对重整申请的实质审查内容包括：公司是否存在不能清偿到期债务，或资产不足以清偿全部债务或者明显缺乏清偿能力，或者存在有明显丧失清偿能力可能的情形。法院对重整申请进行实质审查时，可责令公司提供财务报表及相关资料，说明情况，并有权就此开展调查或指定专门机构对公司的财务状况或资产进行审计、评估。

重整申请符合破产法规定的，人民法院应作出对债务人进行重整的裁定，规定重整期间。

重整的裁定一经作出便生效，正式重整的程序启动。

法院的重整裁定作出后，应通知公司、公司股东、已知债权人等相关方，并进行公告，如有必要，法院可指定管理人。在重整期间内，对债务人的特定财产享有的担保权利暂停行使；公司占有的他人财产，除非符合事先的约定，财产权利人不得取回；债务人的出资人不得请求投资收益分配；债务人的董事、监事、高级管理人员不得向第三人转让其持有的债务人的股权，除非法院批准。

3．制订重整计划草案

在重整期间内，管理人或债务人应制定出重整计划草案。重整计划草案应当包括：债务人的经营方案；债权分类；债权调整方案；债权受偿方案；重整计划的执行期限；重整计划执行的监督期限；有利于债务人重整的其他方案等。重整计划草案应同时提交法院和债权人会议，如在重整期间内管理人或债务人不能提交重整计划草案，法院应裁定终止重整程序，宣告债务人破产。

重整计划既可能改变企业债权人的法定的或者契约限定的权利，也可能改变企业股东的权益，无财产担保的债权人则往往以牺牲其部分债权为代价而收回部分现金。经法院批准的重整计划对企业本身、全体债权人及全体股东均有约束力。

重整计划是对公司现有债权、股权的清理和变更作出安排，重整公司资本结构，提出未来的经营方案与实施方法。一般来讲，制订重整计划需要包括下述四项内容。

（1）估算重整企业的价值。这是非常困难的一步，常采用的方法是收益现值法，涉及以下几方面。

① 估算公司未来的销售额。

② 分析公司未来的经营环境，以便预测公司未来的收益现金流量。

③ 确定用于未来现金流量贴现的贴现率。

④ 用确定的贴现率对未来公司的现金流入量进行贴现，以估算出公司的价值。

【经典案例 13-1】某公司准备重组，重组前公司资本结构如下：银行借款 300 万元，长期债券 180 万元，优先股 100 万元，普通股 300 万元。重组后未来 10 年的年度现金净流量为 80 万元，同行业平均资本报酬率水平为 8%，以此作为贴现率，则该公司的总价值为 80×6.170（年金现值系数）=536.8（万元）。

（2）调整公司的资本结构，削减公司的债务负担和利息支出，为公司继续经营创造一个合理的财务状况。为达到这一目的，需要对某些债务展期，或将某些债务转换为优先股、普通股等证券。

（3）公司新的资本结构确定之后，用新的证券替换旧的证券，实现公司资本结构的转换。要做到这一点，需要将公司各类债权人和权益所有者按照求偿权的优先级别分类统计，同一级别的债权人或权益所有者在进行资本结构调整时享有相同的待遇。一般来讲，优先级别在前的债权人或权益所有者得到妥善安排之后，优先级别在后的债权人或权益所有者才能得到安置。

【经典案例 13-2】续【经典案例 13-1】，为了确定合理的资本结构，就要以 53 618 万元为上限对原权益、证券作出重新分配。例如，银行方面提出用手中的 300 万元贷款交换新的 180 万元贷款和 90 万元优先股。长期债券持有人 180 万元转化为普通股 162 万元，优先股持有人分配 60 万元，并继续以优先股存在。原普通股的股东享有剩余的 44.8 万元。这样重组后新的公司资本结构如下。银行贷款 180 万元，优先股 150（90+60）万元，普通股 206.8（162+44.8）万元。

（4）重整计划通常还包括以下措施。

① 如果公司现有管理人员不称职，对公司管理人员进行调整，选择有能力的管理人员替代原有管理人员，补充聘用新的经理和董事。

② 对公司存货及其他有关资产进行分析，对那些已经贬值的存货及其他资产的价值进行调整，以确定公司资产的当前价值。这也是重整公司资本结构、重新安排公司债权和股权的基础。

③ 改进公司的生产、营销、广告等各项工作，改善经营管理方法，提高企业各个环节、各个职能部门之间的有效运转和协调配合，提高公司的工作效率。

④ 必要时还需要制定新产品开发计划和设备更新计划，以提高生产能力。

4．重整计划草案的讨论表决与批准

债权人收到重整计划草案后，可进行讨论，并由人民法院在重整计划草案提交后的 30 日内召开债权人会议，由债权人按债权性质的分组进行表决。债务人或者管理人应当向债权人会议就重整计划草案作出说明，并回答询问。

重整计划草案表决通过了的，管理人或债务人应申请法院批准该重整计划。法院作了批准裁定，重整程序就宣告终止，并予以公告。重整计划草案表决不能通过，但法院审查后认为重整计划草案符合法律规定的，可裁定批准重整计划，终止重整程序，并予以公告。经人民法院裁定批准的重整计划，对债务人和全体债权人均有约束力。

重整计划草案未获法院批准的，人民法院应裁定终止重整程序，宣告债务入破产。

5．重整计划的执行

经法院裁定批准的重整计划，债务人应按该计划履行。管理人负责对重整计划的履行情况进行监督，并负责向法院报告。债务人不能执行或者不执行重整计划的，人民法院经管理人或者利害关系人请求，应当裁定终止重整计划的执行，并宣告债务人破产。

重整计划履行完毕，计划中约定减免的债务，债务人再无清偿义务，公司重整完成。

6．公司重整结束

公司重整结束包括债务人履行了重整计划使公司重整完成，也包括在重整的过程中出现一定的事由，导致重整不能完成，从而重整程序结束。前者称为重整完成，后者称为重整终止。

产生重整终止的事由可能出现在重整期间，也可能出现有重整计划的执行期间，主要有如下事由。

（1）在重整期间，债务人的经营状况和财产状况继续恶化，缺乏挽救的可能性。

（2）在重整期间，债务人有欺诈、恶意减少债务人财产或者其他显著不利于债权人的行为。

（3）在重整期间，债务人的行为致使管理人无法执行职务。

（4）在重整期间，债务人或者管理人未按期提出重整计划草案。

（5）在重整计划的执行期间，债务人不能执行或者不执行重整计划。

出现了重整终止的事由，经债权人或利害关系人申请，人民法院应裁定终止重整程序或终止重整计划的执行，并宣告债务人破产。

二、公司重整决策的因素

企业濒临破产（Bankruptcy）时面临一项财务决策，即是通过清算而使企业解体，或者通过重整而继续生存下去。这项财务决策正确与否直接关系到企业的生死存亡，故必须慎重进行。影响重整亦或破产清算财务决策的主要有以下因素。

1．企业重整价值与清算价值

企业重整价值与清算价值之比较如下。

（1）重整价值是指企业通过整顿、重整后所恢复的价值，包括设备的更新、过时存货的处理以及对经营管理所做的种种改善等。

（2）清算价值则指依企业使用的资本资产专门化程度所确定的价值，包括该资产的变现价值以及在清算过程中所发生的资产清理费用及法律费用。

通常，以重整价值大于清算价值作为重整优先考虑的条件。

2．法院或债权人对企业重整的认可

法院或债权人对企业重整的认可是以重整计划是否具备公平性和可行性为依据的。

（1）公平性是指在企业重整过程中对所有的债权人一视同仁，按照法律和财产合同规定的先后顺序，对各债权人的求偿权予以确认，不能违背法律。

（2）可行性是指重整应具备的相应条件，主要包括债权人与债务人两方面。为了使重整可行，债务人一般应具备如下条件：一是必须具有良好的道德信誉，在整个重整过程中，债务人不能欺骗债权人，如非法变卖企业财产以充作私用，损害债权人利益；二是债务人能提供详细的重整计划，以表明其有足够的把握使重整成功；三是债务人所处的经营环境有利于债务人摆脱困境，取得成功。为了使重整可行，必须经债权人会议讨论通过同意重整，并愿意帮助债务人重建财务基础。

此外，清算意味着企业将永远停止经营，将清算收益扣除成本以后的部分按照规定顺序向债权人分配。重组是一种持续经营的选择，通常包括资产重组、债务重组和资本重组三种基本形式。资产重组以资产为载体，实质是资产上权利的交换和资产上权利的重新设定。债务重组指在债务人发生财务困难的情况下，债权人按照其与债务人达成的协议或法院的裁定作出让步的事项。资本重组实质上是指企业产权（所有者权益）的重新组合。它既可以是终止所有权的转让，也可以是经营使用权的让渡。由于对于重组界定的狭义和广义之分，人们常常将资产重组、债务重组和资本重组三个概念不加区别，如改制上市、转换主业、分割资产、出售资产、置换资产、企业购并、买“壳”、借“壳”上市及减轻债务负担等现象，既可以被视为资产重组的内容，又可以视为资本重组的内容。

任务三　如何做好公司的清算

一、公司清算概述

公司为应对财务危机，一般会先进行重整，以恢复正常的生产经营，若公司的财务危机非常严重，已无法重整，则只有通过破产清算来结束其寿命。

公司清算（Liquidation）是指由于出现一定的事由，公司决定，对资产负债进行清理、对财产进行分配、终结经营活动，并依法注消公司法人资格的行为。《中华人民共和国公司法》对公司清算作出了专门规定，规范了公司清算行为。

（一）公司清算及其一般程序

公司清算是公司终止时结束其全部经营活动，收回债权、清偿债务以及分配剩余财产等的清理结算过程。清算财产包括公司在清算程序终结前拥有的所有财产以及应当由公司行使的其他财产权利。清算财产的作价一般以清算价值为依据，同时参考账面净值和重估价值。前面介绍正常经营活动过程中的生产经营投资的核算，是建立在企业持续经营的假设基础之上。但是作为企业个体而言，是“有限生命”的经济组织。企业的经营宗旨已经得到实现、企业之间可能进行并购、企业经营遭到重大事故、在激烈的市场竞争中遭受失败等，都可能使企业不必要、不需要或不能够再继续经营下去，而宣告终止经营、解散清算或破产等。

公司清算形式有多种，但目的都是一致的，即对公司的一切法律关系进行清理和终结。清算程序基本相同，一般按以下步骤进行。

1．提出解散申请书或由法院依法宣告企业破产

经营期限届满的企业，经主管部门或企业股东会同意，把解散申请书提交并经有关部门批准后才可宣告解散终止。破产企业必须由法院宣告破产，才可进行终止清算。

2．成立清算机构

清算的人员，一般由法院或企业主管部门派出。有限责任公司的清算机构由股东组成，股份有限公司的清算机构由股东大会确定人选，或聘请中国注册会计师、律师担任，并经主管部门审查批准后即可进行。破产企业清算组的成员，应由法院指定。

3．编制清算开始的会计报表

企业要按会计报表编制方法，编制自年初至清算前一日的会计报表，并经注册会计师审查，出具审查证明，作为企业终止经营和清算的重要依据。

4．制订清算方案，组织全面清查

清算方案的主要内容有：清算日期、清算程序、清算方法、财产作价和清算的依据、债务清偿、剩余财产分配等一切事项。根据清算方案，清算机构对终止经营企业的全部财产、债权、债务进行全面清查，编制资产负债表、详细的财产目录和债权债务目录，并妥善处理各项财产保护问题。

5．依法处理各项财产、债权、债务

处理各项财产、债权、债务时，特别要注意债务清偿中应遵循的法定偿债程序：（1）应付未付职工工资、劳动保险等；（2）应交国家税金；（3）尚未偿付的债务不足以清偿同等顺序债务的，按比例清偿，上述清偿顺序不允许随意倒置。

6．分配剩余财产

清算完毕后，如还有剩余财产，依法在企业所有者之间进行分配。

7．注销

编制清算结束的财产报表，办理注销登记。

（二）公司清算核算的特点

公司清算核算，是在公司终止这一特定环境下，从清算了结的角度，对终止公司的财产、负债及相应的经济活动按规定的程序进行清理、核算的一种会计处理过程。公司终止这一特定的环境，决定了公司清算的核算同正常经营核算相比，有以下一些特点。

（1）核算的目的不再是为提高经济效益和为各方相关利益者提供决策依据，而是为维护投资人和债权人的合法权益。

（2）核算的范围只限于对企业的财产、债权、债务进行清理，包括财产变现、债权收回、债务清偿和剩余财产分配等。

（3）正常经营状况下的会计核算的假设和原则，已经完全或部分地失去作用，取而代之的是重置成本或变现价值、公开市价和收付实现原则。

（4）核算账户有变化。企业常有的核算账户只作结算，而不再使用，进而要增设反映和监督清算过程的账户。

（三）公司清算核算的基本账户设置

企业为合并而进行清算，可以不设立专门账户，在企业原有账户中进行。而企业进行的解散清算和破产清算，一般需设置“清算费用”和“清算损益”两个基本账户。

（1）“清算费用”用于专门核算企业清算期间的各项费用成本，其内容包括：清算机构成员的工资报酬、公告费用、咨询费用和办公费用、诉讼费用及清算过程中必须支付的其他的清算费用，这些费用从现有财产中优先支付。“清算费用”账户借方登记清算期间的各项清算费用，清算结束时，将其全部发生额从该账户的贷方转入清算损益的借方，本账户无余额。

（2）“清算损益”属损益类账户，专门核算企业清算期间所实现的各项收益和损失。“清算损益”账户的贷方反映企业的清算收益，其内容包括清算中发生的财产盘盈、财产重估收益、财产变现的收益和无法偿还的债务等。该账户的借方反映企业的清算损失，其内容包括清算发生的财产盘亏，包括损失财产、变现损失和无法收回的债权。期末余额可能在贷方也可能在借方，需将余额转入未分配利润账户。清算结束时，该账户无余额。

（四）清算财产的作价方法

清算财产的作价方法有三种：账面净值法、重新估价法和变现价值法。

1．账面净值法

账面净值是反映按企业清算前财产的账面原值扣除账面损耗后的余值。账面净值法遵循历史成本原则的计算方法。这一方法简单明了，但易于受到一些人为因素的影响而有偏差，变得不完全符合实际。故此，该种方法很少使用。只有当合营企业经营期满自动解散，采取产权转让式进行清算，且账面价值又比较符合实际价值的，可以采用账面净值计价。

2．重新估价法

重估价值又称评估确认价值或重估净值，是指参照同类资产的价值或相似资产的价值，并扣除折旧或损耗价值后的净额。重新估价法有现行市场价值法和收益现值法两种。

（1）现行市场价值法，是指企业资产价值确定是以现行市场上这类资产的价值为基础的一类方法。如一设备原值 40 000 元，已提折旧 10 000 元，现行市场价值为 50 000 元，该设备的新旧程度为成新率 75%，故其账面净值为 30 000 元，重估价值为 37 500 元。

（2）收益现值法，是一种通过估算财产的未来预期收益，并按照本市场的投资收益计算现值，借以确定价值的一种作价方法。如清算企业的一台机床，估算尚可使用 5 年，每年现金净流入量 60 000 元，若资本市场的折现价为 8%，则该机床的重估价值=6 000×（*P*/*A*，8%，5）=6 000×3.992 7=23 956.20（元）。

重新估价法必须建立在资产可以继续使用的基础之上。这一可继续使用不仅是指技术上的可使用，更重要的是指经济上的可使用。企业解散后，资产很难有实际经济用途，很难用重新估价法计价。重新估价法主要适用于合营企业营业期满，或企业宣告解散，合营一方退出，由另一方继续经营的产权转让式的解散清算。

3．可变现净值法

可变现净值是指将清算财产投放到相应市场上变卖，将得到的变现价值再扣除财产清理费用后的净值。这一方法的现实操作性很强，因而被广泛使用。

二、公司清算的类型

（一）公司清算按其原因，可分为解散清算和破产清算

1．解散清算

导致企业清算的原因主要有以下几方面。

（1）公司章程规定的营业期限届满或公司章程规定的其他解散事由出现（如经营目的已达

到而不需继续经营，或目的无法达到且公司无发展前途等）。

（2）公司的股东大会决定解散。

（3）企业合并或者分立需要解散。

（4）公司违反法律或者从事其他危害社会公众利益的活动而被依法撤销。

（5）发生严重亏损，或投资一方不履行合同、章程规定的义务，或因外部经营环境变化而无法继续经营。

2．破产清算

破产清算是因经营管理不善造成严重亏损，不能偿还到期债务而进行的清算，其情形有以下两种。

（1）企业的负债总额大于其资产总额，事实上已不能支付到期债务。

（2）虽然企业的资产总额大于其负债总额，但因缺少偿付到期债务的现金资产，未能偿还到期债务，被迫依法宣告破产。

（二）依据清算是否自行组织，可以分为普通清算和特别清算

1．普通清算

普通清算是指公司自行组织的清算。普通清算按法律规定的一般程序进行，法院和债权人不直接干预。

2．特别清算

特别清算是指公司依法院的命令开始，并且自始至终都在法院的严格监督之下进行的清算。特别清算不能由企业自行组织，而由法院出面直接干预并进行监督。如果企业不能清偿到期债务，企业有资产不足清偿到期债务的嫌疑，企业无力自行组织清算工作，企业董事会对清算事务达不成一致意见，或者由债权人、股东、董事会中的任何一方申请，就应采用特别清算程序。

3．普通清算和特别清算的选择

对普通清算与特别清算，公司并无选择实行的权利。公司解散后，应立即进行普通清算。在普通清算过程中，当有下列情形之一发生时，法院方可命令公司实行特别清算。

（1）公司实行普通清算遇到明显障碍。例如，公司的利害关系人人数众多，或公司的债权债务关系极为复杂，这时法院依债权人、股东、清算人中一方、多方的请求或依职权命令形式实行特别清算。

（2）当公司负债超过资产有不实之嫌，即形式上公司负债超过资产但实际上是否超过尚有嫌疑。例如，公司债务数额并非真实，或公司债权数额并非确定，或会计账面上所记载的资产价值较市场价低，所有清算人请求进行特别清算，这时法院依清算人的请求或依职权命令实行。

三、破产清算

（一）破产界限

当企业资不抵债亦无债务展期、和解、重整的可能性时，企业实际上已破产。从法律上理解，破产有两层含义：其一是资不抵债时发生的实际上的破产，即债务人因负债超过资产不能清偿到期债务时发生的一种状况；其二是指债务人因不能清偿到期债务而被法院依法宣告破产。此时债务人资产可能低于负债，也可能等于或超过负债。于是可能出现债务人资产虽然超过负债，却因无法获得足够的现金或无法以债权人同意的其他方式偿还到期债务不得不破产的情况。因为对债务人的破产宣告是依法律上确定的标准进行的，所以这种破产又称法律上的破产。

破产界限，即法院据以宣告债务人破产的法律标准，在国际上又通称为法律破产原因。在

破产立法上，对破产界限有两种规定方式。一种是列举方式，即在法律中规定若干种表明债务人丧失清偿能力的具体行为，凡实施行为之一者便认定达到破产界限。另一种方式是概括方式，即对破产界限作抽象性的规定，着眼于破产发生的一般性原因，而不是具体行为。这种方式通常有三种概括：不能清偿或无力支付；债务超过资产，即资不抵债；停止支付。我国和世界上大多数国家均采用概括方式来规定企业破产的界限。例如，美国于 1979 年 10 月 1 日开始生效的破产改革法案中指出，企业不能够用现金支付到期的债务或者对企业的债权超过了其资产时，应当破产。我国于 1986 年 12 月 2 日通过的《中华人民共和国企业破产法》指出，企业因经营管理不善造成严重亏损，不能清偿到期债务的，依法宣告破产。

在理解法定企业破产界限时，应注意以下几点。

（1）对于造成亏损原因的理解各国有所不同。世界许多国家不管亏损原因，只要不能清偿到期债务便依法宣告破产。我国则对只有经营管理不善造成严重亏损的企业，在不能清偿到期债务时才予以宣告破产，因其他原因导致不能清偿债务时，则不能采用破产方式解决。

（2）债务到期不能偿还，除指不能以现金偿还外，还包括不能以债权人指定的其他方式偿还，或没有足够的财产作担保，也没有良好的信誉可以借到新债偿还到期债务。如果债务人能及时筹措到一笔新债来偿还到期债务，则即使债务人的债务已超过了资产，也不能认定已经破产。

（3）不能清偿债务通常是指债务人对全部或部分主要债务在可以预见的一定时间内持续不能清偿，而不是因资金周转一时不灵停止支付。

（二）破产清算的一般程序

根据我国破产法的有关规定，企业破产清算的基本程序大致可分为三个阶段：一是破产申请阶段；二是和解整顿阶段；三是破产清算阶段。现就破产申请阶段和破产清算阶段的主要操作概括如下。

1．提出破产申请

破产法规定，提出破产申请的既可以是债权人，也可以是债务人。当债务人不能清偿到期债务时，债权人可以向债务人所在地人民法院申请宣告债务人破产。债务人不能清偿到期债务，经过上级主管部门同意，可以向当地人民法院自行申请破产。目前，多数企业的破产申请是由破产企业（即债务人）提出。

具体操作中，企业在提出破产申请前，应对其资产进行全面的清查，对债权债务进行清理，然后由会计师事务所对企业进行全面的审计，并出具资不抵债的审计报告。企业向法院提出破产申请时，要提供如下材料：请求破产的书面申请、会计师事务所对企业进行审计后出具的审计报告、上级主管部门同意破产的批准文件、企业的会计报表、企业对外投资情况、银行账户情况、各项财产明细表、债权人的名单、地址、金额及其他法院认为需要的材料。

2．法院接受申请

人民法院接到破产申请后即进行受理与否的审查、鉴定。受理债权人破产申请案件 10 日内应通知债务人，并发布破产案件受理公告。受理债务人破产申请案件后，人民法院应在案件审理后 10 日内通知债权人申报债权，直接发布债权申报公告。

3．债权人申报债权

债权人应当在收到通知后 1 个月内，未收到通知的债权人应当自公告之日起三个月内，向人民法院申报债权，说明债权的数额和有无财产担保，并且提交有关证据资料。逾期未申报债权的，视为自动放弃债权。

4．法院裁定，宣告企业破产

人民法院对于企业的破产申请进行审理，符合破产法规定情形的，由人民法院依法裁定并宣告该企业破产。

5．组建清算组

按照破产法的规定，人民法院应当自宣告企业破产之日起 15 日内成立清算组，接管破产企业。清算组的组成人员一般包括财政部门、企业主管部门、国有资产管理部门、审计部门、劳动部门、国土资源部门、社会保障部门、人民银行、工商管理部门等部门的人员。

清算组成立后，一般都在法院的指导下，设立若干个小组，负责企业职工的思想工作、财产保管工作、债权债务清理工作、破产财产处置工作以及职工的安置工作等。

6．接管破产企业，进行资产处置等工作

清算组成立后，应接管破产企业的一切财产、账册、文书、资料和印章等，并负责破产财务的保管、清理、估价、处理和分配等。

7．编报、实施破产财产分配方案

清算组在清理、处置破产财产并验证破产债权后，应在确定企业破产财产的基础上拟订破产财产的分配方案，经债权人会议通过，并报请人民法院裁定后，按一定的债务清偿顺序进行比例分配。

8．报告清算工作

清算组在破产财产分配完毕之后，应编制有关清算工作的报告文件，向法院报告清算工作，并提请人民法院终结破产程序。破产程序的终结有三种情况。

（1）债务人与债权人会议达成和解协议。企业经过整顿，能够根据和解协议清偿债务，人民法院应当终结该企业的破产程序并予以公告。

（2）破产财产不足以支付破产费用，人民法院应当宣布破产程序终结。

（3）破产财产分配完毕，由清算组提请人民法院终结破产程序。清算组按照破产分配方案在破产财产分配完毕时，立即向人民法院提出关于破产财产分配完毕的报告，提请法院终结破产程序。法院接到此报告后，应及时作出破产程序的裁定并公告此裁定。至此，破产程序终结。

9．注销破产企业

清算组在接到法院终结破产程序的裁定后，应及时办理破产企业的注销登记手续。至此，破产清算工作宣告结束。

四、解散清算

比较公司法对公司破产清算和解散清算的不同规定，解散清算的特点主要表现在以下几个方面。

（一）清算程序

破产清算进入破产清算程序，而解散清算进入一般清算程序。一般清算程序的内容有如下六个步骤。

1．确定清算人或成立清算组

根据公司法的有关规定，公司应在公布解散的 15 天之内成立清算小组，有限责任公司的清算组由股东组成，股份有限公司的清算组则由股东大会确定人选。逾期不成立清算小组的，由法院根据债权人的指定成立清算组。清算组的职权包括：清理公司财产，分别编制资产负债表及财产清单；通知或者公告债权人，处理与清算有关的公司未了结的业务；清缴所欠税款；清理债权、债务；处理公司清偿债务后的剩余财产；代表公司参与民事诉讼活动。

2．债权人进行债权登记

在清算组成立或者聘请委托人的一定期限内通知债权人进行债权申报，要求其应在规定的期限内对其债权的数额及其有无财产担保进行申请，并提供证明材料，以便清算组或受托人进行债权登记。

3．清理公司财产，编制资产负债表及财产清单

在这一过程中，如果发现公司资不抵债的，应向法院申请破产。

4．在对公司资产进行估价的基础上，制订清算方案

清算方案包括清算的程序和步骤、财产定价方法和估价结果、债权收回和财产变卖的具体方案、债务的清偿顺序、剩余财产的分配以及对公司遗留问题的处理等内容。

5．执行清算方案

（1）清算财产的范围及作价。清算财产包括宣布清算时企业的全部财产以及清算期间取得的资产。清算财产的作价一般以账面净值为依据，也可以重估价值或者变现收入等为依据。

（2）确定清算损益。企业清算中发生的财产盘盈、财产变价净收入、因债权人原因确实无法归还的债务以及清算期间的经营收益等作为清算收益。发生的财产盘亏、确实无法收回的债权以及清算期间的经营损失等作为清算损失。发生的清算费用优先从现有财产中支付。清算终了，清算收益大于清算损失和清算费用的部分，依法缴纳所得税。

（3）债务清偿及其顺序。企业财产支付清算费用后，按照下列顺序清偿债务：应付未付的职工工资、劳动保险等；应缴未缴国家的税金；尚未偿付的债务。同一顺序不足清偿的，按照比例清偿。

（4）分配剩余财产。企业清偿债务后的剩余财产的分配，一般应按照合同、章程的有关条款处理，充分体现公平、对等、照顾各方利益。其中，除公司章程另有规定外，有限责任公司按投资各方出资比例分配，股份有限公司按照优先股股份面值对优先股股东分配，剩余部分按照普通股股东的股份比例进行分配，而国有企业其剩余财产要上缴财政。

6．办理清算的法律手续

企业清算结束后，应编制清算后的资产负债表和损益表，经企业董事会或职工代表大会批准后宣布清算结束。其后，清算机构提出的清算报告连同清算期间收支报表和各种财务账册，经中国注册会计师审计后，一并报主管财政机关，并向工商行政管理部门办理公司注销手续、向税务部门注销税务登记。

（二）清算组成员的决定机关

破产清算的清算组由人民法院依法组织股东、债权人、有关机关及有关专业人员成立。而解散清算的清算组成员在不同情况下由不同机关决定。

（1）当解散清算由自愿原因导致时，有限责任公司由股东组成清算组，股份有限公司由股东大会确定清算组成员。如果公司在 15 日内没有成立清算组，债权人可以申请人民法院指定有关人员成立清算组。

（2）当解散清算由强制原因导致时，由有关机关组织股东、有关机关人员及有关专业人员成立清算组。

五、公司清算的实施

（一）清算财产的界定和变现

1．清算财产的界定

清算财产包括企业在清算程序终结前拥有的全部财产以及应当由企业行使的其他财产权

利。企业下列财产计入清算财产。

（1）宣告清算时企业经营管理的全部财产，包括各种流动资产、固定资产、对外投资以及无形资产。

（2）企业宣告清算后至清算程序终结前所取得的财产，包括债权人放弃优先受偿权利、清算财产转让价值超过其账面净值的差额部分。

（3）投资方认缴的出资额未实际投入而应补足的部分。

（4）清算期间分回的投资收益和取得的其他收益等。

（5）应当由破产企业行使的其他财产权利。

企业下列财产应区别情况处理。

（1）担保财产。依法生效的担保或抵押标的不属于清算财产，担保物的价款超过其所担保的债务数额的，超过部分属于清算财产。

（2）公益福利性设施。企业的职工住房、学校、托儿园（所）、医院等福利性设施，原则上不计入清算财产，但无需续办并能整体出让的，可计入清算财产。

（3）职工集资款。属于借款性质的视为清算企业所欠职工工资处理，利息按中国人民银行同期存款利率计算，属于投资性质的视为清算财产，依法处理。

（4）党、团、工会等组织占用清算企业的财产，属于清算财产。

（5）人民法院受理清算案件前六个月至破产宣告之日的期间内，清算企业的下列行为无效，清算组有权向人民法院申请追回财产，并入清算财产：①隐匿、私分或者无偿转让财产；②非正常降价出售财产；③对原来没有财产担保的债务提供担保；④对未到期的债务提前清偿；⑤放弃自己的债权。

2．清算财产的变现

清算财产需要变现以偿还债务。财产变现分为单项资产变现和综合资产“一揽子”变现。如果企业合同和章程规定或投资各方协商决定，企业解散时需对现存财产物资、债权债务进行重新估价，并按重估价转移给某个投资方时，则清算组应按重估价值对企业财产作价。

（二）清算债务的界定和清偿

1．清算债务的界定

清算债务是指经清算组确认的至企业宣告破产或解散为止的清算企业的各项债务。企业清算债务主要包括下列各项。

（1）破产或解散宣告前设立的无财产担保债务。

（2）宣告时未到期的债务，视为已到期的债务减去未到期利息后的债务。

（3）债权人放弃优先受偿权利的有财产担保债务。

（4）有财产担保的债务其数额超过担保物价款未受偿部分的债务。

（5）保证人代替企业偿还企业应偿还债务后，其代替偿还款为企业清算债务。

（6）清算组解除企业未履行合同致使其他当事人受到损害的，其损害赔偿款为企业清算债务。

下列费用不得作为企业清算债务：（1）宣告日后的债务；（2）债权人参加清算程序按规定应自行负担的费用；（3）债权人逾期未申报的债权；（4）超过诉讼时效的债务。

2．债务的清偿

企业清算财产变现后，先用于支付清算费用、应付未付的职工工资和劳动保险费以及各种税款，剩余部分用于偿还债务。如果清算财产不足以偿还全部债务，则按破产法规定的顺序进行清偿。

（三）清算费用与清算损益

1．清算费用

清算费用是指企业清算过程中所发生的各项支出。清算费用应当从清算财产中优先拨付，一般随时发生随时支付。清算财产不足以支付清算费用的，清算程序相应终结，未清偿的债务不再清偿。

清算费用包括以下几部分。

（1）清算期间职工生活费及清算财产管理、变卖和分配所需费用。

（2）破产案件诉讼费用及清算期间企业设施和设备维护费用、审计评估费用。

（3）为债权人共同利益而支付的其他费用，包括债权人会议会务费、破产企业催收债务差旅费及其他费用。

企业清算组应当严格按照经债权人会议审核的开支范围和标准拨付清算费用。现行政策要求各级主管财政机关协助做好国有破产企业职工的生活救济和就业安置工作。破产企业被整体接收的，安置期间的生活费用由接收方企业发放，从企业管理费用中开支，其标准应不低于试点城市规定的最低生活救济标准。破产企业职工的社会保险费由接收方企业从接收破产企业之日起缴纳。接收方企业收到的安置费在资本公积金中单独反映。鼓励破产企业职工自谋职业，对自谋职业的职工，清算组可从破产企业土地使用权等破产财产中，按规定拨付有关安置费用。一次性安置破产企业离退休职工的离退休费和医疗费从企业土地使用权出售所得中支付，处置土地使用权所得不足以支付的，不足部分从处理其他破产财产所得中优先支付。破产企业职工的安置费用来源不足的，按照企业隶属关系，由破产企业所在地人民政府负担。

2．清算损益

企业清算中发生的财产盘盈、财产变价净收入、因债权人原因确实无法归还的债务以及清算期间的经营收益等计入企业清算收益。

企业清算终了，清算收益大于清算损失、清算费用的部分，依法缴纳所得税。

（四）剩余财产的分配

企业清偿债务后剩余财产的分配，一般应按照合同、章程的有关条款处理，充分体现公平、对等原则，均衡各方利益。

清算后各项剩余财产的净值，不论实物或现金，均应按投资各方的出资比例或者合同、章程的规定分配。有限责任公司除公司章程另有规定外，按投资各方出资比例分配。股份有限公司按照优先股股份面值对优先股股东优先分配，其后的剩余部分再按照普通股股东的股份比例进行分配。如果企业剩余财产尚不足全额偿还优先股股金，则按照各优先股股东所持比例分配。如果是国有企业，则其剩余财产应全部上缴财政。

任务四　案例分析

2001 年 4 月 23 日，上海证券交易所正式宣布 PT 水仙退市。“水仙”的凋落标志着股票退市制度的实施，它是我国证券市场上第一只被摘牌的股票。

水仙年报的主审会计师潘莉华认为，PT 水仙营运资金为-25 968 万元，周转资金极度匮乏，且应收款和负债居高不下，公司本身已经不具备持续经营的能力，靠自身努力扭亏为盈是不现实的。债务负担沉重、应收账款数额巨大是水仙最终崩溃的直接原因。

1．投资失败

造成投资失败的主要因素有：（1）投资项目决策失误；（2）市场需求估计不足；（3）销售价格估计过高；（4）成本费用居高不下。PT 水仙投资失败均与上述因素有关。且看第一次失败。1995 年 3 月，PT 水仙与美国惠而浦公司共同投资 7 500 万美元组建了上海惠尔浦水仙有限公司，水仙占 45%的股权，希望在三年内达到年产 50 万台新一代全自动滚筒式洗衣机的生产能力。但 1996 年就亏损 2 446.1 万元。1997 年亏损面加大，到 1998 年公司终于忍痛割爱出让 25%的股份，折算收益 4 332.5 万元，留下 20%股权。该投资损失 5 278 万元。是年，水仙不甘寂寞与日本能率株式会社共同投资 2 000 万美元，组建上海能率有限公司，生产燃气热水器。由于水仙已是 2 年连续亏损，资金缺口较大，输血不力，无法打开热水器销售市场，眼睁睁地看着报表上出现红字。2000 年 6 月水仙挥泪痛别，以 657 万美元向日本能率株式会社出让 45%的股权，以 73 万美元向上海轻工集团公司出让 5%的股权，至此完全退出该合资项目。二次投资失败造成将近 8 000 万元的亏损。

2．经营失败

水仙经营失败大致有三个方面原因。

（1）市场开拓不力，销量大幅下滑。水仙的主业是洗衣机，经过 20 多年的发展，其年产销量已超过 1 000 万台，曾跃居世界第一位。1994 年水仙的市场占有率超过 12%，但由于新产品开发落后，市场开拓不力，其销售量从 1994 年的 120 万台滑落到 1997 年的 43 万台。

（2）产品结构不合理，产业升级换代步伐慢。20 世纪 90 年代，由于过度竞争和重复建设，国内洗衣机生产力严重饱和。据权威机构市场分析报告称，当时，我国洗衣机厂家的年生产能力已达到 2 500 万台，而实际市场需求不超过 1 500 万台，全国洗衣机的生产能力已经大量过剩。令人吃惊的是，此时水仙的主打产品仍然是双缸洗衣机，而其他厂家产品结构已调整完毕，并迅速占领市场。面对众多的竞争对手，水仙明显感到力不从心。

（3）多元化经营失误。1995 年投资生产 50 万台全自动滚筒式洗衣机失败后，水仙“舍弃”电子电器主业，挺进房地产、国际贸易、模具制造、电气等行业，企图通过多元化经营打开局面，然而由于战线过长、资源分散，再加上不谙市场，致使美梦难圆，不得不收缩经营范围。

3．财务失败

水仙财务失败主要表现在以下几方面。

（1）负债过度。企业资产负债率从 1994 年的 46.21%，逐年上升到 2000 年的 114.17%。过度负债的不良结果是，增加了利息支付的负担，以 2000 年为例，其净利息费用支出达 2 547.30 万元，而同期的主营业务收入仅为 11 044.18 万元，高额的财务费用使企业背上了沉重的债务包袱。另外，企业所有者和债权人也会因投资风险加大而要求增加投资收益和提高利率，从而使企业负担进一步加重。

（2）亏损严重。以净利润为例，从 1994 年的最高峰 5 694.37 万元到 2000 年亏损 14 570.67 万元，连续四年亏损，真是江河日下。

（3）应收账款大幅上扬。水仙为了打开销售市场，大量采用赊销的营销方式，使应收账款大幅上升，从 1994 年的 9 340.36 万元一路攀升，1997 达到高峰 39 848.03 万元，增加 426%。虽然董事会年年强调清理应收账款，但收效甚微，到 2000 年还有 31 227.57 万元的应收账款。水仙大搞赊销，只看到了其有利于扩大销售和提高市场占有率方面，却没有意识到赊销极具风险性：应收账款越多，坏账损失越大；在提供现金折扣的同时损失了部分现金收入；增加收账费用，进而增加了管理费用，扩大了亏损面。

（4）信用低下。举债是一种信用活动，对债务人而言，信誉非常重要。一个信用等级高的企业，哪怕企业尚处困境，也容易举债。如果一个企业信用等级低下，举新债还旧债必然困难重重，财务危机难以避免。水仙最后一个重组梦破灭的主要原因是信用危机，不是高达 2 亿元的债务吓退了银行，而是其信用低下让银行不敢问津。

通过以上案例，读者可讨论如下问题。

（1）根据上述案例资料，你认为企业投资失败、经营失败、财务失败三者之间存在怎样的区别与联系？

（2）你认为水仙电器招致财务失败的原因是违背了财务管理中的哪些“基本定律”？

本单元小结

本单元主要讲述了财务失败、企业重整与清算的相关知识点。财务失败是指企业无法偿还到期债务的困难和危机。根据企业财务失败的程序和处理程序不同，财务失败可以分为技术性失败和破产两种。财务失败的原因很多，既有企业无法左右的政治、经济、自然等外部原因，也有企业管理无能从而缺乏市场竞争力的内部原因。在企业失败的预警方法中，比较有代表性的主要是 Z 预警模型。企业重整的财务目的在于：（1）重新改变企业的资本结构，以便降低其必须支付的固定利息费用；（2）保证增加企业的营运资本；（3）发现和改正经营管理上导致企业财务困难的根本原因。企业重整的一般程序包括向法院提出企业重整申请、制订企业重整计划、提交法院审批、提请债权人和股东认可、付诸实施等步骤。企业重整的难点在于企业资本结构的重构。制订企业重整计划一般包括确定重整企业的总价值、构建重整企业的目标资本结构、旧证券的估价和换取新证券等步骤。法律意义上的企业破产有两层含义，一是资不抵债时发生的实际意义上的破产，二是债务人因不能清偿到期债务而被法院宣告破产。破产界限是法院据以宣告债务人破产的法律标准。企业破产清算的一般程序大致可以分为三个阶段，即破产申请阶段、和解整顿阶段和破产清算阶段。

复习与思考

1. 何谓财务困境、公司重整、破产清算、解散清算？
2. 何谓非正式重整？它一般有哪些方式？
3. 什么是正式重整？其基本程序是怎样的？
4. 破产清算的程序是什么？解散清算的程序是什么？
5. 简述破产财产的清偿顺序？

技能实训

表 13-1 对美国 16794 例企业失败的原因进行了分类。请你收集至少 10 个我国企业失败的案例（可以是上市公司，也可以是非上市公司），并对每家企业失败的原因按照表 13-1 的分类方法进行归类、总结，从中分析我国企业失败的主要原因。

附　录

附表 A

一元复利终值系数表

期数	1%	2%	3%	4%	5%	6%	7%	8%	9%	10%	11%	12%	13%	14%	15%	16%	17%	18%	19%	20%	21%	22%	23%	24%	25%	26%	27%	28%	29%	30%
1	1.010 0	1.020 0	1.030 0	1.040 0	1.050 0	1.060 0	1.070 0	1.080 0	1.090 0	1.100 0	1.110 0	1.120 0	1.130 0	1.140 0	1.150 0	1.160 0	1.170 0	1.1800	1.190 0	1.200 0	1.210 0	1.220 0	1.230 0	1.240 0	1.250 0	1.260 0	1.270 0	1.280 0	1.290 0	1.300 0
2	1.020 1	1.040 4	1.060 9	1.081 6	1.102 5	1.123 6	1.144 9	1.166 4	1.188 1	1.210 0	1.232 1	1.254 4	1.276 9	1.299 6	1.322 5	1.345 6	1.368 9	1.3924	1.416 1	1.440 0	1.464 1	1.488 4	1.512 9	1.537 6	1.562 5	1.587 6	1.612 9	1.638 4	1.664 1	1.690 0
3	1.030 3	1.061 2	1.092 7	1.124 9	1.157 6	1.191 0	1.225 0	1.259 7	1.295 0	1.331 0	1.367 6	1.404 9	1.442 9	1.481 5	1.520 9	1.560 9	1.601 6	1.6430	1.685 2	1.728 0	1.771 6	1.815 8	1.860 9	1.906 6	1.953 1	2.000 4	2.048 4	2.097 2	2.146 7	2.197 0
4	1.040 6	1.082 4	1.125 5	1.169 9	1.215 5	1.262 5	1.310 8	1.360 5	1.411 6	1.464 1	1.518 1	1.573 5	1.630 5	1.689 0	1.749 0	1.810 6	1.873 9	1.9388	2.005 3	2.073 6	2.143 6	2.215 3	2.288 9	2.364 2	2.441 4	2.520 5	2.601 4	2.684 4	2.769 2	2.856 1
5	1.051 0	1.104 1	1.159 3	1.216 7	1.276 3	1.338 2	1.402 6	1.469 3	1.538 6	1.610 5	1.685 1	1.762 3	1.842 4	1.925 4	2.011 4	2.100 3	2.192 4	2.2878	2.386 4	2.488 3	2.593 7	2.702 7	2.815 3	2.931 6	3.051 8	3.175 8	3.303 8	3.436 0	3.572 3	3.712 9
6	1.061 5	1.126 2	1.194 1	1.265 3	1.340 1	1.418 5	1.500 7	1.586 9	1.677 1	1.771 6	1.870 4	1.973 8	2.082 0	2.195 0	2.313 1	2.436 4	2.565 2	2.6996	2.839 8	2.986 0	3.138 4	3.297 3	3.462 8	3.635 2	3.814 7	4.001 5	4.195 9	4.398 0	4.608 3	4.826 8
7	1.072 1	1.148 7	1.229 9	1.315 9	1.407 1	1.503 6	1.605 8	1.713 8	1.828 0	1.948 7	2.076 2	2.210 7	2.352 6	2.502 3	2.660 0	2.826 2	3.001 2	3.1855	3.379 3	3.583 2	3.797 5	4.022 7	4.259 3	4.507 7	4.768 4	5.041 9	5.328 8	5.629 5	5.944 7	6.274 9
8	1.082 9	1.171 7	1.266 8	1.368 6	1.477 5	1.593 8	1.718 2	1.850 9	1.992 6	2.143 6	2.304 5	2.476 0	2.658 4	2.852 6	3.059 0	3.278 4	3.511 5	3.7589	4.021 4	4.299 8	4.595 0	4.907 7	5.238 9	5.589 5	5.960 5	6.352 8	6.767 5	7.205 8	7.668 6	8.157 3
9	1.093 7	1.195 1	1.304 8	1.423 3	1.551 3	1.689 5	1.838 5	1.999 0	2.171 9	2.357 9	2.558 0	2.773 1	3.004 0	3.251 9	3.517 9	3.803 0	4.108 4	4.4355	4.785 4	5.159 8	5.559 9	5.987 4	6.443 9	6.931 0	7.450 6	8.004 5	8.594 8	9.223 4	9.892 5	10.605
10	1.104 6	1.219 0	1.343 9	1.480 2	1.628 9	1.790 8	1.967 2	2.158 9	2.367 4	2.593 7	2.839 4	3.105 8	3.394 6	3.707 2	4.045 6	4.411 4	4.806 8	5.2338	5.694 7	6.191 7	6.727 5	7.304 6	7.925 9	8.594 4	9.313 2	10.086	10.915	11.806	12.761	13.786
11	1.115 7	1.243 4	1.384 2	1.539 5	1.710 3	1.898 3	2.104 9	2.331 6	2.580 4	2.853 1	3.151 8	3.478 5	3.835 9	4.226 2	4.652 4	5.117 3	5.624 0	6.1759	6.776 7	7.430 1	8.140 3	8.911 7	9.748 9	10.657	11.642	12.708	13.863	15.112	16.462	17.922
12	1.126 8	1.268 2	1.425 8	1.601 0	1.795 9	2.012 2	2.252 2	2.518 2	2.812 7	3.138 4	3.498 5	3.896 0	4.334 5	4.817 9	5.350 3	5.936 0	6.580 1	7.2876	8.064 2	8.916 1	9.849 7	10.872	11.991	13.215	14.552	16.012	17.605	19.343	21.236	23.298
13	1.138 1	1.293 6	1.468 5	1.665 1	1.885 6	2.132 9	2.409 8	2.719 6	3.065 8	3.452 3	3.883 3	4.363 5	4.898 0	5.492 4	6.152 8	6.885 8	7.698 7	8.5994	9.596 4	10.699	11.918	13.264	14.749	16.386	18.190	20.175	22.359	24.759	27.395	30.288
14	1.149 5	1.319 5	1.512 6	1.731 7	1.979 9	2.260 9	2.578 5	2.937 2	3.341 7	3.797 5	4.310 4	4.887 1	5.534 8	6.261 3	7.075 7	7.987 5	9.007 5	10.147	11.420	12.839	14.421	16.182	18.141	20.319	22.737	25.421	28.396	31.691	35.339	39.374

（续一）

一元复利终值系数表

期数	1%	2%	3%	4%	5%	6%	7%	8%	9%	10%	11%	12%	13%	14%	15%	16%	17%	18%	19%	20%	21%	22%	23%	24%	25%	26%	27%	28%	29%	30%
15	1.161 0	1.345 9	1.558 0	1.800 9	2.078 9	2.396 6	2.759 0	3.172 2	3.642 5	4.177 2	4.784 6	5.473 6	6.254 3	7.137 9	8.137 1	9.265 5	10.539	11.974	13.590	15.407	17.449	19.742	22.314	25.196	28.422	32.030	36.063	40.565	45.588	51.186
16	1.172 6	1.372 8	1.604 7	1.873 0	2.182 9	2.540 4	2.952 2	3.425 9	3.970 3	4.595 0	5.310 9	6.130 4	7.067 3	8.137 2	9.357 6	10.748	12.330	14.129	16.172	18.488	21.114	24.086	27.446	31.243	35.527	40.358	45.799	51.923	58.808	66.542
17	1.184 3	1.400 2	1.652 8	1.947 9	2.292 0	2.692 8	3.158 8	3.700 0	4.327 6	5.054 5	5.895 1	6.866 0	7.986 1	9.276 5	10.761	12.468	14.427	16.672	19.244	22.186	25.548	29.384	33.759	38.741	44.409	50.851	58.165	66.461	75.862	86.504
18	1.196 1	1.428 2	1.702 4	2.025 8	2.406 6	2.854 3	3.379 9	3.996 0	4.717 1	5.559 9	6.543 6	7.690 0	9.024 3	10.575	12.376	14.463	16.879	19.673	22.901	26.623	30.913	35.849	41.523	48.039	55.511	64.072	73.870	85.071	97.862	112.46
19	1.208 1	1.456 8	1.753 5	2.106 8	2.527 0	3.025 6	3.616 5	4.315 7	5.141 7	6.115 9	7.263 3	8.612 8	10.197	12.056	14.232	16.777	19.748	23.214	27.252	31.948	37.404	43.736	51.074	59.568	69.389	80.731	93.815	108.89	126.24	146.19
20	1.220 2	1.485 9	1.806 1	2.191 1	2.653 3	3.207 1	3.869 7	4.661 0	5.604 4	6.727 5	8.062 3	9.646 3	11.523	13.744	16.367	19.461	23.106	27.393	32.429	38.338	45.259	53.358	62.821	73.864	86.736	101.72	119.14	139.38	162.85	190.05
21	1.232 4	1.515 7	1.860 3	2.278 8	2.786 0	3.399 6	4.140 6	5.033 8	6.108 8	7.400 2	8.949	10.804	13.021	15.668	18.822	22.575	27.034	32.324	38.591	46.005	54.764	65.096	77.269	91.592	108.42	128.17	151.31	178.41	210.08	247.06
22	1.244 7	1.546 0	1.916 1	2.369 9	2.925 3	3.603 5	4.430 4	5.436 5	6.658 6	8.140 3	9.934	12.100	14.714	17.861	21.645	26.186	31.629	38.142	45.923	55.206	66.264	79.418	95.041	113.57	135.53	161.49	192.17	228.36	271.00	321.18
23	1.257 2	1.576 9	1.973 6	2.464 7	3.071 5	3.819 7	4.740 5	5.871 5	7.257 9	8.954 3	11.026	13.552	16.627	20.362	24.892	30.376	37.006	45.008	54.649	66.247	80.180	96.889	116.90	140.83	169.41	203.48	244.05	292.30	349.59	417.54
24	1.269 7	1.608 4	2.032 8	2.563 3	3.225 1	4.048 9	5.072 4	6.341 2	7.911 1	9.849 7	12.239	15.179	18.788	23.212	28.625	35.236	43.297	53.109	65.032	79.497	97.017	118.21	143.79	174.63	211.76	256.39	309.95	374.14	450.98	542.80
25	1.282 4	1.640 6	2.093 8	2.665 8	3.386 4	4.291 9	5.427 4	6.848 5	8.623 1	10.835	13.586	17.000	21.231	26.462	32.919	40.874	50.658	62.669	77.388	95.396	117.39	144.21	176.86	216.54	264.70	323.05	393.63	478.90	581.76	705.64
26	1.295 3	1.673 4	2.156 6	2.772 5	3.555 7	4.549 4	5.807 4	7.396 4	9.399 2	11.918	15.080	19.040	23.991	30.167	37.857	47.414	59.270	73.949	92.092	114.48	142.04	175.94	217.54	268.51	330.87	407.04	499.92	613.00	750.47	917.33
27	1.308 2	1.706 9	2.221 3	2.883 4	3.733 5	4.822 3	6.213 9	7.988 1	10.245	13.110	16.739	21.325	27.109	34.390	43.535	55.000	69.346	87.260	109.59	137.37	171.87	214.64	267.57	332.96	413.59	512.87	634.89	784.64	968.10	1 192.5
28	1.321 3	1.741 0	2.287 9	2.998 7	3.920 1	5.111 7	6.648 8	8.627 1	11.167	14.421	18.580	23.884	30.634	39.205	50.066	63.800	81.134	102.97	130.41	164.84	207.97	261.86	329.11	412.86	516.99	646.21	806.31	1 004.3	1 248.9	1 550.3
29	1.334 5	1.775 8	2.356 6	3.118 7	4.116 1	5.418 4	7.114 3	9.317 3	12.172	15.863	20.624	26.750	34.616	44.693	57.576	74.009	94.927	121.50	155.19	197.81	251.64	319.47	404.81	511.95	646.23	814.23	1 024.0	1 285.6	1 611.0	2 015.4
30	1.347 8	1.811 4	2.427 3	3.243 4	4.321 9	5.743 5	7.612 3	10.06 3	13.268	17.449	22.892	29.960	39.116	50.950	66.212	85.850	111.06	143.37	184.68	237.38	304.48	389.76	497.91	634.82	807.79	1 025.9	1 300.5	1 645.5	2 078.2	2 620.0
40	1.488 9	2.208 0	3.262 0	4.801 0	7.040 0	10.28 6	14.97 5	21.72 5	31.409	45.259	65.001	93.051	132.78	188.88	267.86	378.72	533.87	750.38	1 051.7	1 459.8	2 048.4	2 847.0	3 946.4	5 455.9	7 523.2	10 347	14 195	19 427	26 521	36 119
50	1.644 6	2.691 6	4.383 9	7.106 7	11.46 7	18.42 0	29.45 7	46.90 2	74.358	117.39	184.56	289.00	450.74	700.23	1 083.7	1 670.7	2 566.2	3927.4	5 988.9	9 100.4	13 781	20 797	31 279	46 890	70 065	104 358	154 948	229 350	338 443	497 929
60	1.816 7	3.281 0	5.891 6	10.52 0	18.67 9	32.98 8	57.94 6	101.2 6	176.03	304.48	524.06	897.60	1 530.1	2 595.9	4 384.0	7 370.2	12 335	20 555	34 105	56 348	92 709	151 911	247 917	402 996	652 530	*	*	*	*	*

附表 B

一元复利现值系数表

期数	1%	2%	3%	4%	5%	6%	7%	8%	9%	10%	11%	12%	13%	14%	15%	16%	17%	18%	19%	20%	21%	22%	23%	24%	25%	26%	27%	28%	29%	30%
1	0.990 1	0.980 4	0.970 9	0.961 5	0.952 4	0.943 4	0.934 6	0.925 9	0.917 4	0.909 1	0.900 9	0.892 9	0.885 0	0.877 2	0.869 6	0.862 1	0.854 7	0.847 5	0.840 3	0.833 3	0.826 4	0.819 7	0.813 0	0.806 5	0.800 0	0.793 7	0.787 4	0.781 3	0.775 2	0.769 2
2	0.980 3	0.961 2	0.942 6	0.924 6	0.907 0	0.890 0	0.873 4	0.857 3	0.841 7	0.826 4	0.811 6	0.797 2	0.783 1	0.769 5	0.756 1	0.743 2	0.730 5	0.718 2	0.706 2	0.694 4	0.683 0	0.671 9	0.661 0	0.650 4	0.640 0	0.629 9	0.620 0	0.610 4	0.600 9	0.591 7
3	0.970 6	0.942 3	0.915 1	0.889 0	0.863 8	0.839 6	0.816 3	0.793 8	0.772 2	0.751 3	0.731 2	0.711 8	0.693 1	0.675 0	0.657 5	0.640 7	0.624 4	0.608 6	0.593 4	0.578 7	0.564 5	0.550 7	0.537 4	0.524 5	0.512 0	0.499 9	0.488 2	0.476 8	0.465 8	0.455 2
4	0.961 0	0.923 8	0.888 5	0.854 8	0.822 7	0.792 1	0.762 9	0.735 0	0.708 4	0.683 0	0.658 7	0.635 5	0.613 3	0.592 1	0.571 8	0.552 3	0.533 7	0.515 8	0.498 7	0.482 3	0.466 5	0.451 4	0.436 9	0.423 0	0.409 6	0.396 8	0.384 4	0.372 5	0.361 1	0.350 1
5	0.951 5	0.905 7	0.862 6	0.821 9	0.783 5	0.747 3	0.713 0	0.680 6	0.649 9	0.620 9	0.593 5	0.567 4	0.542 8	0.519 4	0.497 2	0.476 1	0.456 1	0.437 1	0.419 0	0.401 9	0.385 5	0.370 0	0.355 2	0.341 1	0.327 7	0.314 9	0.302 7	0.291 0	0.279 9	0.269 3
6	0.942 0	0.888 0	0.837 5	0.790 3	0.746 2	0.705 0	0.666 3	0.630 2	0.596 3	0.564 5	0.534 6	0.506 6	0.480 3	0.455 6	0.432 3	0.410 4	0.389 8	0.370 4	0.352 1	0.334 9	0.318 6	0.303 3	0.288 8	0.275 1	0.262 1	0.249 9	0.238 3	0.227 4	0.217 0	0.207 2
7	0.932 7	0.870 6	0.813 1	0.759 9	0.710 7	0.665 1	0.622 7	0.583 5	0.547 0	0.513 2	0.481 7	0.452 3	0.425 1	0.399 6	0.375 9	0.353 8	0.333 2	0.313 9	0.295 9	0.279 1	0.263 3	0.248 6	0.234 8	0.221 8	0.209 7	0.198 3	0.187 7	0.177 6	0.168 2	0.159 4
8	0.923 5	0.853 5	0.789 4	0.730 7	0.676 8	0.627 4	0.582 0	0.540 3	0.501 9	0.466 5	0.433 9	0.403 9	0.376 2	0.350 6	0.326 9	0.305 0	0.284 8	0.266 0	0.248 7	0.232 6	0.217 6	0.203 8	0.190 9	0.178 9	0.167 8	0.157 4	0.147 8	0.138 8	0.130 4	0.122 6
9	0.914 3	0.836 8	0.766 4	0.702 6	0.644 6	0.591 9	0.543 9	0.500 2	0.460 4	0.424 1	0.390 9	0.360 6	0.332 9	0.307 5	0.284 3	0.263 0	0.243 4	0.225 5	0.209 0	0.193 8	0.179 9	0.167 0	0.155 2	0.144 3	0.134 2	0.124 9	0.116 4	0.108 4	0.101 1	0.094 3
10	0.905 3	0.820 3	0.744 1	0.675 6	0.613 9	0.558 4	0.508 3	0.463 2	0.422 4	0.385 5	0.352 2	0.322 0	0.294 6	0.269 7	0.247 2	0.226 7	0.208 0	0.191 1	0.175 6	0.161 5	0.148 6	0.136 9	0.126 2	0.116 4	0.107 4	0.099 2	0.091 6	0.084 7	0.078 4	0.072 5
11	0.896 3	0.804 3	0.722 4	0.649 6	0.584 7	0.526 8	0.475 1	0.428 9	0.387 5	0.350 5	0.317 3	0.287 5	0.260 7	0.236 6	0.214 9	0.195 4	0.177 8	0.161 9	0.147 6	0.134 6	0.122 8	0.112 2	0.102 6	0.093 8	0.085 9	0.078 7	0.072 1	0.066 2	0.060 7	0.055 8
12	0.887 4	0.788 5	0.701 4	0.624 6	0.556 8	0.497 0	0.444 0	0.397 1	0.355 5	0.318 6	0.285 8	0.256 7	0.230 7	0.207 6	0.186 9	0.168 5	0.152 0	0.137 2	0.124 0	0.112 2	0.101 5	0.092 0	0.083 4	0.075 7	0.068 7	0.062 5	0.056 8	0.051 7	0.047 1	0.042 9
13	0.878 7	0.773 0	0.681 0	0.600 6	0.530 3	0.468 8	0.415 0	0.367 7	0.326 2	0.289 7	0.257 5	0.229 2	0.204 2	0.182 1	0.162 5	0.145 2	0.129 9	0.116 3	0.104 2	0.093 5	0.083 9	0.075 4	0.067 8	0.061 0	0.055 0	0.049 6	0.044 7	0.040 4	0.036 5	0.033 0
14	0.870 0	0.757 9	0.661 1	0.577 5	0.505 1	0.442 3	0.387 8	0.340 5	0.299 2	0.263 3	0.232 0	0.204 6	0.180 7	0.159 7	0.141 3	0.125 2	0.111 0	0.098 5	0.087 6	0.077 9	0.069 3	0.061 8	0.055 1	0.049 2	0.044 0	0.039 3	0.035 2	0.031 6	0.028 3	0.025 4
15	0.861 3	0.743 0	0.641 9	0.555 3	0.481 0	0.417 3	0.362 4	0.315 2	0.274 5	0.239 4	0.209 0	0.182 7	0.159 9	0.140 1	0.122 9	0.107 9	0.094 9	0.083 5	0.073 6	0.064 9	0.057 3	0.050 7	0.044 8	0.039 7	0.035 2	0.031 2	0.027 7	0.024 7	0.021 9	0.019 5

（续一）

一元复利现值系数表

期数	1%	2%	3%	4%	5%	6%	7%	8%	9%	10%	11%	12%	13%	14%	15%	16%	17%	18%	19%	20%	21%	22%	23%	24%	25%	26%	27%	28%	29%	30%
16	0.852 8	0.728 4	0.623 2	0.533 9	0.458 1	0.393 6	0.338 7	0.291 9	0.251 9	0.217 6	0.188 3	0.163 1	0.141 5	0.122 9	0.106 9	0.093 0	0.081 1	0.070 8	0.061 8	0.054 1	0.047 4	0.041 5	0.036 4	0.032 0	0.028 1	0.024 8	0.021 8	0.019 3	0.017 0	0.015 0
17	0.844 4	0.714 2	0.605 0	0.513 4	0.436 3	0.371 4	0.316 6	0.270 3	0.231 1	0.197 8	0.169 6	0.145 6	0.125 2	0.107 8	0.092 9	0.080 2	0.069 3	0.060 0	0.052 0	0.045 1	0.039 1	0.034 0	0.029 6	0.025 8	0.022 5	0.019 7	0.017 2	0.015 0	0.013 2	0.011 6
18	0.836 0	0.700 2	0.587 4	0.493 6	0.415 5	0.350 3	0.295 9	0.250 2	0.212 0	0.179 9	0.152 8	0.130 0	0.110 8	0.094 6	0.080 8	0.069 1	0.059 2	0.050 8	0.043 7	0.037 6	0.032 3	0.027 9	0.024 1	0.020 8	0.018 0	0.015 6	0.013 5	0.011 8	0.010 2	0.008 9
19	0.827 7	0.686 4	0.570 3	0.474 6	0.395 7	0.330 5	0.276 5	0.231 7	0.194 5	0.163 5	0.137 7	0.116 1	0.098 1	0.082 9	0.070 3	0.059 6	0.050 6	0.043 1	0.036 7	0.031 3	0.026 7	0.022 9	0.019 6	0.016 8	0.014 4	0.012 4	0.010 7	0.009 2	0.007 9	0.006 8
20	0.819 5	0.673 0	0.553 7	0.456 4	0.376 9	0.311 8	0.258 4	0.214 5	0.178 4	0.148 6	0.124 0	0.103 7	0.086 8	0.072 8	0.061 1	0.051 4	0.043 3	0.036 5	0.030 8	0.026 1	0.022 1	0.018 7	0.015 9	0.013 5	0.011 5	0.009 8	0.008 4	0.007 2	0.006 1	0.005 3
21	0.811 4	0.659 8	0.537 5	0.438 8	0.358 9	0.294 2	0.241 5	0.198 7	0.163 7	0.135 1	0.111 7	0.092 6	0.076 8	0.063 8	0.053 1	0.044 3	0.037 0	0.030 9	0.025 9	0.021 7	0.018 3	0.015 4	0.012 9	0.010 9	0.009 2	0.007 8	0.006 6	0.005 6	0.004 8	0.004 0
22	0.803 4	0.646 8	0.521 9	0.422 0	0.341 8	0.277 5	0.225 7	0.183 9	0.150 2	0.122 8	0.100 7	0.082 6	0.068 0	0.056 0	0.046 2	0.038 2	0.031 6	0.026 2	0.021 8	0.018 1	0.015 1	0.012 6	0.010 5	0.008 8	0.007 4	0.006 2	0.005 2	0.004 4	0.003 7	0.003 1
23	0.795 4	0.634 2	0.506 7	0.405 7	0.325 6	0.261 8	0.210 9	0.170 3	0.137 8	0.111 7	0.090 7	0.073 8	0.060 1	0.049 1	0.040 2	0.032 9	0.027 0	0.022 2	0.018 3	0.015 1	0.012 5	0.010 3	0.008 6	0.007 1	0.005 9	0.004 9	0.004 1	0.003 4	0.002 9	0.002 4
24	0.787 6	0.621 7	0.491 9	0.390 1	0.310 1	0.247 0	0.197 1	0.157 7	0.126 4	0.101 5	0.081 7	0.065 9	0.053 2	0.043 1	0.034 9	0.028 4	0.023 1	0.018 8	0.015 4	0.012 6	0.010 3	0.008 5	0.007 0	0.005 7	0.004 7	0.003 9	0.003 2	0.002 7	0.002 2	0.001 8
25	0.779 8	0.609 5	0.477 6	0.375 1	0.295 3	0.233 0	0.184 2	0.146 0	0.116 0	0.092 3	0.073 6	0.058 8	0.047 1	0.037 8	0.030 4	0.024 5	0.019 7	0.016 0	0.012 9	0.010 5	0.008 5	0.006 9	0.005 7	0.004 6	0.003 8	0.003 1	0.002 5	0.002 1	0.001 7	0.001 4
26	0.772 0	0.597 6	0.463 7	0.360 7	0.281 2	0.219 8	0.172 2	0.135 2	0.106 4	0.083 9	0.066 3	0.052 5	0.041 7	0.033 1	0.026 4	0.021 1	0.016 9	0.013 5	0.010 9	0.008 7	0.007 0	0.005 7	0.004 6	0.003 7	0.003 0	0.002 5	0.002 0	0.001 6	0.001 3	0.001 1
27	0.764 4	0.585 9	0.450 2	0.346 8	0.267 8	0.207 4	0.160 9	0.125 2	0.097 6	0.076 3	0.059 7	0.046 9	0.036 9	0.029 1	0.023 0	0.018 2	0.014 4	0.011 5	0.009 1	0.007 3	0.005 8	0.004 7	0.003 7	0.003 0	0.002 4	0.001 9	0.001 6	0.001 3	0.001 0	0.000 8
28	0.756 8	0.574 4	0.437 1	0.333 5	0.255 1	0.195 6	0.150 4	0.115 9	0.089 5	0.069 3	0.053 8	0.041 9	0.032 6	0.025 5	0.020 0	0.015 7	0.012 3	0.009 7	0.007 7	0.006 1	0.004 8	0.003 8	0.003 0	0.002 4	0.001 9	0.001 5	0.001 2	0.001 0	0.000 8	0.000 6
29	0.749 3	0.563 1	0.424 3	0.320 7	0.242 9	0.184 6	0.140 6	0.107 3	0.082 2	0.063 0	0.048 5	0.037 4	0.028 9	0.022 4	0.017 4	0.013 5	0.010 5	0.008 2	0.006 4	0.005 1	0.004 0	0.003 1	0.002 5	0.002 0	0.001 5	0.001 2	0.001 0	0.000 8	0.000 6	0.000 5
30	0.741 9	0.552 1	0.412 0	0.308 3	0.231 4	0.174 1	0.131 4	0.099 4	0.075 4	0.057 3	0.043 7	0.033 4	0.025 6	0.019 6	0.015 1	0.011 6	0.009 0	0.007 0	0.005 4	0.004 2	0.003 3	0.002 6	0.002 0	0.001 6	0.001 2	0.001 0	0.000 8	0.000 6	0.000 5	0.000 4
40	0.671 7	0.452 9	0.306 6	0.208 3	0.142 0	0.097 2	0.066 8	0.046 0	0.031 8	0.022 1	0.015 4	0.010 7	0.007 5	0.005 3	0.003 7	0.002 6	0.001 9	0.001 3	0.001 0	0.000 7	0.000 5	0.000 4	0.000 3	0.000 2	0.000 1	0.000 1	0.000 1	0.000 1	*	*
50	0.608 0	0.371 5	0.228 1	0.140 7	0.087 2	0.054 3	0.033 9	0.021 3	0.013 4	0.008 5	0.005 4	0.003 5	0.002 2	0.001 4	0.000 9	0.000 6	0.000 4	0.000 3	0.000 2	0.000 1	0.000 1	*	*	*	*	*	*	*	*	*
60	0.550 4	0.304 8	0.169 7	0.095 1	0.053 5	0.030 3	0.017 3	0.009 9	0.005 7	0.003 3	0.001 9	0.001 1	0.000 7	0.000 4	0.000 2	0.000 1	0.000 1	*	*	*	*	*	*	*	*	*	*	*	*	*

附表 C

年金终值系数表

期数	1%	2%	3%	4%	5%	6%	7%	8%	9%	10%	11%	12%	13%	14%	15%	16%	17%	18%	19%	20%	21%	22%	23%	24%	25%	26%	27%	28%	29%	30%
1	1.000 0	1.000 0	1.000 0	1.000 0	1.000 0	1.000 0	1.000 0	1.000 0	1.000 0	1.000 0	1.000 0	1.000 0	1.000 0	1.000 0	1.000 0	1.000 0	1.000 0	1.000 0	1.000 0	1.000 0	1.000 0	1.000 0	1.000 0	1.000 0	1.000 0	1.000 0	1.000 0	1.000 0	1.000 0	1.00 00
2	2.010 0	2.020 0	2.030 0	2.040 0	2.050 0	2.060 0	2.070 0	2.080 0	2.090 0	2.100 0	2.110 0	2.120 0	2.130 0	2.140 0	2.150 0	2.160 0	2.170 0	2.180 0	2.190 0	2.200 0	2.210 0	2.220 0	2.230 0	2.240 0	2.250 0	2.260 0	2.270 0	2.280 0	2.290 0	2.300 0
3	3.030 1	3.060 4	3.090 9	3.121 6	3.152 5	3.183 6	3.214 9	3.246 4	3.278 1	3.310 0	3.342 1	3.374 4	3.406 9	3.439 6	3.472 5	3.505 6	3.538 9	3.572 4	3.606 1	3.640 0	3.674 1	3.708 4	3.742 9	3.777 6	3.812 5	3.847 6	3.882 9	3.918 4	3.954 1	3.990 0
4	4.060 4	4.121 6	4.183 6	4.246 5	4.310 1	4.374 6	4.439 9	4.506 1	4.573 1	4.641 0	4.709 7	4.779 3	4.849 8	4.921 1	4.993 4	5.066 5	5.140 5	5.215 4	5.291 3	5.368 0	5.445 7	5.524 2	5.603 8	5.684 2	5.765 6	5.848 0	5.931 3	6.015 6	6.100 8	6.187 0
5	5.101 0	5.204 0	5.309 1	5.416 3	5.525 6	5.637 1	5.750 7	5.866 6	5.984 7	6.105 1	6.227 8	6.352 8	6.480 3	6.610 1	6.742 4	6.877 1	7.014 4	7.154 2	7.296 6	7.441 6	7.589 2	7.739 6	7.892 6	8.048 4	8.207 0	8.368 4	8.532 7	8.699 9	8.870 0	9.043 1
6	6.152 0	6.308 1	6.468 4	6.633 0	6.801 9	6.975 3	7.153 3	7.335 9	7.523 3	7.715 6	7.912 9	8.115 2	8.322 7	8.535 5	8.753 7	8.977 5	9.206 8	9.442 0	9.683 0	9.929 9	10.183	10.442	10.708	10.980	11.259	11.544	11.837	12.136	12.442	12.756
7	7.213 5	7.434 3	7.662 5	7.898 3	8.142 0	8.393 8	8.654 0	8.922 8	9.200 4	9.487 2	9.783 3	10.08 9	10.405	10.731	11.067	11.414	11.772	12.142	12.523	12.916	13.321	13.740	14.171	14.615	15.074	15.546	16.032	16.534	17.051	17.583
8	8.285 7	8.583 0	8.892 3	9.214 2	9.549 1	9.897 5	10.260	10.637	11.029	11.436	11.859	12.300	12.757	13.233	13.727	14.240	14.773	15.327	15.902	16.499	17.119	17.762	18.430	19.123	19.842	20.588	21.361	22.163	22.995	23.858
9	9.368 5	9.754 6	10.159	10.583	11.027	11.491	11.978	12.488	13.021	13.580	14.164	14.776	15.416	16.085	16.786	17.519	18.285	19.086	19.923	20.799	21.714	22.670	23.669	24.713	25.802	26.940	28.129	29.369	30.664	32.015
10	10.462	10.950	11.464	12.006	12.578	13.181	13.816	14.487	15.193	15.937	16.722	17.549	18.420	19.337	20.304	21.322	22.393	23.521	24.709	25.959	27.274	28.657	30.113	31.643	33.253	34.945	36.724	38.593	40.556	42.620
11	11.567	12.169	12.808	13.486	14.207	14.972	15.784	16.646	17.560	18.531	19.561	20.655	21.814	23.045	24.349	25.733	27.200	28.755	30.404	32.150	34.001	35.962	38.039	40.238	42.566	45.031	47.639	50.399	53.318	56.405
12	12.683	13.412	14.192	15.026	15.917	16.870	17.889	18.977	20.141	21.384	22.713	24.133	25.650	27.271	29.002	30.850	32.824	34.931	37.180	39.581	42.142	44.874	47.788	50.895	54.208	57.739	61.501	65.510	69.780	74.327
13	13.809	14.680	15.618	16.627	17.713	18.882	20.141	21.495	22.953	24.523	26.212	28.029	29.985	32.089	34.352	36.786	39.404	42.219	45.245	48.497	51.991	55.746	59.779	64.110	68.760	73.751	79.107	84.853	91.016	97.625
14	14.947	15.974	17.086	18.292	19.599	21.015	22.551	24.215	26.019	27.975	30.095	32.393	34.883	37.581	40.505	43.672	47.103	50.818	54.841	59.196	63.910	69.010	74.528	80.496	86.950	93.926	101.47	109.61	118.41	127.91

（续一）

年金终值系数表

期数	1%	2%	3%	4%	5%	6%	7%	8%	9%	10%	11%	12%	13%	14%	15%	16%	17%	18%	19%	20%	21%	22%	23%	24%	25%	26%	27%	28%	29%	30%
15	16.097	17.293	18.599	20.024	21.579	23.276	25.129	27.152	29.361	31.773	34.405	37.280	40.418	43.842	47.580	51.660	56.110	60.965	66.261	72.035	78.331	85.192	92.669	100.82	109.69	119.35	129.86	141.30	153.75	167.29
16	17.258	18.639	20.157	21.825	23.658	25.673	27.888	30.324	33.003	35.950	39.190	42.753	46.672	50.980	55.718	60.925	66.649	72.939	79.850	87.442	95.780	104.93	114.98	126.01	138.11	151.38	165.92	181.87	199.34	218.47
17	18.430	20.012	21.762	23.698	25.840	28.213	30.840	33.750	36.974	40.545	44.501	48.884	53.739	59.118	65.075	71.673	78.979	87.068	96.022	105.93	116.89	129.02	142.43	157.25	173.64	191.73	211.72	233.79	258.15	285.01
18	19.615	21.412	23.414	25.645	28.132	30.906	33.999	37.450	41.301	45.599	50.396	55.750	61.725	68.394	75.836	84.141	93.406	103.74	115.27	128.12	142.44	158.40	176.19	195.99	218.04	242.59	269.89	300.25	334.01	371.52
19	20.811	22.841	25.117	27.671	30.539	33.760	37.379	41.446	46.019	51.159	56.940	63.440	70.749	78.969	88.212	98.603	110.28	123.41	138.17	154.74	173.35	194.25	217.71	244.03	273.56	306.66	343.76	385.32	431.87	483.97
20	22.019	24.297	26.870	29.778	33.066	36.786	40.996	45.762	51.160	57.275	64.203	72.052	80.947	91.025	102.44	115.38	130.03	146.63	165.42	186.69	210.76	237.99	268.79	303.60	342.94	387.39	437.57	494.21	558.11	630.17
21	23.239	25.783	28.677	31.969	35.719	39.993	44.865	50.423	56.765	64.003	72.265	81.699	92.470	104.77	118.81	134.84	153.14	174.02	197.85	225.03	256.02	291.35	331.61	377.46	429.68	489.11	556.72	633.59	720.96	820.22
22	24.472	27.299	30.537	34.248	38.505	43.392	49.006	55.457	62.873	71.403	81.214	92.503	105.49	120.44	137.63	157.42	180.17	206.34	236.44	271.03	310.78	356.44	408.88	469.06	538.10	617.28	708.03	812.00	931.04	1 067.3
23	25.716	28.845	32.453	36.618	41.431	46.996	53.436	60.893	69.532	79.543	91.148	104.60	120.20	138.30	159.28	183.60	211.80	244.49	282.36	325.24	377.05	435.86	503.92	582.63	673.63	778.77	900.20	1 040.4	1 202.0	1 388.5
24	26.974	30.422	34.427	39.083	44.502	50.816	58.177	66.765	76.790	88.497	102.17	118.16	136.83	158.66	184.17	213.98	248.81	289.49	337.01	392.48	457.22	532.75	620.82	723.46	843.03	982.25	1 144.3	1 332.7	1 551.6	1 806.0
25	28.243	32.030	36.459	41.646	47.727	54.865	63.249	73.106	84.701	98.347	114.41	133.33	155.62	181.87	212.79	249.21	292.10	342.60	402.04	471.98	554.24	650.96	764.61	898.09	1054.8	1238.6	1 454.2	1 706.8	2 002.6	2 348.8
26	29.526	33.671	38.553	44.312	51.114	59.156	68.677	79.954	93.324	109.18	128.00	150.33	176.85	208.33	245.71	290.09	342.76	405.27	479.43	567.38	671.63	795.17	941.46	1 114.6	13 19.5	1561.7	1 847.8	2 185.7	2 584.4	3 054.4
27	30.821	35.344	40.710	47.084	54.669	63.706	74.484	87.351	102.72	121.10	143.08	169.37	200.84	238.50	283.57	337.50	402.03	479.22	571.52	681.85	813.68	971.10	1 159.0	1 383.1	1 650.4	1 968.7	2 347.8	2 798.7	3 334.8	3 971.8
28	32.129	37.051	42.931	49.968	58.403	68.528	80.698	95.339	112.97	134.21	159.82	190.70	227.95	272.89	327.10	392.50	471.38	566.48	681.11	819.22	985.55	1 185.7	1 426.6	1 716.1	2 064.0	2 481.6	2 982.6	3 583.3	4 302.9	5 164.3
29	33.450	38.792	45.219	52.966	62.323	73.640	87.347	103.97	124.14	148.63	178.40	214.58	258.58	312.09	377.17	456.30	552.51	669.45	811.52	984.07	1 193.5	1 447.6	1 755.7	2 129.0	2 580.9	3 127.8	3 789.0	4 587.7	5 551.8	6 714.6
30	34.785	40.568	47.575	56.085	66.439	79.058	94.461	113.28	136.31	164.49	199.02	241.33	293.20	356.79	434.75	530.31	647.44	790.95	966.71	1 181.9	1 445.2	1 767.1	2 160.5	2 640.9	3 227.2	3 942.0	4 813.0	5 873.2	7 162.8	8 730.0
40	48.886	60.402	75.401	95.026	120.80	154.76	199.64	259.06	337.88	442.59	581.83	767.09	1 013.7	1 342.0	1 779.1	2 360.8	3 134.5	4 163.2	5 529.8	7 343.9	9 749.5	12 937	17 154	22 729	30 089	39 793	52 572	69 377	91 448	120 393
50	64.463	84.579	112.80	152.67	209.35	290.34	406.53	573.77	815.08	1 163.9	1 668.8	2 400.0	3 459.5	4 994.5	7 217.7	10 436	15 090	21 813	31 515	45 497	65 617	94 525	135 992	195 373	280 256	401 374	573 878	819 103	*	*
60	81.670	114.05	163.05	237.99	353.58	533.13	813.52	1253.2	1944.8	3 034.8	4 755.1	7 471.6	1 1762	18 535	29 220	46 058	72 555	114 190	179 495	281 733	441 467	690 501	*	*	*	*	*	*	*	*

附表 D

年金现值系数表

期数	1%	2%	3%	4%	5%	6%	7%	8%	9%	10%	11%	12%	13%	14%	15%	16%	17%	18%	19%	20%	21%	22%	23%	24%	25%	26%	27%	28%	29%	30%
1	0.990 1	0.980 4	0.9709	0.961 5	0.952 4	0.943 4	0.934 6	0.925 9	0.917 4	0.909 1	0.900 9	0.892 9	0.885 0	0.877 2	0.869 6	0.862 1	0.854 7	0.847 5	0.840 3	0.833 3	0.826 4	0.819 7	0.813 0	0.806 5	0.800 0	0.793 7	0.787 4	0.781 3	0.775 2	0.769 2
2	1.970 4	1.941 6	1.913 5	1.886 1	1.859 4	1.833 4	1.808 0	1.783 3	1.759 1	1.735 5	1.712 5	1.690 1	1.668 1	1.646 7	1.625 7	1.605 2	1.585 2	1.565 6	1.546 5	1.527 8	1.509 5	1.491 5	1.474 0	1.456 8	1.440 0	1.423 5	1.407 4	1.391 6	1.376 1	1.360 9
3	2.941 0	2.883 9	2.828 6	2.775 1	2.723 2	2.673 0	2.624 3	2.577 1	2.531 3	2.486 9	2.443 7	2.401 8	2.361 2	2.321 6	2.283 2	2.245 9	2.209 6	2.174 3	2.139 9	2.106 5	2.073 9	2.042 2	2.011 4	1.981 3	1.952 0	1.923 4	1.895 6	1.868 4	1.842 0	1.816 1
4	3.902 0	3.807 7	3.717 1	3.629 9	3.546 0	3.465 1	3.387 2	3.312 1	3.239 7	3.169 9	3.102 4	3.037 3	2.974 5	2.913 7	2.855 0	2.798 2	2.743 2	2.690 1	2.638 6	2.588 7	2.540 4	2.493 6	2.448 3	2.404 3	2.361 6	2.320 2	2.280 0	2.241 0	2.203 1	2.166 2
5	4.853 4	4.713 5	4.579 7	4.451 8	4.329 5	4.212 4	4.100 2	3.992 7	3.889 7	3.790 8	3.695 9	3.604 8	3.517 2	3.433 1	3.352 2	3.274 3	3.199 3	3.127 2	3.057 6	2.990 6	2.926 0	2.863 6	2.803 5	2.745 4	2.689 3	2.635 1	2.582 7	2.532 0	2.483 0	2.435 6
6	5.795 5	5.601 4	5.417 2	5.242 1	5.075 7	4.917 3	4.766 5	4.622 9	4.485 9	4.355 3	4.230 5	4.111 4	3.997 5	3.888 7	3.784 5	3.684 7	3.589 2	3.497 6	3.409 8	3.325 5	3.244 6	3.166 9	3.092 3	3.020 5	2.951 4	2.885 0	2.821 0	2.759 4	2.700 0	2.642 7
7	6.728 2	6.472 0	6.230 3	6.002 1	5.786 4	5.582 4	5.389 3	5.206 4	5.033 0	4.868 4	4.712 2	4.563 8	4.422 6	4.288 3	4.160 4	4.038 6	3.922 4	3.811 5	3.705 7	3.604 6	3.507 9	3.415 5	3.327 0	3.242 3	3.161 1	3.083 3	3.008 7	2.937 0	2.868 2	2.802 1
8	7.651 7	7.325 5	7.019 7	6.732 7	6.463 2	6.209 8	5.971 3	5.746 6	5.534 8	5.334 9	5.146 1	4.967 6	4.798 8	4.638 9	4.487 3	4.343 6	4.207 2	4.077 6	3.954 4	3.837 2	3.725 6	3.619 3	3.517 9	3.421 2	3.328 9	3.240 7	3.156 4	3.075 8	2.998 6	2.924 7
9	8.566 0	8.162 2	7.786 1	7.435 3	7.107 8	6.801 7	6.515 2	6.246 9	5.995 2	5.759 0	5.537 0	5.328 2	5.131 7	4.946 4	4.771 6	4.606 5	4.450 6	4.303 0	4.163 3	4.031 0	3.905 4	3.786 3	3.673 1	3.565 5	3.463 1	3.365 7	3.272 8	3.184 2	3.099 7	3.019 0
10	9.471 3	8.982 6	8.530 2	8.110 9	7.721 7	7.360 1	7.023 6	6.710 1	6.417 7	6.144 6	5.889 2	5.650 2	5.426 2	5.216 1	5.018 8	4.833 2	4.658 6	4.494 1	4.338 9	4.192 5	4.054 1	3.923 2	3.799 3	3.681 9	3.570 5	3.464 8	3.364 4	3.268 9	3.178 1	3.091 5
11	10.367 6	9.786 8	9.252 6	8.760 5	8.306 4	7.886 9	7.498 7	7.139 0	6.805 2	6.495 1	6.206 5	5.937 7	5.686 9	5.452 7	5.233 7	5.028 6	4.836 4	4.656 0	4.486 5	4.327 1	4.176 9	4.035 4	3.901 8	3.775 7	3.656 4	3.543 5	3.436 5	3.335 1	3.238 8	3.147 3
12	11.255 1	10.575 3	9.954 0	9.385 1	8.863 3	8.383 8	7.942 7	7.536 1	7.160 7	6.813 7	6.492 4	6.194 4	5.917 6	5.660 3	5.420 6	5.197 1	4.988 4	4.793 2	4.610 5	4.439 2	4.278 4	4.127 4	3.985 2	3.851 4	3.725 1	3.605 9	3.493 3	3.386 8	3.285 9	3.190 3
13	12.133 7	11.348 4	10.635 0	9.985 6	9.393 6	8.852 7	8.357 7	7.903 8	7.486 9	7.103 4	6.749 9	6.423 5	6.121 8	5.842 4	5.583 1	5.342 3	5.118 3	4.909 5	4.714 7	4.532 7	4.362 4	4.202 8	4.053 0	3.912 4	3.780 1	3.655 5	3.538 1	3.427 2	3.322 4	3.223 3
14	13.003 7	12.106 2	11.296 1	10.563 1	9.898 6	9.295 0	8.745 5	8.244 2	7.786 2	7.366 7	6.981 9	6.628 2	6.302 5	6.002 1	5.724 5	5.467 5	5.229 3	5.008 1	4.802 3	4.610 6	4.431 7	4.264 6	4.108 2	3.961 6	3.824 1	3.694 9	3.573 3	3.458 7	3.350 7	3.248 7

（续一）

年金现值系数表

期数	1%	2%	3%	4%	5%	6%	7%	8%	9%	10%	11%	12%	13%	14%	15%	16%	17%	18%	19%	20%	21%	22%	23%	24%	25%	26%	27%	28%	29%	30%
15	13.865 1	12.849 3	11.937 9	11.118 4	10.379 7	9.712 2	9.107 9	8.559 5	8.060 7	7.606 1	7.190 9	6.810 9	6.462 4	6.142 2	5.847 4	5.575 5	5.324 2	5.091 6	4.875 9	4.675 5	4.489 0	4.315 2	4.153 0	4.001 3	3.859 3	3.726 1	3.601 0	3.483 4	3.372 6	3.268 2
16	14.717 9	13.577 7	12.561 1	11.652 3	10.837 8	10.105 9	9.446 6	8.851 4	8.312 6	7.823 7	7.379 2	6.974 0	6.603 9	6.265 1	5.954 2	5.668 5	5.405 3	5.162 4	4.937 7	4.729 6	4.536 4	4.356 7	4.189 4	4.033 3	3.887 4	3.750 9	3.622 8	3.502 6	3.389 6	3.283 2
17	15.562 3	14.291 9	13.166 1	12.165 7	11.274 1	10.477 3	9.763 2	9.121 6	8.543 6	8.021 6	7.548 8	7.119 6	6.729 1	6.372 9	6.047 2	5.748 7	5.474 6	5.222 3	4.989 7	4.774 6	4.575 5	4.390 8	4.219 0	4.059 1	3.909 9	3.770 5	3.640 0	3.517 7	3.402 8	3.294 8
18	16.398	14.992	13.754	12.659	11.690	10.828	10.059	9.372	8.756	8.201	7.701 6	7.249 7	6.839 9	6.467 4	6.128 0	5.817 8	5.533 9	5.273 2	5.033 3	4.812 2	4.607 9	4.418 7	4.243 1	4.079 9	3.927 9	3.786 1	3.653 6	3.529 4	3.413 0	3.303 7
19	17.226	15.679	14.324	13.134	12.085	11.158	10.336	9.604	8.950	8.365	7.839 3	7.365 8	6.938 0	6.550 4	6.198 2	5.877 5	5.584 5	5.316 2	5.070 0	4.843 5	4.634 6	4.441 5	4.262 7	4.096 7	3.942 4	3.798 5	3.664 2	3.538 6	3.421 0	3.310 5
20	18.046	16.351	14.878	13.590	12.462	11.470	10.594	9.818	9.129	8.514	7.963 3	7.469 4	7.024 8	6.623 1	6.259 3	5.928 8	5.627 8	5.352 7	5.100 9	4.869 6	4.656 7	4.460 3	4.278 6	4.110 3	3.953 9	3.808 3	3.672 6	3.545 8	3.427 1	3.315 8
21	18.857	17.011	15.415	14.029	12.821	11.764	10.836	10.017	9.292	8.649	8.075 1	7.562 0	7.101 6	6.687 0	6.312 5	5.973 1	5.664 8	5.383 7	5.126 8	4.891 3	4.675 0	4.475 6	4.291 6	4.121 2	3.963 1	3.816 1	3.679 2	3.551 4	3.431 9	3.319 8
22	19.660	17.658	15.937	14.451	13.163	12.042	11.061	10.201	9.442	8.772	8.175 7	7.644 6	7.169 5	6.742 9	6.358 7	6.011 3	5.696 4	5.409 9	5.148 6	4.909 4	4.690 0	4.488 2	4.302 1	4.130 0	3.970 5	3.822 3	3.684 4	3.555 8	3.435 6	3.323 0
23	20.456	18.292	16.444	14.857	13.489	12.303	11.272	10.371	9.580	8.883	8.266 4	7.718 4	7.229 7	6.792 1	6.398 8	6.044 2	5.723 4	5.432 1	5.166 8	4.924 5	4.702 5	4.498 5	4.310 6	4.137 1	3.976 4	3.827 3	3.688 5	3.559 2	3.438 4	3.325 4
24	21.243	18.914	16.936	15.247	13.799	12.550	11.469	10.529	9.707	8.985	8.348 1	7.784 3	7.282 9	6.835 1	6.433 8	6.072 6	5.746 5	5.450 9	5.182 2	4.937 1	4.712 8	4.507 0	4.317 6	4.142 8	3.981 1	3.831 2	3.691 8	3.561 9	3.440 6	3.327 2
25	22.023	19.524	17.413	15.622	14.094	12.783	11.654	10.675	9.823	9.077	8.421 7	7.843 1	7.330 0	6.872 9	6.464 1	6.097 1	5.766 2	5.466 9	5.195 1	4.947 6	4.721 3	4.513 9	4.323 2	4.147 4	3.984 9	3.834 2	3.694 3	3.564 0	3.442 3	3.328 6
26	22.795	20.121	17.877	15.983	14.375	13.003	11.826	10.810	9.929	9.161	8.488 1	7.895 7	7.371 7	6.906 1	6.490 6	6.118 2	5.783 1	5.480 4	5.206 0	4.956 3	4.728 4	4.519 6	4.327 8	4.151 1	3.987 9	3.836 7	3.696 3	3.565 6	3.443 7	3.329 7
27	23.560	20.707	18.327	16.330	14.643	13.211	11.987	10.935	10.027	9.237	8.547 8	7.942 6	7.408 6	6.935 2	6.513 5	6.136 4	5.797 5	5.491 9	5.215 1	4.963 6	4.734 2	4.524 3	4.331 6	4.154 2	3.990 3	3.838 7	3.697 9	3.566 9	3.444 7	3.330 5
28	24.316	21.281	18.764	16.663	14.898	13.406	12.137	11.051	10.116	9.307	8.601 6	7.984 4	7.441 2	6.960 7	6.533 5	6.152 0	5.809 9	5.501 6	5.222 8	4.969 7	4.739 0	4.528 1	4.334 6	4.156 6	3.992 3	3.840 2	3.699 1	3.567 9	3.445 5	3.331 2
29	25.066	21.844	19.189	16.984	15.141	13.591	12.278	11.158	10.198	9.370	8.650 1	8.021 8	7.470 1	6.983 0	6.550 9	6.165 6	5.820 4	5.509 8	5.229 2	4.974 7	4.743 0	4.531 2	4.337 1	4.158 5	3.993 8	3.841 4	3.700 1	3.568 7	3.446 1	3.331 7
30	25.808	22.397	19.600	17.292	15.373	13.765	12.409	11.258	10.274	9.427	8.693 8	8.055 2	7.495 7	7.002 7	6.566 0	6.177 2	5.829 4	5.516 8	5.234 7	4.978 9	4.746 3	4.533 8	4.339 1	4.160 1	3.995 0	3.842 4	3.700 9	3.569 3	3.446 6	3.332 1
40	32.835	27.356	23.115	19.793	17.159	15.046	13.332	11.925	10.757	9.779	8.951 1	8.243 8	7.634 4	7.105 0	6.641 8	6.233 5	5.871 3	5.548 2	5.258 2	4.996 6	4.759 6	4.543 9	4.346 7	4.165 9	3.999 5	3.845 8	3.703 4	3.571 2	3.448 1	3.333 2
50	39.196	31.424	25.730	21.482	18.256	15.762	13.801	12.234	10.962	9.915	9.041 7	8.304 5	7.675 2	7.132 7	6.660 5	6.246 3	5.880 1	5.554 1	5.262 3	4.999 5	4.761 6	4.545 2	4.347 7	4.166 6	3.999 9	3.846 1	3.703 7	3.571 4	3.448 3	3.333 3
60	44.955	34.761	27.676	22.624	18.929	16.161	14.039	12.377	11.048	9.967	9.073 6	8.324 0	7.687 3	7.140 1	6.665 1	6.249 2	5.881 9	5.555 3	5.2630	4.999 9	4.761 9	4.545 4	4.347 8	4.1667	4.000 0	3.846 2	3.703 7	3.571 4	3.448 3	3.333 3

参考文献

[1] 詹姆斯 · C · 范霍恩，小约翰 · M · 瓦霍维奇. 财务管理基础[M]. 刘曙光，等，译. 北京：清华大学出版社，2009.

[2] 斯蒂芬 · A · 罗斯，伦道夫 · W. 威斯特菲尔德，布拉德福德 · D · 乔丹. 公司理财[M]. 北京：机械工业出版社，2004.

[3] 财政部会计资格评价中心. 财务管理[M]. 北京：中国财政经济出版社，2014.

[4] 劳伦斯 · J · 吉特曼. 财务管理原理[M]. 北京：中国人民大学出版社，2009.

[5] 刘正兵，施永霞. 2013 年度注册会计师全国统一考试应试指导——财务成本管理[M]. 北京：中国财政经济出版社，2013.

[6] 荆新，王化成，刘俊彦. 财务管理学[M]. 北京：中国人民大学出版社，2012.

[7] 赵德武. 财务管理[M]. 2 版. 北京：高等教育出版社，2010.

[8] 张显国. 财务管理[M]. 北京：机械工业出版社，2010.

[9] 刘正兵，施永霞，刘保国. 财务管理（第 2 版）[M]. 南京：东南大学出版社，2012.

[10] 曹惠民. 财务管理学[M]. 上海：立信会计出版社，2011.

[11] 王佩. 财务管理教程与案例[M]. 上海：立信会计出版社，2011.

[12] 邹俊霞，王静. 财务管理学实务[M]. 北京：电子工业出版社，2011.

[13] H.E.杜格尔，F.J.科里根. 投资学[M]. 任淮秀，陆中云，张迎等译. 北京：中国人民大学出版社，1990.

[14] 刘光辉，庄小欧. 财务管理实务[M]. 北京：教育科学出版社，2013.

[15] 张志超. 证券投资概述[M]. 上海：华东师范大学出版社，1987.

[16] 刘淑莲等. 财务管理（第 2 版）[M]. 大连：东北财经大学出版社，2010.

[17] 蒋红芸，康玲. 财务管理[M]. 北京：人民邮电出版社，2014.